新編 個人情報保護条例集　1
都道府県・個人情報保護条例〔項目別条項集〈上〉〕

新 編
個人情報保護条例集 1

都道府県・個人情報保護条例〔項目別条項集〈上〉〕

秋吉健次編

信 山 社

　　　　　　　　はしがき

　「行政機関の保有する情報の公開に関する法律」（以下「情報公開法」という。）などが、1999年5月14日に制定されたのに引き続き、「個人情報の保護に関する法律」（以下「個人情報保護法」という。）などが、2003年5月30日に制定された。個人情報保護法は、公布の日から起算して2年を越えない範囲内において、政令で定める日から施行することとなっているが、同法施行前に、「行政機関の保有する電子計算機処理に係る個人情報の保護に関する法律の整備等に関する法律の一部を改正する法律」（法律第61号）、「地方独立法人法の施行に伴う関係法律の整備等に関する法律」（法律第119号）による一部改正が行われている。
　個人情報保護法が制定されるはるか前、昭和50年代前半に、地方公共団体で「個人情報の保護に関する条例」が制定され初め、電子計算機による個人情報の処理が進展するにつれて、個人情報の保護を制度化する団体が年々増加している。当初は、電子計算機処理のみを対象とするものが多く、マニュアル処理（手作業処理）に係るものは少なかったが、順次、マニュアル処理に係る個人情報を対象とするものが増え、最近制定された条例では、マニュアル処理のものがほどんどを占めている。
　総務省調査によると、後掲のとおり、2003年4月現在、地方自治体（都道府県及び市区町村）3、260団体中、2、413団体（全体の74・0％）が個人情報に関する条例を制定している。このほかに個人情報を取り扱う一部事務組合等においても133団体が個人情報の保護に関する条例を制定しているが、地方自治体と併せて2、546団体が、個人情報保護条例を制定している。うち、マニュアル処理も対象1、719（全体の67・5％）、電子計算機処理のみを対象827（同32・5％）となっている。
　最近の条例改正状況を見ると、住民基本台帳法の改正、介護保険制度導入等に伴い、地方自治体の電子計算組織と、国、他の地方自治体その他の団体等の電子計算組織との結合を絶対的に禁止している条文を持つ条例は改正を余儀なくされているほか、①民法改正による成人後見制度導入に伴い、法定代理人関連条文の改正（「禁治産者」を「成人被後見人」に改める）、②情報公開法制定に伴い、情報公開条例を全面的にあるいは一部を改正した条文との整合性を図るための改正、③地方分権の推進を図るための関係法律の整備等に関する法律の制定による地方自治法の一部改正により、機関委任事務の制度が廃止されるとと

はしがき

もに、法定受託事務等に係る国の都道府県に対する関与の制度が設けられることに伴い、開示しないことができる個人情報に係る条文についての改正が見られた。また、つい最近では、④行政機関の保有する電子計算機処理に関する法律等の施行に伴う関係法律の整備等に関する法律の一部を改正する法律（平成15年法律第61号）の制定、⑤独立行政法人法等の保有する個人情報の保護に関する法律（平成15年法律第59号）⑥地方独立行政法人法（平成15年法律第118号）の制定に伴い、これらの法人の役員、職員を国家公務員、地方公務員に対する適用条文と同様に取り扱う改正などが見られる。

編者は、2000年6月に、都道府県24、政令都市12、東京都23区の個人情報保護条例を収録した『条文比較による個人情報保護条例集』全3巻（以下「前書」という。）を、本書と同様、信山社から刊行した。2003年3月には、47都道府県の全てが条例を制定したのに伴い、本書を刊行することとしたが、都道府県条例の数が倍増したことと、都道府県条例とそれ以外の各市区町村条例（政令都市、東京都23区を含む）とでは、内容的に、あまり差異が認められないことなどにより、本書は、都道府県条例を主体として編集した。

また、住民基本台帳法の改正に伴い、各都道府県は、住民基本台帳法施行条例として、審議会条例、手数料条例を制定するか、個人情報保護条例を改正したほか、住民基本台帳法ネットワーク不参加を表明した市町村を中心に、住民基本台帳法関係の個人情報保護条例を制定したが、大部分の市町村は、条例によらずに、第1次稼働の2002年8月15日前後にセキュリィの規則等を、第2次稼働の2003年8月前後に本人確認、カード発行の規則等を制定している。

本書は、2003年12月31日現在で、都道府県個人情報保護条例は、項目別条項集（上）（下）、全文集（上）（下）の4巻に分けて収録し、5巻目には、都道府県住民基本台帳法施行条例、住民基本台帳法関連の個人情報保護条例等を収録した。

編者は、本書に収録した個人情報保護条例のほか、多数の市町村個人情報保護条例（市については大部分、町村については東京都、埼玉県、千葉県、神奈川県の全部）を収集、入力してあるので、機会があれば公表したい。

本書が、個人情報保護制度に関心のある市民、学者、地方自治体関係者の方々に広く利用され、個人情報保護制度の発展の資料となるよう、編者として切に願うものである。

2004年2月

秋　吉　健　次

都道府県個人情報保護条例項目別条項集〈上〉 目 次

個人情報保護に関する条例の制定状況（平成15年4月1日現在） ……………ix
    条例制定団体数の種類（x）
    条例における主な規定内容一覧（xi）
    民間事業者に対する規定（xii）
    個人情報保護に関する条例制定団体の状況（平成15年4月1日現在） ……………1
1 前文・目的 ……………………………………………………………………9
2 定義 …………………………………………………………………………16
  (1) 定義全部………………………………………………………………16
  (2) 個人情報………………………………………………………………38
  (3) 実施機関………………………………………………………………46
  (4) 事業者…………………………………………………………………52
  (5) 本人……………………………………………………………………57
  (6) 公文書・保有個人情報………………………………………………60
  (7) 磁気テープ等…………………………………………………………70
  (8) 電子計算機処理………………………………………………………71
  (9) 法令等…………………………………………………………………72
3 実施機関その他の責務 ……………………………………………………73
  (1) 実施機関の責務………………………………………………………73
  (2) 実施機関の適正管理…………………………………………………76
  (3) 実施機関の職員の責務………………………………………………86
  (4) 出資法人の責務………………………………………………………90
  (5) 事業者の責務…………………………………………………………94
  (6) 都道府県民の責務……………………………………………………98
  (7) 市町村の責務…………………………………………………………101
4 適用除外、他の制度との調整 ……………………………………………103
  (1) 統計調査の適用除外…………………………………………………103
  (2) 他の法令等との調整…………………………………………………116
  (3) 図書館等情報の除外…………………………………………………127
  (4) その他…………………………………………………………………132

5	個人情報取扱事務登録等 …………………………………	133
6	収集・保有の制限 ……………………………………………	163
7	利用及び提供の制限 …………………………………………	194
(1)	利用及び提供の制限一般………………………………………	194
(2)	電算機結合による提供…………………………………………	214
(3)	提供先に対する措置要求………………………………………	222
(4)	委託に伴う措置…………………………………………………	226
(5)	受託者の構ずべき措置…………………………………………	231
8	自己情報の開示 ………………………………………………	237
(1)	自己情報の開示請求権…………………………………………	237
(2)	死者の個人情報請求権…………………………………………	245
(3)	開示請求手続き…………………………………………………	245
(4)	開示請求の特例…………………………………………………	260
(5)	部分開示…………………………………………………………	269
(6)	開示の決定と通知………………………………………………	276
(7)	開示の実施………………………………………………………	302
(8)	第三者の意見聴取………………………………………………	320
(9)	事案の移送………………………………………………………	334
(10)	開示の費用………………………………………………………	337

都道府県個人情報保護条例・項目別条項集

平成１５年９月２６日
総　　務　　省

個人情報の保護に関する条例の制定状況（平成１５年４月１日現在）

１　条例制定団体の推移
　地方公共団体において個人情報の保護に関する条例が制定され始めたのは昭和５０年代前半のことですが、電子計算機による個人情報の処理が進展するにつれて、個人情報の保護を条例によって制度化する団体が年々増加しています。
　平成１５年４月１日現在、都道府県及び市区町村においては、全３，２６０団体中<u>７４．０％（約４分の３）</u>に当たる<u>２，４１３団体</u>が個人情報の保護に関する条例を制定しており、制定団体数は前年度と比較し、<u>２５２団体増加</u>しています（１１．８％増）。
　都道府県、指定都市及び特別区においては、全ての団体が個人情報の保護に関する条例を制定しています。
　なお、この他に個人情報を取り扱う一部事務組合等においても１３３団体が個人情報の保護に関する条例を制定しており、都道府県及び市区町村と併せて、<u>２，５４６団体</u>が個人情報の保護に関する条例を制定しています。
　また、条例ではなく、規則や規程等により個人情報保護対策を講じている市町村が４１５団体あり、条例を制定している２，４１３団体と併せて、全団体数の<u>８６．７％に当たる２，８２８団体</u>が何らかの形で個人情報保護対策を講じています。

２　条例の規定内容
　個人情報の保護に関する条例の対象データの処理範囲として、従来は電子計算機処理に係る個人情報のみを対象としている団体が多かったが、近年は手作業処理（マニュアル処理）に係る個人情報も対象とする団体の割合が増加しています。
　また、条例で定められている主な規定内容としては、個人情報の収集・記録の規制、利用・提供の規制、維持管理等に関するもの、自己情報の開示・訂正請求等に関するもの、外部委託に関するもの、個人情報処理に係る職員等の責務に関するもの、苦情処理や不服申立手続等の申出等への措置等があります。

　　　　　　　　　　　連絡先　総務省自治行政局地域情報政策室

　　　　　　　　　　　　　　TEL　03-5253-5111（代）内線5525
　　　　　　　　　　　　　　　　　03-5253-5525（直）
　　　　　　　　　　　　　　FAX　03-5253-5529

都道府県個人情報保護条例

条例制定団体数の推移

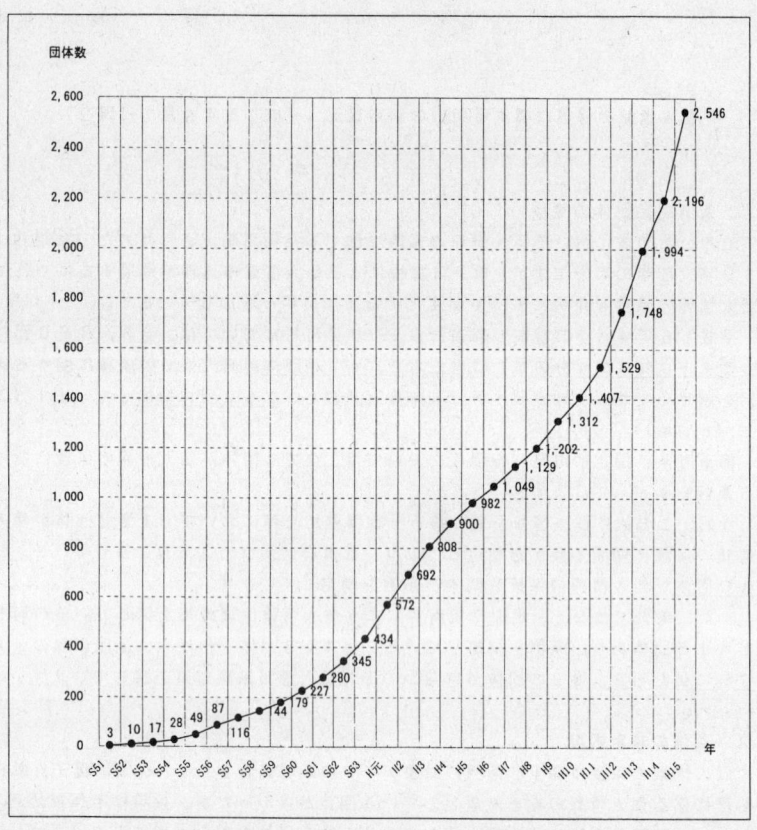

調査時点	H1.4.1	H2.4.1	H3.4.1	H4.4.1	H5.4.1	H6.4.1	H7.4.1	H8.4.1	H9.4.1	H10.4.1	H11.4.1	H12.4.1	H13.4.1	H14.4.1	H15.4.1
制定団体数	572	692	808	900	982	1,049	1,129	1,202	1,312	1,407	1,529	1,748	1,994	2,196	2,546
対前年増	138	120	116	92	82	67	80	73	110	95	122	219	246	202	350
増加率	31.8%	21.0%	16.8%	11.4%	9.1%	6.8%	7.6%	6.5%	9.2%	7.2%	8.7%	14.3%	14.1%	10.1%	15.9%

(一部事務組合を含む)

調査時点	H8.4.1	H9.4.1	H10.4.1	H11.4.1	H12.4.1	H13.4.1	H14.4.1	H15.4.1
制定団体数	1,195	1,304	1,399	1,521	1,738	1,982	2,161	2,413
対前年増	-	109	95	122	217	244	179	252
増加率	-	8.5%	7.3%	8.7%	14.3%	14.0%	9.0%	11.8%
制定率	36.2%	39.5%	42.4%	46.1%	52.7%	60.1%	65.7%	74.0%

(一部事務組合を除く)

条例における主な規定内容一覧

主な規定項目		規定団体数(全制定団体数に占める割合：%)			
		平成15年4月1日現在		平成14年4月1日現在	
対象部門	公的部門のみを対象	1,088 (42.7%)		1,033 (47.0%)	
	公的部門及び民間部門を対象	1,458 (57.3%)		1,163 (53.0%)	
処理形態の範囲	電子計算機処理のみを対象	827 (32.5%)		906 (41.3%)	
	マニュアル処理も対象	1,719 (67.5%)		1,290 (58.7%)	
対象種類	個人に関する情報のみ対象	2,024 (79.5%)		1,668 (76.0%)	
	法人等に関する情報も対象	522 (20.5%)		528 (24.0%)	
個人情報システムの設置・変更に関する規制	審議会への意見聴取・審議	653 (25.6%)	2,008 (78.9%)	574 (26.1%)	1,643 (74.8%)
	首長への報告・届出・登録	1,417 (55.7%)		1,105 (50.3%)	
	記録項目等の登録簿の作成・公表	1,415 (55.6%)		1,067 (48.6%)	
収集・記録規制	目的による規制	2,299 (90.3%)	2,507 (98.5%)	1,962 (89.3%)	2,152 (98.0%)
	方法による規制	1,913 (75.1%)		1,512 (68.9%)	
	情報の種類による規制	2,410 (94.7%)		2,055 (93.6%)	
利用・提供規制	内部利用規制	2,061 (81.0%)	2,469 (97.0%)	1,657 (75.5%)	2,103 (95.8%)
	外部提供規制	2,393 (94.0%)		2,027 (92.3%)	
	他の機関とのオンライン禁止	37 (1.5%)	2,113 (83.0%)	171 (7.8%)	1,762 (80.2%)
	他の機関とのオンライン制限	2,076 (81.5%)		1,591 (72.4%)	
維持管理に関する規制	正確性・最新性の確保	2,249 (88.3%)	2,449 (96.2%)	1,868 (85.1%)	2,092 (95.3%)
	改ざん、漏洩等の防止	2,388 (93.8%)		2,026 (92.3%)	
	不要情報の廃棄措置	1,917 (75.3%)		1,535 (69.9%)	
自己情報の開示・訂正等	開示の請求等	2,480 (97.4%)		2,124 (96.7%)	
	訂正の請求等	2,453 (96.3%)		2,095 (95.4%)	
	削除の請求等	2,276 (89.4%)		1,925 (87.7%)	
	利用中止の請求等	1,383 (54.3%)		1,059 (48.2%)	
運用状況、個人情報の処理状況、記録項目等の公表(※1)		1,910 (75.0%)		1,563 (71.2%)	
外部委託時の規制	受託業務者等の責務	1,849 (72.6%)	2,357 (92.6%)	1,466 (66.8%)	2,004 (91.3%)
	データ保護の確保措置	1,917 (75.3%)		1,630 (74.2%)	
個人情報処理に係る職員の責務	個人情報処理事務従事職員	2,183 (85.7%)	2,314 (90.9%)	1,859 (84.7%)	1,951 (88.8%)
	附属機関の委員等	1,309 (51.4%)		916 (41.7%)	
罰則	当該団体職員を対象	156 (6.1%)	271 (10.6%)	120 (5.5%)	204 (9.3%)
	受託業者・従業員を対象	241 (9.5%)		187 (8.5%)	
附属機関の設置		1,873 (73.6%)		1,441 (65.6%)	
申出等への措置	苦情処理	1,083 (42.5%)	1,767 (69.4%)	788 (35.9%)	1,355 (61.7%)
	不服申立手続	1,644 (64.6%)		1,240 (56.5%)	
条例制定団体数		2,546 団体		2,196 団体	

都道府県個人情報保護条例

民間事業者に対する規定

主な規定項目		規定団体数(全制定団体数に占める割合：%)			
		平成15年4月1日現在		平成14年4月1日現在	
事業者の責務	一般的責務又は努力規定(※2)	1,263 (49.6%)	1,379 (54.2%)	941 (42.9%)	1,048 (47.7%)
	地方公共団体の施策への協力(※3)	1,098 (43.1%)		810 (36.9%)	
条例適用上の注意(※4)		104 (4.1%)		85 (3.9%)	
事業者に対する規制	自主的規制の指導・助言(※5)	462 (18.1%)	471 (18.5%)	345 (15.7%)	352 (16.0%)
	指針の作成(※6)	68 (2.7%)		56 (2.6%)	
	登録届出制度(※7)	13 (0.5%)		11 (0.5%)	
地方公共団体の監視体制	資料提出・調査・立入(※8)	449 (17.6%)	591 (23.2%)	344 (15.7%)	462 (21.0%)
	指導・勧告(※9)	560 (22.0%)		430 (19.6%)	
	公表(※10)	489 (19.2%)		371 (16.9%)	
苦情処理、苦情相談窓口の設置(※11)		286 (11.2%)		189 (8.6%)	
条例制定団体数		2,546 団体		2,196 団体	

※1 条例の運用状況、電子計算機システムによる個人情報の処理状況、電子計算機システムの記録項目等についての公表の規定があること。
※2 事業者に対し、個人情報保護の必要性を認識し、個人情報に係る人格的利益の侵害を防止する措置を講ずることを求めるなど、抽象的な責務又は努力要請を規定していること。
※3 地方公共団体が講ずる保護対策に協力する責務を事業者が有する旨を規定していること。
※4 事業者の営業の自由等との関連を考慮し、不当に事業者の権利と自由を侵害することがないよう、保護条例の取扱いに当たって注意を促す規定があること。
※5 事業者に対し、その責務を遂行させるために必要な措置を指導・奨励する規定があること。
※6 事業者が講ずるべき保護対策の指針を地方公共団体が作成する旨の規定があること。
※7 事業者の個人情報の保有状況、取扱方法等の概要等を地方公共団体が備える登録簿に登録し、これを住民に公開する旨の規定があること。
※8 事業者がその責務規定等に違反するおそれがある場合等に、事業者に対し地方公共団体が行う資料提供・調査・立入調査等への協力を要請する旨の規定があること。
※9 事業者がその責務規定等に違反していると認められる場合等に、当該行為の是正、中止等について指導・勧告を行うことができる旨の規定があること。
※10 事業者が資料提供・調査・立入調査等の協力要請や指導・勧告に従わない場合に、当該事業者名やその経緯を公表できる旨を規定していること。
※11 事業者の活動に起因する個人情報に係る人格的利益の侵害に関する住民の苦情に対応するため、地方公共団体内に苦情相談窓口を置くなどの規定を設けていること。

都道府県個人情報保護条例・項目別条項集

個人情報保護に関する条例制定団体の状況

(平成15年4月1日現在 総務省調べ)

都道府県	合計	都道府県	特別区	政令指定都市	その他の市	町村	一部事務組合等	条例制定団体の名称 (ゴシック体は新規制定団体)
北海道	170	1	0	1	30	129	9	北海道、札幌市、函館市、小樽市、旭川市、室蘭市、釧路市、帯広市、北見市、夕張市、網走市、留萌市、苫小牧市、稚内市、美唄市、芦別市、江別市、赤平市、名寄市、三笠市、根室市、千歳市、滝川市、砂川市、歌志内市、深川市、富良野市、登別市、恵庭市、伊達市、北広島市、石狩市、当別町、松前町、福島町、木古内町、七飯町、戸井町、鹿部町、八雲町、長万部町、江差町、上ノ国町、厚沢部町、熊石町、大成町、奥尻町、瀬棚町、北桧山町、今金町、島牧村、寿都町、蘭越町、ニセコ町、喜茂別町、京極町、共和町、岩内町、泊村、**神恵内村**、積丹町、仁木町、余市町、赤井川村、北村、栗沢町、南幌町、奈井江町、上砂川町、由仁町、長沼町、月形町、新篠津村、栗山町、秩父別町、雨竜町、北竜町、沼田町、幌加内町、鷹栖町、東神楽町、比布町、愛別町、上川町、東川町、美瑛町、上富良野町、中富良野町、美深町、増毛町、小平町、苫前町、**羽幌町**、**初山別村**、遠別町、天塩町、幌延町、猿払村、浜頓別町、中頓別町、**歌登町**、**豊富町**、**東藻琴村**、女満別町、津別町、斜里町、清里町、小清水町、**置戸町**、**留辺蘂町**、**丸瀬布町**、**上湧別町**、湧別町、豊浦町、大滝村、壮瞥町、白老町、早来町、追分町、厚真町、鵡川町、穂別町、門別町、新冠町、静内町、三石町、浦河町、えりも町、音更町、士幌町、上士幌町、鹿追町、清水町、芽室町、中札内村、更別村、大樹町、広尾町、幕別町、池田町、本別町、陸別町、浦幌町、釧路町、厚岸町、浜中町、標茶町、弟子屈町、阿寒町、白糠町、音別町、別海町、中標津町、羅臼町、空知中部広域連合、南渡島衛生施設組合、**富良野地区環境衛生組合**、函館圏公立大学広域連合、西空知広域水道企業団、**桧山北部広域連合**、釧路東部消防組合、**富良野地区消防組合**、函館湾流域下水道事務組合
青森県	43	1	0	0	6	36	0	青森県、青森市、弘前市、八戸市、五所川原市、十和田市、平内町、蟹田村、平舘村、**柏村**、岩木町、相馬村、西目屋村、**大鰐町**、尾上町、浪岡町、常盤村、田舎館村、**碇ヶ関村**、板柳町、金木町、中里町、鶴田町、市浦村、小泊村、野辺地町、七戸町、横浜町、**上北町**、東北町、下田町、川内町、大間町、東通村、風間浦村、佐井村、田子町、**名川町**、南部町、階上町、**福地村**、**南郷村**
岩手県	52	1	0	0	13	38	0	岩手県、盛岡市、宮古市、大船渡市、水沢市、花巻市、北上市、久慈市、遠野市、一関市、陸前高田市、釜石市、江刺市、二戸市、雫石町、葛巻町、岩手町、西根町、滝沢村、松尾村、安代町、紫波町、矢巾町、東和町、沢内村、金ヶ崎町、前沢町、胆沢町、衣川村、平泉町、大東町、藤沢町、千厩町、東山町、室根村、大槌町、宮守村、田老町、山田町、岩泉町、普代村、新里村、川井村、軽米町、種市町、野田村、山形村、大野村、九戸村、浄法寺町、一戸町
宮城県	53	1	0	1	8	42	1	宮城県、仙台市、石巻市、塩竈市、古川市、気仙沼市、白石市、名取市、多賀城市、岩沼市、蔵王町、七ヶ宿町、柴田町、川崎町、丸森町、山元町、松島町、大和町、**大郷町**、富谷町、大衡村、加美町、鹿島台町、鳴子町、涌谷町、田尻町、小牛田町、南郷町、鮎川町、栗駒町、**瀬峰町**、金成町、志波姫町、迫町、登米町、東和町、豊里町、米山町、石越町、南方町、矢本町、雄勝町、河南町、桃生町、牡鹿町、志津川町、津山町、本吉町、唐桑町、歌津町、黒川地域行政事務組合
秋田県	65	1	0	0	9	52	1	秋田県、秋田市、能代市、横手市、大館市、本荘市、男鹿市、湯沢市、大曲市、鹿角市、小坂町、鷹巣町、比内町、森吉町、阿仁町、田代町、合川町、上小阿仁村、琴丘町、二ツ井町、八森町、山本町、八竜町、藤里町、峰浜村、五城目町、昭和町、八郎潟町、飯田川町、天王町、井川町、若美町、河辺町、雄和町、仁賀保町、金浦町、象潟町、岩城町、由利町、西目町、鳥海町、東由利町、大内町、角舘町、六郷町、田沢湖町、西木村、太田町、中仙町、増田町、平鹿町、雄物川町、大森町、十文字町、山内村、大雄村、稲川町、雄勝町、羽後町、東成瀬村、皆瀬村、横手平鹿広域市町村組合、公立金足農業高等学校組合、大館周辺広域市町村圏組合
山形県	36	1	0	0	11	23	1	山形県、山形市、米沢市、鶴岡市、酒田市、新庄市、寒河江市、上山市、村山市、長井市、天童市、東根市、河北町、西川町、大石田町、最上町、舟形村、真室川町、**大蔵村**、鮭川村、戸沢村、尾花沢市、大江町、朝日村、白鷹町、飯豊町、藤島町、羽黒町、櫛引町、三川町、朝日村、温海町、遊佐町、八幡町、松山町、山形県市町村職員退職手当組合
福島県	87	1	0	0	10	76	0	福島県、福島市、会津若松市、郡山市、いわき市、白河市、原町市、須賀川市、喜多方市、相馬市、二本松市、西会津町、**霊山町**、川俣町、飯野町、安達町、**大玉村**、**本宮町**、**白沢村**、岩代町、東和町、長沼町、鏡石町、岩瀬村、天栄村、田島町、**下郷町**、**舘岩村**、檜枝岐村、伊南村、**南郷村**、只見町、北会津村、**熱塩加納村**、塩川町、山都町、**磐梯町**、猪苗代町、会津坂下町、湯川村、柳津町、河東町、会津高田町、新鶴村、三島町、金山町、昭和村、**西会津町**、東村、泉崎村、矢吹町、中島村、**大信村**、棚倉町、矢祭町、塙町、鮫川村、**石川町**、玉川村、平田村、浅川町、**古殿町**、三春町、小野町、滝根町、大越町、都路村、常葉村、船引町、広野町、楢葉町、富岡町、川内村、大熊町、双葉町、浪江町、葛尾村、新地町、小高町、飯舘村
茨城県	55	1	0	0	19	33	2	茨城県、水戸市、日立市、土浦市、古河市、石岡市、下館市、結城市、龍ヶ崎市、**水海道市**、高萩市、北茨城市、**笠間市**、取手市、岩井市、つくば市、ひたちなか市、鹿嶋市、守谷市、茨城町、**美野里町**、**内原町**、常北町、**御前山村**、大洗町、七会村、岩瀬町、東海村、**山方町**、美和村、緒川村、大宮町、御前山村、桜川村、里美村、十王町、**新治村**、新利根町、**協和町**、**石下町**、総和町、三和町、利根町、東町、八郷町、新治村、協和町、石下町、筑西広域市町村圏事務組合、鹿行地方広域市町村圏事務組合

1

都道府県個人情報保護条例

都道府県	合計	都道府県	特別区	政令指定都市	その他の市	町村	一部事務組合等	条例制定団体の名称（ゴシック体は新規制定団体）
栃木県	31	1	0	0	9	20	1	栃木県、宇都宮市、足利市、栃木市、佐野市、鹿沼市、小山市、真岡市、**大田原市**、西方町、栗野町、足尾町、二宮町、益子町、茂木町、市貝町、芳賀町、石橋町、国分寺町、大平町、都賀町、塩谷町、**氏家町**、高根沢町、喜連川町、烏山町、**湯津上村**、黒羽町、**西那須野町**、芳賀中部上水道企業団
群馬県	31	1	0	0	10	20	0	群馬県、前橋市、高崎市、桐生市、伊勢崎市、太田市、館林市、渋川市、藤岡市、富岡市、**安中市**、赤城村、大胡町、黒保根村、榛名町、**倉渕村**、箕郷町、群馬町、**伊香保町**、榛東村、吉岡町、吉井町、妙義町、下仁田町、甘楽町、長野原町、玉村町、**伊勢崎佐波**、邑楽町
埼玉県	95	1	0	1	40	41	12	埼玉県、さいたま市、川越市、熊谷市、川口市、行田市、秩父市、所沢市、飯能市、加須市、**本庄市**、東松山市、岩槻市、春日部市、狭山市、羽生市、鴻巣市、深谷市、上尾市、草加市、越谷市、蕨市、戸田市、入間市、鳩ヶ谷市、朝霞市、志木市、和光市、新座市、桶川市、久喜市、北本市、八潮市、富士見市、上福岡市、三郷市、蓮田市、坂戸市、幸手市、鶴ヶ島市、**日高市**、吉川市、伊奈町、吹上町、大井町、三芳町、毛呂山町、越生町、**名栗村**、滑川町、嵐山町、小川町、**都幾川村**、玉川村、川島町、吉見町、鳩山町、横瀬町、**皆野町**、長瀞町、吉田町、小鹿野町、美里町、**大里町**、江南町、妻沼町、岡部町、川本町、花園町、寄居町、菖蒲町、南河原村、川里町、北川辺町、**大利根町**、宮代町、白岡町、**菖蒲町**、栗橋町、鷺宮町、杉戸町、庄和町、久喜宮代衛生組合、上尾、桶川、伊奈衛生組合、**北本地区衛生組合**、越谷・松伏水道企業団、桶川北本水道企業団、吉川松伏消防組合、**大里広域市町村圏組合**、坂戸・鶴ケ島消防組合、埼玉県央広域事務組合、**埼玉中部環境保全組合**、埼玉県西部広域事務組合、彩の国さいたま人づくり広域連合
千葉県	45	1	0	1	30	11	2	千葉県、千葉市、銚子市、市川市、船橋市、木更津市、松戸市、野田市、佐原市、茂原市、成田市、佐倉市、東金市、八日市場市、旭市、習志野市、柏市、市原市、流山市、八千代市、我孫子市、鴨川市、鎌ケ谷市、君津市、富津市、四街道市、袖ケ浦市、八街市、印西市、白井市、富里市、沼南町、栄町、海上町、飯岡町、光町、野栄町、大網白里町、一宮町、睦沢町、白子町、**長柄町**、君津郡市広域市町村圏事務組合、佐倉市八街市酒々井町消防組合
東京都	63	1	23	0	26	7	6	東京都、千代田区、中央区、港区、新宿区、文京区、台東区、墨田区、江東区、品川区、目黒区、大田区、世田谷区、渋谷区、中野区、杉並区、豊島区、北区、荒川区、板橋区、練馬区、足立区、葛飾区、江戸川区、八王子市、立川市、武蔵野市、三鷹市、青梅市、府中市、昭島市、調布市、町田市、小金井市、小平市、日野市、東村山市、国分寺市、国立市、福生市、狛江市、東大和市、清瀬市、東久留米市、武蔵村山市、多摩市、稲城市、羽村市、あきる野市、西東京市、瑞穂町、**日の出町**、奥多摩町、大島町、利島村、**新島村**、青ヶ島村、特別区人事・厚生事務組合、**二枚橋衛生組合**、特別区競馬組合、多摩川衛生組合、特別区人事・厚生事務組合（事業会計分）、東京二十三区清掃一部事務組合
神奈川県	38	1	0	2	17	18	0	神奈川県、横浜市、川崎市、横須賀市、平塚市、鎌倉市、藤沢市、小田原市、茅ヶ崎市、逗子市、相模原市、三浦市、秦野市、厚木市、大和市、伊勢原市、海老名市、座間市、南足柄市、綾瀬市、葉山町、大磯町、二宮町、中井町、大井町、松田町、山北町、**開成町**、箱根町、真鶴町、湯河原町、愛川町、清川村、城山町、津久井町、相模湖町、藤野町
新潟県	118	1	0	0	19	89	9	新潟県、新潟市、長岡市、三条市、柏崎市、新発田市、新津市、小千谷市、加茂市、十日町市、見附市、燕市、栃尾市、糸魚川市、新井市、五泉市、白根市、豊栄市、村上市、**須玉市**、聖笱町、**笹神村**、豊浦町、加治川村、紫雲寺町、中条町、黒川村、小須戸町、村松町、横越町、亀田町、岩室村、弥彦村、分水町、寺泊町、吉田町、巻町、味方村、月潟村、中之口村、田上町、下田村、栄町、中之島町、津川町、鹿瀬町、上川村、三川村、越路町、三島町、与板町、和島村、出雲崎町、寺泊町、山古志村、川口町、堀之内町、小出町、湯之谷村、広神村、守門村、入広瀬村、湯沢町、塩沢町、六日町、大和町、川西町、津南町、中里村、高柳町、小国町、刈羽村、西山町、安塚町、浦川原村、大島村、牧村、松之山町、松代町、吉川町、妙高高原町、中郷村、妙高村、板倉町、清里村、三和村、名立町、能生町、青海町、関川村、荒川町、神林村、朝日村、佐和田町、金井町、新穂村、畑野町、真野町、小木町、羽茂町、赤泊村、三条地域広域事務組合、小千谷地域広域事務組合、小出郷地域事務組合、水原町外3ヶ町村水道企業団、十日町地域広域事務組合、上越地域消防事務組合、岩船地域広域事務組合、魚沼地域特別養護老人ホーム組合、新潟県柏崎地域広域事務組合、南魚沼郡広域事務組合
富山県	10	1	0	0	4	5	0	富山県、富山市、高岡市、氷見市、黒部市、八尾町、婦中町、山田村、小杉町、福光町
石川県	13	1	0	0	5	6	1	石川県、金沢市、小松市、**輪島市**、加賀市、羽咋市、辰口町、美川町、**鶴来町**、野々市町、津幡町、穴水町、鶴来地方医療施設組合
福井県	24	1	0	0	5	12	6	福井県、福井市、敦賀市、武生市、**小浜市**、鯖江市、永平寺町、春江市、今立町、池田町、南条町、今庄町、河野村、朝日町、宮崎村、越前町、**織田町**、清水町、鯖江・丹生広域衛生施設組合、福井地区広域市町村圏事務組合、南越広域事務組合、福井地区消防組合、南越清掃組合、福井県丹南広域組合
山梨県	43	1	0	0	4	37	1	山梨県、甲府市、富士吉田市、都留市、大月市、春日居町、牧丘町、勝沼町、石和町、御坂町、一宮町、八代町、境川村、三珠町、市川大門町、六郷町、鰍沢町、早川町、身延町、中富町、南部町、富沢町、竜王町、敷島町、玉穂町、昭和町、田富町、双葉町、**須玉市**、高根町、**大泉村**、小淵沢町、白州町、武川村、秋山村、道志村、西桂町、忍野村、山中湖村、河口湖町、勝山村、上野原町、小菅村、丹波山村、峡南広域行政組合

都道府県個人情報保護条例・項目別条項集

都道府県	合計	都道府県	特別区	政令指定都市	その他の市	町村	一部事務組合等	条例制定団体の名称 (ゴシック体は新規制定団体)
長野県	132	1	0	0	17	103	11	長野県、長野市、松本市、上田市、岡谷市、飯田市、諏訪市、須坂市、小諸市、伊那市、駒ヶ根市、中野市、大町市、**飯山市**、茅野市、塩尻市、更埴市、佐久市、白田市、臼田市、佐久市、**小海町**、川上村、南牧村、南相木村、北相木村、八千穂村、軽井沢町、望月町、御代田町、立科村、浅科村、北御牧村、丸子町、長門町、長和町、武石村、和田村、青木村、下諏訪町、富士見町、原村、高遠町、辰野町、箕輪村、飯島町、南箕輪村、中川村、長谷村、宮田村、松川町、高森町、阿南町、清内路村、阿智村、浪合村、平谷村、根羽村、下条村、売木村、天龍村、泰阜村、豊丘村、大鹿村、上村、南信濃村、木曽福島町、上松町、南木曽町、楢川村、木祖村、日義村、開田村、三岳村、王滝村、大桑村、山口村、四賀村、本城村、坂北村、麻績村、生坂村、波田町、山形村、朝日村、豊科町、**穂高町**、奈川村、安曇村、梓川村、三郷村、堀金村、池田町、松川村、八坂村、美麻村、白馬村、小谷村、上山田町、大岡村、坂城町、戸倉町、糸魚川市、高山村、山ノ内町、木島平村、野沢温泉村、信州新町、豊野町、信濃町、牟礼村、三水村、戸隠村、鬼無里村、小川村、中条村、登田村、栄村、 長野広域連合、松塩筑木曽老人福祉施設組合、**伊那中央行政組合(普通会計分)**、佐久広域連合、木曽広域連合、上伊那広域連合、上田地域広域連合、岳北広域行政組合、北信保健衛生施設組合、北信広域連合、**諏訪広域連合**
岐阜県	86	1	0	0	14	66	5	岐阜県、岐阜市、大垣市、高山市、多治見市、関市、中津川市、美濃市、瑞浪市、恵那市、美濃加茂市、**土岐市**、各務原市、可児市、**岐南町**、養老町、上石津町、垂井町、神戸町、**輪之内町**、揖斐川町、谷汲村、大野町、池田町、久瀬村、藤橋村、坂内村、北方町、本巣町、真正町、糸貫町、根尾村、洞戸村、板取村、武芸川町、武儀町、**上之保村**、八幡町、大和町、白鳥町、高鷲村、美並村、明宝村、和良村、祝原町、富加町、川辺町、七宗町、八百津町、白川町、東白川村、御嵩町、笠原町、坂下町、川上村、加子母村、付知町、福岡町、蛭川村、岩村町、山岡町、明智町、上矢作町、萩原町、小坂町、下呂町、金山町、馬瀬村、丹生川村、白川村、宮村、久々野町、朝日村、古川町、国府町、河合村、宮川村、神岡町、上宝村、 岐阜羽島衛生施設組合、岐阜市羽島郡柳津町学校組合、岐阜地域肢体不自由児母子通園施設組合、吉城広域連合、益田広域連合
静岡県	50	1	0	0	18	30	1	静岡県、静岡市、浜松市、沼津市、熱海市、三島市、伊東市、島田市、富士市、磐田市、焼津市、掛川市、**藤枝市**、御殿場市、袋井市、天竜市、浜北市、下田市、裾野市、**東伊豆町**、西伊豆町、賀茂村、伊豆長岡町、函南町、蒲山町、清水町、長泉町、富士川町、御殿場町、相良町、金谷町、大須賀町、浜岡町、小笠町、菊川町、大東町、森町、浅羽町、竜洋町、豊田町、豊岡村、佐久間町、水窪町、舞阪町、雄踏町、細江町、三ヶ日町、 静岡県大井川広域水道企業団
愛知県	60	1	0	1	29	22	7	愛知県、名古屋市、豊橋市、岡崎市、一宮市、瀬戸市、半田市、**春日井市**、豊川市、津島市、碧南市、刈谷市、**安城市**、西尾市、蒲郡市、犬山市、常滑市、江南市、**尾西市**、稲沢市、新城市、東海市、大府市、知多市、知立市、**尾張旭市**、高浜市、岩倉市、豊明市、日進市、西枇杷島町、西春町、清洲町、扶桑町、木曽川町、**飛島村**、美和町、**甚目寺町**、美浜町、武豊町、**一色町**、幡豆町、額田町、藤岡町、小原村、足助町、旭町、稲武町、小坂井町、渥美町、 東部知多衛生組合、海部津島環境事務組合、尾三消防組合、愛知中部水道企業団、知多北部広域連合、**西尾幡豆広域連合(普通会計分)**、衣浦東部広域連合
三重県	43	1	0	0	8	33	1	三重県、津市、四日市市、伊勢市、上野市、名張市、**尾鷲市**、亀山市、久居市、多度町、長島町、木曽岬村、楠町、朝日町、川越町、関町、芸濃町、**美里村**、香良洲町、一志町、白山町、三雲町、**多気町**、明和町、勢和村、玉城町、二見町、南勢町、御薗村、度会町、伊賀町、大山田村、青山町、浜島町、大王町、志摩町、阿児町、磯部町、紀伊長島町、御浜町、紀宝町、紀和町、**鵜殿村**、 度会広域連合
滋賀県	44	1	0	0	7	36	0	滋賀県、大津市、**彦根市**、長浜市、近江八幡市、八日市市、草津市、守山市、志賀町、中主町、野洲町、石部町、甲西町、水口町、甲賀町、**土山町**、信楽町、日野町、蒲生町、竜王町、永源寺町、五個荘町、能登川町、愛東町、湖東町、秦荘町、**愛知川町**、甲良町、多賀町、山東町、伊吹町、近江町、浅井町、湖北町、びわ町、高月町、木之本町、余呉町、西浅井町、マキノ町、今津町、朽木村、安曇川町
京都府	37	1	0	1	8	25	2	京都府、京都市、舞鶴市、宇治市、宮津市、亀岡市、城陽市、長岡京市、八幡市、京田辺市、大山崎町、久御山町、井手町、山城町、木津町、加茂町、和束町、南山城村、八木町、丹波町、日吉町、瑞穂町、三和町、夜久野町、大江町、加悦町、岩滝町、野田川町、峰山町、網野町、丹後町、弥栄町、久美浜町、 京都住宅新築資金等貸付事業管理組合、乙訓消防組合
大阪府	49	1	0	1	32	10	5	大阪府、大阪市、堺市、岸和田市、豊中市、池田市、吹田市、泉大津市、高槻市、貝塚市、守口市、枚方市、茨木市、八尾市、泉佐野市、富田林市、寝屋川市、河内長野市、松原市、大東市、和泉市、箕面市、柏原市、羽曳野市、門真市、摂津市、高石市、藤井寺市、東大阪市、泉南市、四條畷市、交野市、大阪狭山市、阪南市、島本町、豊能町、能勢町、忠岡町、熊取町、田尻町、岬町、太子町、河南町、千早赤阪村、 守口門真市消防組合、枚方寝屋川消防組合、柏原羽曳野藤井寺消防組合、くすのき広域連合、阪南岬消防組合

3

都道府県個人情報保護条例

都道府県	合計	都道府県	特別区	政令指定都市	その他の市	町村	一部事務組合等	条例制定団体の名称（ゴシック体は新規制定団体）
兵庫県	87	1	0	1	19	55	11	兵庫県、神戸市、姫路市、尼崎市、明石市、西宮市、洲本市、芦屋市、伊丹市、相生市、豊岡市、加古川市、赤穂市、宝塚市、三木市、高砂市、川西市、小野市、三田市、加西市、篠山市、猪名川町、吉川町、社町、滝野町、東条町、中町、加美町、黒田庄町、稲美町、夢前町、福崎町、香寺町、新宮町、太子町、上郡町、佐用町、上月町、南光町、三日月町、山崎町、三日月町、山崎町、安富町、宍粟郡一宮町、波賀町、千種町、城崎町、竹野町、香住町、日高町、出石町、但東町、村岡町、浜坂町、美方町、温泉町、八鹿町、養父町、大屋町、関宮町、生野町、和田山町、山東町、朝来町、山南町、柏原町、氷上町、青垣町、春日町、山南町、市島町、津名郡一宮町、五色町、東浦町、緑町、西淡町、三原町、南淡町、兵庫県市町村職員退職手当組合、北播衛生事務組合、加古川市高砂市宝殿中学校組合、三原郡広域事務組合（普通会計分）、加東行政事務組合（普通会計分）、南但広域行政事務組合、氷上郡広域行政事務組合（普通会計分）、宍粟郡病院事務組合、神崎郡南部斎苑事務組合、美方広域事務組合、くれさか環境事務組合
奈良県	37	1	0	0	8	28	0	奈良県、奈良市、大和高田市、大和郡山市、天理市、橿原市、桜井市、御所市、生駒市、月ヶ瀬村、都祁村、山添村、平群町、三郷町、斑鳩町、川西町、三宅町、田原本町、大字陀町、菟田野町、榛原町、室生村、曽爾村、御杖村、高取町、明日香村、新庄町、王寺町、広陵町、河合町、吉野町、大淀町、黒滝村、天川村、大塔村、川上村、東吉野村
和歌山県	21	1	0	0	2	17	1	和歌山県、和歌山市、御坊市、美里町、粉河町、桃山町、貴志川町、かつらぎ町、湯浅町、広川町、吉備町、清水町、中津村、白浜町、中辺路町、上富田町、日置川町、すさみ町、串本町、太地町、有田郡衛生施設事務組合
鳥取県	48	1	0	0	4	35	8	鳥取県、鳥取市、米子市、倉吉市、境港市、国府町、岩美町、福部村、郡家町、船岡町、河原町、八東町、若桜町、用瀬町、佐治村、智頭町、気高町、鹿野町、青谷町、羽合町、泊村、東郷町、三朝町、関金町、北条町、大栄町、東伯町、赤碕町、西伯町、会見町、岸本町、日吉津村、淀江町、大山町、名和町、中山町、日南町、日野町、江府町、溝口町、米子市ほか9か村学校組合、日野町江府町日南町衛生施設組合、羽合町村衛生施設組合、鳥取県東部広域行政管理組合、鳥取県西部広域行政管理組合、日野病院組合、南部箕蚊屋広域連合
島根県	70	1	0	0	8	51	10	島根県、松江市、浜田市、出雲市、益田市、大田市、安来市、江津市、平田市、鹿島町、島根町、美保関町、東出雲町、八雲村、玉湯町、宍道町、八束町、広瀬町、伯太町、仁多町、横田町、大東町、加茂町、木次町、三刀屋町、吉田村、掛合町、頓原町、赤来町、飯南町、多伎町、湖陵町、大社町、簸川郡斐川町、仁摩町、川本町、邑智町、大和村、瑞穂町、石見町、金城町、旭村、弥栄村、三隅町、美都町、匹見町、柿木村、六日市町、日原町、布施村、五箇村、都万村、海士町、西ノ島町、知夫村、大田市外2町広域行政組合、安来能義広域行政組合、斐川町宍道町水道企業団、益田地区広域市町村圏事務組合、出雲市外6市町広域事務組合、松江地区広域行政組合、島根県市町総合事務組合、邑智郡町村総合事務組合、浜田地区広域行政組合、雲南広域連合
岡山県	63	1	0	0	10	52	0	岡山県、岡山市、倉敷市、津山市、玉野市、笠岡市、井原市、総社市、高梁市、新見市、備前市、御津町、灘崎町、山陽町、赤坂町、瀬山町、吉井町、吉永町、和気町、早島町、山手村、清音村、船穂町、金光町、鴨方町、里庄町、寄島町、北房町、賀陽町、成羽町、川上村、備中町、哲西町、大佐町、神郷町、哲多町、勝山町、落合町、湯原町、久世町、美甘村、新庄村、川上町、八束村、中和村、富村、奥津町、阿波村、鏡野町、勝田町、勝央町、奈義町、勝北町、大原町、東粟倉村、西粟倉村、美作町、作東町、中央町、旭町、久米町、柵原町
広島県	66	1	0	1	11	49	4	広島県、広島市、呉市、竹原市、三原市、尾道市、因島市、福山市、府中市、三次市、庄原市、大竹市、東広島市、廿日市市、府中町、海田町、熊野町、坂町、安芸津町、戸河内町、芸北町、大朝町、千代田町、豊平町、吉田町、美土里町、甲田町、黒瀬町、福富町、豊栄町、大和町、河内町、本郷町、川尻町、音戸町、瀬戸田町、大崎上島町、向島町、入市町、向島町、甲山町、世羅町、世羅西町、沼隈町、神辺町、油木町、神石町、豊松村、神石三和町、上下町、総領町、甲奴町、君田村、布野村、作木村、三良坂町、三和町、双三郡三和町、東城町、口和町、比和町、音戸町倉橋町広域行政組合、三次中央病院組合（事業会計分）、福山地区消防組合、福山・府中広域行政事務組合
山口県	32	1	0	0	9	22	0	山口県、下関市、宇部市、山口市、防府市、岩国市、小野田市、光市、柳井市、新南陽市、周東町、鹿野町、大畠町、大和町、平生町、鹿野町、須佐町、油谷町、美祢町、秋芳町、油谷町、川上村、田万川町、むつみ村、須佐町、旭村、福栄村
徳島県	49	1	0	0	4	44	0	徳島県、徳島市、鳴門市、小松島市、阿南市、勝浦町、上勝町、佐那河内村、石井町、神山町、那賀川町、羽ノ浦町、繁敷村、板野町、上板町、松茂町、北島町、由岐町、日和佐町、牟岐町、海南町、海部町、穴喰町、松茂町、藍住町、板野町、土成町、吉野町、市場町、阿波町、鴨島町、川島町、山川町、美郷村、脇町、美馬町、半田町、貞光町、一宇村、穴吹町、木屋平村、三野町、三好町、池田町、山城町、井川町、三加茂町、東祖谷山村
香川県	34	1	0	0	6	27	0	香川県、高松市、丸亀市、坂出市、善通寺市、観音寺市、さぬき市、土庄町、三木町、牟礼町、庵治町、塩江町、香南町、綾上町、綾南町、国分寺町、飯山町、宇多津町、琴南町、満濃町、琴平町、多度津町、仲南町、高瀬町、山本町、三野町、大野原町、豊中町、詫間町、仁尾町、豊浜町、財田町
愛媛県	47	1	0	0	5	41	0	愛媛県、松山市、今治市、宇和島市、新居浜市、西予市、小松町、大西町、吉海町、宮窪町、伯方町、弓削町、上浦町、大三島町、岩城村、内海村、久万町、面河村、柳谷村、美川村、小田町、内子町、五十崎町、肱川町、河辺村、伊方町、瀬戸町、三崎町、三瓶町、明浜町、宇和町、野村町、城川町、一本松町、西海町、双海町、内子町、大洲市、八幡浜市、東温市、伊予市、四国中央市、砥部町、松前町、御荘町、城辺町、一本松町、西海町

4

都道府県個人情報保護条例・項目別条項集

都道府県	合計	都道府県	特別区	政令指定都市	その他の市	町村	一部事務組合等	条例制定団体の名称 （ゴシック体は新規制定団体）
高知県	20	1	0	0	7	11		高知県、高知市、室戸市、安芸市、南国市、土佐市、須崎市、宿毛市、土佐山田町、野市町、伊野町、池川町、中土佐町、佐川町、佐賀町、梼原町、仁淀村、佐賀町、大正町、**大月町**、**高知県・高知市病院組合**
福岡県	62	1	0	2	20	34	5	福岡県、北九州市、福岡市、**大牟田市**、久留米市、直方市、飯塚市、田川市、柳川市、山田市、甘木市、八女市、筑後市、大川市、行橋市、豊前市、中間市、小郡市、筑紫野市、春日市、大野城市、前原市、古賀市、那珂川町、宇美町、篠栗町、志免町、**須惠町**、新宮町、粕屋町、福間町、津屋崎町、**水巻町**、鞍手町、**杷木町**、三輪町、小石原村、宝珠山村、二丈町、吉井町、浮羽町、北野町、城島町、**大木町**、**三潴町**、立花町、瀬高町、大和町、三橋町、山川町、高田町、**香春町**、糸田町、**刈田町**、犀川町、**豊津町**、大任町、富町、瀬高町外二町消防組合、春日・大野城・那珂川消防組合、**粕屋南部消防組合**、春日那珂川水道企業団、福岡県介護保険広域連合
佐賀県	45	1	0	0	7	34	3	佐賀県、佐賀市、唐津市、鳥栖市、多久市、伊万里市、武雄市、鹿島市、諸富町、川副町、東与賀町、富士町、千代田町、三田川町、東背振村、脊振村、三瀬村、北茂安町、中原町、三根町、上峰町、三日月町、牛津町、浜玉町、七山村、厳木村、相知町、北波多村、肥前町、玄海町、鎮西町、呼子町、西有田町、北方町、大町町、江北町、白石町、福富町、有明町、太良町、塩田町、唐津・東松浦広域市町村圏組合、杵藤地区広域市町村圏組合、佐賀中部広域連合
長崎県	62	1	0	0	7	52	2	長崎県、長崎市、佐世保市、島原市、大村市、福江市、平戸市、松浦市、香焼町、高島町、多良見町、長与町、時津町、琴海町、西海町、大島町、崎戸町、西彼町、外海町、川棚町、東彼杵町、波佐見町、飯盛町、布浦町、小長井町、有明町、国見町、瑞穂町、吾妻町、愛野町、千々石町、小浜町、南串山町、口之津町、南有馬町、北有馬町、西有家町、有家町、布津町、深江町、大島村、生月町、小値賀町、大瀬戸町、田平町、福島町、鷹島町、江迎町、鹿町町、小佐々町、吉井町、世知原町、若松町、上五島町、新魚目町、有川町、奈良尾町、厳原町、美津島町、豊玉村、峰町、上県町、上対馬町、伊万里・北松地域広域市町村圏組合、西彼杵広域連合
熊本県	54	1	0	0	9	43	1	熊本県、熊本市、八代市、人吉市、水俣市、玉名市、本渡市、山鹿市、牛深市、**宇土市**、城南町、小川町、菊陽町、鹿本町、鹿北町、菊鹿町、泗水町、大津町、七城村、旭志村、西合志町、蘇陽町、久木野村、長嶺村、**御船町**、嘉島町、益城町、甲佐町、矢部町、坂本村、千丁町、鏡町、竜北町、東陽村、芦北町、津奈木町、湯前町、五木村、山江村、球磨村、**あさぎり町**、松島町、有明町、龍ヶ岳町、御所浦町、倉岳町、栖本町、新和町、苓北町、天草町、河浦町、阿蘇広域行政事務組合
大分県	47	1	0	0	6	40	0	大分県、大分市、別府市、佐伯市、臼杵市、津久見市、杵築市、**大田村**、国見町、**姫島村**、国東町、武蔵町、安岐町、日出町、山香町、野津原町、庄内町、湯布院町、**上浦町**、**本匠村**、宇目町、直川村、鶴見町、米水津村、蒲江町、野幡町、三重町、清川村、緒方町、朝地町、大野町、千歳村、大飼町、萩町、久住町、直入町、九重町、玖珠町、上津江村、三光村、**本耶馬溪町**、耶馬溪町、山国町、院内町、安心院町
宮崎県	36	1	0	0	9	26	0	宮崎県、宮崎市、都城市、延岡市、日南市、小林市、日向市、串間市、西都市、えびの市、清武町、田野町、佐土原町、北郷町、南郷町、三股町、山之口町、高城町、山田町、高崎町、野尻町、須木村、高岡町、国富町、**綾町**、新富町、西米良村、木城村、川南町、都農町、東郷町、西郷村、北方町、椎葉村、五ヶ瀬町
鹿児島県	62	1	0	0	12	49	0	鹿児島県、鹿児島市、川内市、鹿屋市、枕崎市、串木野市、阿久根市、名瀬市、出水市、加世田市、国分市、西之表市、垂水市、桜島町、三島村、十島村、開聞町、笠沙町、大浦町、坊津町、東市来町、日吉町、硫黄町、入来町、東郷町、鶴田町、薩摩町、祁答院町、上甑村、下甑村、鹿島村、里村、加治木町、**蒲生町**、横川町、栗野町、吉松町、牧園町、霧島町、隼人町、**大隅町**、有明町、串良町、東串良町、内之浦町、大根占町、根占町、田代町、佐多町、中種子町、**屋久町**、大和村、宇検村、瀬戸内町、喜界町、徳之島町、天城町、伊仙町、**和泊町**
沖縄県	31	1	0	0	11	18	0	沖縄県、那覇市、**石川市**、具志川市、宜野湾市、平良市、石垣市、浦添市、名護市、**糸満市**、沖縄市、豊見城市、東村、**今帰仁村**、恩納村、伊江村、読谷村、嘉手納町、北谷町、西原町、東風平町、知念村、佐敷町、**与那原町**、南風原町、渡嘉敷村、伊是名村、久米島町、城辺町、与那国町、沖縄県介護保険広域連合
合計	2,546	47	23	13	582	1,748	133	

5

都道府県個人情報保護条例・項目別条項集〈上〉

《平成15年12月31日現在》

1 前文・目的

(1) 前文

群馬県・前文
　個人の尊厳が尊重されることは、民主主義の理念である。
　個人に関する情報は、人格が尊重されるように、保護される必要がある。
　そのためには、自己に関する情報の開示と訂正を請求することが権利として保障されるとともに、収集、利用、提供、管理が適切に行われなければならない。
　県、県民及び事業者は、それぞれ個人の情報の積極的な保護に努めるものとする。

大阪府・前文
　個人の尊厳と基本的人権の尊重は、私たちの社会の基礎をなすものであり、この見地から、個人のプライバシーを最大限に保護することが重要である。
　とりわけ、情報・通信技術の飛躍的発展がもたらす高度情報化社会においては、個人が自己に関する情報を自ら実効的にコントロールできるようにすることが必要である。
　このような理解のもとに、広く個人情報の保護を図り、個人の尊厳を基調とする高度情報化社会の実現を目指し、この条例を制定する。

沖縄県・前文
　個人に関する情報は、基本的人権の保障及び個人の尊重の理念に基づき、最大限に保護されるべきものである。
　情報処理及び通信技術の進歩を背景とした情報化社会の進展は、医療、交通、環境、防災等における社会問題の解決に貢献し、また消費生活における各種サービスの提供を可能にするなど、県民生活に便利と豊かさをもたらしている。
　しかし一方では、個人に関する情報が、広範に収集、蓄積、利用されることに伴って、自己に関する情報がどのように取り扱われているかを充分に知りたいという県民の要請が高まっており、これに対する積極的な対策が必要となっている。
　このような認識の下に、個人情報の取扱いに関し必要な事項を定めるとともに、県の機関が保有する個人情報を個人が自らコントロールする権利を実効的に保障し、個人の権利利益の保護を図るため、この条例を制定する。

(2) 目的

北海道（目的）
第一条　この条例は、個人情報の適正な取扱いの確保に関し必要な事項を定め、道の機関が保有する個人情報の開示及び訂正を請求する権利を明らかにすることにより、個人の権利利益を保護するとともに、公正で民主的な道政の推進に資することを目的とする。

青森県（目的）
第一条　この条例は、個人情報の保護に関する県、事業者及び県民の責務を明ら

かにし、個人情報の適正な取扱いの確保に関し必要な事項を定めるとともに、県の実施機関が保有する個人情報の開示及び訂正等を求める権利を明らかにすることにより、個人の権利利益を保護することを目的とする。

岩手県（目的）

第一条 この条例は、個人情報の流通、蓄積及び利用の著しい増大にかんがみ、個人情報の適正な取扱いの確保に関し必要な事項を定めるとともに、県の実施機関が保有する個人情報の開示、訂正及び削除を求める個人の権利を明らかにすることにより、個人の権利利益の保護を図ることを目的とする。

宮城県（目的）

第一条 この条例は、実施機関が保有する個人情報の開示及び訂正を求める権利その他の個人情報の保護に関し必要な事項を定めることにより、個人情報の適正な取扱いの確保及び個人の権利利益の侵害の防止を図り、もって個人の人格と尊厳の尊重に寄与することを目的とする。

秋田県（目的）

第一条 この条例は、個人情報の適正な取扱いの確保に関し必要な事項を定めるとともに、実施機関が保有する個人情報の開示及び訂正を求める権利を明らかにすることにより、個人の権利利益の保護を図り、もって個人の尊重に寄与することを目的とする。

山形県（目的）

第一条 この条例は、個人情報の適正な取扱いの確保に関し必要な事項を定めるとともに、県の機関が保有する個人情報の開示、訂正及び削除を請求する個人の権利を明らかにすることにより、個人の権利利益を保護することを目的とする。

福島県（目的）

第一条 この条例は、個人情報の適正な取扱いの確保に関し必要な事項を定めるとともに、県の機関が保有する個人情報の開示及び訂正を求める個人の権利を明らかにすることにより、個人の権利利益を保護することを目的とする。

茨城県（目的）

第一条 この条例は、県における個人情報の取扱いに関する基本的事項を定めることにより、個人の権利利益の保護を図るとともに、県行政の適正な執行に資することを目的とする。

栃木県（目的）

第一条 この条例は、個人情報の適正な取扱いの確保に関し必要な事項を定めるとともに、県の実施機関が保有する個人情報の開示及び訂正を求める権利を明らかにすることにより、個人の権利利益の保護及び県政の適正な運営に資することを目的とする。

群馬県（目的）

第一条 この条例は、個人情報の適正な取扱いの確保に関し必要な事項を定めるとともに、県の実施機関が保有する個人情報の開示及び訂正を求める権利を明らかにすることにより、個人の権利利益の保護及び県民に信頼される公正で民主的な県政の推進を目的とする。

1 前文・目的

埼玉県（目的）

第一条　この条例は、県の機関に対して個人情報の開示及び訂正を請求する権利を明らかにするとともに、個人情報の適正な取扱いの確保に関し必要な事項を定めることにより、個人の権利利益を保護することを目的とする。

千葉県（目的）

第一条　この条例は、個人情報の適正な取扱いの確保に関し必要な事項を定め、県の機関が保有する個人情報の開示及び訂正を請求する権利等を明らかにすることにより、個人の権利利益の保護を図るとともに、県政に対する信頼の確保に資することを目的とする。

東京都（目的）

第一条　この条例は、個人に関する情報の取扱いについての基本的事項を定め、都の実施機関が保有する個人情報の開示及び訂正を請求する権利を明らかにし、もって個人の権利利益の保護を図るとともに、都政の適正な運営に資することを目的とする。

神奈川県（目的）

第一条　この条例は、個人の尊厳を保つ上で個人情報の保護が重要であることにかんがみ、県の機関が保有する個人情報の開示及び訂正を求める個人の権利を明らかにするとともに、個人情報の適正な取扱いの確保に関し必要な事項を定めることにより、県内における個人情報の取扱いに伴う個人の権利利益の侵害の防止を図り、もって基本的人権の擁護及び公正で民主的な県政の推進に資することを目的とする。

長野県（目的）

第一条　この条例は、個人情報の集積及び利用の拡大にかんがみ、県の機関が保有する個人情報の開示及び訂正を求める権利等を明らかにするとともに、個人情報の適正な取扱いの確保に関し必要な事項を定めることにより、個人の権利利益を保護することを目的とする。

山梨県（目的）

第一条　この条例は、県の機関が保有する個人情報の開示及び訂正を求める権利を明らかにするとともに、県内における個人情報の取扱いに関し必要な事項を定めることにより、個人の権利利益を保護することを目的とする。

新潟県（目的）

第一条　この条例は、個人情報の適正な取扱いの確保に関し必要な事項を定めるとともに、実施機関が保有する個人情報の開示及び訂正を求める権利を明らかにすることにより、個人の権利利益を保護することを目的とする。

富山県（目的）

第一条　この条例は、高度情報通信社会の進展に伴い個人情報の利用拡大していることにかんがみ、県の実施機関における個人情報の取扱いに関する基本的事項を定めることにより、県政の適正かつ円滑な運営を図りつつ、個人の権利利益を保護することを目的とする。

石川県（目的）

第一条　この条例は、個人情報の取扱いについての基本的事項を定め、県の実施

機関が保有する個人情報の開示、訂正及び利用停止を請求する権利を明らかにすることにより、県政の適正かつ円滑な運営を図りつつ、個人の権利利益を保護することを目的とする。

福井県（目的）

第一条　この条例は、個人情報の適正な取扱いを確保するために必要な事項を定めるとともに、実施機関が保有する個人情報の開示および訂正を請求する権利の内容を明らかにすることにより、個人の権利利益の保護を図り、もって個人の人格の尊重に寄与することを目的とする。

岐阜県（目的）

第一条　この条例は、個人情報の適正な取扱いの確保に関する基本的な事項を定めるとともに、県の実施機関が保有する個人情報の開示及び訂正を求める個人の権利を明らかにすることにより、個人の権利利益を保護することを目的とする。

静岡県（目的）

第一条　この条例は、実施機関が保有する個人情報の開示、訂正及び利用停止を請求する権利その他の個人情報の適正な取扱いの確保に関する基本的事項を定めることにより、県政の適正かつ円滑な運営を図りつつ、個人の権利利益を保護することを目的とする。

愛知県（目的）

第一条　この条例は、県の機関が保有する個人情報の開示、訂正及び削除を請求する個人の権利を明らかにし、個人情報の適正な取扱いの確保に関し必要な事項を定め、もって個人の権利利益を保護することを目的とする。

三重県（目的）

第一条　この条例は、個人情報の取扱いに関する基本的な事項を定め、三重県（以下「県」という。）の実施機関が保有する個人情報の開示等を求める個人の権利を明らかにすることにより、県政の適正かつ円滑な運営を図りつつ、個人の権利利益を保護することを目的とする。

滋賀県（目的）

第一条　この条例は、個人情報の適正な取扱いの確保に関し必要な事項を定めるとともに、県の実施機関が保有する個人情報の開示および訂正を求める権利等を明らかにすることにより、個人の権利利益を保護することを目的とする。

京都府（目的）

第一条　この条例は、個人情報の取扱いに関する基本的な事項を定め、併せて府の実施機関が管理する個人情報の開示及び訂正を求める個人の権利を明らかにすることにより、個人の権利利益を保護することを目的とする。

大阪府（目的）

第一条　この条例は、実施機関が保有する個人情報の開示、訂正及び削除を請求する権利を明らかにするとともに、個人情報の適正な取扱いの確保に関し必要な事項を定めることにより、個人の権利利益の保護を図り、もって基本的人権の擁護に資することを目的とする。

兵庫県（目的）

1 前文・目的

奈良県（目的）
第一条　この条例は、個人情報の適正な取扱いの確保に関する基本的事項を定めるとともに、県の実施機関が保有する個人情報の開示及び訂正を求める権利を明らかにすることにより、個人の権利利益を保護することを目的とする。

和歌山県（目的）
第一条　この条例は、個人情報の取扱いについての基本的な事項を定め、実施機関が保有する個人情報の開示及び訂正を請求する権利を明らかにすることにより、個人の権利利益を保護することを目的とする。

鳥取県（目的）
第一条　この条例は、個人情報の保護に関する県、事業者及び県民の責務を明らかにし、個人情報の適正な取扱いの確保に関する基本的事項を定めるとともに、県の実施機関が保有する個人情報の開示、訂正及び利用停止を求める個人の権利を明らかにすることにより、個人の権利利益を保護することを目的とする。

島根県（目的）
第一条　この条例は、個人の尊厳と基本的人権の尊重が社会の基礎であるとの見地から個人情報の保護が重要であることにかんがみ、個人情報の適正な取扱いの確保に関し必要な事項を定めるとともに、県の管理する個人情報の開示及び訂正を求める権利を明らかにし、もって個人の権利利益の保護を図ることを目的とする。

岡山県（目的）
第一条　この条例は、個人情報の適正な取扱いの確保に関し必要な事項を定め、県の実施機関が保有する個人情報の開示及び訂正等を求める権利を明らかにすることにより、県政の適正かつ円滑な運営を図りつつ、個人の権利利益を保護することを目的とする。

広島県（目的）
第一条　この条例は、高度情報通信社会の進展に伴い個人情報の利用が著しく拡大していることにかんがみ、個人情報の適正な取扱いの確保に関し必要な事項を定め、県の実施機関が保有する個人情報の開示、訂正等及び利用停止等を請求する権利を明らかにし、もって個人の権利利益の保護を図るとともに、県政の適正かつ円滑な運営に資することを目的とする。

山口県（目的）
第一条　この条例は、個人情報の適正な取扱いの確保に関し必要な事項を定めるとともに、県の機関が保有する個人情報の開示及び訂正を求める個人の権利を明らかにすることにより、個人の権利利益を保護することを目的とする。

徳島県（目的）
第一条　この条例は、個人の尊厳を保つ上で個人情報の保護を図ることが重要であることにかんがみ、個人情報の取扱いについての基本的な事項並びに県が保有する個人情報の開示及び訂正を請求する権利を明らかにすることにより、県民の権利利益の保護を図るとともに、県政に対する県民の信頼を確保することを目的とする。

徳島県（目的）
第一条　この条例は、個人の人格尊重の理念にのっとり、個人情報の適正な取扱

いの確保に関し必要な事項を定めるとともに、県の機関が保有する個人情報の開示、訂正及び利用停止を求める個人の権利を明らかにすることにより、県政の適正かつ円滑な運営を図りつつ、個人の権利利益を保護することを目的とする。

香川県（目的）

第一条 この条例は、県の実施機関が保有する個人情報の開示及び訂正を求める権利を明らかにするとともに、個人情報の適正な取扱いの確保に関する基本的事項を定めることにより、個人の権利利益を保護することを目的とする。

愛媛県（目的）

第一条 この条例は、個人の人格尊重の理念にのっとり、個人情報の適正な取扱いの確保に関し必要な事項を定めるとともに、県の機関が保有する個人情報の開示、訂正及び削除を求める権利を明らかにすることにより、県政の適正かつ円滑な運営を図りつつ、個人の権利利益を保護することを目的とする。

高知県（目的）

第一条 この条例は、個人情報の適正な取扱いの確保に必要な事項を定め、県の機関が保有する個人情報に関し開示、訂正及び是正を求める個人の権利を明らかにするとともに、個人情報の取扱いに伴う個人の権利利益に対する侵害の防止を図り、もって基本的人権の擁護及び公正で民主的な県政の推進に寄与することを目的とする。

福岡県（目的）

第一条 この条例は、個人情報の適正な取扱いの確保に関し必要な事項を定めるとともに、県の機関が保有する個人情報の開示及び訂正を求める権利を明らかにすることにより、個人の権利利益を保護することを目的とする。

佐賀県（目的）

第一条 この条例は、個人情報の適正な取扱しの確保に関し必要な事項を定め、実施機関が保有する個人情報の開示及び訂正を求める権利を明らかにすることにより、個人の権利利益の保護を図るとともに、県政に対する信頼の確保に資することを目的とする。

長崎県（目的）

第一条 この条例は、個人情報の適正な取扱いの確保に関し必要な事項を定め、県の実施機関が保有する個人情報の開示及び訂正を求める権利を明らかにすることにより、個人の権利利益の保護を図るとともに、県政の適正な運営に資することを目的とする。

大分県（目的）

第一条 この条例は、個人情報の適正な取扱いの確保に関し必要な事項を定め、実施機関が保有する個人情報の開示、訂正及び利用停止等を求める権利を明らかにすることにより、県政の適正かつ円滑な運営を図りつつ、個人の権利利益を保護することを目的とする。

熊本県（目的）

第一条 この条例は、個人情報に関する実施機関、事業者及び県民の適正な取扱いを確保するための基本的事項を定めるとともに、実施機関が保有する個人情

報の開示及び訂正を求める権利を明らかにすることにより、適正かつ円滑な県政運営を図りつつ、個人の権利利益を保護することを目的とする。

宮崎県（目的）

第一条 この条例は、個人情報の適切な取扱いに関し必要な事項を定め、実施機関が保有する個人情報の開示、訂正及び利用停止を求める権利を明らかにすることにより、県政の適正かつ円滑な運営を図りつつ、個人の権利利益を保護することを目的とする。

鹿児島県（目的）

第一条 この条例は、県の実施機関が保有する個人情報について、その適正な取扱いの確保に関し必要な事項並びに開示、訂正及び利用停止を請求する権利を定めることにより、県政の適正かつ円滑な運営を図りつつ、個人の権利利益を保護することを目的とする。

沖縄県（目的）

第一条 この条例は、個人情報の適正な取扱いの確保に関し必要な事項を定めるとともに、県の機関が保有する個人情報の開示、訂正及び削除を請求する権利を明らかにすることにより、個人の権利利益を保護することを目的とする。

2　定義

(1)　定義全部

北海道（定義）

第二条　この条例において、次の各号に掲げる用語の意義は、当該各号に定めるところによる。
　一　個人情報　個人に関する情報であって、特定の個人が識別され、又は識別され得るものをいう。ただし、法人その他の団体に関して記録された情報に含まれる当該法人その他の団体の役員に関する情報を除く。
　二　実施機関　知事、教育委員会、選挙管理委員会、監査委員、人事委員会、地方労働委員会、収用委員会、連合海区漁業調整委員会、海区漁業調整委員会、内水面漁場管理委員会及び公営企業管理者をいう。
　三　事業者　事業を営む法人その他の団体（国、独立行政法人等（独立行政法人等の保有する情報の公開に関する法律（平成十三年法律第百四十号）第二条第一項に規定する独立行政法人等をいう。以下同じ。）及び地方公共団体を除く。以下「法人等」という。）又は事業を営む個人をいう。
　四　公文書　実施機関が作成し、又は取得した文書、図画及び写真（これらを撮影したマイクロフィルムを含む「以下同じ。」）並びに電磁的記録（電子的方式、磁気的方式その他人の知覚によっては認識することができない方式で作られた記録をいう。以下同じ。）であって、当該実施機関が組織的に用いるものとして、当該実施機関が管理しているものをいう。ただし、官報・白書・新聞・雑誌・書籍その他不特定多数の者に販売することを目的として発行されるものを除く。

青森県（定義）

第二条　この条例において、次の各号に掲げる用語の意義は、当該各号に定めるところによる。
　一　個人情報　個人に関する情報であって、特定の個人が識別され、又は識別され得るものをいう。
　二　実施機関　知事、議会、教育委員会、選挙管理委員会、人事委員会、監査委員、地方労働委員会、収用委員会、海区漁業調整委員会及び内水面漁場管理委員会をいう。
　三　事業者　法人その他の団体（国及び地方公共団体を除く。）又は事業を営む個人をいう。
　四　本人　個人情報により識別され、又は識別され得る個人をいう。
　五　行政文書　実施機関の職員が職務上作成し、又は取得した文書、図画、写真、フィルム及び電磁的記録（電子的方式、磁気的方式その他人の知覚によっては認識することができない方式で作られた記録をいう。以下同じ。）であって、当該実施機関の職員が組織的に用いるものとして、当該実施機関が保有しているものをいう。ただし、次に掲げるものを除く。

イ　官報、公報、白書、新聞、雑誌、書籍その他不特定多数の者に販売することを目的として発行されるもの
　　ロ　県立図書館その他の県の機関において、歴史的若しくは文化的な資料又は学術研究用の資料として特別の管理がされているもの

岩手県（定義）
第二条　この条例において、次の各号に掲げる用語の意義は、当該各号に定めるところによる。
　一　個人情報　個人に関する情報であって、当該情報に含まれる氏名、生年月日その他の記述等により特定の個人を識別することができるもの（他の情報と照合することにより、特定の個人を識別することができることとなるものを含む。）をいう。ただし、法人その他の団体の活動に関する情報に含まれる当該法人その他の団体の役員に関する情報を除く。
　二　実施機関　知事、教育委員会、選挙管理委員会、監査委員、人事委員会、地方労働委員会、収用委員会、海区漁業調整委員会、内水面漁場管理委員会及び公営企業の管理者をいう。
　三　行政文書　実施機関の職員が職務上作成し、又は取得した文書、図画及び電磁的記録（電子的方式、磁気的方式その他人の知覚によっては認識することができない方式で作られた記録をいう。以下同じ。）であって、当該実施機関の職員が組織的に用いるものとして、当該実施機関が保有しているものをいう。ただし、次に掲げるものを除く。
　　ア　新聞、雑誌、書籍その他不特定多数の者に販売することを目的として発行されるもの
　　イ　岩手県立図書館その他の機関において、歴史的若しくは文化的な資料又は学術研究用の資料として特別の管理がされているもの
　四　事業者　法人その他の団体（国及び地方公共団体を除く。以下「法人等」という。）又は事業を営む個人をいう。

宮城県（定義）
第二条　この条例において、次の各号に掲げる用語の意義は、当該各号に定めるところによる。
　一　個人情報　個人に関する情報（事業を営む個人の当該事業に関する情報及び法人その他の団体（国及び地方公共団体を除く。以下「法人等」という。）に関する情報に含まれる当該法人等の役員に関する情報を除く。）であって、特定の個人が識別され、又は識別され得るものをいう。
　二　実施機関　知事、公営企業管理者、病院事業管理者、教育委員会、選挙管理委員会、人事委員会、監査委員、地方労働委員会、収用委員会、海区漁業調整委員会及び内水面漁場管理委員会をいう。
　三　事業者　法人等及び事業を営む個人をいう。
　四　行政文書　実施機関の職員が職務上作成し、又は取得した文書、図画、写真及びスライドフィルム（これらを撮影したマイクロフィルムを含む。）並びに電磁的記録（電子的方式、磁気的方式その他人の知覚によっては認識することができない方式で作られた記録をいう。以下同じ。）であって、当該実施

機関の職員が組織的に用いるものとして、当該実施機関が保有しているものをいう。
　五　本人　個人情報から識別され、又は識別され得る個人をいう。

秋田県（定義）
第二条　この条例において、次の各号に掲げる用語の意義は、当該各号に定めるところによる。
　一　個人情報　個人に関する情報（事業を営む個人の当該事業に関する情報及び法人その他の団体に関する情報に含まれる当該法人その他の団体の役員に関する情報を除く。）であって、特定の個人が識別され、又は識別され得るものをいう。
　二　実施機関　知事、議会、教育委員会、選挙管理委員会、人事委員会、監査委員、地方労働委員会、収用委員会、海区漁業調整委員会、内水面漁場管理委員会及び公営企業管理者をいう。
　三　事業者　法人その他の団体（国、独立行政法人等（独立行政法人等の保有する個人情報の保護に関する法律（平成十五年法律第五十九号）第二条第一項に規定する独立行政法人等をいう。以下同じ。）及び地方公共団体を除く。以下「法人等」という。）及び事業を営む個人をいう。
　四　行政文書　実施機関の職員が職務上作成し、又は取得した文書、図画及び写真（これらを撮影したマイクロフィルムを含む。以下同じ。）並びに電磁的記録（電子的方式、磁気的方式その他人の知覚によっては認識することができない方式で作られた記録をいう。以下同じ。）であって、当該実施機関の職員が組織的に用いるものとして、当該実施機関が保有しているものをいう。ただし、官報、白書、新聞、雑誌、書籍その他不特定多数の者に販売することを目的として発行されるものを除く。
　五　本人　個人情報から識別され、又は識別され得る個人をいう。

山形県（定義）
第二条　この条例において、次の各号に掲げる用語の意義は、当該各号に定めるところによる。
　一　個人情報　個人に関する情報であって、特定の個人が識別され、又は識別され得るものをいう。ただし、法人その他の団体に関する情報に含まれる当該法人その他の団体の役員に関する情報を除く。
　二　実施機関　知事、議会、教育委員会、選挙管理委員会、人事委員会、監査委員、地方労働委員会、収用委負会、海区漁業調整委員会、内水面漁場管理委員会及び企業管理者をいう。
　三　実施機関の職員　実施機関及びその委員並びに実施機関の附属機関の構成員及び事務部局（教育委員会にあっては、学校その他の教育機関を含む。）の職員（副知事及び出納長を含む。）をいう。
　四　本人　個人情報から識別され、又は識別され得る個人をいう。
　五　公文書　実施機関の職員が職務上作成し、又は取得した文書、図面、写真その他情報が記録された規則で定める記録媒体であって、実施機関の職員が組織的に用いるものとして実施機関が保有しているものをいう。ただし、次

に掲げるものを除く。
　　イ　一般に入手することができるもの又は一般に利用することができる施設において閲覧等の方法により情報が提供されているもの
　　ロ　歴史的若しくは文化的な資料又は学術研究用の資料として特別に保有しているもの

福島県（定義）
第二条　この条例において、次の各号に掲げる用語の意義は、それぞれ当該各号に定めるところによる。
　一　個人情報　個人に関する情報であって、特定の個人が識別され、又は識別され得るものをいう。ただし、法人その他の団体に関する情報に含まれる当該法人その他の団体の役員に関する情報を除く。
　二　実施機関　知事、教育委員会、選挙管理委員会、監査委員、人事委員会、地方労働委員会、収用委員会、海区漁業調整委員会及び内水面漁場管理委員会をいう。
　三　公文書　実施機関の職員が職務上作成し、又は取得した文書、図面及び電磁的記録（電子的方式、磁気的方式その他人の知覚によっては認識することができない方式で作られた記録をいう。以下同じ。）であって、当該実施機関の職員が組織的に用いるものとして、当該実施機関が保有しているものをいう。ただし、官報、公報、白書、新聞、雑誌、書籍その他不特定多数のものに販売することを目的として発行されるものを除く。
　四　事業者　法人その他の団体（国及び地方公共団体を除く。以下「法人等」という。）及び事業を営む個人をいう。

茨城県（定義）
第二条　この条例において、次の各号に掲げる用語の意義は、当該各号に定めるところによる。
　一　実施機関　知事、教育委員会、選挙管理委員会、人事委員会、監査委員、地方労働委員会、収用委員会、海区漁業調整委員会、内水面漁場管理委員会及び公営企業管理者をいう。
　二　個人情報　個人に関する情報であって、特定の個人が識別され、又は識別され得るものをいう。ただし、法人その他の団体に関する情報に含まれる当該法人その他の団体の役員に関する情報を除く。
　三　公文書　実施機関の職員が職務上作成し、又は取得した文書、図画及び写真（これらを撮影したマイクロフィルムを含む。）であって、決裁等の手続が終了し、実施機関において管理しているものをいう。
　四　磁気テープ等　実施機関の職員が職務上作成し、又は取得した情報が記録されている電子計算機処理に使用される磁気テープ、磁気ディスクその他これらに準ずる方法により一定の事項を確実に記録することができる物であって、実施機関において管理しているものをいう。

栃木県（定義）
第二条　この条例において「実施機関」とは、知事、議会、地方公営企業の管理者、教育委員会、選挙管理委員会、人事委員会、監査委員、地方労働委員会、

収用委員会及び内水面漁場管理委員会をいう。
2　この条例において「個人情報」とは、個人に関する情報であって、特定の個人が識別され、又は識別され得るものをいう。ただし、次に掲げるものを除く。
　一　法人その他の団体に関する情報に含まれる当該法人その他の団体の役員に関する情報
　二　事業を営む個人の当該事業に関する情報
3　この条例において「事業者」とは、法人その他の団体（国及び地方公共団体を除く。以下「法人等」という。）及び事業を営む個人をいう。
4　この条例において「公文書」とは、実施機関の職員が職務上作成し、又は取得した文書及び図画（これらを撮影したマイクロフィルムを含む。）並びに電磁的記録（電子的方式、磁気的方式その他人の知覚によっては認識することができない方式で作られた記録をいう。以下同じ。）であって、当該実施機関の職員が組織的に用いるものとして、当該実施機関が保有しているものをいう。ただし、官報、公報、新聞、書籍その他不特定多数の者に販売することを目的として発行されるものを除く。

群馬県（定義）
第二条　この条例において「個人情報」とは、個人に関する情報であって、特定の個人が識別され、又は識別され得るものをいう。
2　この条例において「実施機関」とは、知事、議会、教育委員会、選挙管理委員会、人事委員会、監査委員、地方労働委員会、収用委員会、内水面漁場管理委員会及び企業管理者をいう。
3　この条例において「事業者」とは、法人その他の団体（次に掲げる者を除く。以下「法人等」という。）及び事業を営む個人をいう。
　一　国
　二　地方公共団体
　三　独立行政法人等（独立行政法人等の保有する個人情報の保護に関する法律（平成十五年法律第五十九号）第二条第一項に規定する独立行政法人等をいう。以下同じ。）
　四　地方独立行政法人（地方独立行政法人法（平成十五年法律第百十八号）第二条第一項に規定する地方独立行政法人をいう。以下同じ。）
4　この条例において「公文書」とは、実施機関の職員が職務上作成し、又は取得した文書、図画及び電磁的記録（電子的方式、磁気的方式その他人の知覚によっては認識することができない方式で作られた記録をいう。以下同じ。）であって、当該実施機関の職員が組織的に用いるものとして、当該実施機関が保有しているものをいう。ただし、次に掲げるものを除く。
　一　官報、県報、白書、新聞、雑誌、書籍その他不特定多数の者に販売することを目的として発行されるもの
　二　群馬県立文書館その他規則で定める県の機関において、歴史的若しくは文化的な資料又は学術研究用の資料として特別の管理がされているもの

埼玉県（定義）
第二条　この条例において、次の各号に掲げる用語の意義は、それぞれ当該各号

に定めるところによる。
- 一　個人情報　個人に関する情報であって、特定の個人が識別され、又は識別され得るものをいう。ただし、次に掲げるものを除く。
  - イ　法人その他の団体に関して記録された情報に含まれる当該法人その他の団体の役員に関する情報
  - ロ　事業を営む個人に関する情報で明らかに当該事業に専属すると認められるもの（第十三条第一項第二号において「個人に関する事業情報」という。）
- 二　実施機関　知事、教育委員会、選挙管理委員会、人事委員会、監査委員、地方労働委員会、収用委員会、内水面漁場管理委員会及び公営企業管理者をいう。
- 三　公文書　県の機関が保管している文書（磁気テープ、磁気ディスク、フィルム等を含む。第二十六条第三項第二号において同じ。）のうち、県の機関が作成したもので決裁が終了したもの及び県の機関が入手したもので受理等の手続が終了したものをいう。
- 四　事業者　法人その他の団体（国及び地方公共団体を除く。以下「法人等」という。）及び事業を営む個人をいう。

千葉県（定義）
第二条　この条例において、次の各号に掲げる用語の意義は、それぞれ当該各号に定めるところによる。
- 一　個人情報　個人に関する情報であって、特定個人が識別され、又は識別され得るものをいう。ただし、法人その他の団体に関して記録された情報に含まれる当該法人その他の団体の役員に関する情報を除く。
- 二　実施機関　知事、教育委員会、選挙管理委員会、監査委員、人事委員会、地方労働委員会、海区漁業調整委員会、内水面漁場管理委員会及び公営企業管理者をいう。
- 三　公文書　実施機関の職員が職務上作成し、又は収受した文書、図画及び写真（これらを撮影したマイクロフィルムを含む。）であって、決裁、供覧等の手続が終了し、実施機関が管理しているものをいう。
- 四　磁気テープ等　実施機関の職員が職務上作成し、又は取得した情報が記録された電子計算機による処理に使用される磁気テープ、磁気ディスクその他これらに準ずる方法により一定の事項を確実に記録しておくことができる物であって、実施機関が管理しているものをいう。
- 五　事業者　法人その他の団体（国及び地方公共団体を除く。以下「法人等」という。）及び事業を営む個人をいう。

東京都（定義）
第二条　この条例において、「実施機関」とは、知事、教育委員会、選挙管理委員会、人事委員会、監査委員、地方労働委員会、収用委員会、海区漁業調整委員会、内水面漁場管理委員会、固定資産評価審査委員会、公営企業管理者及び消防総監並びに東京都規則で定める機関の長をいう。
2　この条例において「個人情報」とは、個人に関する情報（特定の個人を識別

できるものをいう。)で、実施機関が管理する文書、図画、写真、フィルム、磁気テープ、磁気ディスク等（以下「文書等」という。）に記録されたものをいう。
3　この条例において「事業者」とは、法人（国及び地方公共団体を除く。）その他の団体及び事業を営む個人をいう。
4　この条例において「公文書」とは、実施機関の職員が職務上作成し、又は取得した文書等であって、当該実施機関の職員が組織的に用いるものとして、当該実施機関が保有しているものをいう。ただし、官報、公報、白書、新聞、雑誌、書籍その他不特定多数の者に販売することを目的として発行されるものを除く。

東京都施行規則（実施機関となる行政機関）
第一条の二　条例第二条第一項の東京都規則で定める行政機関は、次に掲げるものとする。
　一　東京都立大学
　二　東京都立科学技術大学
　三　東京都立短期大学
　四　東京都立商科短期大学
　五　東京都立保健科学大学
2　前項の行政機関の長が条例の規定に基づき定めた条例の施行に関し必要な事項を告示する権限を、同項の行政機関の長に委任する。

神奈川県（定義）
第二条　この条例において、次の各号に掲げる用語の意義は、当該各号に定めるところによる。
　一　個人情報　個人に関する情報（個人が営む事業に関して記録された情報に含まれる当該個人に関する情報及び法人その他の団体に関して記録された情報に含まれる当該法人その他の団体の役員に関する情報を除く。）であって、特定の個人が識別され、又は識別され得るものをいう。
　二　実施機関　知事、議会、公営企業管理者、教育委員会、選挙管理委員会、人事委員会、監査委員、地方労働委員会、収用委員会、海区漁業調整委員会及び内水面漁場管理委員会をいう。
　三　事業者　事業を営む法人その他の団体（国及び地方公共団体を除く。以下「法人等」という。）又は事業を営む個人をいう。
　四　行政文書　実施機関の職員がその分掌する事務に関して職務上作成し、又は取得した文書、図画及び電磁的記録（電子的方式、磁気的方式その他人の知覚によっては認識することができない方式で作られた記録をいう。以下同じ。）であって、当該実施機関において管理しているものをいう。ただし、次に掲げるものを除く。
　　ア　新聞、雑誌、書籍その他不特定多数の者に販売することを目的として発行されるもの
　　イ　公文書館、図書館、博物館、美術館その他これらに類する施設において、当該施設の設置目的に応じて収集し、整理し、及び保存している図書、記録、図画その他の資料

ウ　文書又は図画の作成の補助に用いるため一時的に作成した電磁的記録であって、実施機関が定めるもの
　五　電子計算機処理　電子計算機を使用して行われる情報の入力、蓄積、編集、加工、修正、更新、検索、消去、出力又はこれらに類する処理をいう。ただし、次に掲げる処理を除く。
　　ア　専ら文章を作成するための処理
　　イ　専ら文書又は図画の内容を記録するための処理
　　ウ　製版その他の専ら印刷物を製作するための処理
　　エ　専ら文書又は図画の内容の伝達を電気通信の方法により行うための処理
　六　本人　個人情報から識別され、識別され得る個人をいう。

山梨県（定義）

第二条　この条例において、次の各号に掲げる用語の意義は、当該各号に定めるところによる。
　一　個人情報　個人に関する情報であって、特定の個人が識別され、又は識別され得るものをいう。ただし、次に掲げるものを除く。
　　イ　法人その他の団体に関する情報に含まれる当該法人その他の団体の役員に関する情報
　　ロ　事業を営む個人に関する情報に含まれる当該事業に関する情報
　二　実施機関　知事、議会、公営企業管理者、教育委員会、選挙管理委員会、人事委員会、監査委員、地方労働委員会、収用委員会及び内水面漁場管理委員会をいう。
　三　事業者　事業を営む法人その他の団体（国及び地方公共団体を除く。以下「法人等」という。）及び事業を営む個人をいう。
　四　本人　個人情報から識別さ、、又は識別され得る個人をいう。
　五　行政文書　山梨県情報公開条例（平成十一年山梨県条例第五十四号）第二条第一項に規定する行政文書をいう。

長野県（定義）

第二条　この条例において、次の各号に掲げる用語の意義は、当該各号に定めるところによる。
　一　実施機関　知事、教育委員会、選挙管理委員会、人事委員会、監査委員、地方労働委員会、収用委員会、内水面漁場管理委員会及び公営企業管理者をいう。
　二　事業者　事業を営む法人その他の団体（国及び地方公共団体を除く。）及び事業を営む個人をいう。
　三　個人情報　個人に関する情報であって、当該情報に含まれる氏名、生年月日その他の記述等により特定の個人を識別することができるもの（他の情報と照合することにより、特定の個人を識別することができることとなるものを含む。）をいう。ただし、法人その他の団体に関して記録された情報に含まれる当該法人その他の団体の役員に関する情報を除く。
　四　公文書　実施機関の職員が職務上作成し、又は取得した文書、図画及び電磁的記録（電子的方式、磁気的方式その他人の知覚によっては認識すること

ができない方式で作られた記録をいう。第十五条において同じ。）であって、当該実施機関の職員が組織的に用いるものとして、当該実施機関が管理しているもの（公報、新聞、雑誌、書籍その他不特定多数の者に販売することを目的として発行されるもの及び図書館、博物館その他これらに類する施設において、当該施設の設置目的に応じ特別の管理がされているものを除く。）をいう。
- 五　記録情報　公文書に記録された個人情報をいう。
- 六　個人情報ファイル　記録情報であって、一定の事務を行うために特定の基準に従って整理された個人情報の集合物をいう。
- 七　記録情報の本人　記録情報から識別され、又は識別され得る個人をいう。

新潟県（定義）

第二条　この条例において、次の各号に掲げる用語の意義は、当該各号に定めるところによる。
- 一　個人情報　個人に関する情報（事業を営む個人の当該事業に関する情報及び法人その他の団体に関する情報に含まれる当該法人その他の団体の役員に関する情報を除く。）であって、特定の個人が識別され、又は識別され得るものをいう。
- 二　実施機関　知事、公営企業管理者、教育委員会、選挙管理委員会、人事委員会、監査委員、地方労働委員会、収用委員会、海区漁業調整委員会、連合海区漁業調整委員会及び内水面漁場管理委員会をいう。
- 三　公文書　実施機関の職員が職務上作成し、又は取得した文書、図画及び写真（これらを撮影したマイクロフィルムを含む。）であって、決裁、供覧等の事務手続が終了し、実施機関が管理しているものをいう。
- 四　磁気テープ等　電子計算機による処理に使用される磁気テープ、磁気ディスクその他これらに準ずる方法により一定の事項を確実に記録しておくことができる物であって、実施機関の職員が職務上作成し、又は取得した情報を記録され、実施機関が管理しているものをいう。
- 五　本人　個人情報から識別され、又は識別され得る個人をいう。
- 六　事業者　法人その他の団体（国及び地方公共団体を除く。以下「法人等」という。）及び事業を営む個人をいう。

富山県（定義）

第二条　この条例において「個人情報」とは、個人に関する情報であって、当該情報に含まれる氏名、生年月日その他の記述等により特定の個人を識別することができるもの（他の情報と照合することができ、それにより特定の個人を識別することができることとなるものを含む。）をいう。

2　この条例において「実施機関」とは、知事、議会、教育委員会、選挙管理委員会、人事委員会、監査委員、地方労働委員会、収用委員会、海区漁業調整委員会、内水面漁場管理委員会及び公営企業管理者をいう。

3　この条例において「保有個人情報」とは、実施機関の職員が職務上作成し、又は取得した個人情報であって、当該実施機関の職員が組織的に利用するものとして、当該実施機関が保有しているものをいう。ただし、公文書（富山県情

報公開条例（平成十三年富山県条例第三十八号）第二条第二項に規定する公文書をいう。以下同じ。）に記録されているものに限る。
4　この条例において個人情報について「本人」とは、個人情報によって識別される特定の個人をいう。
　　石川県（定義）
第二条　この条例において「個人情報」とは、個人に関する情報であって、当該情報に含まれる氏名、生年月日その他の記述等により特定の個人を識別することができるもの（他の情報と照合することができ、それにより特定の個人を識別することができることとなるものを含む。）をいう。ただし、法人その他の団体に関する情報に含まれる当該法人その他の団体の役員に関する情報を除く。
2　この条例において「実施機関」とは、知事、教育委員会、選挙管理委員会、監査委員、人事委員会、地方労働委員会、収用委員会、海区漁業調整委員会及び内水面漁場管理委員会をいう。
3　この条例において「保有個人情報」とは、実施機関の職員が職務上作成し、又は取得した個人情報であって、当該実施機関の職員が組織的に利用するものとして、当該実施機関が保有しているものをいう。ただし、公文書（石川県情報公開条例（平成十二年石川県条例第四十六号）第二条第二項に規定する公文書をいう。以下同じ。）に記録されているものに限る。
4　この条例において個人情報について「本人」とは、個人情報によって識別される特定の個人をいう。
　　福井県（定義）
第二条　この条例において、次の各号に掲げる用語の意義は、それぞれ当該各号に定めるところによる。
　　一　個人情報　個人に関する情報（事業を営む個人の当該事業に関する情報および法人その他の団体に関する情報に含まれる当該法人その他の団体の役員に関する情報を除く。）であって、特定の個人を識別することができるもの（他の情報と照合することにより、特定の個人を識別することができることとなるものを含む。）をいう。
　　二　実施機関　知事、議会、教育委員会、選挙管理委員会、人事委員会、監査委員、地方労働委員会、収用委員会、海区漁業調整委員会、内水面漁場管理委員会および地方公営企業の管理者をいう。
　　三　事業者　法人その他の団体（国および地方公共団体を除く。以下「法人等」という。）および事業を営む個人をいう。
　　四　公文書　実施機関の職員が職務上作成し、または取得した文書、図画および電磁的記録（電子的方式、磁気的方式その他人の知覚によっては認識することができない方式で作られた記録をいう。以下同じ。）であって、当該実施機関が管理しているものをいう。ただし、官報、公報、白書、新聞、雑誌、書籍その他不特定のものに販売することを目的として発行されるものを除く。
　　五　本人　個人情報から識別され、または識別され得る個人をいう。
　　岐阜県（定義）
第二条　この条例において、次の各号に掲げる用語の意義は、当該各号に定める

ところによる。
一　個人情報　個人に関する情報であって、特定の個人が識別され得るものをいう。ただし、次に掲げるものを除く。
　イ　事業を営む個人の当該事業に関する情報
　ロ　法人その他の団体に関する情報に含まれる当該法人その他の団体の役員に関する情報（当該法人その他の団体の機関としての情報に限る。）
二　実施機関　知事、議会、教育委員会、選挙管理委員会、人事委員会、監査委員、地方労働委員会、収用委員会及び内水面漁場管理委員会をいう。
三　事業者　法人（国及び地方公共団体を除く。）その他の団体（以下「法人等」という。）及び事業を営む個人をいう。
四　本人　個人情報から識別され得る個人をいう。
五　公文書　実施機関の職員が職務上作成し、又は取得した文書、図画、写真、フイルム及び電磁的記録（電子的方式、磁気的方式その他人の知覚によっては認識することができない方式で作られた記録をいう。以下同じ。）であって、当該実施機関の職員が組織的に用いるものとして、当該実施機関が保有しているものをいう。ただし、次に掲げるものを除く。
　イ　官報、公報、白書、新聞、雑誌、書籍その他一般に入手できるもの又は実施機関が一般の利用に供することを目的として保有しているもの
　ロ　県の図書館その他これに類する施設において、歴史的若しくは文化的な資料又は学術研究用の資料として特別の管理がされているもの

静岡県（定義）
第二条　この条例において「実施機関」とは、知事、教育委員会、選挙管理委員会、人事委員会、監査委員、地方労働委員会、収用委員会、海区漁業調整委員会、内水面漁場管理委員会、公営企業管理者及びがんセンター事業管理者をいう。
2　この条例において「個人情報」とは、生存する個人に関する情報であって、当該情報に含まれる氏名、生年月日その他の記述等により特定の個人を識別することができるもの（他の情報と照合することができ、それにより特定の個人を識別することができることとなるものを含む。）をいう。
3　この条例において「保有個人情報」とは、実施機関の職員が職務上作成し、又は取得した個人情報であって、当該実施機関の職員が組織的に利用するものとして、当該実施機関が保有しているものをいう。ただし、公文書（静岡県情報公開条例（平成十二年静岡県条例第五十八号。以下「情報公開条例」という。）第二条第二項に規定する公文書をいう。以下同じ。）に記録されているものに限る。
4　この条例において個人情報について「本人」とは、個人情報によって識別される特定の個人をいう。

愛知県（定義）
第二条　この条例において、次の各号に掲げる用語の意義は、当該各号に定めるところによる。
一　個人情報　個人に関する情報であって、特定の個人が識別され得るものを

いう。ただし、法人その他の団体（以下「法人等」という。）に関する情報に含まれる当該法人等の役員に関する情報を除く。
　二　実施機関　知事、教育委員会、選挙管理委員会、人事委員会、監査委員、地方労働委員会、収用委員会、海区漁業調整委員会、内水面漁場管理委員会及び公営企業管理者をいう。
　三　事業者　法人等（国及び地方公共団体を除く。）及び事業を営む個人をいう。

三重県（定義）
第二条　この条例において、次の各号に掲げる用語の意義は、当該各号に定めるところによる。
　一　個人情報　個人に関する情報であって、当該情報に含まれる氏名、生年月日その他の記述等により特定の個人を識別することができるもの（他の情報と照合することにより、特定の個人を識別することができることとなるものを含む。）をいう。
　二　実施機関　知事、議会、教育委員会、選挙管理委員会、人事委員会、監査委員、地方労働委員会、収用委員会、海区漁業調整委員会、内水面漁場管理委員会及び公営企業管理者をいう。
　三　事業者　法人その他の団体（国及び地方公共団体を除く。第十六条及び第四十三条において「法人等」という。）又は事業を営む個人をいう。
　四　公文書　実施機関の職員が職務上作成し、又は取得した文書、図画、写真、フィルム及び電磁的記録（電子的方式、磁気的方式その他人の知覚によっては認識することができない方式で作られた記録をいう。第二十四条及び第二十六条において同じ。）であって、当該実施機関の職員が組織的に用いるものとして、当該実施機関が保有しているものをいう。ただし、次に掲げるものを除く。
　　イ　官報、公報、白書、新聞、雑誌、書籍その他不特定多数の者に販売することを目的として発行されるもの
　　ロ　三重県立図書館その他実施機関が別に定める機関において管理され、かつ、歴史的若しくは文化的な資料又は学術研究用の資料として公にされ又は公にされることが予定されているもの
　五　本人　個人情報によって識別される特定の個人をいう。

滋賀県（定義）
第二条　この条例において、次の各号に掲げる用語の意義は、それぞれ当該各号に定めるところによる。
　一　個人情報　個人に関する情報であって、特定の個人が識別され得るものをいう。ただし、法人その他の団体に関して記録された情報に含まれる当該法人その他の団体の役員に関する情報を除く。
　二　実施機関　知事、教育委員会、選挙管理委員会、人事委員会、監査委員、地方労働委員会、収用委員会、海区漁業調整委員会、内水面漁場管理委員会および公営企業管理者をいう。
　三　公文書　滋賀県情報公開条例（平成十二年滋賀県条例第百十三号）第二条第二項に規定する公文書をいう。

四　事業者　法人（国および地方公共団体を除く。）その他の団体（以下「法人等」という。）および事業を営む個人をいう。

京都府（定義）
第二条　この条例において、次の各号に掲げる用語の意義は、当該各号に定めるところによる。
一　個人情報　個人に関する情報であって、個人が特定され得るものをいう。ただし、法人その他の団体に関する情報に含まれる当該法人その他の団体の役員に関する情報を除く。
二　実施機関　知事、教育委員会、選挙管理委員会、人事委員会、監査委員、地方労働委員会、収用委員会、海区漁業調整委員会及び内水面漁場管理委員会をいう。
三　法令等　法令、条例又は法律若しくはこれに基づく政令の規定に基づく明示の指示をいう。
四　本人　個人情報から特定される得る個人をいう。
五　公文書　実施機関の職員が職務上作成し、又は取得した文書及び図画（これらを撮影したマイクロフィルムを含む。）であって、決裁又は閲覧の手続が終了し、実施機関が管理しているものをいう。
六　磁気記録媒体等　実施機関の職員が職務上作成し、又は取得した情報で決裁又は閲覧の手続が終了したものを記録した録音テープ、録画テープ、磁気テープ、磁気ディスク等で、実施機関が管理しているものをいう。
七　事業者　法人（国及び地方公共団体を除く。）その他の団体又は事業を営む個人をいう。

大阪府（定義）
第二条　この条例において、次の各号に掲げる用語の意義は、当該各号に定めるところによる。
一　個人情報　個人に関する情報であって、特定の個人が識別され、又は識別され得るものをいう。ただし、次に掲げるものを除く。
　イ　法人その他の団体に関する情報に含まれる当該法人その他の団体の役員に関する情報
　ロ　事業を営む個人の当該事業に関する情報
二　実施機関　知事、教育委員会、選挙管理委員会、人事委員会、監査委員、地方労働委員会、収用委員会、海区漁業調整委員会、内水面漁場管理委員会及び水道企業管理者をいう。
三　本人　個人情報から識別され、又は識別され得る個人をいう。
四　行政文書　大阪府情報公開条例（平成十一年大阪府条例第三十九号）第二条第一項に規定する行政文書をいう。
五　事業者　法人（国及び地方公共団体を除く。）その他の団体及び事業を営む個人をいう。

兵庫県（定義）
第二条　この条例において、次の各号に掲げる用語の意義は、当該各号に定めるところによる。

一　個人情報　個人に関する情報であって、特定の個人が識別され得るものをいう。ただし、法人その他の団体に関する情報に含まれる当該法人その他の団体の役員に関する情報（当該法人その他の団体の機関としての情報に限る。）を除く。
二　実施機関　知事、教育委員会、選挙管理委員会、人事委員会、監査委員、地方労働委員会、収用委員会、海区漁業調整委員会、内水面漁場管理委員会及び公営企業管理者をいう。
三　事業者　法人その他の団体（国及び地方公共団体を除く。以下「法人等」という。）及び事業を営む個人をいう。
四　本人　個人情報から識別され得る個人をいう。
五　公文書　実施機関の職員が職務上作成し、又は取得した文書、図画及び写真（これらを撮影したマイクロフィルムを含む。以下同じ。）並びに電磁的記録（電子的方式、磁気的方式その他人の知覚によっては認識することができない方式で作られた記録をいう。以下同じ。）であって、当該実施機関の職員が組織的に用いるものとして、当該実施機関が保有しているものをいう。ただし、次に掲げるものを除く。
　ア　実施機関が一般の利用に供することを目的として保有しているもの
　イ　官報、公報、白書、新聞、雑誌、書籍その他不特定多数の者に販売することを目的として発行されるもの

奈良県（定義）
第二条　この条例において、次の各号に掲げる用語の意義は、当該各号に定めるところによる。
一　個人情報　個人に関する情報であって、特定の個人が識別され、又は識別され得るものをいう。ただし、法人その他の団体に関する情報に含まれる当該法人その他の団体の役員に関する情報を除く。
二　実施機関　知事、教育委員会、選挙管理委員会、人事委員会、監査委員、地方労働委員会、収用委員会及び内水面漁場管理委員会をいう。
三　個人情報の本人　個人情報から識別され、又は識別され得る個人をいう。
四　行政文書　実施機関の職員が職務上作成し、又は取得した文書、図画及び電磁的記録（電子的方式、磁気的方式その他人の知覚によっては認識することができない方式で作られた記録をいう。以下同じ。）であって、当該実施機関の職員が組織的に用いるものとして、当該実施機関が保有しているものをいう。ただし、次に掲げるものを除く。
　ア　官報、公報、白書、新聞、雑誌、書籍その他不特定多数の者に販売することを目的として発行されるもの。
　イ　図書館、博物館、美術館その他これらに類する県の施設において、当該施設の設置目的に応じて収集し、整理し、及び保存している図書、記録、図画その他の資料
五　事業者　法人その他の団体（国及び地方公共団体を除く。第十六条において「法人等」という。）及び事業を営む個人をいう。

和歌山県（定義）

第二条　この条例において、次の各号に掲げる用語の意義は、当該各号に定めるところによる。
　一　個人情報　個人に関する情報であって、当該情報に含まれる氏名、生年月日その他の記述等により特定の個人を識別することができるもの（他の情報と照合することができ、それにより特定の個人を識別することができることとなるものを含む。）をいう。
　二　実施機関　知事、議会、教育委員会、選挙管理委員会、監査委員、人事委員会、地方労働委員会、収用委員会、海区漁業調整委員会、内水面漁場管理委員会及び公営企業管理者をいう。
　三　保有個人情報　実施機関の職員が職務上作成し、又は取得した個人情報であって、当該実施機関の職員が組織的に用いるものとして、当該実施機関が保有しているものをいう。ただし、公文書（和歌山県情報公開条例（平成十三年和歌山県条例第二号）第二条第二項に規定する公文書をいう。以下同じ。）に記録されているものに限る。
　四　事業者　法人その他の団体（国及び地方公共団体を除く。以下「法人等」という。）及び事業を営む個人をいう。
　五　本人　個人情報によって識別される特定の個人をいう。

鳥取県（定義）
第二条　この条例において、次の各号に掲げる用語の意義は、当該各号に定めるところによる。
　一　個人情報　個人に関する情報であって、特定の個人が識別され、又は識別され得るものをいう。ただし、法人その他の団体に関する情報に含まれる当該法人その他の団体の機関としての情報を除く。
　二　実施機関　知事、教育委員会、選挙管理委員会、人事委員会、監査委員、地方労働委員会、収用委員会、海区漁業調整委員会、内水面漁場管理委員会及び病院事業の管理者をいう。
　三　事業者　法人その他の団体（国及び地方公共団体を除く。）及び事業を営む個人をいう。
　四　公文書等　次に掲げるものをいう。ただし、電子計算機を使用して行われる専ら文書を作成し、又は文書、図画若しくは写真の内容を記録するための処理その他規則で定める処理に係るものを除く。
　　ア　実施機関の職員が職務上作成し、又は取得した文書、図画、写真及びスライド（これらを撮影したマイクロフィルムを含む。）であって、当該実施機関の職員が組織的に用いるものとして、当該実施機関が保有しているもの
　　イ　実施機関の職員が職務上作成し、又は取得した情報で当該実施機関の職員が組織的に用いるものを記録する磁気テープ、磁気ディスクその他これらに準ずる方法により一定の事項を確実に記録しておくことができる物であって、実施機関が保有しているもの
　五　個人情報取扱事務　実施機関が個人情報を収集し、実施機関において利用し、又は実施機関以外のものに提供し、及び管理する事務（実施機関以外の

者に委託して行うものを含む。)であって、当該個人情報を公文書等に記録するものをいう。
六 本人 個人情報から識別され、又は識別され得る個人をいう。

島根県（定義）
第二条 この条例において、次の各号に掲げる用語の意義は、当該各号に定めるところによる。
一 個人情報 個人に関する情報であって、特定の個人が識別され、又は識別され得るものをいう。
二 実施機関 知事、議会、教育委員会、選挙管理委員会、人事委員会、監査委員、地方労働委員会、収容委員会、海区漁業調整委員会及び内水面漁場管理委員会をいう。
三 本人 個人情報によって識別され、又は識別され得る特定の個人をいう。

岡山県（定義）
第二条 この条例において、次の各号に掲げる用語の意義は、当該各号に定めるところによる。
一 個人情報 生存する個人に関する情報であって、当該情報に含まれる氏名、生年月日その他の記述等により特定の個人を識別することができるもの（他の情報と照合することにより、特定の個人を識別することができることとなるものを含む。）をいう。ただし、法人その他の団体に関して記録された情報に含まれる当該法人その他の団体の役員に関する情報を除く。
二 実施機関 知事、教育委員会、選挙管理委員会、人事委員会、監査委員、地方労働委員会、収用委員会、海区漁業調整委員会、内水面漁場管理委員会及び公営企業管理者をいう。
三 本人 個人情報から識別され、又は識別され得る特定の個人をいう。
四 公文書 実施機関の職員が職務上作成し、又は取得した文書、図画及び写真（これらを撮影したマイクロフィルムを含む。第八条第一項及び第二十四条第一項において同じ。）並びに電磁的記録（電子的方式、磁気的方式その他人の知覚によっては認識することができない方式で作られた記録をいう。第八条第一項及び第二十四条第一項において同じ。）であって、当該実施機関の職員が組織的に用いるものとして、当該実施機関が保有しているものをいう。

広島県（定義）
第二条 この条例において、次の各号に掲げる用語の意義は、当該各号に定めるところによる。
一 個人情報 個人に関する情報であって、特定の個人が識別され、又は識別され得るものをいう。ただし、法人その他の団体に関する情報に含まれる当該法人その他の団体の役員に関する情報を除く。
二 実施機関 知事、教育委員会、選挙管理委員会、人事委員会、監査委員、地方労働委員会、収用委員会、海区漁業調整委員会、内水面漁場管理委員会及び公営企業の管理者をいう。
三 公文書 実施機関の職員が職務上作成し、又は収受した文書、図画及び写真（これらを撮影したマイクロフィルムを含む。）であって、決裁、供覧等の

手続が終了し、実施機関が管理しているものをいう。
四　磁気テープ等　電子計算機による処理に使用される磁気テープ、磁気ディスク等であって、実施機関の職員が職務上作成し、又は取得した情報が記録され、実施機関において管理しているものをいう。
五　本人　個人情報から識別され、又は識別され得る個人をいう。
六　事業者　法人（国及び地方公共団体を除く。）その他の団体（以下「法人等」という。）及び事業を営む個人をいう。

山口県（定義）
第二条　この条例において「個人情報」とは、生存する個人に関する情報であって、当該情報に含まれる氏名、生年月日その他の記述又は個人別に付された番号、記号その他の符号により特定の個人を識別することができるもの（他の情報と容易に照合することができ、それにより特定の個人を識別することができることとなるものを含む。）をいう。ただし、法人その他の団体に関して記録された情報に含まれる当該法人その他の団体の役員に関する情報を除く。
2　この条例において「実施機関」とは、知事、議会、教育委員会、選挙管理委員会、人事委員会、監査委員、地方労働委員会、収用委員会、海区漁業調整委員会、内水面漁場管理委員会及び公営企業管理者をいう。
3　この条例において「本人」とは、個人情報によって識別される特定の個人をいう。
4　この条例において「公文書」とは、実施機関の職員が職務上作成し、又は取得した文書、図画、写真、フィルム又は電磁的記録（電子的方式、磁気的方式その他人の知覚によっては認識することができない方式で作られた記録をいう。以下同じ。）（以下「文書等」という。）であって、当該実施機関の職員が組織的に用いるものとして、当該実施機関が保有しているものをいう。
5　この条例けにおいて「開示」とは、実施機関が、次の各号に掲げる文書等の区分に応じ、当該各号に定める方法により文書等に記録されている個人情報提供することをいう。
一　文、図画及び写真　閲覧又は写しの交付
二　フィルーム及び電磁的記録　規則で定める方法

徳島県（定義）
第二条　この条例において、次の各号に掲げる用語の意義は、当該各号に定めるところによる。
一　実施機関　知事、教育委員会、選挙管理委員会、人事委員会、監査委員、地方労働委員会、収用委員会、海区漁業調整委員会、内水面漁場管理委員会及び公営企業管理者をいう。
二　個人情報　個人に関する情報（法人その他の団体に関して記録された情報に含まれる当該法人その他の団体の役員に関する情報を除く。）であって、当該情報に含まれる氏名、生年月日その他の記述等により特定の個人を識別することができるもの（他の情報と照合することができ、それにより特定の個人を識別することができることとなるものを含む。）をいう。
三　保有個人情報　実施機関の職員が職務上作成し、又は取得した個人情報で

あって、当該実施機関の職員が組織的に利用するものとして、当該実施機関が保有しているものをいう。ただし、公文書（徳島県情報公開条例（平成十三年徳島県条例第一号）第二条第二項に規定する公文書をいう。以下同じ。）に記録されているものに限る。
　四　事業者　法人その他の団体（国及び地方公共団体を除く。以下「法人等」という。）及び事業を営む個人をいう。
　五　本人　個人情報によって識別される特定の個人をいう。

香川県（定義）
第二条　この条例において、次の各号に掲げる用語の意義は、当該各号に定めるところによる。
　一　個人情報　個人に関する情報であって、特定の個人が識別され得るものをいう。ただし、法人その他の団体に関する情報に含まれる当該法人その他の団体の役員に関する情報を除く。
　二　実施機関　知事、教育委員会、選挙管理委員会、人事委員会、監査委員、地方労働委員会、収用委員会、海区漁業調整委員会及び内水面漁場管理委員会をいう。
　三　事業者　法人その他の団体（国及び地方公共団体を除く。以下「法人等」という。）及び事業を営む個人をいう。
　四　文書等　実施機関の職員が職務上作成し、又は取得した文書、図画及び写真（これらを撮影したマイクロフィルムを含む。）であって、当該実施機関の職員が組織的に用いるものとして、当該実施機関が保有しているものをいう。ただし、公報、白書、新聞、雑誌、書籍その他不特定多数の者に販売することを目的として発行されるものを除く。
　五　磁気テープ等　実施機関の職員が職務上作成し、又は取得した情報を記録した磁気テープ、磁気ディスク等であって、当該実施機関の職員が組織的に用いるものとして、当該実施機関が保有しているものをいう。

愛媛県（定義）
第二条　この条例において、次の各号に掲げる用語の意義は、当該各号に定めるところによる。
　一　実施機関　知事、議会、公営企業管理者、教育委員会、選挙管理委員会、人事委員会、監査委員、地方労働委員会、収用委員会、海区漁業調整委員会及び内水面漁場管理委員会をいう。
　二　個人情報　個人に関する情報であって、当該個人情報に含まれる氏名、生年月日その他の記述等により特定の個人を識別することができるもの（他の情報と照合することにより、特定の個人を識別することができることとなるものを含む。）をいう。
　三　公文書　愛媛県情報公開条例（平成十年愛媛県条例第二十七号）第二条第二項に規定する公文書をいう。
　四　個人情報の本人　個人情報によって識別される特定の個人をいう。

高知県（定義）
第二条　この条例において、次の各号に掲げる用語の意義は、当該各号に定める

ところによる。
一　個人情報　個人に関する情報であって、特定の個人を識別することができると認められるもの。ただし、次に掲げる情報を除く。
　イ　事業を営む個人の当該事業に関する情報
　ロ　法人その他の団体に関する情報に含まれる当該法人その他の団体の役員に関する情報
二　実施機関　知事、教育委員会、選挙管理委員会、人事委員会、監査委員、地方労働委員会、収用委員会、海区漁業調整委員会、内水面漁場管理委員会及び公営企業管理者をいう。
三　事業者　法人その他の団体（国及び地方公共団体を除く。第十六条第四号において「法人等」という。）及び事業を営む個人をいう。
四　公文書　実施機関の職員が職務上作成し、又は取得した文書、図画及び写真（これらを撮影したマイクロフィルムを含む。第二十条第二項において同じ。）並びに電磁的記録（電子的方式、磁気的方式その他人の知覚によっては認識することができない方式で作られた記録をいう。同項において同じ。）であって、組織的に用いるものとして実施機関において管理しているものをいう。
五　本人　個人情報から識別され、又は識別され得る個人をいう。

福岡県（定義）
第二条　この条例において、次の各号に掲げる用語の意義は、当該各号に定めるところによる。
一　個人情報　個人に関する情報であって、特定の個人が識別され、又は識別され得るものをいう。ただし、法人その他の団体に関して記録された情報に含まれる当該法人その他の団体の役員に関する情報を除く。
二　実施機関　知事、公営企業の管理者、教育委員会、選挙管理委員会、人事委員会、監査委員、地方労働委員会、収用委員会、海区漁業調整委員会及び内水面漁場管理委員会をいう。
三　公文書　福岡県情報公開条例（平成十三年条例第五号）第二条第二項に規定する公文書をいう。
四　磁気テープ等　公文書のうち電子計算機による処理に使用される磁気テープ、磁気ディスク等をいう。
五　本人　個人情報から識別され、又は識別され得る個人をいう。
六　事業者　法人その他の団体（国及び地方公共団体を除く。以下「法人等」という。）及び事業を営む個人をいう。

佐賀県（定義）
第二条　この条例において、次の各号に掲げる用語の意義は、当該各号に定めるところによる。
一　個人情報　個人に関する情報であって、特定の個人を識別することができるもの（他の情報と照合することにより、特定の個人を識別することができることとなるものを含む。）をいう。ただし、法人その他の団体に関する情報に含まれる当該法人その他の団体の役員に関する情報を除く。

二　実施機関　知事、議会、教育委員会、選挙管理委員会、人事委員会、監査委員、地方労働委員会、収用委員会、海区漁業調整委員会及び内水面漁場管理委員会をいう。
三　事業者　法人その他の団体（国、独立行政法人等（独立行政法人等の保有する個人情報の保護に関する法律（平成十五年法律第五十九号）第二条第一項に規定する独立行政法人等をいう。以下同じ。）及び地方公共団体を除く。以下「法人等」という。）及び事業を営む個人をいう。
四　公文書　実施機関（議会にあっては議長。第三条、第十一条及び第四十三条を除き、以下同じ。）が作成し、又は取得した文書、図面及び写真（これらを撮影したマイクロフィルムを含む。以下同じ。）並びに電磁的記録（電子的方式、磁気的方式その他人の知覚によっては認識することができない方式で作られた記録をいう。以下同じ。）であって、当該実施機関が組織的に用いるものとして、当該実施機関が管理しているものをいう。
五　本人　個人情報によって識別される特定の個人をいう。

長崎県（定義）
第二条　この条例において、次の各号に掲げる用語の意義は、それぞれ当該各号に定めるところによる。
一　個人情報　個人に関する情報であって、当該情報に含まれる氏名、生年月日その他の記述等により特定の個人を識別することができるもの（他の情報と照合することにより、特定の個人を識別することができることとなるものを含む。）をいう。ただし、事業を営む個人の当該事業に関する情報及び法人その他の団体の情報に含まれる当該法人その他の団体の役員の情報を除く。
二　実施機関　知事、教育委員会、選挙管理委員会、人事委員会、監査委員、地方労働委員会、収用委員会、海区漁業調整委員会、連合海区漁業調整委員会、内水面漁場管理委員会及び公営企業管理者をいう。
三　事業者　法人その他の団体（国及び地方公共団体を除く。以下「法人等」という。）及び事業を営む個人をいう。
四　公文書　実施機関の職員が職務上作成し、又は取得した文書、図画及び電磁的記録（電子的方式、磁気的方式その他人の知覚によっては認識することができない方式で作られた記録をいう。以下同じ。）であって、当該実施機関の職員が組織的に用いるものとして、当該実施機関が保有しているものをいう。ただし、次に掲げるものを除く。
　　イ　官報、公報、白書、新聞、雑誌、書籍その他不特定多数の者に販売することを目的として発行されるもの
　　ロ　図書館、美術館、博物館その他これらに類する施設において、一般の利用に供することを目的として、又は歴史的若しくは文化的な資料若しくは学術研究用の資料として特別の管理がされているもの
五　本人　個人情報から識別され、又は識別され得る特定の個人をいう。

熊本県（定義）
第二条　この条例において、次の各号に掲げる用語の意義は、当該各号に定めるところによる。

一　個人情報　個人に関する情報であって、特定の個人が識別され、又は識別され得るものをいう。ただし、法人その他の団体に関する情報に含まれる当該法人その他の団体の役員に関する情報を除く。
二　実施機関　知事、教育委員会、選挙管理委員会、人事委員会、監査委員、地方労働委員会、収用委員会、海区漁業調整委員会、内水面漁場管理委員会及び公営企業管理者をいう。
三　事業者　法人その他の団体（国及び地方公共団体を除く。以下「法人等」という。）及び事業を営む個人をいう。
四　本人　個人情報から識別され、又は識別され得る個人をいう。
五　行政文書　実施機関の職員が職務上作成し、又は取得した文書、図画及び電磁的記録（電子的方式、磁気的方式その他人の知覚によっては認識することができない方式で作られた記録をいう。以下同じ。）であって、当該実施機関の職員が組織的に用いるものとして、当該実施機関が管理しているものをいう。ただし、次に掲げるものを除く。
　イ　官報、公報、白書、新聞、雑誌、書籍その他不特定多数の者に販売することを目的として発行されるもの
　ロ　イに掲げるもののほか、熊本県立図書館、熊本県立美術館その他これらに類する施設において、一般の利用に供することを目的として管理されているもの

大分県（定義）
第二条　この条例において「個人情報」とは、個人に関する情報であって、特定の個人を識別することができるもの（他の情報と照合することにより、特定の個人を識別することができることとなるものを含む。）をいう。
2　この条例において「実施機関」とは、知事、議会、教育委員会、選挙管理委員会、監査委員、人事委員会、地方労働委員会、収用委員会、海区漁業調整委員会、内水面漁場管理委員会及び公営企業管理者をいう。
3　この条例において「本人」とは、個人情報によって識別される特定の個人をいう。
4　この条例において「公文書」とは、実施機関の職員が職務上作成し、又は取得した文書、図面及び電磁的記録（電子的方式、磁気的方式その他人の知覚によっては認識することができない方式で作られた記録をいう。以下同じ。）であって、当該実施機関の職員が組織的に用いるものとして、当該実施機関が管理しているものをいう。ただし、次に掲げるものを除く。
　一　官報、公報、白書、新聞、雑誌、書籍その他不特定多数の者に販売することを目的として発行されるもの
　二　大分県公文書館、大分県立図書館その他これらに類する施設において、当該施設の設置目的に応じて収集し、整理し、及び保存しているもの
　三　文書又は図画の作成の補助に用いるため一時的に作成した電磁的記録

宮崎県（定義）
第二条　この条例において「個人情報」とは、個人に関する情報であって、当該情報に含まれる氏名、生年月日その他の記述等により特定の個人を識別するこ

とができるもの（他の情報と照合することにより、特定の個人を識別することができることとなるものを含む。）をいう。
2　この条例において「実施機関」とは、知事、教育委員会、選挙管理委員会、人事委員会、監査委員、地方労働委員会、収用委員会、海区漁業調整委員会、内水面漁場管理委員会及び地方公営企業管理者をいう。
3　この条例において「公文書」とは、実施機関の職員が職務上作成し、又は取得した文書、図画及び写真（これらを撮影したマイクロフィルムを含む。以下同じ。）並びに電磁的記録（電子的方式、磁気的方式その他人の知覚によっては認識することができない方式で作られた記録をいう。以下同じ。）であって、当該実施機関の職員が組織的に用いるものとして、当該実施機関が保有しているものをいう。ただし、次に掲げるものを除く。
　一　官報、公報、新聞、雑誌、書籍その他一般に入手できるもの又は県立図書館その他一般に利用できる施設で閲覧等に供されているもの
　二　歴史的若しくは文化的な資料又は学術研究用の資料として特別の管理がされているもの
4　この条例において「本人」とは、個人情報によって識別される特定の個人をいう。

鹿児島県（定義）

第二条　この条例において「個人情報」とは、生存する個人に関する情報であって、当該情報に含まれる氏名、生年月日その他の記述等により特定の個人を識別することができるもの（他の情報と照合することができ、それにより特定の個人を識別することができることとなるものを含む。）をいう。
2　この条例において「実施機関」とは、知事、議会、教育委員会、選挙管理委員会、人事委員会、監査委員、地方労働委員会、収用委員会、海区漁業調整委員会及び内水面漁場管理委員会をいう。
3　この条例において「保有個人情報」とは、実施機関の職員が職務上作成し、又は取得した個人情報であって、当該実施機関の職員が組織的に利用するものとして、当該実施機関が保有しているものをいう。ただし、公文書（鹿児島県情報公開条例（平成十二年鹿児島県条例第百十三号）第二条第二項に規定する公文書をいう。以下同じ。）に記録されているものに限る。
4　この条例において個人情報について「本人」とは、個人情報によって識別される特定の個人をいう。

沖縄県（定義）

第二条　この条例において「個人情報」とは、個人に関する情報であって、特定の個人が識別され、又は識別され得るものをいう。ただし、法人その他の団体に関して記録された情報に含まれる当該法人その他の団体の役員に関する情報を除く。
2　この条例において「実施機関」とは、知事、教育委員会、選挙管理委員会、人事委員会、監査委員、地方労働委員会、収用委員会、海区漁場調整委員会、内水面漁場管理委員会及び公営企業管理者をいう。
3　この条例において「事業者」とは、法人その他の団体（国及び地方公共団体

を除く。以下「法人等」という。）及び事業を営む個人をいう。

(2) **個人情報**

北海道（定義）
第二条　この条例において、次の各号に掲げる用語の意義は、当該各号に定めるところによる。
一　個人情報　個人に関する情報であって、特定の個人が識別され、又は識別され得るものをいう。ただし、法人その他の団体に関して記録された情報に含まれる当該法人その他の団体の役員に関する情報を除く。

青森県（定義）
第二条　この条例において、次の各号に掲げる用語の意義は、当該各号に定めるところによる。
一　個人情報　個人に関する情報であって、特定の個人が識別され、又は識別され得るものをいう。

岩手県（定義）
第二条　この条例において、次の各号に掲げる用語の意義は、当該各号に定めるところによる。
一　個人情報　個人に関する情報であって、当該情報に含まれる氏名、生年月日その他の記述等により特定の個人を識別することができるもの（他の情報と照合することにより、特定の個人を識別することができることとなるものを含む。）をいう。ただし、法人その他の団体の活動に関する情報に含まれる当該法人その他の団体の役員に関する情報を除く。

宮城県（定義）
第二条　この条例において、次の各号に掲げる用語の意義は、当該各号に定めるところによる。
一　個人情報　個人に関する情報（事業を営む個人の当該事業に関する情報及び法人その他の団体（国及び地方公共団体を除く。以下「法人等」という。）に関する情報に含まれる当該法人等の役員に関する情報を除く。）であって、特定の個人が識別され、又は識別され得るものをいう。

秋田県（定義）
第二条　この条例において、次の各号に掲げる用語の意義は、当該各号に定めるところによる。
一　個人情報　個人に関する情報（事業を営む個人の当該事業に関する情報及び法人その他の団体に関する情報に含まれる当該法人その他の団体の役員に関する情報を除く。）であって、特定の個人が識別され、又は識別され得るものをいう。

山形県（定義）
第二条　この条例において、次の各号に掲げる用語の意義は、当該各号に定めるところによる。
一　個人情報　個人に関する情報であって、特定の個人が識別され、又は識別され得るものをいう。ただし、法人その他の団体に関する情報に含まれる当

該法人その他の団体の役員に関する情報を除く。
福島県（定義）
第二条　この条例において、次の各号に掲げる用語の意義は、それぞれ当該各号に定めるところによる。
　一　個人情報　個人に関する情報であって、特定の個人が識別され、又は識別され得るものをいう。ただし、法人その他の団体に関する情報に含まれる当該法人その他の団体の役員に関する情報を除く。
茨城県（定義）
第二条　この条例において、次の各号に掲げる用語の意義は、当該各号に定めるところによる。
　二　個人情報　個人に関する情報であって、特定の個人が識別され、又は識別され得るものをいう。ただし、法人その他の団体に関する情報に含まれる当該法人その他の団体の役員に関する情報を除く。
栃木県（定義）
第二条　2　この条例において「個人情報」とは、個人に関する情報であって、特定の個人が識別され、又は識別され得るものをいう。ただし、次に掲げるものを除く。
　一　法人その他の団体に関する情報に含まれる当該法人その他の団体の役員に関する情報
　二　事業を営む個人の当該事業に関する情報
群馬県（定義）
第二条　この条例において「個人情報」とは、個人に関する情報（法人その他の団体に関して記録された情報に含まれる当該法人その他の団体の役員に関する情報及び事業を営む個人の当該事業に関する情報を除く。）であって、特定の個人が識別され、又は識別され得るものをいう。
埼玉県（定義）
第二条　この条例において、次の各号に掲げる用語の意義は、それぞれ当該各号に定めるところによる。
　一　個人情報　個人に関する情報であって、特定の個人が識別され、又は識別され得るものをいう。ただし、次に掲げるものを除く。
　　イ　法人その他の団体に関して記録された情報に含まれる当該法人その他の団体の役員に関する情報
　　ロ　事業を営む個人に関する情報で明らかに当該事業に専属すると認められるもの（第十三条第一項第二号において「個人に関する事業情報」という。）
千葉県（定義）
第二条　この条例において、次の各号に掲げる用語の意義は、それぞれ当該各号に定めるところによる。
　一　個人情報　個人に関する情報であって、特定個人が識別され、又は識別され得るものをいう。ただし、法人その他の団体に関して記録された情報に含まれる当該法人その他の団体の役員に関する情報を除く。

東京都（定義）
第二条　2　この条例において「個人情報」とは、個人に関する情報（特定の個人を識別できるものをいう。）で、実施機関が管理する文書、図画、写真、フィルム、磁気テープ、磁気ディスク等（以下「文書等」という。）に記録されたものをいう。

神奈川県（定義）
第二条　この条例において、次の各号に掲げる用語の意義は、当該各号に定めるところによる。
一　個人情報　個人に関する情報（個人が営む事業に関して記録された情報に含まれる当該個人に関する情報及び法人その他の団体に関して記録された情報に含まれる当該法人その他の団体の役員に関する情報を除く。）であって、特定の個人が識別され、又は識別され得るものをいう。

山梨県（定義）
第二条　この条例において、次の各号に掲げる用語の意義は、当該各号に定めるところによる。
一　個人情報　個人に関する情報であって、特定個人が識別され、又は識別され得るものをいう。ただし、次に掲げるものを除く。
　イ　法人その他の団体に関する情報に含まれる当該法人その他の団体の役員に関する情報
　ロ　事業を営む個人に関する情報に含まれる当該事業に関する情報

長野県（定義）
第二条　この条例において、次の各号に掲げる用語の意義は、当該各号に定めるところによる。
三　個人情報　個人に関する情報であって、当該情報に含まれる氏名、生年月日その他の記述等により特定の個人を識別することができるもの（他の情報と照合することにより、特定の個人を識別することができることとなるものを含む。）をいう。ただし、法人その他の団体に関して記録された情報に含まれる当該法人その他の団体の役員に関する情報を除く。

新潟県（定義）
第二条　この条例において、次の各号に掲げる用語の意義は、当該各号に定めるところによる。
一　個人情報　個人に関する情報（事業を営む個人の当該事業に関する情報及び法人その他の団体に関する情報に含まれる当該法人その他の団体の役員に関する情報を除く。）であって、特定の個人が識別され、又は識別され得るものをいう。

富山県（定義）
第二条　この条例において「個人情報」とは、個人に関する情報であって、当該情報に含まれる氏名、生年月日その他の記述等により特定の個人を識別することができるもの（他の情報と照合することができ、それにより特定の個人を識別することができることとなるものを含む。）をいう。

石川県（定義）

第二条 この条例において「個人情報」とは、個人に関する情報であって、当該情報に含まれる氏名、生年月日その他の記述等により特定の個人を識別することができるもの（他の情報と照合することができ、それにより特定の個人を識別することができることとなるものを含む。）をいう。ただし、法人その他の団体に関する情報に含まれる当該法人その他の団体の役員に関する情報を除く。

福井県（定義）

第二条 この条例において、次の各号に掲げる用語の意義は、それぞれ当該各号に定めるところによる。
一 個人情報 個人に関する情報（事業を営む個人の当該事業に関する情報および法人その他の団体に関する情報に含まれる当該法人その他の団体の役員に関する情報を除く。）であって、特定の個人を識別することができるもの（他の情報と照合することにより、特定の個人を識別することができることとなるものを含む。）をいう。

岐阜県（定義）

第二条 この条例において、次の各号に掲げる用語の意義は、当該各号に定めるところによる。
一 個人情報 個人に関する情報であって、特定の個人が識別され得るものをいう。ただし、次に掲げるものを除く。
　イ 事業を営む個人の当該事業に関する情報
　ロ 法人その他の団体に関する情報に含まれる当該法人その他の団体の役員に関する情報（当該法人その他の団体の機関としての情報に限る。）

静岡県（定義）

第二条 2 この条例において「個人情報」とは、生存する個人に関する情報であって、当該情報に含まれる氏名、生年月日その他の記述等により特定の個人を識別することができるもの（他の情報と照合することができ、それにより特定の個人を識別することができることとなるものを含む。）をいう。
3 この条例において「保有個人情報」とは、実施機関の職員が職務上作成し、又は取得した個人情報であって、当該実施機関の職員が組織的に利用するものとして、当該実施機関が保有しているものをいう。ただし、公文書（静岡県情報公開条例（平成十二年静岡県条例第五十八号。以下「情報公開条例」という。）第二条第二項に規定する公文書をいう。以下同じ。）に記録されているものに限る。

愛知県（定義）

第二条 この条例において、次の各号に掲げる用語の意義は、当該各号に定めるところによる。
一 個人情報 個人に関する情報であって、特定の個人が識別され得るものをいう。ただし、法人その他の団体（以下「法人等」という。）に関する情報に含まれる当該法人等の役員に関する情報を除く。

三重県（定義）

第二条 この条例において、次の各号に掲げる用語の意義は、当該各号に定めるところによる。

一　個人情報　個人に関する情報であって、当該情報に含まれる氏名、生年月日その他の記述等により特定の個人を識別することができるもの（他の情報と照合することにより、特定の個人を識別することができることとなるものを含む。）をいう。

滋賀県（定義）
第二条　この条例において、次の各号に掲げる用語の意義は、それぞれ当該各号に定めるところによる。
　一　個人情報　個人に関する情報であって、特定の個人が識別され得るものをいう。ただし、法人その他の団体に関して記録された情報に含まれる当該法人その他の団体の役員に関する情報を除く。

京都府（定義）
第二条　この条例において、次の各号に掲げる用語の意義は、当該各号に定めるところによる。
　一　個人情報　個人に関する情報であって、個人が特定され得るものをいう。ただし、法人その他の団体に関する情報に含まれる当該法人その他の団体の役員に関する情報を除く。

大阪府（定義）
第二条　この条例において、次の各号に掲げる用語の意義は、当該各号に定めるところによる。
　一　個人情報　個人に関する情報であって、特定の個人が識別され、又は識別され得るものをいう。ただし、次に掲げるものを除く。
　　イ　法人その他の団体に関する情報に含まれる当該法人その他の団体の役員に関する情報
　　ロ　事業を営む個人の当該事業に関する情報

兵庫県（定義）
第二条　この条例において、次の各号に掲げる用語の意義は、当該各号に定めるところによる。
　一　個人情報　個人に関する情報であって、特定の個人が識別され得るものをいう。ただし、法人その他の団体に関する情報に含まれる当該法人その他の団体の役員に関する情報（当該法人その他の団体の機関としての情報に限る。）を除く。

奈良県（定義）
第二条　この条例において、次の各号に掲げる用語の意義は、当該各号に定めるところによる。
　一　個人情報　個人に関する情報であって、特定の個人が識別され、又は識別され得るものをいう。ただし、法人その他の団体に関する情報に含まれる当該法人その他の団体の役員に関する情報を除く。

和歌山県（定義）
第二条　この条例において、次の各号に掲げる用語の意義は、当該各号に定めるところによる。
　一　個人情報　個人に関する情報であって、当該情報に含まれる氏名、生年月

日その他の記述等により特定の個人を識別することができるもの（他の情報と照合することができ、それにより特定の個人を識別することができることとなるものを含む。）をいう。

三　保有個人情報　実施機関の職員が職務上作成し、又は取得した個人情報であって、当該実施機関の職員が組織的に用いるものとして、当該実施機関が保有しているものをいう。ただし、公文書（和歌山県情報公開条例（平成十三年和歌山県条例第二号）第二条第二項に規定する公文書をいう。以下同じ。）に記録されているものに限る。

鳥取県（定義）

第二条　この条例において、次の各号に掲げる用語の意義は、当該各号に定めるところによる。

一　個人情報　個人に関する情報であって、特定の個人が識別され、又は識別され得るものをいう。ただし、法人その他の団体に関する情報に含まれる当該法人その他の団体の機関としての情報を除く。

五　個人情報取扱事務　実施機関が個人情報を収集し、実施機関において利用し、又は実施機関以外のものに提供し、及び管理する事務（実施機関以外の者に委託して行うものを含む。）であ

島根県（定義）

第二条　この条例において、次の各号に掲げる用語の意義は、当該各号に定めるところによる。

一　個人情報　個人に関する情報であって、特定の個人が識別され、又は識別され得るものをいう。

岡山県（定義）

第二条　この条例において、次の各号に掲げる用語の意義は、当該各号に定めるところによる。

一　個人情報　生存する個人に関する情報であって、当該情報に含まれる氏名、生年月日その他の記述等により特定の個人を識別することができるもの（他の情報と照合することにより、特定の個人を識別することができることとなるものを含む。）をいう。ただし、法人その他の団体に関して記録された情報に含まれる当該法人その他の団体の役員に関する情報を除く。

広島県（定義）

第二条　この条例において、次の各号に掲げる用語の意義は、当該各号に定めるところによる。

一　個人情報　個人に関する情報であって、特定の個人が識別され、又は識別され得るものをいう。ただし、法人その他の団体に関する情報に含まれる当該法人その他の団体の役員に関する情報を除く。

山口県（定義）

第二条　この条例において「個人情報」とは、生存する個人に関する情報であって、当該情報に含まれる氏名、生年月日その他の記述又は個人別に付された番号、記号その他の符号により特定の個人を識別することができるもの（他の情報と容易に照合することができ、それにより特定の個人を識別することができ

ることとなるものを含む。)をいう。ただし、法人その他の団体に関して記録された情報に含まれる当該法人その他の団体の役員に関する情報を除く。

徳島県（定義）
第二条　この条例において、次の各号に掲げる用語の意義は、当該各号に定めるところによる。
　二　個人情報　個人に関する情報（法人その他の団体に関して記録された情報に含まれる当該法人その他の団体の役員に関する情報を除く。）であって、当該情報に含まれる氏名、生年月日その他の記述等により特定の個人を識別することができるもの（他の情報と照合することができ、それにより特定の個人を識別することができることとなるものを含む。）をいう。

香川県（定義）
第二条　この条例において、次の各号に掲げる用語の意義は、当該各号に定めるところによる。
　一　個人情報　個人に関する情報であって、特定の個人が識別され得るものをいう。ただし、法人その他の団体に関する情報に含まれる当該法人その他の団体の役員に関する情報を除く。

愛媛県（定義）
第二条　この条例において、次の各号に掲げる用語の意義は、当該各号に定めるところによる。
　二　個人情報　個人に関する情報であって、当該個人情報に含まれる氏名、生年月日その他の記述等により特定の個人を識別することができるもの（他の情報と照合することにより、特定の個人を識別することができることとなるものを含む。）をいう。

高知県（定義）
第二条　この条例において、次の各号に掲げる用語の意義は、当該各号に定めるところによる。
　一　個人情報　個人に関する情報であって、特定の個人を識別することができると認められるもの。ただし、次に掲げる情報を除く。
　　イ　事業を営む個人の当該事業に関する情報
　　ロ　法人その他の団体に関する情報に含まれる当該法人その他の団体の役員に関する情報

福岡県（定義）
第二条　この条例において、次の各号に掲げる用語の意義は、当該各号に定めるところによる。
　一　個人情報　個人に関する情報であって、特定個の人が識別され、又は識別され得るものをいう。ただし、法人その他の団体に関して記録された情報に含まれる当該法人その他の団体の役員に関する情報を除く。

佐賀県（定義）
第二条　この条例において、次の各号に掲げる用語の意義は、当該各号に定めるところによる。
　一　個人情報　個人に関する情報であって、特定の個人を識別することができ

るもの（他の情報と照合することにより、特定の個人を識別することができることとなるものを含む。）をいう。ただし、法人その他の団体に関する情報に含まれる当該法人その他の団体の役員に関する情報を除く。

長崎県（定義）

第二条　この条例において、次の各号に掲げる用語の意義は、それぞれ当該各号に定めるところによる。
- 一　個人情報　個人に関する情報であって、当該情報に含まれる氏名、生年月日その他の記述等により特定の個人を識別することができるもの（他の情報と照合することにより、特定の個人を識別することができることとなるものを含む。）をいう。ただし、事業を営む個人の当該事業に関する情報及び法人その他の団体の情報に含まれる当該法人その他の団体の役員の情報を除く。

熊本県（定義）

第二条　この条例において、次の各号に掲げる用語の意義は、当該各号に定めるところによる。
- 一　個人情報　個人に関する情報であって、特定の個人が識別され、又は識別され得るものをいう。ただし、法人その他の団体に関する情報に含まれる当該法人その他の団体の役員に関する情報を除く。

大分県（定義）

第二条　この条例において「個人情報」とは、個人に関する情報であって、特定の個人を識別することができるもの（他の情報と照合することにより、特定の個人を識別することができることとなるものを含む。）をいう。

宮崎県（定義）

第二条　この条例において「個人情報」とは、個人に関する情報であって、当該情報に含まれる氏名、生年月日その他の記述等により特定の個人を識別することができるもの（他の情報と照合することにより、特定の個人を識別することができることとなるものを含む。）をいう。

鹿児島県（定義）

第二条　この条例において「個人情報」とは、生存する個人に関する情報であって、当該情報に含まれる氏名、生年月日その他の記述等により特定の個人を識別することができるもの（他の情報と照合することができ、それにより特定の個人を識別することができることとなるものを含む。）をいう。

3　この条例において「保有個人情報」とは、実施機関の職員が職務上作成し、又は取得した個人情報であって、当該実施機関の職員が組織的に利用するものとして、当該実施機関が保有しているものをいう。ただし、公文書（鹿児島県情報公開条例（平成十二年鹿児島県条例第百十三号）第二条第二項に規定する公文書をいう。以下同じ。）に記録されているものに限る。

沖縄県（定義）

第二条　この条例において「個人情報」とは、個人に関する情報であって、特定の個人が識別され、又は識別され得るものをいう。ただし、法人その他の団体に関して記録された情報に含まれる当該法人その他の団体の役員に関する情報を除く。

(3) 実施機関

北海道（定義）
第二条　この条例において、次の各号に掲げる用語の意義は、当該各号に定めるところによる。
　二　実施機関　知事、教育委員会、選挙管理委員会、監査委員、人事委員会、地方労働委員会、収用委員会、連合海区漁業調整委員会、海区漁業調整委員会、内水面漁場管理委員会及び公営企業管理者をいう。

青森県（定義）
第二条　この条例において、次の各号に掲げる用語の意義は、当該各号に定めるところによる。
　二　実施機関　知事、議会、教育委員会、選挙管理委員会、人事委員会、監査委員、地方労働委員会、収用委員会、海区漁業調整委員会及び内水面漁場管理委員会をいう。

岩手県（定義）
第二条　この条例において、次の各号に掲げる用語の意義は、当該各号に定めるところによる。
　二　実施機関　知事、教育委員会、選挙管理委員会、監査委員、人事委員会、地方労働委員会、収用委員会、海区漁業調整委員会、内水面漁場管理委員会及び公営企業の管理者をいう。

宮城県（定義）
第二条　この条例において、次の各号に掲げる用語の意義は、当該各号に定めるところによる。
　二　実施機関　知事、公営企業管理者、病院事業管理者、教育委員会、選挙管理委員会、人事委員会、監査委員、地方労働委員会、収用委員会、海区漁業調整委員会及び内水面漁場管理委員会をいう。

秋田県（定義）
第二条　この条例において、次の各号に掲げる用語の意義は、当該各号に定めるところによる。
　二　実施機関　知事、議会、教育委員会、選挙管理委員会、人事委員会、監査委員、地方労働委員会、収用委員会、海区漁業調整委員会、内水面漁場管理委員会、公営企業管理者及び県が設立した地方独立行政法人（地方独立行政法人法（平成十五年法律第百十八号）第二条第一項に規定する地方独立行政法人をいう。以下同じ。）をいう。

山形県（定義）
第二条　この条例において、次の各号に掲げる用語の意義は、当該各号に定めるところによる。
　二　実施機関　知事、教育委員会、選挙管理委員会、人事委員会、監査委員、地方労働委員会、収用委員会、海区漁業調整委員会、内水面漁場管理委員会及び企業管理者をいう。
　三　実施機関の職員　実施機関及びその委員並びに実施機関の附属機関の構成

2 定義

員及び事務部局（教育委員会にあっては、学校その他の教育機関を含む。）の職員（副知事及び出納長を含む。）をいう。

福島県（定義）

第二条　この条例において、次の各号に掲げる用語の意義は、それぞれ当該各号に定めるところによる。

二　実施機関　知事、教育委員会、選挙管理委員会、監査委員、人事委員会、地方労働委員会、収用委員会、海区漁業調整委員会及び内水面漁場管理委員会をいう。

茨城県（定義）

第二条　この条例において、次の各号に掲げる用語の意義は、当該各号に定めるところによる。

一　実施機関　知事、教育委員会、選挙管理委員会、人事委員会、監査委員、地方労働委員会、収用委員会、海区漁業調整委員会、内水面漁場管理委員会及び公営企業管理者をいう。

栃木県（定義）

第二条　この条例において「実施機関」とは、知事、議会、地方公営企業の管理者、教育委員会、選挙管理委員会、人事委員会、監査委員、地方労働委員会、収用委員会及び内水面漁場管理委員会をいう。

群馬県（定義）

第二条　2　この条例において「実施機関」とは、知事、議会、教育委員会、選挙管理委員会、人事委員会、監査委員、地方労働委員会、収用委員会、内水面漁場管理委員会及び企業管理者をいう。

埼玉県（定義）

第二条　この条例において、次の各号に掲げる用語の意義は、それぞれ当該各号に定めるところによる。

二　実施機関　知事、教育委員会、選挙管理委員会、人事委員会、監査委員、地方労働委員会、収用委員会、内水面漁場管理委員会及び公営企業管理者をいう。

千葉県（定義）

第二条　この条例において、次の各号に掲げる用語の意義は、それぞれ当該各号に定めるところによる。

二　実施機関　知事、教育委員会、選挙管理委員会、監査委員、人事委員会、地方労働委員会、海区漁業調整委員会、内水面漁場管理委員会及び公営企業管理者をいう。

東京都（定義）

第二条　この条例において、「実施機関」とは、知事、教育委員会、選挙管理委員会、人事委員会、監査委員、地方労働委員会、収用委員会、海区漁業調整委員会、内水面漁場管理委員会、固定資産評価審査委員会、公営企業管理者及び消防総監並びに東京都規則で定める行政機関の長をいう。

東京都・施行規則（実施機関となる行政機関）

第一条の二　条例第二条第一項の東京都規則で定める行政機関は、次に掲げるも

のとする。
　一　東京都立大学
　二　東京都立科学技術大学
　三　東京都立短期大学
　四　東京都立商科短期大学
　五　東京都立保健科学大学
2　前項の行政機関の長が条例の規定に基づき定めた条例の施行に関し必要な事項を告示する権限を、同項の行政機関の長に委任する。

神奈川県（定義）
第二条　この条例において、次の各号に掲げる用語の意義は、当該各号に定めるところによる。
　二　実施機関　知事、議会、公営企業管理者、教育委員会、選挙管理委員会、人事委員会、監査委員、地方労働委員会、収用委員会、海区漁業調整委員会及び内水面漁場管理委員会をいう。

山梨県（定義）
第二条　この条例において、次の各号に掲げる用語の意義は、当該各号に定めるところによる。
　二　実施機関　知事、議会、公営企業管理者、教育委員会、選挙管理委員会、人事委員会、監査委員、地方労働委員会、収用委員会及び内水面漁場管理委員会をいう。

長野県（定義）
第二条　この条例において、次の各号に掲げる用語の意義は、当該各号に定めるところによる。
　一　実施機関　知事、教育委員会、選挙管理委員会、人事委員会、監査委員、地方労働委員会、収用委員会、内水面漁場管理委員会及び公営企業管理者をいう。

新潟県（定義）
第二条　この条例において、次の各号に掲げる用語の意義は、当該各号に定めるところによる。
　二　実施機関　知事、公営企業管理者、教育委員会、選挙管理委員会、人事委員会、監査委員、地方労働委員会、収用委員会、海区漁業調整委員会、連合海区漁業調整委員会及び内水面漁場管理委員会をいう。

富山県（定義）
第二条　2　この条例において「実施機関」とは、知事、議会、教育委員会、選挙管理委員会、人事委員会、監査委員、地方労働委員会、収用委員会、海区漁業調整委員会、内水面漁場管理委員会及び公営企業管理者をいう。

石川県（定義）
第二条　3　この条例において「保有個人情報」とは、実施機関の職員が職務上作成し、又は取得した個人情報であって、当該実施機関の職員が組織的に利用するものとして、当該実施機関が保有しているものをいう。ただし、公文書（石川県情報公開条例（平成十二年石川県条例第四十六号）第二条第二項に規

定する公文書をいう。以下同じ。）に記録されているものに限る。
福井県（定義）
第二条 この条例において、次の各号に掲げる用語の意義は、それぞれ当該各号に定めるところによる。
　二　実施機関　知事、議会、教育委員会、選挙管理委員会、人事委員会、監査委員、地方労働委員会、収用委員会、海区漁業調整委員会、内水面漁場管理委員会および地方公営企業の管理者をいう。

岐阜県（定義）
第二条 この条例において、次の各号に掲げる用語の意義は、当該各号に定めるところによる。
　二　実施機関　知事、議会、教育委員会、選挙管理委員会、人事委員会、監査委員、地方労働委員会、収用委員会及び内水面漁場管理委員会をいう。

静岡県（定義）
第二条 この条例において「実施機関」とは、知事、教育委員会、選挙管理委員会、人事委員会、監査委員、地方労働委員会、収用委員会、海区漁業調整委員会、内水面漁場管理委員会、公営企業管理者及びがんセンター事業管理者をいう。

愛知県（定義）
第二条 この条例において、次の各号に掲げる用語の意義は、当該各号に定めるところによる。
　二　実施機関　知事、教育委員会、選挙管理委員会、人事委員会、監査委員、地方労働委員会、収用委員会、海区漁業調整委員会、内水面漁場管理委員会及び公営企業管理者をいう。

三重県（定義）
第二条 この条例において、次の各号に掲げる用語の意義は、当該各号に定めるところによる。
　二　実施機関　知事、議会、教育委員会、選挙管理委員会、人事委員会、監査委員、地方労働委員会、収用委員会、海区漁業調整委員会、内水面漁場管理委員会及び公営企業管理者をいう。

滋賀県（定義）
第二条 この条例において、次の各号に掲げる用語の意義は、それぞれ当該各号に定めるところによる。
　二　実施機関　知事、教育委員会、選挙管理委員会、人事委員会、監査委員、地方労働委員会、収用委員会、海区漁業調整委員会、内水面漁場管理委員会および公営企業管理者をいう。

京都府（定義）
第二条 この条例において、次の各号に掲げる用語の意義は、当該各号に定めるところによる。
　二　実施機関　知事、教育委員会、選挙管理委員会、人事委員会、監査委員、地方労働委員会、収用委員会、海区漁業調整委員会及び内水面漁場管理委員会をいう。

大阪府（定義）
第二条　この条例において、次の各号に掲げる用語の意義は、当該各号に定めるところによる。
　二　実施機関　知事、教育委員会、選挙管理委員会、人事委員会、監査委員、地方労働委員会、収用委員会、海区漁業調整委員会、内水面漁場管理委員会及び水道企業管理者をいう。

兵庫県（定義）
第二条　この条例において、次の各号に掲げる用語の意義は、当該各号に定めるところによる。
　二　実施機関　知事、教育委員会、選挙管理委員会、人事委員会、監査委員、地方労働委員会、収用委員会、海区漁業調整委員会、内水面漁場管理委員会及び公営企業管理者をいう。

奈良県（定義）
第二条　この条例において、次の各号に掲げる用語の意義は、当該各号に定めるところによる。
　二　実施機関　知事、教育委員会、選挙管理委員会、人事委員会、監査委員、地方労働委員会、収用委員会及び内水面漁場管理委員会をいう。

和歌山県（定義）
第二条　この条例において、次の各号に掲げる用語の意義は、当該各号に定めるところによる。
　二　実施機関　知事、議会、教育委員会、選挙管理委員会、監査委員、人事委員会、地方労働委員会、収用委員会、海区漁業調整委員会、内水面漁場管理委員会及び公営企業管理者をいう。

鳥取県（定義）
第二条　この条例において、次の各号に掲げる用語の意義は、当該各号に定めるところによる。
　二　実施機関　知事、教育委員会、選挙管理委員会、人事委員会、監査委員、地方労働委員会、収用委員会、海区漁業調整委員会、内水面漁場管理委員会及び病院事業の管理者をいう。

島根県（定義）
第二条　この条例において、次の各号に掲げる用語の意義は、当該各号に定めるところによる。
　二　実施機関　知事、議会、教育委員会、選挙管理委員会、人事委員会、監査委員、地方労働委員会、収容委員会、海区漁業調整委員会及び内水面漁場管理委員会をいう。

岡山県（定義）
第二条　この条例において、次の各号に掲げる用語の意義は、当該各号に定めるところによる。
　二　実施機関　知事、教育委員会、選挙管理委員会、人事委員会、監査委員、地方労働委員会、収用委員会、海区漁業調整委員会、内水面漁場管理委員会及び公営企業管理者をいう。

2 定義

広島県（定義）
第二条　この条例において、次の各号に掲げる用語の意義は、当該各号に定めるところによる。
　　二　実施機関　知事、教育委員会、選挙管理委員会、人事委員会、監査委員、地方労働委員会、収用委員会、海区漁業調整委員会、内水面漁場管理委員会及び公営企業の管理者をいう。

山口県（定義）
第二条　2　この条例において「実施機関」とは、知事、議会、教育委員会、選挙管理委員会、人事委員会、監査委員、地方労働委員会、収用委員会、海区漁業調整委員会、内水面漁場管理委員会及び公営企業管理者をいう。

徳島県（定義）
第二条　この条例において、次の各号に掲げる用語の意義は、当該各号に定めるところによる。
　　一　実施機関　知事、教育委員会、選挙管理委員会、人事委員会、監査委員、地方労働委員会、収用委員会、海区漁業調整委員会、内水面漁場管理委員会及び公営企業管理者をいう。

香川県（定義）
第二条　この条例において、次の各号に掲げる用語の意義は、当該各号に定めるところによる。
　　二　実施機関　知事、教育委員会、選挙管理委員会、人事委員会、監査委員、地方労働委員会、収用委員会、海区漁業調整委員会及び内水面漁場管理委員会をいう。

愛媛県（定義）
第二条　この条例において、次の各号に掲げる用語の意義は、当該各号に定めるところによる。
　　一　実施機関　知事、議会、公営企業管理者、教育委員会、選挙管理委員会、人事委員会、監査委員、地方労働委員会、収用委員会、海区漁業調整委員会及び内水面漁場管理委員会をいう。

高知県（定義）
第二条　この条例において、次の各号に掲げる用語の意義は、当該各号に定めるところによる。
　　二　実施機関　知事、教育委員会、選挙管理委員会、人事委員会、監査委員、地方労働委員会、収用委員会、海区漁業調整委員会、内水面漁場管理委員会及び公営企業管理者をいう。

福岡県（定義）
第二条　この条例において、次の各号に掲げる用語の意義は、当該各号に定めるところによる。
　　二　実施機関　知事、公営企業の管理者、教育委員会、選挙管理委員会、人事委員会、監査委員、地方労働委員会、収用委員会、海区漁業調整委員会及び内水面漁場管理委員会をいう。

佐賀県（定義）

第二条　この条例において、次の各号に掲げる用語の意義は、当該各号に定めるところによる。
　二　実施機関　知事、議会、教育委員会、選挙管理委員会、人事委員会、監査委員、地方労働委員会、収用委員会、海区漁業調整委員会及び内水面漁場管理委員会をいう。

長崎県（定義）
第二条　この条例において、次の各号に掲げる用語の意義は、それぞれ当該各号に定めるところによる。
　二　実施機関　知事、教育委員会、選挙管理委員会、人事委員会、監査委員、地方労働委員会、収用委員会、海区漁業調整委員会、連合海区漁業調整委員会、内水面漁場管理委員会及び公営企業管理者をいう。

熊本県（定義）
第二条　この条例において、次の各号に掲げる用語の意義は、当該各号に定めるところによる。
　二　実施機関　知事、教育委員会、選挙管理委員会、人事委員会、監査委員、地方労働委員会、収用委員会、海区漁業調整委員会、内水面漁場管理委員会及び公営企業管理者をいう。

大分県（定義）
第二条　2　この条例において「実施機関」とは、知事、議会、教育委員会、選挙管理委員会、監査委員、人事委員会、地方労働委員会、収用委員会、海区漁業調整委員会、内水面漁場管理委員会及び公営企業管理者をいう。

宮崎県（定義）
第二条　2　この条例において「実施機関」とは、知事、教育委員会、選挙管理委員会、人事委員会、監査委員、地方労働委員会、収用委員会、海区漁業調整委員会、内水面漁場管理委員会及び地方公営企業管理者をいう。

鹿児島県（定義）
第二条　2　この条例において「実施機関」とは、知事、議会、教育委員会、選挙管理委員会、人事委員会、監査委員、地方労働委員会、収用委員会、海区漁業調整委員会及び内水面漁場管理委員会をいう。

沖縄県（定義）
第二条　2　この条例において「実施機関」とは、知事、教育委員会、選挙管理委員会、人事委員会、監査委員、地方労働委員会、収用委員会、海区漁業調整委員会、内水面漁場管理委員会及び公営企業管理者をいう。

　(4)　事業者

北海道（定義）
第二条　この条例において、次の各号に掲げる用語の意義は、当該各号に定めるところによる。
　三　事業者　事業を営む法人その他の団体（国、独立行政法人等（独立行政法人等の保有する情報の公開に関する法律（平成十三年法律第百四十号）第二条第一―項に規定する独立行政法人等をいう。以下同じ。）及び地方公共団体

を除く。以下「法人等」という。）又は事業を営む個人をいう。

青森県（定義）

第二条　この条例において、次の各号に掲げる用語の意義は、当該各号に定めるところによる。

　　三　事業者　法人その他の団体（国及び地方公共団体を除く。）又は事業を営む個人をいう。

岩手県（定義）

第二条　この条例において、次の各号に掲げる用語の意義は、当該各号に定めるところによる。

　　四　事業者　法人その他の団体（国及び地方公共団体を除く。以下「法人等」という。）又は事業を営む個人をいう。

宮城県（定義）

第二条　この条例において、次の各号に掲げる用語の意義は、当該各号に定めるところによる。

　　三　事業者　法人等及び事業を営む個人をいう。

秋田県（定義）

第二条　この条例において、次の各号に掲げる用語の意義は、当該各号に定めるところによる。

　　三　事業者　法人その他の団体（国、独立行政法人等（独立行政法人等の保有する個人情報の保護に関する法律（平成十五年法律第五十九号）第二条第一項に規定する独立行政法人等をいう。以下同じ。）及び地方公共団体及び地方独立行政法人を除く。以下「法人等」という。）及び事業を営む個人をいう。

福島県（定義）

第二条　この条例において、次の各号に掲げる用語の意義は、それぞれ当該各号に定めるところによる。

　　四　事業者　法人その他の団体（国及び地方公共団体を除く。以下「法人等」という。）及び事業を営む個人をいう。

栃木県（定義）

第二条　3　この条例において「事業者」とは、法人その他の団体（国及び地方公共団体を除く。以下「法人等」という。）及び事業を営む個人をいう。

群馬県（定義）

第二条　3　この条例において「事業者」とは、法人その他の団体（国及び地方公共団体を除く。以下「法人等」という。）及び事業を営む個人をいう。

埼玉県（定義）

第二条　この条例において、次の各号に掲げる用語の意義は、それぞれ当該各号に定めるところによる。

　　四　事業者　法人その他の団体（国及び地方公共団体を除く。以下「法人等」という。）及び事業を営む個人をいう。

千葉県（定義）

第二条　この条例において、次の各号に掲げる用語の意義は、それぞれ当該各号に定めるところによる。

五　事業者　法人その他の団体（国及び地方公共団体を除く。以下「法人等」という。）及び事業を営む個人をいう。

東京都（定義）
第二条　3　この条例において「事業者」とは、法人（国及び地方公共団体を除く。）その他の団体及び事業を営む個人をいう。

神奈川県（定義）
第二条　この条例において、次の各号に掲げる用語の意義は、当該各号に定めるところによる。
　三　事業者　事業を営む法人その他の団体（国及び地方公共団体を除く。以下「法人等」という。）又は事業を営む個人をいう。

山梨県（定義）
第二条　この条例において、次の各号に掲げる用語の意義は、当該各号に定めるところによる。
　三　事業者　事業を営む法人その他の団体（国及び地方公共団体を除く。以下「法人等」という。）及び事業を営む個人をいう。

長野県（定義）
第二条　この条例において、次の各号に掲げる用語の意義は、当該各号に定めるところによる。
　二　事業者　事業を営む法人その他の団体（国及び地方公共団体を除く。）及び事業を営む個人をいう。

新潟県（定義）
第二条　この条例において、次の各号に掲げる用語の意義は、当該各号に定めるところによる。
　六　事業者　法人その他の団体（国及び地方公共団体を除く。以下「法人等」という。）及び事業を営む個人をいう。

福井県（定義）
第二条　この条例において、次の各号に掲げる用語の意義は、それぞれ当該各号に定めるところによる。
　三　事業者　法人その他の団体（国および地方公共団体を除く。以下「法人等」という。）および事業を営む個人をいう。

岐阜県（定義）
第二条　この条例において、次の各号に掲げる用語の意義は、当該各号に定めるところによる。
　三　事業者　法人（国及び地方公共団体を除く。）その他の団体（以下「法人等」という。）及び事業を営む個人をいう。

愛知県（定義）
第二条　この条例において、次の各号に掲げる用語の意義は、当該各号に定めるところによる。
　三　事業者　法人（国及び地方公共団体を除く。）等及び事業を営む個人をいう。

三重県（定義）
第二条　この条例において、次の各号に掲げる用語の意義は、当該各号に定める

三　事業者　法人その他の団体（国及び地方公共団体を除く。第十六条及び第四十三条において「法人等」という。）又は事業を営む個人をいう。

滋賀県（定義）
第二条　この条例において、次の各号に掲げる用語の意義は、それぞれ当該各号に定めるところによる。
六　事業者　法人（国および地方公共団体を除く。）その他の団体（以下「法人等」という。）および事業を営む個人をいう。

京都府（定義）
第二条　この条例において、次の各号に掲げる用語の意義は、当該各号に定めるところによる。
七　事業者　法人（国及び地方公共団体を除く。）その他の団体又は事業を営む個人をいう。

大阪府（定義）
第二条　この条例において、次の各号に掲げる用語の意義は、当該各号に定めるところによる。
六　事業者　法人（国及び地方公共団体を除く。）その他の団体及び事業を営む個人をいう。

兵庫県（定義）
第二条　この条例において、次の各号に掲げる用語の意義は、当該各号に定めるところによる。
三　事業者　法人その他の団体（国及び地方公共団体を除く。以下「法人等」という。）及び事業を営む個人をいう。

奈良県（定義）
第二条　この条例において、次の各号に掲げる用語の意義は、当該各号に定めるところによる。
六　事業者　法人その他の団体（国及び地方公共団体を除く。第十六条において「法人等」という。）及び事業を営む個人をいう。

和歌山県（定義）
第二条　この条例において、次の各号に掲げる用語の意義は、当該各号に定めるところによる。
四　事業者　法人その他の団体（国及び地方公共団体を除く。以下「法人等」という。）及び事業を営む個人をいう。
五　本人　個人情報によって識別される特定の個人をいう。

鳥取県（定義）
第二条　この条例において、次の各号に掲げる用語の意義は、当該各号に定めるところによる。
三　事業者　法人その他の団体（国及び地方公共団体を除く。）及び事業を営む個人をいう。

広島県（定義）
第二条　この条例において、次の各号に掲げる用語の意義は、当該各号に定める

都道府県個人情報保護条例　　　　　　　　　　　　　　　　　　　　　2　定義

ところによる。
　六　事業者　法人（国及び地方公共団体を除く。）その他の団体（以下「法人等」という。）及び事業を営む個人をいう。

徳島県（定義）
第二条　この条例において、次の各号に掲げる用語の意義は、当該各号に定めるところによる。
　四　事業者　法人その他の団体（国及び地方公共団体を除く。以下「法人等」という。）及び事業を営む個人をいう。

香川県（定義）
第二条　この条例において、次の各号に掲げる用語の意義は、当該各号に定めるところによる。
　三　事業者　法人その他の団体（国及び地方公共団体を除く。以下「法人等」という。）及び事業を営む個人をいう。

高知県（定義）
第二条　この条例において、次の各号に掲げる用語の意義は、当該各号に定めるところによる。
　三　事業者　法人その他の団体（国及び地方公共団体を除く。第十六条第四号において「法人等」という。）及び事業を営む個人をいう。

福岡県（定義）
第二条　この条例において、次の各号に掲げる用語の意義は、当該各号に定めるところによる。
　六　事業者　法人その他の団体（国及び地方公共団体を除く。以下「法人等」という。）及び事業を営む個人をいう。

佐賀県（定義）
第二条　この条例において、次の各号に掲げる用語の意義は、当該各号に定めるところによる。
　三　事業者　法人その他の団体（国及び地方公共団体を除く。以下「法人等」というJ及び事業を営む個人をいう。

長崎県（定義）
第二条　この条例において、次の各号に掲げる用語の意義は、それぞれ当該各号に定めるところによる。
　三　事業者　法人その他の団体（国、独立行政法人等（独立行政法人等の保有する個人情報の保護に関する法律（平成十五年法律第五十九号）第二条第一項に規定する独立行政法人等をいう。以下同じ。）及び地方公共団体を除く。以下「法人等」という。）及び事業を営む個人をいう。

熊本県（定義）
第二条　この条例において、次の各号に掲げる用語の意義は、当該各号に定めるところによる。
　三　事業者　法人その他の団体（国及び地方公共団体を除く。以下「法人等」という。）及び事業を営む個人をいう。

沖縄県（定義）

第二条　3　この条例において「事業者」とは、法人その他の団体（国及び地方公共団体を除く。以下「法人等」という。）及び事業を営む個人をいう。

(5)　本人

青森県（定義）
第二条　この条例において、次の各号に掲げる用語の意義は、当該各号に定めるところによる。
　四　本人　個人情報により識別され、又は識別され得る個人をいう。

宮城県（定義）
第二条　この条例において、次の各号に掲げる用語の意義は、当該各号に定めるところによる。
　五　本人　個人情報から識別され、又は識別され得る個人をいう。

秋田県（定義）
第二条　この条例において、次の各号に掲げる用語の意義は、当該各号に定めるところによる。

山形県（定義）
第二条　この条例において、次の各号に掲げる用語の意義は、当該各号に定めるところによる。
　四　本人　個人情報から識別され、又は識別され得る個人をいう。

神奈川県（定義）
第二条　この条例において、次の各号に掲げる用語の意義は、当該各号に定めるところによる。
　六　本人　個人情報から識別され、識別され得る個人をいう。

山梨県（定義）
第二条　この条例において、次の各号に掲げる用語の意義は、当該各号に定めるところによる。
　四　本人　個人情報から識別され、又は識別され得る個人をいう。

長野県（定義）
第二条　この条例において、次の各号に掲げる用語の意義は、当該各号に定めるところによる。
　七　記録情報の本人　記録情報から識別され、又は識別され得る個人をいう。

新潟県（定義）
第二条　この条例において、次の各号に掲げる用語の意義は、当該各号に定めるところによる。
　五　本人　個人情報から識別され、又は識別され得る個人をいう。

富山県（定義）
第二条　4　この条例において個人情報について「本人」とは、個人情報によって識別される特定の個人をいう。

石川県（定義）
第二条　4　この条例において個人情報について「本人」とは、個人情報によって識別される特定の個人をいう。

福井県（定義）
第二条　この条例において、次の各号に掲げる用語の意義は、それぞれ当該各号に定めるところによる。
　五　本人　個人情報から識別され、または識別され得る個人をいう。
岐阜県（定義）
第二条　この条例において、次の各号に掲げる用語の意義は、当該各号に定めるところによる。
　四　本人　個人情報から識別され得る個人をいう。
静岡県（定義）
第二条　4　この条例において個人情報について「本人」とは、個人情報によって識別される特定の個人をいう。
三重県（定義）
第二条　この条例において、次の各号に掲げる用語の意義は、当該各号に定めるところによる。
　五　本人　個人情報によって識別される特定の個人をいう。
京都府（定義）
第二条　この条例において、次の各号に掲げる用語の意義は、当該各号に定めるところによる。
　四　本人　個人情報から特定される得る個人をいう。
大阪府（定義）
第二条　この条例において、次の各号に掲げる用語の意義は、当該各号に定めるところによる。
　三　本人　個人情報から識別され、又は識別され得る個人をいう。
兵庫県（定義）
第二条　この条例において、次の各号に掲げる用語の意義は、当該各号に定めるところによる。
　四　本人　個人情報から識別され得る個人をいう。
奈良県（定義）
第二条　この条例において、次の各号に掲げる用語の意義は、当該各号に定めるところによる。
　三　個人情報の本人　個人情報から識別され、又は識別され得る個人をいう。
和歌山県（定義）
第二条　この条例において、次の各号に掲げる用語の意義は、当該各号に定めるところによる。
　五　本人　個人情報によって識別される特定の個人をいう。
鳥取県（定義）
第二条　この条例において、次の各号に掲げる用語の意義は、当該各号に定めるところによる。
　六　本人　個人情報から識別され、又は識別され得る個人をいう。
島根県（定義）
第二条　この条例において、次の各号に掲げる用語の意義は、当該各号に定める

ところによる。
　三　本人　個人情報によって識別され、又は識別され得る特定の個人をいう。
岡山県（定義）
第二条　この条例において、次の各号に掲げる用語の意義は、当該各号に定めるところによる。
　三　本人　個人情報から識別され、又は識別され得る特定の個人をいう。
広島県（定義）
第二条　この条例において、次の各号に掲げる用語の意義は、当該各号に定めるところによる。
　五　本人　個人情報から識別され、又は識別され得る個人をいう。
徳島県（定義）
第二条　この条例において、次の各号に掲げる用語の意義は、当該各号に定めるところによる。
　五　本人　個人情報によって識別される特定の個人をいう。
山口県（定義）
第二条　3　この条例において「本人」とは、個人情報によって識別される特定の個人をいう。
愛媛県（定義）
第二条　この条例において、次の各号に掲げる用語の意義は、当該各号に定めるところによる。
　四　個人情報の本人個人情報によって識別される特定の個人をいう。
高知県（定義）
第二条　この条例において、次の各号に掲げる用語の意義は、当該各号に定めるところによる。
　五　本人　個人情報から識別され、又は識別され得る個人をいう。
佐賀県（定義）
第二条　この条例において、次の各号に掲げる用語の意義は、当該各号に定めるところによる。
　五　本人　個人情報によって識別される特定の個人をいう。
長崎県（定義）
第二条　この条例において、次の各号に掲げる用語の意義は、それぞれ当該各号に定めるところによる。
　五　本人　個人情報から識別され、又は識別され得る特定の個人をいう。
大分県（定義）
第二条　3　この条例において「本人」とは、個人情報によって識別される特定の個人をいう。
熊本県（定義）
第二条　この条例において、次の各号に掲げる用語の意義は、当該各号に定めるところによる。
　四　本人　個人情報から識別され、又は識別され得る個人をいう。
福岡県（定義）

第二条　この条例において、次の各号に掲げる用語の意義は、当該各号に定めるところによる。
　　五　本人　個人情報から識別され、又は識別され得る個人をいう。
宮崎県（定義）
第二条　4　この条例において「本人」とは、個人情報によって識別される特定の個人をいう。
鹿児島県（定義）
第二条　4　この条例において個人情報について「本人」とは、個人情報によって識別される特定の個人をいう。

　　(6)　公文書・保有個人情報

北海道（定義）
第二条　この条例において、次の各号に掲げる用語の意義は、当該各号に定めるところによる。
　　四　公文書　実施機関が作成し、又は取得した文書、図画及び写真（これらを撮影したマイクロフィルムを含む以下同じ。）並びに電磁的記録（電子的方式・磁気的方式その他人の知覚によっては認識することができない方式で作られた記録をいう。以下同じ。）であって、当該実施機関が組織的に用いるものとして、当該実施機関が管理しているものをいう。ただし、官報・白書・新聞・雑誌・書籍その他不特定多数の者に販売することを目的として発行されるものを除く。
青森県（定義）
第二条　この条例において、次の各号に掲げる用語の意義は、当該各号に定めるところによる。
　　五　行政文書　実施機関の職員が職務上作成し、又は取得した文書、図画、写真、フィルム及び電磁的記録（電子的方式、磁気的方式その他人の知覚によっては認識することができない方式で作られた記録をいう。以下同じ。）であって、当該実施機関の職員が組織的に用いるものとして、当該実施機関が保有しているものをいう。ただし、次に掲げるものを除く。
　　　イ　官報、公報、白書、新聞、雑誌、書籍その他不特定多数の者に販売することを目的として発行されるもの
　　　ロ　県立図書館その他の県の機関において、歴史的若しくは文化的な資料又は学術研究用の資料として特別の管理がされているもの
岩手県（定義）
第二条　この条例において、次の各号に掲げる用語の意義は、当該各号に定めるところによる。
　　三　行政文書　実施機関の職員が職務上作成し、又は取得した文書、図画及び電磁的記録（電子的方式、磁気的方式その他人の知覚によっては認識することができない方式で作られた記録をいう。以下同じ。）であって、当該実施機関の職員が組織的に用いるものとして、当該実施機関が保有しているものをいう。ただし、次に掲げるものを除く。

ア　新聞、雑誌、書籍その他不特定多数の者に販売することを目的として発行されるもの
イ　岩手県立図書館その他の機関において、歴史的若しくは文化的な資料又は学術研究用の資料として特別の管理がされているもの

宮城県（定義）
第二条　この条例において、次の各号に掲げる用語の意義は、当該各号に定めるところによる。
　四　行政文書　実施機関の職員が職務上作成し、又は取得した文書、図画、写真及びスライドフィルム（これらを撮影したマイクロフィルムを含む。）並びに電磁的記録（電子的方式、磁気的方式その他人の知覚によっては認識することができない方式で作られた記録をいう。以下同じ。）であって、当該実施機関の職員が組織的に用いるものとして、当該実施機関が保有しているものをいう。

秋田県（定義）
第二条　この条例において、次の各号に掲げる用語の意義は、当該各号に定めるところによる。
　四　行政文書　実施機関の職員（県が設立した地方独立行政法人の役員を含む。以下同じ。）が職務上作成し、又は取得した文書、図画及び写真（これらを撮影したマイクロフィルムを含む。以下同じ。）並びに電磁的記録（電子的方式、磁気的方式その他人の知覚によっては認識することができない方式で作られた記録をいう。以下同じ。）であって、当該実施機関の職員が組織的に用いるものとして、当該実施機関が保有しているものをいう。ただし、官報、白書、新聞、雑誌、書籍その他不特定多数の者に販賣することを目的として発行されるものを除く。

山形県（定義）
第二条　この条例において、次の各号に掲げる用語の意義は、当該各号に定めるところによる。
　五　公文書　実施機関の職員が職務上作成し、又は取得した文書、図面、写真その他情報が記録された規則で定める記録媒体であって、実施機関の職員が組織的に用いるものとして実施機関が保有しているものをいう。ただし、次に掲げるものを除く。
　　イ　一般に入手することができるもの又は一般に利用することができる施設において閲覧等の方法により情報が提供されているもの
　　ロ　歴史的若しくは文化的な資料又は学術研究用の資料として特別に保有しているもの

福島県（定義）
第二条　この条例において、次の各号に掲げる用語の意義は、それぞれ当該各号に定めるところによる。
　三　公文書　実施機関の職員が職務上作成し、又は取得した文書、図面及び電磁的記録（電子的方式、磁気的方式その他人の知覚によっては認識することができない方式で作られた記録をいう。以下同じ。）であって、当該実施機関

の職員が組織的に用いるものとして、当該実施機関が保有しているものをいう。ただし、官報、公報、白書、新聞、雑誌、書籍その他不特定多数のものに販売することを目的として発行されるものを除く。

茨城県（定義）
第二条　この条例において、次の各号に掲げる用語の意義は、当該各号に定めるところによる。
　三　公文書　実施機関の職員が職務上作成し、又は取得した文書、図画及び写真（これらを撮影したマイクロフィルムを含む。）であって、決裁等の手続が終了し、実施機関において管理しているものをいう。

栃木県（定義）
第二条　4　この条例において「公文書」とは、実施機関の職員が職務上作成し、又は取得した文書及び図画（これらを撮影したマイクロフィルムを含む。）並びに電磁的記録（電子的方式、磁気的方式その他人の知覚によっては認識することができない方式で作られた記録をいう。以下同じ。）であって、当該実施機関の職員が組織的に用いるものとして、当該実施機関が保有しているものをいう。ただし、官報、公報、新聞、書籍その他不特定多数の者に販売することを目的として発行されるものを除く。

群馬県（定義）
第二条　4　この条例において「公文書」とは、実施機関の職員が職務上作成し、又は取得した文書、図画及び電磁的記録（電子的方式、磁気的方式その他人の知覚によっては認識することができない方式で作られた記録をいう。以下同じ。）であって、当該実施機関の職員が組織的に用いるものとして、当該実施機関が保有しているものをいう。ただし、次に掲げるものを除く。
　一　官報、県報、白書、新聞、雑誌、書籍その他不特定多数の者に販売することを目的として発行されるもの
　二　群馬県立文書館その他規則で定める県の機関において、歴史的若しくは文化的な資料又は学術研究用の資料として特別の管理がされているもの

埼玉県（定義）
第二条　この条例において、次の各号に掲げる用語の意義は、それぞれ当該各号に定めるところによる。
　三　公文書　県の機関が保管している文書（磁気テープ、磁気ディスク、フィルム等を含む。第二十六条第三項第二号において同じ。）のうち、県の機関が作成したもので決裁が終了したもの及び県の機関が入手したもので受理等の手続が終了したものをいう。

千葉県（定義）
第二条　この条例において、次の各号に掲げる用語の意義は、それぞれ当該各号に定めるところによる。
　三　公文書　実施機関の職員が職務上作成し、又は収受した文書、図画及び写真（これらを撮影したマイクロフィルムを含む。）であって、決裁、供覧等の手続が終了し、実施機関が管理しているものをいう。

東京都（定義）

第二条　4　この条例において「公文書」とは、実施機関の職員が職務上作成し、又は取得した文書等であって、当該実施機関の職員が組織的に用いるものとして、当該実施機関が保有しているものをいう。ただし、官報、公報、白書、新聞、雑誌、書籍その他不特定多数の者に販売することを目的として発行されるものを除く。

神奈川県（定義）
第二条　この条例において、次の各号に掲げる用語の意義は、当該各号に定めるところによる。
　四　行政文書　実施機関の職員がその分掌する事務に関して職務上作成し、又は取得した文書、図画及び電磁的記録（電子的方式、磁気的方式その他人の知覚によっては認識することができない方式で作られた記録をいう。以下同じ。）であって、当該実施機関において管理しているものをいう。ただし、次に掲げるものを除く。
　　ア　新聞、雑誌、書籍その他不特定多数の者に販売することを目的として発行されるもの
　　イ　公文書館、図書館、博物館、美術館その他これらに類する施設において、当該施設の設置目的に応じて収集し、整理し、及び保存している図書、記録、図画その他の資料
　　ウ　文書又は図画の作成の補助に用いるため一時的に作成した電磁的記録であって、実施機関が定めるもの

山梨県（定義）
第二条　この条例において、次の各号に掲げる用語の意義は、当該各号に定めるところによる。
　五　行政文書　山梨県情報公開条例（平成十一年山梨県条例第五十四号）第二条第一項に規定する行政文書をいう。

山梨県・情報公開条例（定義）
第二条　2　この条例において「行政文書」とは、実施機関の職員が職務上作成し、又は取得した文書、図画及び電磁的記録（電子的方式、磁気的方式その他人の知覚によっては認識することができない方式で作られた記録をいう。以下同じ。）であって、当該実施機関の職員が組織的に用いるものとして、当該実施機関が保有しているものをいう。ただし、次に掲げるものを除く。
　一　官報、公報、白書、新聞、雑誌、書籍その他不特定多数の者に販売することを目的として発行されるもの
　二　山梨県立図書館その他規則で定める機関において、歴史的若しくは文化的な資料又は学術研究用の資料として特別の管理がされているもの

長野県（定義）
第二条　この条例において、次の各号に掲げる用語の意義は、当該各号に定めるところによる。
　四　公文書　実施機関の職員が職務上作成し、又は取得した文書、図画及び電磁的記録（電子的方式、磁気的方式その他人の知覚によっては認識することができない方式で作られた記録をいう。第十五条において同じ。）であって、

当該実施機関の職員が組織的に用いるものとして、当該実施機関が管理しているもの（公報、新聞、雑誌、書籍その他不特定多数の者に販売することを目的として発行されるもの及び図書館、博物館その他これらに類する施設において、当該施設の設置目的に応じ特別の管理がされているものを除く。）をいう。

　五　記録情報　公文書に記録された個人情報をいう。

　六　個人情報ファイル　記録情報であって、一定の事務を行うために特定の基準に従って整理された個人情報の集合物をいう。

新潟県（定義）

第二条　この条例において、次の各号に掲げる用語の意義は、当該各号に定めるところによる。

　三　公文書　実施機関の職員が職務上作成し、又は取得した文書、図画及び写真（これらを撮影したマイクロフィルムを含む。）であって、決裁、供覧等の事務手続が終了し、実施機関が管理しているものをいう。

富山県（定義）

第二条　3　この条例において「保有個人情報」とは、実施機関の職員が職務上作成し、又は取得した個人情報であって、当該実施機関の職員が組織的に利用するものとして、当該実施機関が保有しているものをいう。ただし、公文書（富山県情報公開条例（平成十三年富山県条例第三十八号）第二条第二項に規定する公文書をいう。以下同じ。）に記録されているものに限る。

石川県（定義）

第二条　3　この条例において「保有個人情報」とは、実施機関の職員が職務上作成し、又は取得した個人情報であって、当該実施機関の職員が組織的に利用するものとして、当該実施機関が保有しているものをいう。ただし、公文書（石川県情報公開条例（平成十二年石川県条例第四十六号）第二条第二項に規定する公文書をいう。以下同じ。）に記録されているものに限る。

福井県（定義）

第二条　この条例において、次の各号に掲げる用語の意義は、それぞれ当該各号に定めるところによる。

　四　公文書　実施機関の職員が職務上作成し、または取得した文書、図画および電磁的記録（電子的方式、磁気的方式その他人の知覚によっては認識することができない方式で作られた記録をいう。以下同じ。）であって、当該実施機関が管理しているものをいう。ただし、官報、公報、白書、新聞、雑誌、書籍その他不特定のものに販売することを目的として発行されるものを除く。

岐阜県（定義）

第二条　この条例において、次の各号に掲げる用語の意義は、当該各号に定めるところによる。

　五　公文書　実施機関の職員が職務上作成し、又は取得した文書、図画、写真、フイルム及び電磁的記録（電子的方式、磁気的方式その他人の知覚によっては認識することができない方式で作られた記録をいう。以下同じ。）であって、当該実施機関の職員が組織的に用いるものとして、当該実施機関が保有して

いるものをいう。ただし、次に掲げるものを除く。
　　イ　官報、公報、白書、新聞、雑誌、書籍その他一般に入手できるもの又は実施機関が一般の利用に供することを目的として保有しているもの
　　ロ　県の図書館その他これに類する施設において、歴史的若しくは文化的な資料又は学術研究用の資料として特別の管理がされているもの

三重県（定義）

第二条　この条例において、次の各号に掲げる用語の意義は、当該各号に定めるところによる。
　四　公文書　実施機関の職員が職務上作成し、又は取得した文書、図画、写真、フィルム及び電磁的記録（電子的方式、磁気的方式その他人の知覚によっては認識することができない方式で作られた記録をいう。第二十四条及び第二十六条において同じ。）であって、当該実施機関の職員が組織的に用いるものとして、当該実施機関が保有しているものをいう。ただし、次に掲げるものを除く。
　　イ　官報、公報、白書、新聞、雑誌、書籍その他不特定多数の者に販売することを目的として発行されるもの
　　ロ　三重県立図書館その他実施機関が別に定める機関において管理され、かつ、歴史的若しくは文化的な資料又は学術研究用の資料として公にされ又は公にされることが予定されているもの

滋賀県（定義）

第二条　この条例において、次の各号に掲げる用語の意義は、それぞれ当該各号に定めるところによる。
　三　公文書　滋賀県情報公開条例（平成十二年滋賀県条例第百十三号）第二条第二項に規定する公文書をいう。

滋賀県情報公開条例（定義）

第二条　2　この条例において「公文書」とは、実施機関の職員が職務上作成し、または取得した文書、図画および写真（これらを撮影したマイクロフィルムを含む。以下同じ。）ならびに電磁的記録（電子的方式、磁気的方式その他人の知覚によっては認識することができない方式で作られた記録をいう。以下同じ。）であって、当該実施機関の職員が組織的に用いるものとして、当該実施機関が保有しているものをいう。ただし、次に掲げるものを除く。
　一　公報、官報、白書、新聞、雑誌、書籍その他不特定多数の者に販売することを目的として発行されるもの
　二　滋賀県立近代美術館、滋賀県立琵琶湖博物館その他の県の施設において、歴史的もしくは文化的な資料または学術研究用の資料として特別の管理がされているもの

京都府（定義）

第二条　この条例において、次の各号に掲げる用語の意義は、当該各号に定めるところによる。
　五　公文書　実施機関の職員が職務上作成し、又は取得した文書及び図画（これらを撮影したマイクロフィルムを含む。）であって、決裁又は閲覧の手続が

終了し、実施機関が管理しているものをいう。
大阪府（定義）
第二条　この条例において、「行政文書」とは、実施機関の職員が職務上作成し、又は取得した文書、図画、写真及びスライド（これらを撮影したマイクロフィルムを含む。以下同じ。）並びに電磁的記録（電子的方式、磁気的方式その他人の知覚によっては認識できない方式で作られた記録をいう。以下同じ。）であって、当該実施機関の職員が組織的に用いるものとして、当該実施機関が管理しているものをいう。ただし、次に掲げるものを除く。
一　実施機関が、府民の利用に供することを目的として管理しているもの
二　官報、公報、白書、新聞、雑誌、書籍その他不特定多数のものに販売することを目的として発行されているもの（前号に掲げるものを除く。）

兵庫県（定義）
第二条　この条例において、次の各号に掲げる用語の意義は、当該各号に定めるところによる。
五　公文書　実施機関の職員が職務上作成し、又は取得した文書、図画及び写真（これらを撮影したマイクロフィルムを含む。以下同じ。）並びに電磁的記録（電子的方式、磁気的方式その他人の知覚によっては認識することができない方式で作られた記録をいう。以下同じ。）であって、当該実施機関の職員が組織的に用いるものとして、当該実施機関が保有しているものをいう。ただし、次に掲げるものを除く。
ア　実施機関が一般の利用に供することを目的として保有しているもの
イ　官報、公報、白書、新聞、雑誌、書籍その他不特定多数の者に販売することを目的として発行されるもの

奈良県（定義）
第二条　この条例において、次の各号に掲げる用語の意義は、当該各号に定めるところによる。
四　行政文書　実施機関の職員が職務上作成し、又は取得した文書、図画及び電磁的記録（電子的方式、磁気的方式その他人の知覚によっては認識することができない方式で作られた記録をいう。以下同じ。）であって、当該実施機関の職員が組織的に用いるものとして、当該実施機関が保有しているものをいう。ただし、次に掲げるものを除く。
ア　官報、公報、白書、新聞、雑誌、書籍その他不特定多数の者に販売することを目的として発行されるもの。
イ　図書館、博物館、美術館その他これらに類する県の施設において、当該施設の設置目的に応じて収集し、整理し、及び保存している図書、記録、図画その他の資料

鳥取県（定義）
第二条　この条例において、次の各号に掲げる用語の意義は、当該各号に定めるところによる。
四　公文書等　次に掲げるものをいう。ただし、電子計算機を使用して行われる専ら文書を作成し、又は文書、図画若しくは写真の内容を記録するための

処理その他規則で定める処理に係るものを除く。
　ア　実施機関の職員が職務上作成し、又は取得した文書、図画、写真及びスライド（これらを撮影したマイクロフィルムを含む。）であって、当該実施機関の職員が組織的に用いるものとして、当該実施機関が保有しているもの
　イ　実施機関の職員が職務上作成し、又は取得した情報で当該実施機関の職員が組織的に用いるものを記録する磁気テープ、磁気ディスクその他これらに準ずる方法により一定の事項を確実に記録しておくことができる物であって、実施機関が保有しているもの

岡山県（定義）
第二条　この条例において、次の各号に掲げる用語の意義は、当該各号に定めるところによる。
　四　公文書　実施機関の職員が職務上作成し、又は取得した文書、図画及び写真（これらを撮影したマイクロフィルムを含む。第八条第一項及び第二十四条第一項において同じ。）並びに電磁的記録（電子的方式、磁気的方式その他人の知覚によっては認識することができない方式で作られた記録をいう。第八条第一項及び第二十四条第一項において同じ。）であって、当該実施機関の職員が組織的に用いるものとして、当該実施機関が保有しているものをいう。

広島県（定義）
第二条　この条例において、次の各号に掲げる用語の意義は、当該各号に定めるところによる。
　三　公文書　実施機関の職員が職務上作成し、又は収受した文書、図画及び写真（これらを撮影したマイクロフィルムを含む。）であって、決裁、供覧等の手続が終了し、実施機関が管理しているものをいう。

山口県（定義）
第二条　4　この条例において「公文書」とは、実施機関の職員が職務上作成し、又は取得した文書、図画、写真、フィルム又は電磁的記録（電子的方式、磁気的方式その他人の知覚によっては認識することができない方式で作られた記録をいう。以下同じ。）（以下「文書等」という。）であって、当該実施機関の職員が組織的に用いるものとして、当該実施機関が保有しているものをいう。
5　この条例において「開示」とは、実施機関が、次の各号に掲げる文書等の区分に応じ、当該各号に定める方法により文書等に記録されている個人情報提供することをいう。
　一　文、図画及び写真　閲覧又は写しの交付
　二　フィルーム及び電磁的記録　規則で定める方法

徳島県（定義）
第二条　この条例において、次の各号に掲げる用語の意義は、当該各号に定めるところによる。
　三　保有個人情報　実施機関の職員が職務上作成し、又は取得した個人情報であって、当該実施機関の職員が組織的に利用するものとして、当該実施機関が保有しているものをいう。ただし、公文書（徳島県情報公開条例（平成十

三年徳島県条例第一号）第二条第二項に規定する公文書をいう。以下同じ。）に記録されているものに限る。

香川県（定義）
第二条　この条例において、次の各号に掲げる用語の意義は、当該各号に定めるところによる。
　　四　文書等　実施機関の職員が職務上作成し、又は取得した文書、図画及び写真（これらを撮影したマイクロフィルムを含む。）であって、当該実施機関の職員が組織的に用いるものとして、当該実施機関が保有しているものをいう。ただし、公報、白書、新聞、雑誌、書籍その他不特定多数の者に販売することを目的として発行されるものを除く。

愛媛県（定義）
第二条　この条例において、次の各号に掲げる用語の意義は、当該各号に定めるところによる。
　　三　公文書　愛媛県情報公開条例（平成十年愛媛県条例第二十七号）第二条第二項に規定する公文書をいう。

高知県（定義）
第二条　この条例において、次の各号に掲げる用語の意義は、当該各号に定めるところによる。
　　四　公文書　実施機関の職員が職務上作成し、又は取得した文書、図画及び写真（これらを撮影したマイクロフィルムを含む。第二十条第二項において同じ。）並びに電磁的記録（電子的方式、磁気的方式その他人の知覚によっては認識することができない方式で作られた記録をいう。同項において同じ。）であって、組織的に用いるものとして実施機関において管理しているものをいう。

福岡県（定義）
第二条　この条例において、次の各号に掲げる用語の意義は、当該各号に定めるところによる。
　　三　公文書　福岡県情報公開条例（昭和六十一年福岡県条例第一号）第二条第一項に規定する公文書をいう。

福岡県・情報公開条例（定義）
第二条　この条例において「公文書」とは、実施機関の職員が職務上作成し、又は取得した文書、図画、写真、フイルム、録音テープ及びビデオ・テープであって、決裁又は回覧等の手続が終了し、実施機関において管理しているものをいう。

佐賀県（定義）
第二条　この条例において、次の各号に掲げる用語の意義は、当該各号に定めるところによる。
　　四　公文書　実施機関（議会にあっては議長。第三条、第十一条及び第四十三条を除く、以下同じ。）が作成し、又は取得した文書、図面及び写真（これらを撮影したマイクロフィルムを含む。以下同じ。）並びに電磁的記録（電子的方式、磁気的方式その他人の知覚によっては認識することができない方式で

作られた記録をいう。以下同じ。)であって、当該実施機関が組織的に用いるものとして、当該実施機関が管理しているものをいう。

長崎県（定義）

第二条　この条例において、次の各号に掲げる用語の意義は、それぞれ当該各号に定めるところによる。

　四　公文書　実施機関の職員が職務上作成し、又は取得した文書、図画及び電磁的記録（電子的方式、磁気的方式その他人の知覚によっては認識することができない方式で作られた記録をいう。以下同じ。)であって、当該実施機関の職員が組織的に用いるものとして、当該実施機関が保有しているものをいう。ただし、次に掲げるものを除く。

　　イ　官報、公報、白書、新聞、雑誌、書籍その他不特定多数の者に販売することを目的として発行されるもの
　　ロ　図書館、美術館、博物館その他これらに類する施設において、一般の利用に供することを目的として、又は歴史的若しくは文化的な資料若しくは学術研究用の資料として特別の管理がされているもの

熊本県（定義）

第二条　この条例において、次の各号に掲げる用語の意義は、当該各号に定めるところによる。

　五　行政文書　実施機関の職員が職務上作成し、又は取得した文書、図画及び電磁的記録（電子的方式、磁気的方式その他人の知覚によっては認識することができない方式で作られた記録をいう。以下同じ。)であって、当該実施機関の職員が組織的に用いるものとして、当該実施機関が管理しているものをいう。ただし、次に掲げるものを除く。

　　イ　官報、公報、白書、新聞、雑誌、書籍その他不特定多数の者に販売することを目的として発行されるもの
　　ロ　イに掲げるもののほか、熊本県立図書館、熊本県立美術館その他これらに類する施設において、一般の利用に供することを目的として管理されているもの

大分県（定義）

第二条　4　この条例において「公文書」とは、実施機関の職員が職務上作成し、又は取得した文書、図面及び電磁的記録（電子的方式、磁気的方式その他人の知覚によっては認識することができない方式で作られた記録をいう。以下同じ。)であって、当該実施機関の職員が組織的に用いるものとして、当該実施機関が管理しているものをいう。ただし、次に掲げるものを除く。

　一　官報、公報、白書、新聞、雑誌、書籍その他不特定多数の者に販売することを目的として発行されるもの
　二　大分県公文書館、大分県立図書館その他これらに類する施設において、当該施設の設置目的に応じて収集し、整理し、及び保存しているもの
　三　文書又は図画の作成の補助に用いるため一時的に作成した電磁的記録

宮崎県（定義）

第二条　3　この条例において「公文書」とは、実施機関の職員が職務上作成し、

又は取得した文書、図画及び写真（これらを撮影したマイクロフィルムを含む。以下同じ。）並びに電磁的記録（電子的方式、磁気的方式その他人の知覚によっては認識することができない方式で作られた記録をいう。以下同じ。）であって、当該実施機関の職員が組織的に用いるものとして、当該実施機関が保有しているものをいう。ただし、次に掲げるものを除く。

一　官報、公報、新聞、雑誌、書籍その他一般に入手できるもの又は県立図書館その他一般に利用できる施設で閲覧等に供されているもの
二　歴史的若しくは文化的な資料又は学術研究用の資料として特別の管理がされているもの

(7)　**磁気テープ等**

宮城県（定義）
第二条　この条例において、次の各号に掲げる用語の意義は、当該各号に定めるところによる。
　五　磁気テープ等　電子計算機を使用して行われる情報の入力、蓄積その他の処理（専ら文章を作成し、又は文書、図画等の内容を記録するための処理を除く。）に用いられる磁気テープ、磁気ディスクその他一定の事項を確実に記録しておくことができる物であって、実施機関の職員が職務上収集した個人情報が記録され、かつ、当該実施機関が管理しているものをいう。

茨城県（定義）
第二条　この条例において、次の各号に掲げる用語の意義は、当該各号に定めるところによる。
　四　磁気テープ等　実施機関の職員が職務上作成し、又は取得した情報が記録されている電子計算機処理に使用される磁気テープ、磁気ディスクその他これらに準ずる方法により一定の事項を確実に記録することができる物であって、実施機関において管理しているものをいう。

千葉県（定義）
第二条　この条例において、次の各号に掲げる用語の意義は、それぞれ当該各号に定めるところによる。
　四　磁気テープ等　実施機関の職員が職務上作成し、又は取得した情報が記録された電子計算機による処理に使用される磁気テープ、磁気ディスクその他これらに準ずる方法により一定の事項を確実に記録しておくことができる物であって、実施機関が管理しているものをいう。

新潟県（定義）
第二条　この条例において、次の各号に掲げる用語の意義は、当該各号に定めるところによる。
　四　磁気テープ等　電子計算機による処理に使用される磁気テープ、磁気ディスクその他これらに準ずる方法により一定の事項を確実に記録しておくことができる物であって、実施機関の職員が職務上作成し、又は取得した情報を記録され、実施機関が管理しているものをいう。

滋賀県（定義）

2 定義

第二条　この条例において、次の各号に掲げる用語の意義は、それぞれ当該各号に定めるところによる。
　四　磁気テープ等　電子計算機による処理に使用される磁気テープ、磁気ディスク等であって、実施機関が作成し、または取得した情報が記録され、実施機関において管理しているものをいう。

京都府（定義）
第二条　この条例において、次の各号に掲げる用語の意義は、当該各号に定めるところによる。
　六　磁気記録媒体等　実施機関の職員が職務上作成し、又は取得した情報で決裁又は閲覧の手続が終了したものを記録した録音テープ、録画テープ、磁気テープ、磁気ディスク等で、実施機関が管理しているものをいう。

鳥取県（定義）
第二条　この条例において、次の各号に掲げる用語の意義は、当該各号に定めるところによる。
　四　公文書等　次に掲げるものをいう。ただし、電子計算機を使用して行われる専ら文書を作成し、又は文書、図画若しくは写真の内容を記録するための処理その他規則で定める処理に係るものを除く。
　　ロ　実施機関の職員が職務上作成し、又は取得した情報で決裁、供覧等の手続が終了したものを記録する磁気テープ、磁気ディスクその他これらに準ずる方法により一定の事項を確実に記録しておくことができる物であって、実施機関が管理しているもの

広島県（定義）
第二条　この条例において、次の各号に掲げる用語の意義は、当該各号に定めるところによる。
　四　磁気テープ等　電子計算機による処理に使用される磁気テープ、磁気ディスク等であって、実施機関の職員が職務上作成し、又は取得した情報が記録され、実施機関において管理しているものをいう。

香川県（定義）
第二条　この条例において、次の各号に掲げる用語の意義は、当該各号に定めるところによる。
　五　磁気テープ等　実施機関の職員が職務上作成し、又は取得した情報を記録した磁気テープ、磁気ディスク等であって、当該実施機関が管理しているものをいう。

福岡県（定義）
第二条　この条例において、次の各号に掲げる用語の意義は、当該各号に定めるところによる。
　四　磁気テープ等　公文書のうち電子計算機による処理に使用される磁気テープ、磁気ディスク等をいう。

　(8)　電子計算機処理

神奈川県（定義）

第二条 この条例において、次の各号に掲げる用語の意義は、当該各号に定めるところによる。
　五　電子計算機処理　電子計算機を使用して行われる情報の入力、蓄積、編集、加工、修正、更新、検索、消去、出力又はこれらに類する処理をいう。ただし、次に掲げる処理を除く。
　　ア　専ら文章を作成するための処理
　　イ　専ら文書又は図画の内容を記録するための処理
　　ウ　製版その他の専ら印刷物を製作するための処理
　　エ　専ら文書又は図画の内容の伝達を電気通信の方法により行うための処理
　(9)　**法令等**

京都府（定義）
第二条　この条例において、次の各号に掲げる用語の意義は、当該各号に定めるところによる。
　三　法令等　法令、条例又は法律若しくはこれに基づく政令の規定に基づく明示の指示をいう。

3　実施機関その他の責務

(1)　実施機関の責務

北海道（実施機関の責務）
第三条　実施機関は、この条例の目的を達成するため、個人情報の保護に関し必要な施策を講ずるとともに、道民及び事業者への意識啓発に努めなければならない。

青森県（県の責務）
第三条　県は、個人情報の適正な取扱いの確保その他の個人情報の保護に関し必要な施策を実施するものとする。

宮城県（実施機関の責務）
第三条　実施機関は、この条例の目的を達成するため、個人情報の保護に関し必要な施策を講じなければならない。

秋田県（実施機関の責務）
第三条　実施機関は、この条例の目的を達成するため、個人情報の保護に関し必要な施策を講じなければならない。

山形県（県の責務）
第三条　県は、この条例の目的を達成するため、個人情報の保護に関し必要な施策を講じなければならない。

福島県（実施機関の責務）
第三条　実施機関は、この条例の目的を達成するため、個人情報の保護に関し必要な施策を講ずるものとする。

茨城県（実施機関の責務）
第三条　実施機関は、個人情報の取扱いに当たっては、個人の権利利益の保護に充分に留意して行うように努めなければならない。

栃木県（実施機関の責務）
第三条　実施機関は、この条例の目的を達成するため、個人情報の保護に関し必要な施策を講じなければならない。

群馬県（実施機関の責務）
第三条　実施機関は、この条例の目的を達成するため、個人情報の保護に関し必要な施策を講じなければならない。

埼玉県（県の責務）
第三条　県は、個人の権利利益の保護を図るため、個人情報の保護に関し必要な措置を講ずるよう努めるものとする。

千葉県（実施機関の責務）
第三条　実施機関は、個人の権利利益を十分尊重して、この条例を解釈し、運用するとともに、個人情報の保護に関し必要な措置を講じなければならない。

東京都（実施機関等の責務）
第三条　実施機関は、この条例の目的を達成するため、個人情報の保護に関し必

要な措置を講じなければならない。
神奈川県（実施機関の責務）
第三条　実施機関は、この条例の目的を達成するため、あらゆる施策を通じて個人情報の保護に努めるとともに、個人情報の保護の重要性について県民及び事業者の意識啓発に努めなければならない。
山梨県（実施機関の責務）
第三条　実施機関は、この条例の目的を達成するため、個人情報の保護に関し必要な施策を策定し、及びこれを実施しなければならない。
新潟県（実施機関の責務）
第三条　実施機関は、個人の権利利益を保護するため、個人情報の保護に関し必要な措置を講じなければならない。
富山県（実施機関の責務等）
第三条　実施機関は、この条例の目的を達成するため、個人情報の保護に関し必要な措置を講じなければならない。
2　実施機関の職員又は職員であった者は、職務上知り得た個人情報の内容をみだりに他人に知らせ、又は不当な目的に利用してはならない。
石川県（実施機関の責務）
第三条　実施機関は、この条例の目的を達成するため、個人情報の保護に関し必要な措置を講じなければならない。
福井県（県の責務）
第三条　県は、この条例の目的を達成するため、個人情報の保護に関し必要な施策を講じなければならない。
福井県（県の支援）
第五十条　知事は、事業者がその保有する個人情報の保護に関し適切な措置を講ずることができるよう、情報の提供、意識啓発、苦情の処理のあっせんその他必要な施策の実施に努めるものとする。
岐阜県（実施機関の責務）
第三条　実施機関は、この条例の目的を達成するため、個人情報の保護に関して必要な措置を講じなければならない。
静岡県（実施機関の責務等）
第四条　実施機関は、この条例の目的を達成するため、個人情報の保護に関し必要な施策を講じなければならない。
2　実施機関の職員又は職員であった者は、職務上知り得た個人情報の内容をみだりに他人に知らせ、又は不当な目的に利用してはならない。
愛知県（実施機関の責務）
第三条　実施機関は、個人の権利利益を保護するため、個人情報の保護に関し必要な施策を講じなければならない。
三重県（実施機関の責務）
第三条　実施機関は、この条例の目的を達成するため、個人情報の保護に関し必要な施策を講じなければならない。
三重県（事業者に対する個人情報の保護施策）

3　実施機関その他の責務

第四十二条　知事は、事業者が個人情報の保護について適切な措置が講ずることができるよう、意識の啓発その他必要な施策の推進に努めなければならない。

滋賀県（実施機関の責務）
第三条　実施機関は、この条例の目的を達成するため、個人情報の保護に関し必要な施策を講ずるものとする。

京都府（実施機関の責務）
第三条　実施機関は、この条例の目的を達成するため、個人情報の保護に関し必要な措置を講じなければならない。

大阪府（実施機関の責務）
第三条　実施機関は、個人の権利利益の保護を図るため、個人情報の保護に関し必要な施策を策定し、及びこれを実施する責務を有する。

兵庫県（実施機関の責務）
第三条　実施機関は、この条例の目的を達成するため、個人情報の保護に関して必要な措置を講じなければならない。

奈良県（実施機関の責務）
第三条　実施機関は、この条例の目的を達成するため、個人情報の保護に関し必要な措置を講ずるよう努めなければならない。

和歌山県（実施機関の責務）
第三条　実施機関は、この条例の目的を達成するため、個人情報の保護に関し必要な施策を講じなければならない。

鳥取県（実施機関の責務）
第三条　実施機関は、それぞれの施策を通じて個人情報の保護を図るとともに、個人情報の保護の重要性に対する県民及び事業者の意識の啓発に努めなければならない。

島根県（実施機関の責務）
第三条　実施機関は、この条例の目的を達成するため、個人情報の保護に関して必要な措置を講じなければならない。

岡山県（実施機関等の責務）
第三条　実施機関は、この条例の目的を達成するため、個人情報の保護に関し必要な措置を講じなければならない。

広島県（実施機関等の責務）
第三条　実施機関は、この条例の目的を達成するため、個人情報の保護に関し必要な措置を講じなければならない。

徳島県（実施機関の責務）
第三条　実施機関は、この条例の目的を達成するため、個人情報の保護に関し必要な施策を講ずるとともに、個人情報の保護の重要性について県民及び事業者の意識啓発に努めなければならない。

香川県（実施機関の責務）
第三条　実施機関は、この条例の目的を達成するため、個人情報の保護に関して必要な措置を講じなければならない。

愛媛県（実施機関の責務）

第三条　実施機関は、この条例の目的を達成するため、個人情報の保護に関し必要な施策を策定し、及びこれを実施するものとする。

高知県（実施機関の責務）

第三条　実施機関は、この条例の目的を達成するため、あらゆる事務事業を通じて個人情報の保護を図るとともに、個人情報の保護の重要性について県民及び事業者の意識啓発に努めなければならない。

2　実施機関は、個人情報の保護を図るため、必要な範囲内において市町村に協力を求めるものとする。

佐賀県（実施機関の責務）

第三条　実施機関は、この条例の目的を達成するため、個人情報の保護に関し必要な措置を講じなければならない。

長崎県（実施機関等の責務）

第三条　実施機関は、この条例の目的を達成するため、個人情報の保護に関して必要な施策を講じなければならない。

2　実施機関の職員は、職務上知り得た個人情報をみだりに他人に知らせ、又は不当な目的に使用してはならない。その職を退いた後も同様とする。

熊本県（実施機関の責務）

第三条　実施機関は、この条例の目的を達成するために、個人情報の保護に関する必要な施策を講じなければならない。

宮崎県（実施機関の責務）

第三条　実施機関は、この条例の目的を達成するため、個人情報の保護に関し必要な施策を講じなければならない。

沖縄県（実施機関の責務）

第三条　実施機関は、この条例の目的を達成するため、必要な施策を講じて個人情報の保護に努めなければならない。

(2)　実施機関の適正管理

北海道（適正管理）

第十一条　実施機関は、個人情報取扱事務の目的を達成するために必要な範囲内で、個人情報を正確かつ最新なものに保つよう努めなければならない。

2　実施機関は、個人情報の漏えい、滅失及びき損の防止その他の個人情報の適正な管理のために必要な措置を講ずるよう努めなければならない。

3　実施機関は、保有する必要がなくなった個人情報については、確実かつ速やかに廃棄し、又は消去しなければならない。ただし、歴史的資料として、北海道立文書館に引き継がれ、保有されることとなるものについては、この限りでない。

青森県（安全性及び正確性の確保等）

第十条　実施機関は、個人情報の漏えい、滅失及びき損の防止その他の個人情報の適切な管理のために必要な措置を講ずるよう努めなければならない。

2　実施機関は、その保有する個人情報について、当該個人情報に係る個人情報取扱事務の目的を達成するために必要な範囲内で正確、完全かつ最新なものと

しておくよう努めなければならない。
3　実施機関は、その保有する個人情報について、当該個人情報に係る個人情報取扱事務の目的を達成したこと等により保有する必要がなくなったときは、これを確実に、かつ、速やかに廃棄し、又は消去しなければならない。ただし、重要な記録又は歴史的な資料として保存する必要があると認められる場合は、この限りでない。

岩手県　（適正管理）

第七条　実施機関は、個人情報の漏えい、滅失及びき損の防止その他の個人情報の適切な管理のために必要な措置を講じなければならない。
2　実施機関は、個人情報を取り扱う事務の目的を達成するために必要な範囲内で、個人情報を正確かつ最新なものに保たなければならない。
3　実施機関は、保有する必要がなくなった個人情報を、確実かつ速やかに廃棄し、又は消去しなければならない。ただし、岩手県立図書館その他の機関において、歴史的若しくは文化的資料又は学術研究用の資料として特別の管理がされることとなる個人情報については、この限りでない。

宮城県　（適正管理）

第十一条　実施機関は、個人情報の漏えい、滅失及びき損の防止その他の個人情報の適切な管理のために必要な措置を講ずるよう努めなければならない。
2　実施機関は、個人情報を取り扱う事務の目的を達成するために必要な範囲内で、個人情報を正確なものに保つために必要な措置を講ずるよう努めなければならない。
3　実施機関は、保有の必要がなくなった個人情報については、確実に、かつ、速やかに廃棄又は消去の措置を講じなければならない。ただし、歴史的又は文化的資料として保存される行政文書に係るものは、この限りでない。

秋田県　（適正管理）

第八条　実施機関は、その保有する個人情報の漏えい、滅失及びき損の防止その他の個人情報の適切な管理のために必要な措置（以下「安全保護の措置」という。）を講ずるよう努めなければならない。
2　実施機関は、個人情報を取り扱う事務の目的を達成するために必要な範囲内で、その保有する個人情報を正確なものに保つよう努めなければならない。
3　実施機関は、保有する必要がなくなった個人情報については、確実に、かつ、速やかに廃棄し、又は消去しなければならない。ただし、歴史的又は文化的資料その他これらに類する資料として保存されるものについては、この限りでない。

山形県　（適正管理）

第八条　実施機関は、その保有する個人情報の漏えい、滅失及びき損の防止その他の個人情報の適正な管理のために必要な措置を講ずるよう努めなければならない。
2　実施機関は、個人情報を取り扱う事務の目的の達成に必要な範囲内で、個人情報を正確かつ最新なものに保つよう努めなければならない。
3　実施機関は、保有する必要がなくなった個人情報を、確実に、かつ、速やか

福島県（適正管理）
第八条　実施機関は、個人情報の漏えい、滅失及びき損の防止その他の個人情報の適切な管理のために必要な措置を講ずるよう努めなければならない。
2　実施機関は、個人情報を取り扱う事務の目的の達成に必要な範囲内で、個人情報を正確かつ最新なものに保つよう努めなければならない。
3　実施機関は、保有する必要がなくなった個人情報を、確実に、かつ、速やかに廃棄し、又は消去しなければならない。ただし、歴史的資料として保存されるものについては、この限りでない。

栃木県（適正管理）
第十条　実施機関は、個人情報を取り扱う事務の目的を達成するために必要な範囲内で、その保有する個人情報を正確かつ最新の内容に保つよう努めなければならない。
2　実施機関は、個人情報の漏えい、滅失及びき損の防止その他の個人情報の適正な管理のために必要な措置を講ずるよう努めなければならない。
3　実施機関は、保有する必要のなくなった個人情報を含む公文書を、確実かつ速やかに、廃棄し、又は消去しなければならない。ただし、歴史的資料として保有されるものについては、この限りでない。

茨城県（安全性及び正確性の確保）
第八条　実施機関は、保有する個人情報について、漏えい、き損及び滅失の防止その他個人情報の適切な管理のために必要な措置（以下「安全確保の措置」という。）を講ずるよう努めなければならない。
2　実施機関は、保有する個人情報について、保有事務の目的の達成に必要な範囲内で、正確なものに保つよう努めなければならない。

茨城県（不要情報の廃棄）
第九条　実施機関は、保有する必要がなくなった個人情報については、速やかに、これを廃棄しなければならない。ただし、歴史的資料として保存すべき文書等に記録されているものについては、この限りでない。

群馬県（適正管理）
第九条　実施機関は、個人情報の漏えい、滅失及びき損の防止その他の個人情報の適正な管理のために必要な措置（以下「安全確保の措置」という。）を講ずるよう努めなければならない。
2　実施機関は、個人情報取扱事務の目的を達成するために必要な範囲内で、個人情報を正確なものに保つよう努めなければならない。
3　実施機関は、保有する必要のなくなった個人情報を確実に、かつ、速やかに廃棄し、又は消去しなければならない。ただし、歴史的な資料として保存されるものについては、この限りでない。

埼玉県（正確性及び安全性の確保）
第七条　実施機関は、個人情報取扱事務の目的を達成するために必要な範囲内で、

個人情報を常に正確かつ最新に保つよう努めなければならない。
2　実施機関は、個人情報の漏えい、滅失、損傷及び改ざんの防止その他の個人情報の適切な管理のために必要な措置を講ずるよう努めなければならない。
3　実施機関は、保有する必要のなくなった個人情報（歴史資料として、埼玉県立文書館に移管され、又は引き継がれるものを除く。）を、確実かつ速やかに廃棄し、又は消去しなければならない。

千葉県（正確性及び安全性の確保）
第九条　実施機関は、個人情報を取り扱う事務の目的に必要な範囲内で個人情報を正確なものに保つよう努めなければならない。
2　実施機関は、個人情報の漏えい、滅失及びき損の防止その他の個人情報の適切な管理のために必要な措置（以下「安全確保の措置」という。）を講ずるよう努めなければならない。
3　実施機関は、保有する必要のなくなった個人情報を確実に、かつ、速やかに廃棄し、又は消去しなければならない。ただし、歴史的な資料として保存されるものについては、この限りでない。

東京都（適正管理）
第七条　実施機関は、個人情報を取り扱う事務の目的を達成するため、個人情報を正確かつ最新の状態を保つよう努めなければならない。
2　実施機関は、個人情報の漏えい、滅失及びき損の防止その他の個人情報の適正な管理のために必要な措置を講ずるよう努めなければならない。
3　実施機関は、保有の必要がなくなった個人情報については、速やかに消去し、又はこれを記録した公文書を廃棄しなければならない。ただし、歴史的資料として保有されるものについては、この限りでない。

神奈川県（安全性、正確性等の確保措置）
第十一条　実施機関は、個人情報の漏えい、き損及び滅失の防止その他の個人情報の適切な管理のために必要な措置を講ずるよう努めなければならない。
2　実施機関は、取扱目的に必要な範囲内で、その保有する個人情報を正確、安全かつ最新なものに保つよう努めなければならない。

神奈川県（廃棄）
第十四条　実施機関は、取扱目的に関し保存する必要がなくなった個人情報を、確実に、かつ、速やかに廃棄しなければならない。ただし、歴史的文化的資料の保存を目的とする施設において当該目的のために保存されることとなる個人情報については、この限りでない。

山梨県（安全性及び正確性の確保）
第九条　実施機関は、個人情報の漏えい、滅失及びき損の防止その他の個人情報の適切な管理のために必要な措置（以下「安全確保の措置」という。）を講ずるよう努めなければならない。
2　実施機関は、個人情報を取り扱う事務の目的に必要な範囲内で、個人情報を正確かつ最新な状態に保つよう努めなければならない。
3　実施機関は、保有する必要がなくなった個人情報を、確実に、かつ、速やかに廃棄し、又は消去しなければならない。ただし、歴史的資料として保存され

るものについては、この限りでない。
　長野県（安全性及び正確性の確保）
第七条　実施機関は、記録情報の管理に当たっては、記録情報の漏えい、滅失、損傷の防止その他の記録情報の適切な管理のために必要な措置を講ずるよう努めなければならない。
2　実施機関は、記録情報の保有目的に必要な範囲内で記録情報を正確なものに保つよう努めなければならない。
3　実施機関は、保有する必要がなくなった記録情報を、確実かつ速やかに廃棄しなければならない。ただし、歴史的な資料として保存されるものについては、この限りでない。
　新潟県（適正管理）
第八条　実施機関は、個人情報の漏えい、滅失及びき損の防止その他の個人情報の適切な管理のために必要な措置（以下「安全確保の措置」という。）を講ずるよう努めなければならない。
2　実施機関は、個人情報取扱事務の目的を達成するために必要な範囲内でその保有する個人情報を正確なものに保つよう努めなければならない。
3　実施機関は、保有する必要のなくなった個人情報を確実に、かつ、速やかに廃棄し、又は消去しなければならない。ただし、歴史資料として保存されるものについては、この限りでない。
　富山県（正確性の確保）
第六条　実施機関は、利用目的の達成に必要な範囲内で、保有個人情報が過去又は現在の事実と合致するよう努めなければならない。
　富山県（安全確保の措置）
第七条　実施機関は、保有個人情報の漏えい、滅失又はき損の防止その他の保有個人情報の適切な管理のために必要な措置を講じなければならない。
　石川県（適正管理）
第五条　実施機関は、保有個人情報の漏えい、滅失又はき損の防止その他の保有個人情報の適切な管理のために必要な措置を講じなければならない。
2　実施機関は、個人情報取扱事務の目的の達成に必要な範囲内で、保有個人情報を正確かつ最新の状態に保つよう努めなければならない。
3　実施機関は、個人情報取扱事務の目的に照らし、保有する必要がなくなった保有個人情報を確実かつ速やかに廃棄し、又は消去しなければならない。ただし、歴史的若しくは文化的な資料又は学術研究用の資料として特別の管理がされるものについては、この限りでない。
　福井県（適正管理）
第十条　実施機関は、その保有する個人情報の漏えい、滅失およびき損の防止その他の個人情報の適切な管理のために必要な措置を講ずるよう努めるものとする。
2　実施機関は、個人情報を取り扱う事務の目的を達成するために必要な範囲内で、その保有する個人情報を正確かつ最新なものに保つよう努めるものとする。
3　実施機関は、保有する必要がなくなった個人情報を含む公文書については、

確実にかつ速やかに廃棄し、または消去しなければならない。ただし、歴史的もしくは文化的な資料または学術研究用の資料として特別の管理がされるものについては、この限りでない。

岐阜県（適正管理）

第九条　実施機関は、個人情報取扱事務の目的を達成するために必要な範囲内で、個人情報を正確かつ最新の状態に保つよう努めなければならない。

2　実施機関は、個人情報の漏えい、滅失及びき損の防止その他の個人情報の適正な管理のために必要な措置を講ずるよう努めなければならない。

3　実施機関は、保有する必要のなくなった個人情報を確実かつ速やかに廃棄し、又は消去しなければならない。ただし、歴史的又は文化的資料として保有されるものについては、この限りでない。

静岡県（正確性の確保）

第八条　実施機関は、利用目的の達成に必要な範囲内で、保有個人情報が過去又は現在の事実と合致するよう努めなければならない。

静岡県（安全確保の措置）

第九条　実施機関は、保有個人情報の漏えい、滅失又はき損の防止その他の保有個人情報の適切な管理のために必要な措置を講じなければならない。

愛知県（個人情報の適正な管理）

第十一条　実施機関は、個人情報を取り扱う事務の目的を達成するために必要な範囲内で、個人情報を正確かつ最新の状態を保つよう努めなければならない。

2　実施機関は、個人情報の漏えい、滅失及び損傷の防止その他の個人情報の適切な管理のために必要な措置（以下「安全確保の措置」という。）を講ずるよう努めなければならない。

3　実施機関は、保有する必要がなくなった個人情報を、確実に、かつ、速やかに廃棄し、又は消去しなければならない。ただし、歴史的な資料として保存されるものについては、この限りでない。

三重県（適正管理）

第十一条　実施機関は、個人情報の漏えい、滅失及びき損の防止その他の個人情報の適正な管理のために必要な措置を講ずるよう努めなければならない。

2　実施機関は、個人情報取扱事務の目的を達成するために必要な範囲内で、個人情報を正確かつ最新の状態に保つよう努めなければならない。

3　実施機関は、保有する必要がなくなった個人情報を確実に、かつ、速やかに廃棄し、又は消去しなければならない。ただし、歴史的若しくは文化的な資料又は学術研究用の資料として保存されるものについては、この限りでない。

滋賀県（正確性及び安全性の確保）

第五条　実施機関は、個人情報を取り扱う事務の目的の達成に必要な範囲内で、個人情報を正確かつ最新なものに保つよう努めなければならない。

2　実施機関は、個人情報の漏えい、滅失およびき損の防止その他の個人情報の適切な管理のために必要な措置（以下「安全確保の措置」という。）を講ずるよう努めなければならない。

3　実施機関は、保有する必要のなくなった個人情報を確実に、かつ、速やかに

廃棄し、または消去しなければならない。ただし、歴史的資料として保存されるものについては、この限りでない。

京都府（適正管理）
第八条　実施機関は、その管理する個人情報を事務の目的の達成に必要な範囲内において正確なものに保つよう努めなければならない。
2　実施機関は、個人情報の漏えい、き損及び滅失の防止その他の個人情報の適切な管理のために必要な措置を講じるよう努めなければならない。
3　実施機関は、管理する必要がなくなった個人情報を確実かつ速やかに廃棄し、又は消去しなければならない。

大阪府（適正管理）
第九条　実施機関は、個人情報取扱事務の目的を達成するために必要な範囲内で、その保有する個人情報を正確かつ最新の状態を保つよう努めなければならない。
2　実施機関は、個人情報の漏えい、滅失及び損傷の防止その他の個人情報の適切な管理のために必要な措置を講ずるよう努めなければならない。
3　実施機関は、保有する必要がなくなった個人情報を、確実に、かつ、速やかに廃棄し、又は消去しなければならない。ただし、歴史的文化的価値を有する資料として保存されるものについては、この限りでない。

兵庫県（適正管理）
第十条　実施機関は、個人情報取扱事務の目的を達成するために必要な範囲内で、個人情報を正確かつ最新の状態に保つよう努めなければならない。
2　実施機関は、個人情報の漏えい、滅失及びき損の防止その他の個人情報の適正な管理のために必要な措置（以下「安全確保の措置」をいう。）を講ずるよう努めなければならない。
3　実施機関は、保有する必要のなくなった個人情報を確実かつ速やかに廃棄し、又は消去しなければならない。ただし、歴史的文化的資料として保有されるものについては、この限りでない。

奈良県（適正管理）
第七条　実施機関は、個人情報の漏えい、滅失及びき損の防止その他の個人情報の適切な管理のために必要な措置（第九条において「安全確保の措置」という。）を講ずるよう努めなければならない。
2　実施機関は、個人情報取扱事務の目的に必要な範囲内で、個人情報を正確かつ最新の状態に保つよう努めなければならない。
3　実施機関は、保有する必要のなくなった個人情報について、当該個人情報を確実かつ速やかに廃棄し、又は消去しなければならない。ただし、歴史的又は文化的な資料として保存されるものについては、この限りでない。

和歌山県（正確性の確保）
第七条　実施機関は、個人情報取扱事務の目的の達成に必要な範囲内で、保有個人情報が過去又は現在の事実と合致するよう努めなければならない。

和歌山県（安全確保の措置）
第八条　実施機関は、保有個人情報の漏えい、滅失又はき損の防止その他の保有個人情報の適切な管理のために必要な措置を講じなければならない。

和歌山県（不要情報の廃棄等）
第九条 実施機関は、保有する必要がなくなった保有個人情報を確実かつ速やかに廃棄し、又は消去しなければならない。ただし、歴史的又は文化的な資料として保有されるものについては、この限りでない。

鳥取県（適正管理）
第九条 実施機関は、個人情報の漏えい、滅失及びき損の防止その他個人情報の適正な管理のために必要な措置を講ずるよう努めなければならない。
2 実施機関は、個人情報取扱事務の執行に必要な範囲内で、個人情報を正確かつ最新の状態に保つよう努めなければならない。
3 実施機関は、管理する必要がなくなった個人情報を確実かつ速やかに廃棄し、又は消去しなければならない。

島根県（適正管理）
第八条 実施機関は、個人情報の漏えい、滅失及びき損の防止その他の個人情報の適正な管理のために必要な措置を講ずるよう努めなければならない。
2 実施機関は、個人情報取扱事務の目的を達成するために必要な範囲内で、個人情報を正確かつ最新の内容に保つよう努めなければならない。

岡山県（適正管理）
第十一条 実施機関は、個人情報を取り扱う事務の目的を達成するため、個人情報を正確かつ最新の内容に保つよう努めなければならない。
2 実施機関は、個人情報の漏えい、滅失又はき損の防止その他の個人情報の適正な管理のための必要かつ適切な措置（第十三条第一項において「安全確保措置」という。）を講じなければならない。
3 実施機関は、保有する必要がなくなった個人情報については、これを速やかに消去し、又はこれを記録した公文書を廃棄しなければならない。ただし、歴史的資料として保有されるものについては、この限りでない。

広島県（適正管理）
第七条 実施機関は、個人情報の漏えい、滅失及びき損の防止その他の個人情報の適切な管理のために必要な措置を講ずるよう努めなければならない。
2 実施機関は、個人情報を取り扱う事務の目的を達成するために必要な範囲内で個人情報を正確かつ最新の状態に保つよう努めなければならない。
3 実施機関は、保有する必要がなくなった個人情報を確実に、かつ、速やかに廃棄し、又は消去しなければならない。ただし、歴史的資料の保存を目的とする施設において当該目的のために保存されることとなる個人情報については、この限りでない。

山口県（適正管理）
第七条 実施機関は、個人情報の漏えい、滅失、き損の防止その他の個人情報の適切な管理のために必要な措置を講ずるよう努めなければならない。
2 実施機関は、個人情報を取り扱う事務の目的に必要な範囲内で、個人情報を正確かつ最新の内容に保つよう努めなければならない。
3 実施機関は、保有の必要がなくなった個人情報については、速やかに消去し、又はこれが記録されている公文書を廃棄しなければならない。ただし、歴史的

徳島県（適正管理）
第十条　実施機関は、個人情報取扱事務の目的を達成するために必要な範囲内で、その保有する個人情報が過去又は現在の事実と合致するよう努めなければならない。
2　実施機関は、個人情報の漏えい、滅失又はき損の防止その他の個人情報の適正な管理のために必要な措置を講じなければならない。
3　実施機関は、保有する必要がなくなった個人情報を確実かつ速やかに廃棄し、又は消去しなければならない。ただし、歴史的文化的価値を有する資料として保存する必要があると認められるものについては、この限りでない。

香川県（適正管理）
第九条　実施機関は、個人情報取扱事務の目的を達成するために必要な範囲内で、個人情報を正確かつ最新な状態に保つとともに、安全確保の措置を講ずるよう努めなければならない。
2　実施機関は、保有する必要のなくなった個人情報を確実かつ速やかに廃棄し、又は消去しなければならない。ただし、歴史資料として保存されるものについては、この限りでない。

愛媛県（正確性及び安全性の確保）
第十二条　実施機関は、個人情報取扱事務の目的を達成するために必要な範囲内で、個人情報を正確かつ最新の内容に保つよう努めなければならない。
2　実施機関は、個人情報の漏えい、滅失及びき損の防止その他の個人情報の適切な管理のために必要な措置を講ずるよう努めなければならない。
3　実施機関は、保有する必要がなくなった個人情報については、確実かつ速やかに、これを消去し、又はこれを記録した公文書で保有する必要がなくなったものを廃棄しなければならない。ただし、歴史的若しくは文化的な資料又は学術研究用の資料として保存されるものについては、この限りでない。

高知県（適正管理）
第十二条　実施機関は、個人情報の漏えい、滅失及びき損の防止その他の個人情報の適切な管理のために必要な措置を講ずるように努めなければならない。
2　実施機関は、その保有する個人情報について、当該個人情報に係る個人情報取扱事務の目的を達成するために必要な範囲内で正確かつ最新なものとしておくように努めなければならない。
3　実施機関は、保有の必要がなくなった個人情報については、これを確実に、かつ、速やかに破棄しなければならない。ただし、重要な記録又は歴史的な資料として保存する必要があると認められる場合は、この限りでない。

福岡県（正確性及び安全性の確保）
第四条　実施機関は、個人情報を取り扱う事務の目的に必要な範囲内で、個人情報を正確なものに保つよう努めなければならない。
2　実施機関は、個人情報の漏えい、滅失及びき損の防止その他の個人情報の適切な管理のために必要な措置（以下「安全確保の措置」という。）を講ずるよう努めなければならない。

3　実施機関は、保有する必要のなくなった個人情報を確実に、かつ、速やかに廃棄し、又は消去しなければならない。ただし、歴史的又は文化的価値が生ずると認められるものについては、この限りでない。

佐賀県（適正管理）

第十条　実施機関は、個人情報の漏えい、滅失又はき損の防止その他の個人情報の適正な管理のために必要な措置を講ずるよう努めなければならない。

2　実施機関は、個人情報を取り扱う事務の目的を達成するために必要な範囲内で、個人情報を正確かつ最新の内容に保つよう努めなければならない。

3　実施機関は、保有する必要がなくなった個人情報を速やかに廃棄し、又は消去しなければならない。

長崎県（適正管理）

第十条　実施機関は、個人情報の漏えい、滅失及びき損の防止その他の個人情報の適正な管理のために必要な措置（以下「安全確保の措置」という。）を講ずるよう努めなければならない。

2　実施機関は、個人情報取扱事務の目的を達成するために必要な範囲内で、個人情報を正確なものに保つよう努めなければならない。

3　実施機関は、個人情報取扱事務の目的に照らし、保有の必要がなくなった個人情報を確実かつ速やかに廃棄し、又は消去しなければならない。ただし、歴史的若しくは文化的な資料又は学術研究用の資料として特別に管理する必要があるものについては、この限りでない。

熊本県（適正管理）

第十条　実施機関は、個人情報の漏えい、滅失及びき損の防止その他の個人情報の適正な管理のために必要な措置（以下「安全確保の措置」という。）を講ずるよう努めなければならない。

2　実施機関は、個人情報取扱事務の目的を達成するために必要な範囲内で、個人情報を正確なものに保つよう努めなければならない。

3　実施機関は、個人情報取扱事務の目的に照らし、保有の必要がなくなった個人情報を含む行政文書を確実かつ速やかに廃棄し、又は消去しなければならない。ただし、歴史的、文化的又は学術的資料として管理する必要があるものについては、この限りでない。

大分県（個人情報の安全確保措置等）

第九条　実施機関は、個人情報の漏えい、滅失又はき損の防止その他の個人情報の適正な管理のために必要な措置（以下「安全確保措置」という。）を講ずるよう努めなければならない。

2　実施機関は、利用目的に必要な範囲内で、個人情報を正確かつ最新の内容に保つよう努めなければならない。

3　実施機関は、保有する必要のなくなった個人情報を確実に、かつ、速やかに廃棄し、又は消去しなければならない。ただし、歴史的又は文化的な資料として保存されるものについては、この限りでない。

宮崎県（個人情報の適正管理）

第十二条　実施機関は、利用目的の達成に必要な範囲内で、個人情報を過去又は

現在の事実と合致するよう努めなければならない。
2　実施機関は、個人情報の漏えい、滅失及びき損の防止その他の個人情報の適正な管理のために必要な措置を講じなければならない。
3　実施機関は、保有する必要のなくなった個人情報を確実に、かつ、速やかに廃棄し、又は消去しなければならない。

鹿児島県（正確性の確保）
第五条　実施機関は、利用目的の達成に必要な範囲内で、保有個人情報が過去又は現在の事実と合致するよう努めなければならない。

鹿児島県（安全確保の措置）
第六条　実施機関は、保有個人情報の漏えい、滅失又はき損の防止その他の保有個人情報の適切な管理のために必要な措置を講じなければならない。
2　前項の規定は、実施機関から個人情報の取扱いの委託を受けた者が受託した業務を行う場合について準用する。
3　実施機関は、利用目的に照らし、保有する必要がなくなった保有個人情報を、確実かつ速やかに廃棄し、又は消去しなければならない。ただし、歴史的若しくは文化的な資料又は学術研究用の資料その他これらに類する資料として特別に保有する必要があるものについては、この限りでない。

沖縄県（正確性及び安全性の確保）
第十一条　実施機関は、個人情報取扱事務の目的を達成するために必要な範囲内で、その保有する個人情報を正確、完全かつ最新の状態に保つよう努めなければならない。
2　実施機関は、個人情報の漏えい、き損及び滅失の防止その他個人情報の適切な管理のために必要な措置（以下「安全確保の措置」という。）を講ずるよう努めなければならない。

沖縄県（廃棄）
第十二条　実施機関は、保有する必要のなくなった個人情報を確実に、かつ、速やかに廃棄又は消去しなければならない。ただし、歴史的資料として保存されるものについては、この限りでない。

(3)　**実施機関の職員の責務**

北海道（職員の義務）
第十三条　実施機関の職員は、職務上知り得た個人情報をみだりに他人に知らせ、又は不当な目的に使用してはならない。その職を退いた後も、同様とする。

青森県（職員の責務）
第十一条　実施機関の職員は、職務上知り得た個人情報をみだりに他人に知らせ、又は不当な目的に使用してはならない。その職を退いた後も、同様とする。

岩手県（職員等の義務）
第八条　実施機関の職員又は職員であった者は、職務上知り得た個人情報をみだりに他人に知らせ、又は不当な目的に使用してはならない。

宮城県（職員等の義務）
第十二条　実施機関の職員又は職員であった者は、職務上知り得た個人情報をみ

だりに他人に知らせ、又は不当な目的に使用してはならない。
秋田県（職員の義務）
第十二条　実施機関の職員又は職員であった者は、職務上知り得た個人情報をみだりに他人に知らせ、又は不当な目的に使用してはならない。
山形県（職員の義務）
第十条　実施機関の職員又は実施機関の職員であった者は、職務上知り得た個人情報を正当な理由なく他人に知らせ、又は不当な目的に使用してはならない。
福島県（職員の義務）
第十条　実施機関の職員又は職員であった者は、職務上知り得た個人情報をみだりに他人に知らせ、又は不当な目的に使用してはならない。
茨城県（職員の義務）
第十三条　実施機関の職員又は職員であった者は、その職務に関して知り得た個人情報の内容をみだりに他人に知らせ、又は不当な目的に使用してはならない。
栃木県（職員の義務）
第十一条　実施機関の職員又は職員であった者は、職務上知り得た個人情報をみだりに他人に知らせ、又は不当な目的に使用してはならない。
群馬県（職員等の義務）
第十条　実施機関の職員又は職員であった者は、職務上知り得た個人情報をみだりに他人に知らせ、又は不当な目的に使用してはならない。
埼玉県（職員の義務）
第三十五条　実施機関の職員は、職務上知り得た個人情報をみだりに他人に知らせ、又は不当な目的に使用してはならない。その職を退いた後も、同様とする。
千葉県（職員等の義務）
第十三条　個人情報を取り扱う実施機関の職員又は職員であった者は、その職務上知り得た個人情報をみだりに他人に知らせ、又は不当な目的に使用してはならない。
東京都（実施機関等の責務）
第三条　実施機関は、この条例の目的を達成するため、個人情報の保護に関し必要な措置を講じなければならない。
2　実施機関の職員は、職務上知り得た個人情報をみだりに他人に知らせ、又は不当な目的に使用してはならない。その職を退いた後も同様とする。
神奈川県（職員の義務）
第十二条　実施機関の職員は、職務に関して知り得た個人情報の内容をみだりに他人に知らせ、又は不当な目的に使用してはならない。その職を退いた後も、同様とする。
山梨県（職員の義務）
第十一条　実施機関の職員又は職員であった者は、職務上知り得た個人情報をみだりに他人に知らせ、又は不当な目的に使用してはならない。
長野県（職員の義務）
第十条　個人情報を取り扱う実施機関の職員又は職員であった者は、その職務上知り得た個人情報の内容をみだりに他人に知らせ、又は不当な目的に使用して

はならない。
新潟県（職員等の義務）
第十三条　実施機関の職員又は職員であった者は、職務上知り得た個人情報をみだりに他人に知らせ、又は不当な目的に使用してはならない。
石川県（職員等の責務）
第九条　実施機関の職員又は職員であった者は、その職務に関して知り得た個人情報の内容をみだりに他人に知らせ、又は不当な目的に利用してはならない。
福井県（実施機関の職員等の義務）
第十一条　実施機関の職員または職員であった者は、職務上知り得た個人情報をみだりに他人に知らせ、または不当な目的に使用してはならない。
岐阜県（職員等の義務）
第十条　実施機関の職員は、職務上知ることのできた個人情報をみだりに他人に知らせ、又は不当な目的に使用してはならない。その職を退いた後も同様とする。
三重県（職員等の義務）
第十二条　実施機関の職員又は職員であった者は、職務上知ることができた個人情報をみだりに他人に知らせ、又は不当な目的に使用してはならない。
愛知県（職員の義務）
第二十八条　実施機関の職員又は職員であった者は、職務上知ることのできた個人情報をみだりに他人に知らせ、又は不当な目的に使用してはならない。
滋賀県（職員の義務）
第九条　実施機関の職員は、職務上知り得た個人情報をみだりに他人に知らせ、または不当な目的に使用してはならない。その職を退いた後も同様とする。
京都府（職員の責務）
第九条　実施機関の職員又は職員であった者は、その職務に関して知り得た個人情報をみだりに他人に知らせ、又は不当な目的に使用してはならない。
大阪府（職員等の責務）
第十一条　実施機関の職員又は職員であった者は、職務上知り得た個人情報をみだりに他人に知らせ、又は不当な目的に使用してはならない。
兵庫県（職員等の義務）
第十一条　実施機関の職員は、職務上知ることのできた個人情報をみだりに他人に知らせ、又は不当な目的に使用してはならない。その職を退いた後も、同様とする。
奈良県（職員等の義務）
第八条　実施機関の職員又は職員であった者は、職務上知ることができた個人情報をみだりに他人に知らせ、又は不当な目的に使用してはならない。
和歌山県（職員等の義務）
第十条　実施機関の職員又は職員であった者は、その職務に関して知り得た個人情報の内容をみだりに他人に知らせ、又は不当な目的に使用してはならない。
鳥取県（職員等の義務）
第十条　実施機関の職員又は職員であった者は、職務上知り得た個人情報をみだ

島根県（職員の義務）

第九条　実施機関の職員又は職員であった者は、職務上知り得た個人情報をみだりに他人に知らせ、又は不当な目的に使用してはならない。

岡山県（実施機関等の責務）

第三条　2　実施機関の職員は、職務上知り得た個人情報をみだりに他人に知らせ、又は不当な目的に使用してはならない。その職を退いた後も同様とする。

広島県（実施機関等の責務）

第三条　2　実施機関の職員又は職員であった者は、職務上知り得た個人情報をみだりに他人に知らせ、又は不当な目的に使用してはならない。

山口県（職員等の義務）

第八条　実施機関の職員又は職員であった者は、職務上知り得た個人情報をみだりに他人に知らせ、又は不当な目的に使用してはならない。

徳島県（職員の義務）

第十一条　実施機関の職員は、職務上知り得た個人情報をみだりに他人に知らせ、又は不当な目的に使用してはならない。その職を退いた後も、同様とする。

香川県（職員の義務）

第十条　実施機関の職員は、職務上知ることができた個人情報をみだりに他人に知らせ、又は不当な目的に使用してはならない。その職を退いた後も、同様とする。

愛媛県（職員の義務）

第十三条　実施機関の職員は、職務上知り得た個人情報をみだりに他人に知らせ、又は不当な目的に使用してはならない。その職を退いた後も、同様とする。

高知県（職員等の義務）

第十三条　実施機関の職員は、職務上知り得た個人情報をみだりに他人に知らせ、又は不当な目的に使用してはならない。その職を退いた後も同様とする。

福岡県（職員の義務）

第八条　実施機関の職員は、職務上知り得た個人情報をみだりに他人に知らせ、又は不当な目的に使用してはならない。その職を退いた後も同様とする。

佐賀県（職員等の義務）

第十一条　実施機関の職員は、職務上知り得た個人情報をみだりに他人に知らせ、又は不当な目的に使用してはならない。その職を退いた後も、同様とする。

熊本県（職員等の義務）

第十一条　実施機関の職員は、職務上知り得た個人情報をみだりに他人に知らせ、又は不当な目的に使用してはならない。その職を退いた後も、同様とする。

宮崎県（職員等の義務）

第十三条　個人情報の取扱いに従事する実施機関の職員は、その業務に関して知り得た個人情報の内容をみだりに他人に知らせ、又は不当な目的に利用してはならない。その職を退いた後も同様とする。

鹿児島県（従事者の義務）

第七条　個人情報の取扱いに従事する実施機関の職員若しくは職員であった者又

沖縄県（職員の義務）
第十三条 実施機関の職員は、職務上知り得た個人情報をみだりに他人に知らせ、又は不当な目的に使用してはならない。その職を退いた後も、同様とする。

(4) 出資法人の責務

北海道（出資法人の責務）
第四十一条 道が出資する法人のうち実施機関が定めるものは、この条例の規定に基づく実施機関が保有する個人情報の保護に関する施策に留意しつつ、個人情報の保護のために必要な措置を講ずるよう努めなければならない。

青森県（県が出資する法人の講ずる措置）
第二十九条 県が出資する法人のうち実施機関が定める法人は、この章の規定に基づく実施機関の措置に留意しつつ、個人情報の適切な取扱いを確保するために必要な措置を講ずるよう努めなければならない。

青森県（施行事項）
第三十条 この章の規定の施行に関し必要な事項は、実施機関が定める。

岩手県（出資法人）
第三十九条 県が資本金、基本金その他これらに準ずるものを出資している法人であって、実施機関が定めるものは、この条例の趣旨にのっとり、当該法人の保有する個人情報の保護に関し必要な措置を講じなければならない。

宮城県（事業者の責務）
第五条 2 県が出資する法人のうち実施機関が定めるものは、前項に規定するほか、当該実施機関がこの条例の規定に基づき実施する個人情報の保護に係る施策に留意しつつ、個人情報の保護に関し必要な措置を講ずるよう努めなければならない。

秋田県（事業者の責務）
第四条 2 県が出資する法人のうち実施機関が定めるものは、前項に規定するもののほか、この条例の規定に基づき当該実施機関が実施する個人情報の保護に関する施策に留意しつつ、個人情報の保護に関し必要な措置を講ずるよう努めなければならない。

山形県（出資法人の責務）
第三十六条 県が出資している法人のうち実施機関が定めるものは、この条例の規定に基づき実施機関が講ずる措置に準じて、個人情報の保護のために必要な措置を講ずるよう努めなければならない。

福島県（事業者の責務）
第二十六条 2 県が資本金等を出資する法人その他これに類する法人のうち実施機関が定めるものは、この条例に基づき実施機関が行う個人情報の取扱いに準じて、必要な措置を講じ、個人情報の保護に努めなければならない。

栃木県（出資法人等が取り扱う個人情報の保護）

3　実施機関その他の責務

第三十八条　県が出資又は継続的な財政的援助を行う法人で実施機関が定めるもの（以下「出資法人等」という。）は、この条例の趣旨にのっとり、その取り扱う個人情報の保護のため必要な措置を講ずるよう努めるものとする。

2　実施機関は、出資法人等が取り扱う個人情報の保護のため必要な措置を講ずるものとする。

埼玉県（県が出資する法人の責務）

第三十三条　事業者のうち県が出資する法人であって実施機関が定めるものは、実施機関が第二章の規定に基づいて行う施策に留意し、個人情報の保護のために必要な措置を講ずるよう努めなければならない。

千葉県（事業者の責務）

第四条　2　前項に規定するもののほか、県が出資する法人のうち実施機関が定める法人は、この条例に基づき当該実施機関が行う個人情報の取扱いに留意しつつ、個人情報の適正な取扱いを確保するために必要な措置を講ずる責務を有する。

東京都（東京都が出資等を行う法人の責務）

第二十八条　東京都が出資するその他財政支出等を行う法人であって、実施機関が定めるものは、この条例の規定に基づく東京都の施策に留意しつつ、個人に関する情報の適切な取扱いを確保するため必要な措置を講ずるよう努めなければならない。

山梨県（県の出資法人）

第三十四条　県が出資する法人のうち実施機関の定める法人は、この条例の規定に基づく実施機関が保有する個人情報の保護に関する施策に留意しつつ、個人情報の保護のために必要な措置を講ずるよう努めなければならない。

富山県（出資法人の個人情報保護）

第五十六条　県が資本金、基本金その他これらに準ずるものを出資している法人であって規則で定めるもの（次項において「出資法人」という。）は、この条例の趣旨にのっとり、個人情報の保護に関し必要な措置を講ずるよう努めるものとする。

2　知事は、出資法人に対し、前項に規定する必要な措置を講ずるよう指導に努めるものとする。

石川県（出資法人等の個人情報の保護）

第四十九条　県が出資その他財政支出等を行う法人であって、知事が定めるもの（以下「出資法人等」という。）は、この条例の趣旨にのっとり、個人情報の保護に関し必要な措置を講ずるよう努めるものとする。

2　実施機関は、出資法人等に対し、前項に定める必要な措置を講ずるよう指導に努めるものとする。

福井県（出資法人）

第五十二条　県が資本金、基本金その他これらに準ずるものを出資している法人であって実施機関が定めるもの（以下「出資法人」という。）は、この条例の趣旨にのっとり、その保有する個人情報の保護に関し必要な措置を講ずるよう努めるものとする。

2　実施機関は、出資法人に対し、前項の必要な措置を講ずるよう指導に努めるものとする。

岐阜県（出資法人の責務等）

第二十九条の二　県が出資その他の財政支援等を行う法人であって、その性格及び業務内容を勘案し県の事務と密接な関係を有するとして知事が定めるもの（以下「出資法人等」という。）は、この条例の趣旨にのっとり、個人情報の保護に関し必要な措置を講ずるよう努めるものとする。

2　県は、出資法人等において個人情報の保護が図られるよう、必要な措置を講ずるよう努めるものとする。

愛知県（県の出資法人の責務）

第三十二条　県が出資する法人のうち実施機関が定めるものは、この条例の規定に基づく実施機関の保有する個人情報の保護に関する施策に留意しつつ、個人情報の保護のために必要な措置を講ずるよう努めなければならない。

三重県（出資法人等の個人情報の保護）

第四十三条　法人等で県が出資その他財政支出等を行うもののうち、知事が別に定めるもの（以下この条及び次条において「出資法人等」という。）は、この条例の趣旨にのっとり、当該出資法人等の保有する個人情報の保護に関し必要な措置を講ずるよう努めるものとする。

2　知事は、出資法人等に対し、個人情報を保護するため、前項に規定する必要な措置を講ずるよう指導に努めるものとする。

京都府（出資法人の責務）

第二十六条　府が資本金その他これに準じるものを出資している法人で、実施機関が別に定めるものは、個人情報を取り扱うときは、この条例の規定に基づき実施機関が講じる措置に準じた措置を講じるよう努めなければならない。

大阪府（府の出資法人の責務）

第四十八条　府が出資する法人で実施機関が定めるものは、前条に規定するもののほか、この条例の規定に基づき実施機関が行う個人情報の保護に関する施策に留意しつつ、個人情報の保護のために必要な措置を講ずる責務を有する。

兵庫県（県の出資法人の講ずべき措置）

第三十六条　県が資本金その他これに準ずるものを出資している法人のうち実施機関が定めるものは、第三十一条に規定するもののほか、この条例の規定に基づく県の施策に留意しつつ、個人情報の保護のために必要な措置を講ずるよう努めなければならない。

和歌山県（出資法人等の個人情報の保護）

第四十五条　県が資本金、基本金その他これらに準ずるものを出資している法人その他これに類する法人であって、実施機関の規則で定めるもの（以下「出資法人等」という。）は、この条例の趣旨にのっとり、その取り扱う個人情報の保護のため必要な措置を講ずるよう努めるものとする。

2　実施機関は、出資法人等に対し、前項の必要な措置を講ずるよう指導に努めるものとする。

島根県（出資法人の責務）

3 実施機関その他の責務

第四十五条　県が資本金、基本金その他これに準ずるものを出資している法人であって実施機関が定めるものは、この条例の趣旨にのっとり個人情報の保護のために必要な措置を講ずるよう努めるものとする。

徳島県（事業者の責務）
第四十五条　3　事業者のうち、県が資本金、基本金その他これらに準ずるものを出資している法人であって規則で定めるものは、その取り扱う個人情報の保護に関し実施機関に準じた措置を講ずるよう努めなければならない。

香川県（事業者の責務）
第四条　2　県が資本金その他これに準ずるものを出資している法人のうち実施機関が定める法人は、前項の措置を講ずるに当たっては、この条例の規定に基づく県の施策に留意しなければならない。

愛媛県（出資法人の責務）
第五条　県が資本金、基本金その他これらに準ずるものを出資している法人であって、当該法人を所管する実施機関が定めるものは、この条例の趣旨にのっとり、当該法人の保有する個人情報の保護のために必要な措置を講ずるよう努めなければならない。

高知県（県が出資する法人の責務）
第四条　県が出資する法人のうち実施機関の定める者は、自らも個人情報の保護に関し実施機関に準じた措置を講ずるように努めなければならない。

佐賀県（出資法人の個人情報の保護）
第四十一条　県が出資金、基本金その他これらに準ずるものを出資している法人であって実施機関が定めるもの（次項において「出資法人」という。）は、この条例の趣旨にのっとり、個人情報の保護のため必要な措置を講ずるよう努めるものとする。
2　実施機関は、出資法人に対し、個人情報の保護を図るため必要な指導に努めるものとする。

大分県（出資法人等の責務）
第三十五条　県が出資等を行う法人で実施機関が定めるものは、この条例の規定に基づく県の施策に留意しつつ、個人情報の保護に関し必要な措置を講ずるよう努めなければならない。

熊本県（県出資法人等の措置）
第三十四条　県が出資等を行う法人その他県政と特に密接な関連を有する法人のうち実施機関が定めるものは、この条例の規定に基づく県の施策に留意しつつ、県に準じた個人情報の保護のために必要な措置を講ずるよう努めなければならない。

宮崎県（出資法人の個人情報の保護）
第五十条　県が資本金、基本金その他これらに準ずるものを出資している法人であって実施機関が定めるもの（以下「出資法人」という。）は、この条例の趣旨にのっとり、当該出資法人の保有する個人情報の保護のため必要な措置を講ずるよう努めるものとする。
2　実施機関は、出資法人に対し、当該出資法人の保有する個人情報の保護が図

沖縄県（事業者の責務）
第四条 2 県が出資する法人のうち実施機関が定める法人は、前項に規定するもののほか、この条例に基づき実施機関が行う個人情報の取扱いに留意しつつ、必要な措置を講じて、個人情報の保護に努めなければならない。

(5) 事業者の責務

北海道（事業者の責務）
第四条 事業者は、個人情報の保護の重要性を認識し、個人情報の取扱いに当たっては、個人の権利利益を侵害することのないよう必要な措置を講ずるとともに、個人情報の保護に関する道の施策に協力しなければならない。

青森県（事業者の責務）
第四条 事業者は、個人情報の保護の重要性を認識し、その事業活動を行うに当たり、個人情報を取り扱うときは、個人の権利利益を侵害することのないよう個人情報の適正な取扱いに努めるとともに、県が実施する個人情報の保護に関する施策に協力するよう努めなければならない。

岩手県（事業者の責務）
第三十六条 事業者は、個人情報を取り扱うに当たっては、個人情報の保護の重要性を認識し、個人の権利利益を侵害することがないよう、必要な保護措置を講ずる等、個人情報の適正な取扱いに努めなければならない。

宮城県（事業者の責務）
第五条 事業者は、個人情報を取り扱うときは、個人情報の保護の重要性を認識し、個人の権利利益を侵害することのないよう、その適正な取扱いに努めなければならない。

秋田県（事業者の責務）
第四条 事業者は、個人情報の保護の重要性を認識し、個人の権利利益を侵害することのないよう、個人情報の適正な取扱いに努めなければならない。

山形県（事業者の責務）
第三十五条 事業者は、個人情報の保護の重要性を認識し、個人情報の取扱いに当たっては、個人の権利利益を害することのないよう、その適正な取扱いに努めるとともに、個人情報の保護に関する県の施策に協力しなければならない。

福島県（事業者の責務）
第二十六条 事業者は、個人情報の保護の重要性を認識し、個人の権利利益を侵害することのないよう個人情報の適正な取扱いに努めなければならない。

栃木県（事業者の責務）
第三十六条 事業者は、個人情報の保護の重要性を認識し、事業の実施に伴い個人情報を取り扱うときは、個人の権利利益を侵害することのないよう適正な取扱いに努めるとともに、個人情報の保護に関する県の施策に協力するよう努めなければならない。

群馬県（事業者の責務）
第四条 事業者は、個人情報の保護の重要性を認識し、個人の権利利益を侵害す

ることのないよう個人情報の適正な取扱いに努めるとともに、個人情報の保護に関する県の施策に協力しなければならない。
2 県が出資その他財政支出等を行う法人であって、実施機関が定めるものは、前項に規定するもののほか、この条例の趣旨にのっとり個人情報の保護のために必要な措置を講ずるよう努めなければならない。

埼玉県（事業者の責務）
第二十七条 事業者は、個人情報の保護の重要性を認識し、事業の実施に当たっては、個人の権利利益を侵害することのないよう個人情報の適正な取扱いに努めなければならない。

千葉県（事業者の責務）
第四条 事業者は、個人情報の保護の重要性を認識し、事業の実施に当たっては、個人の権利利益を侵害することのないよう、個人情報の取扱いを適正に行うとともに、個人情報の保護に関する県の施策に協力する責務を有する。
2 前項に規定するもののほか、県が出資する法人のうち実施機関が定める法人は、この条例に基づき当該実施機関が行う個人情報の取扱いに留意しつつ、個人情報の適正な取扱いを確保するために必要な措置を講ずる責務を有する。

東京都（事業者の責務）
第二十七条 事業者は、個人に関する情報の保護の重要性にかんがみ、事業の実施に当たっては、その取扱いに適正を期し、個人の権利利益を侵害することのないよう努めなければならない。

神奈川県（事業者の責務）
第四条 事業者は、個人情報の保護の重要性を認識し、個人情報の取扱いに伴う個人の権利利益の侵害の防止に関し必要な措置を講ずるとともに、個人情報の保護のための県の施策に協力する責務を有する。
2 事業者は、その事業活動に伴って保有する個人情報について、本人にその存在及び内容を知るための機会を提供するよう努めなければならない。

山梨県（事業者の責務）
第四条 事業者は、個人情報の保護の重要性を認識し、個人情報の取扱いに当たっては、個人の権利利益を保護するために必要な措置を講ずるとともに、県が実施する個人情報の保護に関する施策に協力するよう努めなければならない。

長野県（事業者の責務）
第二十七条 事業者は、個人情報の取扱いに当たっては、個人の権利利益を保護するため必要な措置を講ずるよう努め、適正な取扱いをしなければならない。

新潟県（事業者の責務）
第四条 事業者は、個人情報の保護の重要性を認識し、事業の実施に伴い個人情報を取り扱うときは、個人の権利利益を保護するために必要な措置を講ずるよう努めなければならない。
2 県が出資する法人のうち実施機関が定めるものは、前項に規定するもののほか、この条例に基づき実施機関が行う個人情報の取扱いに留意しつつ、必要な措置を講じて、個人情報の保護に努めなければならない。

福井県（事業者の業務）

第四条　事業者は、個人情報を取り扱うときは、個人情報の保護の重要性を認識し、個人の権利利益を侵害することのないよう個人情報の適正な取扱いに努めるとともに、個人情報の保護に関する県の施策に協力するよう努めるものとする。

岐阜県（事業者の責務）

第四条　事業者は、個人情報の保護の重要性を認識し、個人情報の取扱いに当たっては、個人の権利利益を侵害することのないよう努めなければならない。

愛知県（事業者の責務）

第四条　事業者は、個人情報の保護の重要性を認識し、個人情報の取扱いに当たっては、個人の権利利益を侵害することのないよう努めるとともに、個人情報の保護に関する県の施策に協力しなければならない。

三重県（事業者の責務）

第四条　事業者は、個人情報の保護の重要性を認識し、個人情報の取扱いに当たっては、個人の権利利益を侵害することのないよう努めるとともに、個人情報の保護に関する県の施策に協力するよう努めなければならない。

滋賀県（事業者の責務）

第二十四条　事業者は、個人情報の保護の重要性を認識し、事業の実施に伴い個人情報を取り扱うときは、個人の権利利益を侵害することのないよう、適正な収集、利用、管理等に努めなければならない。

京都府（事業者の責務）

第二十五条　事業者は、個人情報の取扱いに当たっては、個人の権利利益を保護するために必要な措置を講じるよう努め、適正な取扱いに努めなければならない。

2　事業者は、次に掲げる個人情報については、個人の権利利益を侵害することのないよう特に慎重に取り扱わなければなければならない。

　一　思想、信条及び信教に関する個人情報並びに個人の特質を規定する身体に関する個人情報

　二　社会的差別の原因となるおそれのある個人情報

3　事業者は、個人情報の保護に関する府の施策に協力しなければならない。

大阪府（事業者の責務）

第三十三条　事業者は、個人情報の保護の重要性を認識し、個人情報の取扱いに当たっては、個人の権利利益を侵害することのないよう必要な措置を講ずるとともに、個人情報の保護に関する府の施策に協力する責務を有する。

2　事業者は、次に掲げる個人情報については、個人の権利利益を侵害することのないよう特に慎重に取り扱う責務を有する。

　一　思想、信仰、信条その他の心身に関する基本的な個人情報

　二　社会的差別の原因となるおそれのある個人情報

兵庫県（事業者の遵守事項）

第三十一条　事業者は、個人情報取扱指針に即して個人情報を適正に取り扱わなければならない。

2　事業者は、第六条第四項各号に掲げる個人情報については、個人の権利利益

を侵害することのないよう特に慎重に取り扱わなければならない。
奈良県（事業者の責務）
第三十条　事業者は、個人情報の保護の重要性を認識し、個人情報の取扱いに当たっては、個人の権利利益を侵害することのないよう努めるとともに、個人情報の保護に関する県の施策に協力するよう努めなければならない。
2　事業者は、思想、信条及び信教に関する個人情報並びに社会的差別の原因となるおそれのある個人情報については、個人の権利利益を侵害することのないよう特に慎重に取り扱わなければならない。
和歌山県（事業者の責務）
第四条　事業者は、個人情報の保護の重要性を認識し、個人情報の取扱いに当たっては、個人の権利利益を侵害することのないよう、その適正な取扱いに努めるとともに、個人情報の保護に関する県の施策に協力しなければならない。
鳥取県（事業者の責務）
第四条　事業者は、個人情報の保護の重要性を認識し、個人情報の適正な取扱いに努めるとともに、個人情報の保護に関する県の施策に協力しなければならない。
鳥取県（事業者による措置）
第三十一条　事業者は、個人情報を取り扱うときは、法令に即して個人の権利利益を保護するために必要な措置を講じなければならない。
岡山県（事業者の責務）
第五条　事業者（個人情報を事業の用に供する法人その他の団体（国及び地方公共団体を除く。）及び個人をいう。第四十九条及び第五十条において同じ。）は、個人情報の保護の重要性を深く認識し、個人の権利利益を侵害することのないよう個人情報の保護に関し必要な措置を講ずるとともに、個人情報の保護に関する県の　施策に協力するよう努めなければならない。
広島県（事業者の責務）
第二十三条　事業者は、個人情報の保護の重要性を認識し、事業の実施に伴い個人情報を取り扱うときは、適正に行うよう努めるとともに、個人情報の保護に関する県の施策に協力しなければならない。
徳島県（事業者の責務）
第四十五条　事業者は、個人情報の保護の重要性を認識し、個人情報の取扱いに伴う個人の権利利益の侵害の防止に関し必要な措置を自主的に講ずるとともに、個人情報の保護に関する県の施策に協力しなければならない。
2　事業者は、第六条第三項各号に掲げる個人情報を特に慎重に取り扱わなければならない。
香川県（事業者の責務）
第四条　事業者は、個人情報の保護の重要性を認識し、事業の実施に伴い個人情報を取り扱うときは、個人の権利利益を侵害することのないよう必要な措置を講ずるとともに、個人情報の保護に関する県の施策に協力協力しなければならない。
愛媛県（事業者の責務）

第四条　事業者は、個人情報の保護の重要性を認識し、個人情報の取扱いに当たっては、個人の権利利益を侵害することのないようその適正な取扱いに努めるとともに、個人情報の保護に関する県の施策に協力するよう努めなければならない。

高知県（事業者の責務）

第五条　事業者は、個人情報の保護の重要性を認識し、個人情報の取扱いに当たっては、個人の権利利益を侵害することのないよう必要な措置を自主的に講ずるように努めるとともに、個人情報の保護に関して県が行う事務事業に協力するように努めなければならない。

福岡県（事業者の責務）

第二十四条　事業者は、個人情報の保護の重要性にかんがみ、事業の実施に伴い個人情報を取り扱うときは、適正な取扱いをするよう努めなければならない。

長崎県（事業者の責務）

第四条　事業者は、個人情報の保護の重要性を認識し、個人情報の取扱いに当たっては、県が実施する個人情報の保護に関する施策に協力し、個人の権利利益を侵害することのないよう、個人情報の適正な取扱いに努めなければならない。

2　県が資本金、基本金その他これらに準ずるものを出資している法人であって実施機関が定めるものは、前項に規定するもののほか、この条例の規定に基づく県の施策に留意しつつ、個人情報の保護のために必要な措置を講ずるよう努めなければならない。

熊本県（事業者の責務）

第四条　事業者は、個人情報の保護の重要性を認識し、個人情報の取扱いに当たっては、県が実施する個人情報の保護に関する施策に協力し、個人の権利利益を侵害することのないようその適正な取扱いに努めなければならない。

大分県（事業者の責務）

第三十四条　事業者（法人等及び事業を営む個人をいう。）は、個人情報の保護の重要性を認識し、個人情報の保護に関し県が実施する施策に協力するとともに、その事業の実施に当たっては、個人の権利利益を害することのないよう個人情報の適正な取扱いに努めなければならない。

宮崎県（事業者の責務）

第四条　事業者（法人その他の団体（国及び地方公共団体を除く。）及び事業を営む個人をいう。）は、個人情報の保護の重要性を認識し、個人情報の保護に関し県が実施する施策に協力するとともに、その事業の実施に当たっては、個人の権利利益を害することのないよう個人情報の適正な取扱いに努めなければならない。

沖縄県（事業者の責務）

第四条　事業者は、個人情報の保護の重要性を認識し、個人情報を取り扱うときは、個人の権利利益を保護するために必要な措置を講じて、適正な取扱いをするよう努めなければならない。

⑹　**都道府県民の責務**

3　実施機関その他の責務

北海道（道民の責務）
第五条　道民は、個人情報の保護の重要性を認識し、個人情報の取扱いに関し、他人の権利利益を侵害することのないよう努めなければならない

青森県（県民の責務）
第五条　県民は、個人情報の保護の重要性を認識し、自己に関する個人情報の保護に努めるとともに、自己以外の者に関する個人情報の取扱いに当たっては、その権利利益を侵害することのないよう努めなければならない。

宮城県（県民の責務）
第六条　県民は、個人情報の保護の重要性を認識し、自ら自己の個人情報の保護に努めるとともに、他人の個人情報の取扱いに当たっては、その権利利益を侵害することのないよう努めなければならない。

秋田県（県民の責務）
第五条　県民は、個人情報の保護の重要性を認識し、自己の個人情報の保護に努めるとともに、他人の個人情報の取扱いに当たっては、その権利利益を侵害することのないよう努めなければならない。

福島県（県民の責務）
第三条の二　県民は、個人情報の保護の重要性を認識し、自己に関する個人情報の適正な管理に努めるとともに、他人に関する個人情報の取扱いに当たっては、個人の権利利益を侵害することのないよう努めなければならない。

栃木県（県民の責務）
第四条　県民は、個人情報の保護の重要性を認識し、自己の個人情報の適正な取扱いに努めるとともに、他人の個人情報の取扱いに当たっては、その権利利益を侵害することのないよう努めなければならない。

群馬県（県民の責務）
第五条　県民は、個人情報の保護の重要性を認識し、自己の個人情報の適正な管理に努めるとともに、他人の個人情報の取扱いに当たっては、その権利利益を侵害することのないよう努めなければならない。

埼玉県（県民の責務）
第四条　県民は、個人情報の保護の重要性を認識し、自己の個人情報の適正な管理に努めるとともに、他人の個人情報の取扱いに当たっては、他人の権利利益を侵害することのないよう努めるものとする。

千葉県（県民の責務）
第五条　県民は、個人情報の保護の重要性を認識し、自己の個人情報の保護に自ら努めるとともに、他人の個人情報の取扱いに当たっては、その権利利益を侵害することのないよう努めなければならない。

神奈川県（県民の役割）
第五条　県民は、個人情報の保護の重要性を認識し、他人の個人情報をみだりに取り扱わないようにするとともに、自ら個人情報の保護を心掛けることによって、個人情報の保護に積極的な役割を果たすものとする。

新潟県（県民の責務）
第五条　県民は、個人情報の保護の重要性を認識し、自己の個人情報の保護に自

ら努めるとともに、他人の個人情報の取扱いに当たっては、その権利利益を侵害することのないよう努めなければならない。
福井県（県民の責務）
第五条　県民は、個人情報の保護の重要性を認識し、自己の個人情報の適正な取扱いに努めるとともに、他人の個人情報の取扱いに当たっては、その権利利益を侵害することのないように努めなければならない。
岐阜県（県民の責務）
第五条　県民は、個人情報の保護の重要性を認識し、自己の個人情報の適正な管理に努めるとともに、他人の個人情報の取扱いに当たっては、その権利利益を侵害することのないよう努めなければならない。
愛知県（県民の責務）
第五条　県民は、個人情報の保護の重要性を認識し、自己に関する個人情報の保護に自ら努めるとともに、他人の個人情報の取扱いに当たっては、他人の権利利益を侵害することのないよう努めなければならない。
三重県（県民の責務）
第五条　県民は、個人情報の保護の重要性を認識し、自己の個人情報の適切な管理に努めるとともに、他人の個人情報の取扱いに当たっては、その権利利益を侵害することのないよう努めなければならない。
大阪府（府民の責務）
第四条　府民は、個人情報の保護の重要性を認識し、自己の個人情報の適切な管理に努めるとともに、他人の個人情報の取扱いに当たっては、他人の権利利益を侵害することのないよう努めなければならない。
兵庫県（県民の責務）
第五条　県民は、個人情報の保護の重要性を認識し、自己の個人情報の適正な管理に努めるとともに、他人の個人情報の取扱いに当たっては、個人の権利利益を侵害することのないよう努めなければならない。
奈良県（県民の責務）
第四条　県民は、個人情報の保護の重要性を認識し、自己の個人情報の適正な管理に努めるとともに、他の個人の個人情報の取扱いに当たっては、その権利利益を侵害することのないよう努めなければならない。
和歌山県（県民の責務）
第五条　県民は、個人情報の保護の重要性を認識し、自己の個人情報の適切な管理に努めるとともに、他人の個人情報の取扱いに当たっては、その権利利益を侵害することのないよう努めなければならない。
鳥取県（県民の責務）
第五条　県民は、個人情報の保護の重要性を認識し、他人の個人情報の取扱いに当たっては、個人の権利利益を侵害しないようにするとともに、自己の個人情報の保護に努めなければならない。
岡山県（県民の責務）
第四条　県民は、相互に個人情報の保護の重要性を深く認識し、個人情報の保護に努めるとともに、この条例により認められた権利を濫用してはならない。

徳島県（県民の責務）
第四条　県民は、個人情報の保護の重要性を認識し、自己の個人情報の適切な管理に努めるとともに、他人の個人情報の取扱いに当たっては、その権利利益を侵害することのないよう努めなければならない。

香川県（県民の責務）
第五条　県民は、個人情報の保護の重要性を認識し、自らの個人情報の保護に努めるとともに、他人の個人情報の取扱いに当たっては、他人の権利利益を侵害することのないよう努めなければならない。

愛媛県（県民の責務）
第六条　県民は、個人情報の保護の重要性を認識し、自己の個人情報の適切な管理に努めるとともに、他人の個人情報の取扱いに当たっては、個人の権利利益を侵害することのないよう努めなければならない。

高知県（県民の責務）
第六条　県民は、個人情報の保護の重要性を認識し、自らの個人情報の適切な管理に努めるとともに、他人の個人情報の取扱いに当たっては、その権利利益を侵害することのないように努めなければならない。

佐賀県（県民の責務）
第五条　県民は、個人情報の保護の重要性を認識し、自己の個人情報の適正な管理に努めるとともに、他人の個人情報の取扱いに当たっては、その権利利益を害することのないよう努めなければならない。

長崎県（県民の責務）
第五条　県民は、個人情報の保護の重要性を認識し、自ら自己の個人情報の保護に努めるとともに、他人の個人情報の取扱いに当たっては、その権利利益を侵害しないよう努めなければならない。

熊本県（県民の責務）
第五条　県民は、個人情報の保護の重要性を認識し、自己の個人情報の適切な管理に努めるとともに、他人の個人情報の取扱いに当たっては、個人の権利利益を侵害することのないよう努めなければならない。

宮崎県（県民の責務）
第五条　県民は、個人情報の保護の重要性を認識し、自己の個人情報の適正な取り扱いに努めるとともに、他人の個人情報の取扱いに当たっては、その権利利益を害することのないよう努めなければならない。

沖縄県（県民の役割）
第五条　県民は、個人情報の保護の重要性を認識し、他人の個人情報の取扱いに当たっては、その権利利益を侵害することのないようにするとともに、自ら自己の個人情報の保護を心掛けることによって、個人情報の保護に積極的な役割を果たすものとする。

(7) **市町村の責務**

宮城（市町村の責務）
第四条　市町村は、県がこの条例の規定に基づき実施する施策に留意しつつ、個

人情報の適切な取扱いを確保するために必要な施策を策定し、及びこれを実施するよう努めなければならない。

4 適用除外、他の制度との調整

(1) 統計調査の適用除外

北海道（他の制度との調整）
第三十四条　この章の規定は、次に掲げる個人情報については、適用しない。
一　統計法（昭和二十二年法律第十八号）第二条に規定する指定統計を作成するために集められた個人情報
二　統計法第八条第一項の規定により総務大臣に届け出られた統計調査によって集められた個人情報
三　統計報告調整法（昭和二十七年法律第百四十八号）の規定により総務大臣の承認を受けた統計報告（同法第四条第二項に規定する申請書に記載された専ら統計を作成するために用いられる事項に係る部分に限る。）の徴集によって得られた個人情報
四　北海道統計調査条例（昭和二十六年北海道条例第二十五号）第一条に規定する統計調査によって集められた個人情報

青森県（適用除外）
第三十条　次に掲げる個人情報については、この章の規定は、適用しない。
一　統計法（昭和二十二年法律第十八号）第二条に規定する指定統計を作成するために集められた個人情報
二　統計法第八条第一項の規定により届け出られた統計調査によって集められた個人情報
三　統計報告調整法（昭和二十七年法律第百四十八号）の規定により承認を受けた統計報告（同法第四条第二項に規定する申請書に記載された専ら統計を作成するために用いられる事項に係る部分に限る。）の徴集によって得られた個人情報
四　青森県統計調査条例（昭和二十五年青森県条例第十号）第二条第一項に規定する統計調査によって集められた個人情報

青森県（施行事項）
第三十条　この章の規定の施行に関し必要な事項は、実施機関が定める。

岩手県（雑則）
第三十五条　次に掲げる個人情報については、この章の規定は、適用しない。
一　統計法（昭和二十二年法律第十八号）第二条に規定する指定統計を作成するために集められた個人情報
二　統計法第八条第一項の規定により総務大臣に届け出らもれた統計調査によって集められた個人情報
三　統計報告調整法（昭和二十七年法律第百四十八号）の規定により総務大臣の承認を受けた統計報告（同法第四条第二項に規定する申請書に記載された専ら統計を作成するために用いられる事項に係る部分に限る。）の徴集によって得られた個人情報

2 　実施機関は、法令等の規定により、何人にも訂正請求に係る個人情報を訂正することとされている場合には、当該個人情報については、第二十一条から第二十三条までの規定は、適用しない。ただし、当該法令等の規定に一定の場合には訂正をしない旨の定めがあるときは、この限りでない。
3 　実施機関は、法令等の規定により、何人にも削除請求に係る個人情報を削除することとされている場合には、当該個人情報については、第二十四条から第二十六条までの規定は、適用しない。ただし、当該法令等の規定に一定の場合には削除をしない旨の定めがあるときは、この限りでない。

　宮城県（他の法令との調整等）
第二十六条　次に掲げる個人情報については、この章の規定は、適用しない。
　一　統計法（昭和二十二年法律第十八号）第二条に規定する指定統計を作成するために集められた個人情報
　二　統計法第八条第一項の規定により総務大臣に届け出られた統計調査によって集められた個人情報
　三　統計報告調整法（昭和二十七年法律第百四十八号）の規定により総務大臣の承認を受けた統計報告（同法第四条第二項に規定する申請書に記載された専ら統計を作成するために用いられる事項に係る部分に限る。）の徴集によって得られた個人情報
　四　統計調査条例（平成四年宮城県条例第十五号）第二条第二項に規定する県指定統計調査によって集められた個人情報

　秋田県（適用除外等）
第三十三条　この章の規定は、次に掲げる個人情報については、適用しない。
　一　統計法（昭粕二十二年法律第十八号）第二条に規定する指定統計を作成するために集められた個人情報
　二　統計法第八条第一項の規定により総務大臣に届け出られた統計調査によって集められた個人情報
　三　統計報告調整法（昭和二十七年法律第百四十八号）の規定により総務大臣の承認を受けた統計報告（同法第四条第二項に規定する申請書に記載された専ら統計を作成するために用いられる事項に係る部分に限る。）の徴集によって得られた個人情報
　四　秋田県統計調査条例（昭和二十五年法律第七号）第二条第一項に規定する統計調査によって集められた個人情報

　山形県（他の制度との調整）
第二十五条　次に掲げる個人情報については、この章の規定は、適用しない。
　一　統計法（昭和二十二年法律第十八号）第二条に規定する指定統計を作成するために集められた個人情報及び同法第八条第一項の規定により総務大臣に届け出られた統計調査によって集められた個人情報
　二　統計報告調整法（昭和二十七年法律第百四十八号）の規定により総務大臣の承認を受けた統計報告（同法第四条第二項に規定する申請書に記載された専ら統計を作成するために用いられる事項に係る部分に限る。）の徴集によって得られた個人情報

三　山形県統計調査条例（昭和二十八年三月県条例第八号）第二条に規定する統計調査によって集められた個人情報
四　実施機関の管理に属する図書館、博物館その他これらに類する施設において、一般の利用に供することを目的として管理する図書、資料、刊行物等に記録されている個人情報

福島県（適用除外）
第四条　この条例の規定は、次に掲げる個人情報については、適用しない。
一　統計法（昭和二十二年法律第十八号）第二条に規定する指定統計を作成するために集められた個人情報及び同法第八条第一項の規定により総務大臣に届け出られた統計調査によって集められた個人情報
二　統計報告調整法（昭和二十七年法律第百四十八号）の規定により総務大臣の承認を受けた統計報告（同法第四条第二項に規定する申請書に記載された専ら統計を作成するために用いられる事項に係る部分に限る。）の徴集によって得られた個人情報
三　福島県統計調査条例（昭和二十六年福島県条例第九十三号）第二条に規定する調査によって集められた個人情報

茨城県（統計調査に対する適用除外）
第三十一条　統計法（昭和二十二年法律第十八号）第二条に規定する指定統計に係る個人情報及び同法第八条第一項の規定により総務大臣に届け出られた統計調査に係る個人情報並びに統計報告調整法（昭和二十七年法律第百四十八号）の規定により総務大臣の承認を受けた統計報告（同法第四条第二項に規定する申請書に記載された専ら統計を作成するために用いられる事項に係る部分に限る。）に係る個人情報並びに茨城県統計調査条例（昭和三十六年茨城県条例第十六号）第二条に規定する統計調査に係る個人情報については、この条例の規定は適用しない。

栃木県（適用除外）
第三十五条　この章の規定は、次に掲げる個人情報については、適用しない。
一　統計法（昭和二十二年法律第十八号）第二条に規定する指定統計を作成するために集められた個人情報
二　統計法第八条第一項の規定により総務大臣に届け出られた統計調査（第四号に規定する統計調査を除く。）によって集められた個人情報
三　統計報告調整法（昭和二十七年法律第百四十八号）の規定により総務大臣の承認を受けた統計報告（同法第四条第二項に規定する申請書に記載された専ら統計を作成するために用いられる事項に係る部分に限る。）の徴集によって得られた個人情報
四　栃木県統計調査条例（昭和二十五年栃木県条例第六十七号）第二条に規定する統計調査によって集められた個人情報

群馬県（他の制度との調整等）
第二十九条　この章の規定は、次に掲げる個人情報については、適用しない。
一　統計法（昭和二十二年法律第十八号）第二条に規定する指定統計を作成するために集められた個人情報

二　統計法第八条第一項の規定により総務大臣に届け出られた統計調査によって集められた個人情報
三　統計報告調整法（昭和二十七年法律第百四十八号）の規定により総務大臣の承認を受けた統計報告（同法第四条第二項に規定する申請書に記載された専ら統計を作成するために用いられる事項に係る部分に限る。）の徴集によって得られた個人情報
四　群馬県統計調査条例（昭和三十三年群馬県条例第十七号）第二条に規定する統計調査によって集められた個人情報

埼玉県（適用除外）
第五条　この条例の規定は、次に掲げる個人情報については、適用しない。
一　統計法（昭和二十二年法律第十八号）第二条に規定する指定統計を作成するために集められた個人情報及び同法第八条第一項の規定により総務大臣に届け出られた統計調査によって集められた個人情報
二　統計報告調整法（昭和二十七年法律第百四十八号）の規定により総務大臣の承認を受けた統計報告（同法第四条第二項に規定する申請書に記載された専ら統計を作成するために用いられる事項に係る部分に限る。）の徴集によって得られた個人情報
三　埼玉県統計調査条例（昭和四十四年埼玉県条例第十四号）第二条第一項に規定する県統計調査によって集められた個人情報

千葉県（適用除外）
第六条　この条例の規定は、次の各号に掲げる個人情報については、適用しない。
一　統計法（昭和二十二年法律第十八号）第三条第一項に規定する指定統計調査に係る個人情報
二　統計法第八条第一項の規定により総務大臣に届け出られた統計調査に係る個人情報
三　統計報告調整法（昭和二十七年法律第百四十八号）の規定により総務大臣の承認を受けた統計報告（同法第四条第二項に規定する申請書に記載された専ら統計を作成するために用いられる事項に係る部分に限る。）の徴集に係る個人情報
四　千葉県統計調査条例（昭和二十五年千葉県条例第一号）第二条第一号に規定する県統計調査に係る個人情報

東京都（他の制度との調整等）
第三十条　2　この条例は、統計法（昭和二十二年法律第十八号）第二条に規定する指定統計に係る個人情報及び同法第八条第一項の規定により総務大臣に届け出られた統計調査に係る個人情報並びに統計報告調整法（昭和二十七年法律第百四十八号）の規定により総務大臣の承認を受けた統計報告（専ら統計を作成するために用いられる事項に係る部分に限る。）に係る個人情報並びに東京都統計調査条例（昭和三十二年東京都条例第十五号）第二条第二項に規定する統計調査に係る個人情報については、適用しない。

神奈川県（適用除外）
第二十七条　統計法（昭和二十二年法律第十八号）第二条に規定する指定統計を

作成するために集められた個人情報及び同法第八条第一項の規定により総務大臣に届け出られた統計調査によって集められた個人情報並びに統計報告調整法（昭和二十七年法律第百四十八号）の規定により総務大臣の承認を受けた統計報告（専ら統計を作成するために用いられる事項に係る部分に限る。）の徴集によって得られた個人情報並びに神奈川県統計調査条例（昭和二十六年神奈川県条例第四十三号）第二条第一項に規定する統計調査によって集められた個人情報については、この章の規定は、適用しない。

山梨県（適用除外）
第五条　この条例は、統計法（昭和二十二年法律第十八号）第二条に規定する指定統計を作成するために集められた個人情報及び同法第八条第一項の規定により総務大臣に届け出られた統計調査によって集められた個人情報並びに統計報告調整法（昭和二十七年法律第百四十八号）の規定により総務大臣の承認を受けた統計報告（同法第四条第二項に規定する申請書に記載された専ら統計を作成するために用いられる事項に係る部分に限る。）の徴集によって得られた個人情報並びに山梨県統計調査条例（昭和二十七年山梨県条例第十一号）第三条に規定する県統計調査によって集められた個人情報については、適用しない。

長野県（適用除外）
第三条　統計法（昭和二十二年法律第十八号）第二条に規定する指定統計を作成するために集められた個人情報及び同法第八条第一項の規定により総務大臣に届け出られた統計調査（国が実施する調査に限る。）によって集められた個人情報並びに統計報告調整法（昭和二十七年法律第百四十八号）の規定に基づき総務大臣の承認を受けた統計報告（同法第四条第二項に規定する申請書に記載された専ら統計を作成するために用いられる事項に係る部分に限る。）の徴集によって得られた個人情報については、この条例の規定は適用しない。

新潟県（適用除外）
第三十一条　この章の規定は、次に掲げる個人情報については、適用しない。
一　統計法（昭和二十二年法律第十八号）第二条に規定する指定統計を作成するために集められた個人情報
二　統計法第八条第一項の規定により総務大臣に届け出られた統計調査（第四号に規定する統計調査を除く。）によって集められた個人情報
三　統計報告調整法（昭和二十七年法律第百四十八号）の規定により総務大臣の承認を受けた統計報告（同法第四条第二項に規定する申請書に記載された専ら統計を作成するために用いられる事項に係る部分に限る。）の徴集によって得られた個人情報
四　新潟県統計調査条例（昭和二十八年新潟県条例第三十八号）第二条に規定する県指定統計調査又は同条例第八条に規定する県届出統計調査によって集められた個人情報

富山県（法令等との調整）
第四十四条　前章及び第一節から前節までの規定は、次に掲げる個人情報については、適用しない。
一　統計法（昭和二十二年法律第十八号）第二条に規定する指定統計を作成す

るために集められた個人情報
- 二　統計法第十四条に規定する届出統計調査によって集められた個人情報
- 三　統計報告調整法（昭和二十七年法律第百四十八号）第四条第一項の規定により総務大臣の承認を受けた統計報告（同条第二項に規定する申請書に記載された専ら統計を作成するために用いられる事項に係る部分に限る。）の徴集によって得られた個人情報
- 四　富山県統計調査条例（昭和二十五年富山県条例第二十三号）に基づく統計調査によって集められた個人情報

石川県（適用除外）

第五十条　この条例は、次に掲げる個人情報については、適用しない。
- 一　統計法（昭和二十二年法律第十八号）第二条に規定する指定統計を作成するために集められた個人情報
- 二　統計法第八条第一項の規定により総務大臣に届け出られた統計調査によって集められた個人情報
- 三　統計報告調整法（昭和二十七年法律第百四十八号）の規定により総務大臣の承認を受けた統計報告（同法第四条第二項に規定する申請書に記載された専ら統計を作成するために用いられる事項に係る部分に限る。）の徴集によって得られた個人情報
- 四　石川県統計調査条例（昭和二十八年石川県条例第五号）第二条に規定する調査によって集められた個人情報

福井県（適用除外）

第三十六条　この章の規定は、次に掲げる個人情報については、適用しない。
- 一　統計法（昭和二十二年法律第十八号）第二条に規定する指定統計を作成するために集められた個人情報および同法第八条第一項の規定により総務大臣に届け出られた統計調査によって集められた個人情報
- 二　統計報告調整法（昭和二十七年法律第百四十八号）第四条第一項の規定により総務大臣の承認を受けた統計報告（同条第二項の申請書に記載された専ら統計を作成するために用いられる事項に係る部分に限る。）の徴集によって得られた個人情報
- 三　福井県統計調査条例（昭和二十五年福井県条例第二十八号）第二条第一項に規定する統計調査によって集められた個人情報
- 四　県立図書館その他の県の機関において、歴史的もしくは文化的な資料または学術研究用の資料として特別の管理がされている公文書に記録された個人情報

岐阜県（他の法令との調整等）

第二十七条　この章の規定は、次に掲げる個人情報については、適用しない。
- 一　統計法（昭和二十二年法律第十八号）第二条に規定する指定統計を作成するために集められた個人情報
- 二　統計法第八条第一項の規定により総務大臣に届け出られた統計調査（県が行うものを除く。）によって集められた個人情報
- 三　統計報告調整法（昭和二十七年法律第百四十八号）の規定により総務大臣

の承認を受けた統計報告（同法第四条第二項に規定する申請書に記載された専ら統計を作成するために用いられる事項に係る部分に限る。）の徴集によって得られた個人情報
　　四　岐阜県統計調査条例（昭和二十八年岐阜県条例第四十八号）第二条に規定する統計調査によって集められた個人情報
静岡県（適用除外）
第三条　この条例の規定は、次に掲げる個人情報については、適用しない。
　　一　統計法（昭和二十二年法律第十八号）第二条に規定する指定統計を作成するために集められた個人情報
　　二　統計法第八条第一項の規定により総務大臣に届け出られた統計調査によって集められた個人情報
　　三　統計報告調整法（昭和二十七年法律第百四十八号）の規定により総務大臣の承認を受けた統計報告（同法第四条第二項に規定する申請書に記載された専ら統計を作成するために用いられる事項に係る部分に限る。）の徴集によって得られた個人情報
　　四　静岡県統計調査条例（昭和三十二年静岡県条例第五号）第二条に規定する統計調査によって集められた個人情報
愛知県（適用除外）
第六条　統計法（昭和二十二年法律第十八号）第二条に規定する指定統計を作成するために集められた個人情報及び同法第八条第一項の規定により総務大臣に届け出られた統計調査によって集められた個人情報並びに統計報告調整法（昭和二十七年法律第百四十八号）の規定により総務大臣の承認を受けた統計報告（同法第四条第二項に規定する申請書に記載された専ら統計を作成するために用いられる事項に係る部分に限る。）の徴集によって得られた個人情報並びに愛知県統計調査条例（昭和二十六年愛知県条例第十号）第二条に規定する統計調査によって集められた個人情報については、この条例の規定は適用しない。
三重県（他の法令等との調整）
第四十一条　この章の規定は、次に掲げる個人情報については、適用しない。
　　一　統計法（昭和二十二年法律第十八号）第二条に規定する指定統計を作成するために集められた個人情報
　　二　統計法第八条第一項の規定により総務大臣に届け出られた統計調査（県が行うものを除く。）によって集められた個人情報
　　三　統計報告調整法（昭和二十七年法律第百四十八号）の規定により総務大臣の承認を受けた統計報告（同法第四条第二項に規定する申請書に記載された専ら統計を作成するために用いられる事項に係る部分に限る。）の徴集によって得られた個人情報
　　四　三重県統計調査条例（昭和二十五年三重県条例第三十八号）第二条に規定する統計調査によって集められた個人情報
滋賀県（他の制度等との調整）
第二十三条　この条例の規定は、統計法（昭和二十二年法律第十八号）第二条に規定する指定統計を作成するために集められた個人情報および同法第八条第一

項の規定により総務大臣に届け出られた統計調査によって集められた個人情報ならびに統計報告調整法（昭和二十七年法律第百四十八号）の規定により総務大臣の承認を受けた統計報告（同法第四条第二項に規定する申請書に記載された専ら統計を作成するために用いられる事項に係る部分に限る。）の徴集によって得られた個人情報ならびに滋賀県統計調査条例（昭和二十六年滋賀県条例第七号）第二条に規定する統計調査によって集められた個人情報については、適用しない。

京都府（適用除外）
第二十四条　この章の規定は、次に掲げる個人情報については、適用しない。
　一　統計法（昭和二十二年法律第十八号）第二条に規定する指定統計を作成するために集められた個人情報
　二　統計法第八条第一項の規定により総務堕に届け出られた統計調査（府が行うものを除く。）により集められた個人情報
　三　統計報告調整法（昭和二十七年法律第百四十八号）の規定により総務大臣の承認を受けた統計報告（同法第四条第二項に規定する申請書に記載された専ら統計を作成するために用いられる事項に係る部分に限る。）の徴集によって得られた個人情報
　四　京都府統計調査条例（昭和二十五年京都府条例第六十九号）第二条第一項に規定する府統計調査によって集められた個人情報
　五　京都府立総合資料館、京都府立図書館その他これらに類する施設において、府民の利用に供することを目的として管理されている個人情報

大阪府（適用除外）
第五条　次に掲げる個人情報については、この条例の規定は、適用しない。
　一　統計法（昭和二十二年法律第十八号）第二条に規定する指定統計を作成するために集められた個人情報
　二　統計法第八条第一項の規定により総務大臣に届け出られた統計調査によって集められた個人情報
　三　統計報告調整法（昭和二十七年法律第百四十八号）の規定により総務大臣の承認を受けた統計報告（同法第四条第二項に規定する申請書に記載された専ら統計を作成するために用いられる事項に係る部分に限る。）の徴集によって得られた個人情報
　四　大阪府統計調査条例（昭和二十六年大阪府条例第二十七号）第二条第一号に規定する統計調査によって集められた個人情報

兵庫県（他の制度との調整等）
第二十九条　この章の規定は、次に掲げる個人情報については、適用しない。
　一　統計法（昭和二十二年法律第十八号）第三条第一項に規定する指定統計調査によって集められた個人情報
　二　統計法第八条第一項の規定により総務大臣に届け出られた統計調査（県が行うものを除く。）によって集められた個人情報
　三　統計報告調整法（昭和二十七年法律第百四十八号）の規定により総務大臣の承認を受けた統計報告（同法第四条第二項に規定する申請書に記載された

専ら統計を作成するために用いられる事項に係る部分に限る。)の徴集によって得られた個人情報
　四　統計調査条例(昭和三十九年兵庫県条例第四十二号)第二条第一項に規定する統計調査によって集められた個人情報
　奈良県　(他の制度との調整)
第二十八条　この章の規定は、次に掲げる個人情報については、適用しない。
　一　統計法(昭和二十三年法律第十八号)第二条に規定する指定統計を作成するために集められた個人情報及び同法第八条第一項の規定により総務大臣に届け出られた統計調査によって集められた個人情報
　二　統計報告調整法(昭和二十七年法律第百四十八号)の規定により総務大臣の承認を受けた統計報告(同法第四条第二項に規定する申請書に記載された専ら統計を作成するために用いられる事項に係る部分に限る。)の徴集によって得られた個人情報
　和歌山県　(適用除外)
第五十九条　この条例の規定は、次に掲げる個人情報については、適用しない。
　一　統計法(昭和二十二年法律第十八号)第二条に規定する指定統計を作成するために集められた個人情報
　二　統計法第八条第一項の規定により総務大臣に届け出られた統計調査によって集められた個人情報
　三　統計報告調整法(昭和二十七年法律第百四十八号)の規定により総務大臣の承認を受けた統計報告(同法第四条第二項に規定する申請書に記載された専ら統計を作成するために用いられる事項に係る部分に限る。)の徴集によって得られた個人情報
　四　和歌山県統計調査条例(昭和二十六年和歌山県条例第三十一号)第二条に規定する統計調査によって集められた個人情報
2　実施機関の管理に属する図書館その他の施設において、一般の利用に供することを目的として保有する図書等に記録されている個人情報については、第二章からこの章までの規定は適用しない。
　鳥取県　(適用除外)
第三十八条　この条例の規定は、次に掲げる個人情報については、適用しない。
　一　統計法(昭和二十二年法律第十八号)第二条に規定する指定統計を作成するために集められた個人情報
　二　統計法第八条第一項の規定により総務庁長官に届け出られた統計調査によって集められた個人情報
　三　統計報告調整法(昭和二十七年法律第百四十八号)の規定により総務庁長官の承認を受けた統計報告(同法第四条第二項に規定する申請書に記載された専ら統計を作成するために用いられる事項に係る部分に限る。)の徴集によって得られた個人情報
　四　鳥取県統計調査条例(昭和二十五年三月鳥取県条例第七号)に基づく統計調査によって集められた個人情報
　島根県　(他の制度との調整)

第三十二条　この章の規定は、次に掲げる個人情報については、適用しない。
　一　統計法（昭和二十二年法律第十八号）第二条に規定する指定統計を作成するために集められた個人情報
　二　統計法第八条第一項の規定により総務大臣に届け出られた統計調査によって集められた個人情報
　三　統計報告調整法（昭和二十七年法律第百四十八号）の規定により総務大臣の承認を受けた統計報告（同法第四条第二項に規定する申請書に記載された専ら統計を作成するために用いられる事項に係る部分に限る。）の徴集によって得られた個人情報

岡山県（適用除外）
第四十七条　この条例の規定は、次に掲げる個人情報については、適用しない。
　一　統計法（昭和二十二年法律第十八号）第二条に規定する指定統計を作成するために集められた個人情報
　二　統計法第八条第一項の規定により総務大臣に届け出られた統計調査によって集められた個人情報
　三　統計報告調整法（昭和二十七年法律第百四十八号）の規定により総務大臣の承認を受けた統計報告（同法第四条第二項に規定する申請書に記載された専ら統計を作成するために用いられる事項に係る部分に限る。）の徴集によって得られた個人情報
　四　岡山県統計調査条例（昭和三十一年岡山県条例第七号）第二条に規定する統計調査によって集められた個人情報

広島県（適用除外）
第四条　この条例の規定は、次に掲げる個人情報については、適用しない。
　一　統計法（昭和二十二年法律第十八号）第二条に規定する指定統計を作成するために集められた個人情報
　二　統計法第八条第一項の規定により総務大臣に届け出られた統計調査によって集められた個人情報
　三　統計報告調整法（昭和二十七年法律第百四十八号）の規定により総務大臣の承認を受けた統計報告（同法第四条第二項に規定する申請書に記載された専ら統計を作成するために用いられる事項に係る部分に限る。）の徴集によって得られた個人情報
　四　広島県統計調査条例（昭和二十五年広島県条例第十五号）第二条に規定する統計調査によって集められた個人情報

徳島県（他の制度との調整）
第四十四条　この章の規定は、次に掲げる個人情報については、適用しない。
　一　統計法（昭和二十二年法律第十八号）第二条に規定する指定統計を作成するために集められた個人情報
　二　統計法第八条第一項の規定により総務大臣に届け出られた統計調査によって集められた個人情報
　三　統計報告調整法（二十七年法律第百四十八号）の規定により総務大臣の承認を受けた統計報告（同法第四条第二項に規定する申請書に記載された専ら

統計を作成するために用いられる事項に係る部分に限る。)の徴集によって得られた個人情報
　　四　徳島県統計調査条例（昭和二十五年徳島県条例第四十号）第二条に規定する統計調査によって集められた個人情報

香川県（他の制度との調整）

第三十条　この条例の規定は、次に掲げる個人情報については、適用しない。
　　一　統計法（昭和二十二年法律第十八号）第二条に規定する指定統計を作成するために集められた個人情報
　　二　統計法第八条第一項の規定により総務大臣に届け出られた統計調査によって集められた個人情報
　　三　統計報告調整法（昭和二十七年法律第百四十八号）の規定により総務大臣の承認を受けた統計報告（同法第四条第二項に規定する申請書に記載された専ら統計を作成するために用いられる事項に係る部分に限る。)の徴集によって得られた個人情報
　　四　香川県統計調査条例（昭和二十四年香川県条例第四十五号）第二条に規定する統計調査によって集められた個人情報

愛媛県（他の制度との調整等）

第四十三条　この章の規定は、次に掲げる個人情報については、適用しない。
　　一　統計法（昭和二十二年法律第十八号）第二条に規定する指定統計を作成するために集められた個人情報及び同法第八条第一項の規定により総務大臣に届け出られた統計調査によって集められた個人情報
　　二　統計報告調整法（昭和二十七年法律第百四十八号）の規定により総務大臣の承認を受けた統計報告（同法第四条第二項に規定する申請書に記載された専ら統計を作成するために用いられる事項に係る部分に限る。)の徴集によって得られた個人情報

高知県（他の制度との調整）

第三十条　この条例の規定は、次に掲げる個人情報については、適用しない。
　　一　統計法（昭和二十二年法律第十八号）第三条第一項に規定する指定統計調査によって集められた個人情報
　　二　統計法第八条第一項の規定により総務大臣に届け出られた統計調査によって集められた個人情報
　　三　統計報告調整法（昭和二十七年法律第百四十八号）の規定により総務大臣の承認を受けた統計報告（同法第四条第二項に規定する申請書に記載された専ら統計を作成するために用いられる事項に係る部分に限る。)の徴集によって得られた個人情報

福岡県（他の法令との調整等）

第二十三条　この章の規定は、次に掲げる個人情報については、適用しない。
　　一　統計法（昭和二十二年法律第十八号）第二条に規定する指定統計に係る個人情報
　　二　統計法第八条第一項の規定により総務大臣に届け出られた統計調査に係る個人情報

三　統計報告調整法（昭和二十七年法律第百四十八号）の規定により総務大臣の承認を受けた統計報告（専ら統計を作成するために用いられる事項に係る部分に限る。）に係る個人情報

佐賀県（他の制度等との調整）

第二十九条　この章の規定は、次に掲げる個人情報については、適用しない。
一　統計法（昭和二十二年法律第十八号）第二条に規定する指定統計を作成するために集められた個人情報
二　統計法第八条第一項の規定により総務大臣に届け出られた統計調査によって集められた個人情報
三　統計報告調整法（昭和二十七年法律第百四十八号）の規定により総務大臣の承認を受けた統計報告（同法第四条第二項に規定する申請書に記載された専ら統計を作成するために用いられる事項に係る部分に限る。）の徴集によって得られた個人情報

長崎県（適用除外等）

第三十四条　この章の規定は、次に掲げる個人情報については、適用しない。
一　統計法（昭和二十二年法律第十八号）第二条に規定する指定統計を作成するために集められた個人情報
二　統計法第八条第一項の規定により総務大臣に届け出られた統計調査（県が行うものを除く。）によって集められた個人情報
三　統計報告調整法（昭和二十七年法律第百四十八号）の規定により総務大臣の承認を受けた統計報告（同法第四条第二項に規定する申請書に記載された専ら統計を作成するために用いられる事項に係る部分に限る。）の徴集によって得られた個人情報
四　長崎県統計調査条例（昭和二十六年長崎県条例第十二号）第二条に規定する統計調査によって集められた個人情報

熊本県（他の法令等との調整等）

第三十二条　この章の規定は、次に掲げる個人情報については、適用しない。
一　統計法（昭和二十二年法律第十八号）第三条第一項に規定する指定統計調査によって集められた個人情報
二　統計法第八条第一項の規定により総務大臣に届け出られた統計調査（県が行うものを除く。）によって集められた個人情報
三　統計報告調整法（昭和二十七年法律第百四十八号）の規定により総務大臣の承認を受けた統計報告（同法第四条第二項に規定する申請書に記載された専ら統計を作成するために用いられる事項に係る部分に限る。）の徴集によって得られた個人情報
四　熊本県統計調査条例（昭和三十年熊本県条例十九号）第二条に規定する統計調査によって集められた個人情報

大分県（適用除外）

第三十三条　この章の規定は、次に掲げる個人情報については、適用しない。
一　統計法（昭和二十二年法律第十八号）第二条に規定する指定統計を作成するために集められた個人情報及び同法第八条第一項の規定により総務大臣に

届け出られた統計調査によって集められた個人情報
　二　統計報告調整法（昭和二十七年法律第百四十八号）の規定により総務大臣の承認を受けた統計報告（同法第四条第二項に規定する申請書に記載された専ら統計を作成するために用いられる事項に係る部分に限る。）の徴集によって得られた個人情報
　三　大分県統計調査条例（昭和二十四年大分県条例第四十七号）第二条に規定する調査によって集められた個人情報
２　この章の規定は、大分県公文書館、大分県立図書館その他これらに類する施設において、当該施設の設置目的に応じて収集し、整理し、及び保存している図書、資料、刊行物等に記録された個人情報については、適用しない。

宮崎県（適用除外）
第五十一条　この条例の規定は、次に掲げる個人情報については、適用しない。
　一　統計法（昭和二十二年法律第十八号）第二条に規定する指定統計に係る個人情報
　二　統計法第八条第一項の規定により総務大臣に届け出られた統計調査に係る個人情報
　三　統計報告調整法（昭和二十七年法律第百四十八号）の規定により総務大臣の承認を受けた統計報告（同法第四条第二項に規定する申請書に記載された専ら統計を作成するために用いられる事項に係る部分に限る。）に係る個人情報
　四　県指定統計条例（昭和三十一年宮崎県条例第二十六号）第二条に規定する県指定統計に係る個人情報

鹿児島県（適用除外等）
第四十条　この章の規定は、次に掲げる保有個人情報については、適用しない。
　一　統計法（昭和二十二年法律第十八号）第二条に規定する指定統計を作成するために集められた保有個人情報
　二　統計法第八条第一項の規定により総務大臣に届け出られた統計調査によって集められた保有個人情報
　三　統計報告調整法（昭和二十七年法律第百四十八号）の規定により総務大臣の承認を受けた統計報告（同法第四条第二項に規定する申請書に記載された専ら統計を作成するために用いられる事項に係る部分に限る。）の徴集によって得られた保有個人情報
　四　鹿児島県統計調査条例（昭和二十五年鹿児島県条例第八号）第二条に規定する統計調査によって集められた保有個人情報

沖縄県（適用除外）
第六条　この条例の規定は、次に各号に掲げる個人情報については、適用しない。
　一　統計法（昭和二十二年法律第十八号）第二条に規定する指定統計を作成するために集められた個人情報及び同法第八条第一項の規定により総務大臣に届け出られた統計調査によって集められた個人情報
　二　統計報告調整法（昭和二十七年法律第百四十八号）の規定により総務大臣の承認を受けた統計報告（同法第四条第二項に規定する申請書に記載された

4 適用除外、他の制度との調整

宮城県（他の法令との調整等）
第二十六条　3　他の法令（情報公開条例（平成十一年宮城県条例第十号）を除く。）の定めるところにより、自己に関する個人情報を閲覧し、又は個人情報が記録された物の写しの交付その他の物品の供与を受けることができる場合は、第二節（第二十条から第二十二条までを除く。）の規定は、適用しない。
4　他の法令の定めるところにより自己に関する個人情報を訂正することができる場合は、第二十条から第二十二条までの規定は、適用しない。
5　他の法令の定めるところにより、自己に関する個人情報を閲覧し、又は個人情報が記録された物の写しの交付その他の物品の供与を受けた場合は、第二十条第一項の規定の適用については、開示を受けたものとみなす。

秋田県（適用除外等）
第三十三条　3　第二節（第二十四条から第二十八条までを除く。）の規定は、法令又は他の条例（秋田県情報公開条例（昭和六十二年秋田県条例第三号）を除く。）の規定により、個人情報が第二十一条第二項に規定する方法と同一の方法で開示を求めることができるときは、適用しない。
4　第二十四条から第二十六条までの規定は、法令又は他の条例の規定により、個人情報の訂正を求めることができるときは、適用しない。
5　法令又は他の条例の規定により開示を受けた個人情報について、当該法令又は他の条例に訂正の手続規定がないときは、当該個人情報を第二十一条第一項の規定により開示を受けた個人情報とみなして第二十四条第一項の規定を適用する。

山形県（他の制度との調整）
第二十五条　2　法令等（山形県情報公開条例（平成九年十二月県条例第五十八号）及び山形県議会情報公開条例（平成十二年七月県条例第四十九号）を除く。）に自己を本人とする個人情報の開示、訂正又は削除の手続の定めがあるときは、当該法令等の定めるところによる。
3　法令等の定めるところにより実施機関から開示を受けた自己を本人とする個人情報について当該法令等に訂正又は削除の手続の定めがない場合における第十七条第一項又は第二十条第一項の規定の適用については、当該個人情報は、開示請求に基づき開示を受けた個人情報とみなす。

福島県（他の制度との調整）
第二十五条　法令又は他の条例（福島県情報公開条例（平成十二年福島県条例第五号を除く。）に自己に関する個人情報の開示又は訂正の手続の定めがあるときは、当該法令又は他の条例の定めるところによる。
2　法令又は他の条例の規定により実施機関から開示を受けた個人情報について、当該法令又は他の条例に訂正の手続の定めがないときは、当該個人情報は、第十九条第一項の規定の適用については、第十六条第一項の規定により開示を受けた個人情報とみなす。

茨城県（法令等との関係）
第二十六条　個人情報の内容について、その閲覧、縦覧又は謄本、抄本等の交付に関して、法令又は条例、規則（以下「法令等」という。）に定めがあるときは、

当該個人情報については、第十四条の規定は適用しない。
2　個人情報の内容の訂正に関して、法令等に定めがあるときは、当該個人情報については、第二十二条の規定は適用しない。

栃木県（他の制度等との調整）
第三十四条　法令又は他の条例の規定により、実施機関に対して自己の個人情報の開示又は訂正を求めることができる場合における当該個人情報の開示又は訂正については、当該法令又は他の条例の定めるところによる。
2　法令又は他の条例の規定により、開示を受けた公文書に記録されている自己の個人情報について、当該法令又は他の条例に訂正の手続の規定がない場合には、当該個人情報をこの条例の規定により開示を受けた個人情報とみなして、第二十四条から第二十八条までの規定を適用する。

群馬県（他の制度との調整等）
第二十九条　3　第二節の規定は、他の法令等（群馬県情報公開条例（平成十二年群馬県条例第八十三号）を除く。）の規定により、個人情報の開示を受け、又は訂正を求めることができるときは、適用しない。
4　他の法令等の規定により開示を受けた個人情報について、当該他の法令等に訂正の手続の規定がない場合には、当該個人情報をこの条例の規定により開示を受けた個人情報とみなして、第二十二条第一項の規定を適用する。

埼玉県（他の制度との調整等）
第二十六条　他の法令等の規定により、実施機関に対し、自己の個人情報の閲覧若しくは写しの交付を求め、又は訂正等を請求することができるときは、当該他の法令等の定めるところによる。
2　他の法令等の規定により閲覧し、又は写しの交付を受けた個人情報について、当該他の法令等に訂正等の請求の規定がない場合には、当該個人情報は、第十七条第一項の規定により開示を受けた個人情報とみなして、第二十条から第二十五条までの規定を適用する。

千葉県（他の制度との調整）
第二十九条　第十四条から第二十五条までの規定は、他の法令等（千葉県情報公開条例（平成十二年千葉県条例第六十五号）を除く。）の規定により、個人情報の開示又は訂正の手続が定められている場合においては、適用しない。

東京都（他の制度との調整等）
第三十条　法令等に個人情報の閲覧、縦覧又は訂正に関し規定されている場合（東京都事務手数料条例（昭和二十四年東京都条例第三十号）第二条第十一号及び第十二号に規定されている場合を含む。）には、その定めるところによる。ただし、個人情報に係る本人からの開示請求については、この条例によるものとし、開示条例は、適用しない。

神奈川県（開示の請求及び訂正の請求の適用除外）
第二十五条　第十五条から第二十条まで及び前条の規定は、他の法令の規定により、公文書の閲覧又は縦覧の手続が定められているとき、公文書の謄本、抄本等の交付の手続が定められているときその他第十八条第一項及び第二項に規定する方法による個人情報の開示の手続が定められているときにおける個人情

の開示については、適用しない。
2 第二十一条から前条までの規定は、他の法令の規定により、個人情報の訂正の手続が定められているときにおける個人情報の訂正については、適用しない。

山梨県（他の制度との調整）
第二十五条 第十三条から第十九条までの規定は、他の法令（山梨県情報公開条例を除く。）の規定により自己の個人情報の開示を求めることができるときには、適用しない。この場合において、当該法令の規定により開示を受けた個人情報は、第二十条第一項の規定の適用については、第十七条第一項の規定により開示を受けた個人情報とみなす。
2 第二十条から第二十二条までの規定は、他の法令の規定により自己の個人情報の訂正を求めることができるときには、適用しない。

長野県（他法令等との関係）
第二十五条 他の法令等（長野県情報公開条例（平成十二年長野県条例第三十七号）を除く。）の規定に基づき、記録情報の本人が記録情報について開示を求めることができるときは、当該法令等の定めるところによる。
2 他の法令等の規定に基づき、記録情報の本人が記録情報について訂正を求めることができるときは、当該法令の定めるところによる。

新潟県（適用除外）
第三十一条 2 第二節の規定は、他の法令等（新潟県情報公開条例（平成十三年新潟県条例第五十七号）を除く。）の規定により、個人情報の開示又は訂正を求めることができる場合における当該個人情報については、適用しない。

富山県（法令等との調整）
第四十四条 2 第一節から前節までの規定は、保有個人情報の開示、訂正又は利用停止に関して法令等の規定により特別の手続が定められているときは、当該保有個人情報の開示（当該法令等が定める方法と同一の方法（開示の期間が定められている場合にあっては、当該期間内に限る。）による開示に限る。）、訂正又は利用停止については、適用しない。
3 法令等の規定により実施機関から開示を受けた保有個人情報について、当該法令等により訂正又は利用停止に関する特別の手続が定められていないときは、当該法令等に反しない限り、当該法令等の規定により受けた開示を第二十四条第一項の規定により受けた開示とみなして、第二十七条第一項又は第三十五条第一項の規定を適用する。

石川県（他の制度との調整）
第五十一条 実施機関は、法令又は他の条例の規定により、開示請求者に対し開示請求に係る保有個人情報が第二十二条第一項本文に規定する方法と同一の方法で開示することとされている場合（開示の期間が定められている場合にあっては、当該期間内に限る。）には、同項本文の規定にかかわらず、当該保有個人情報については、当該同一の方法による開示を行わない。ただし、当該法令又は他の条例の規定に一定の場合には開示をしない旨の定めがあるときは、この限りでない。
2 法令又は他の条例の規定に定める開示の方法が縦覧であるときは、当該縦覧

を第二十二条第一項本文の閲覧とみなして、前項の規定を適用する。
3　第二十五条から第三十六条までの規定は、法令又は他の条例の規定により、保有個人情報の訂正又は利用停止の手続が定められているときは、適用しない。
4　法令又は他の条例の規定により開示を受けた保有個人情報について、当該法令又は他の条例に訂正又は利用停止の手続の規定がない場合であって、当該法令又は他の条例に反しない場合には、第二十五条第一項及び第三十二条第一項の規定の適用については、開示決定を受けた保有個人情報とみなす。

福井県（適用除外）
第三十六条　2　第一節から第三節までの規定は、住民基本台帳法（昭和四十二年法律第八十一号）第三十条の五第一項の本人確認情報については、適用しない。

福井県（他の制度との調整）
第三十七条　実施機関は、法令等の規定により、自己を本人とする個人情報が、何人にも第二十一条第三項に規定する方法と同一の方法により開示することとされている場合には、同項の規定にかかわらず、当該個人情報については、当該同一の方法による開示を行わないものとする。ただし、当該法令等の規定に一定の場合には開示しない旨の定めがあるときは、この限りでない。
2　第二十四条から第二十八条までの規定は、法令等の規定により、何人も自己を本人とする個人情報の訂正を求めることができることとされている場合には、適用しない。ただし、当該法令等の規定に一定の場合には訂正しない旨の定めがあるときは、この限りでない。
3　法令等の規定により開示を受けた自己を本人とする個人情報について、当該法令等に訂正の手続に関する規定がない場合は、当該個人情報を第二十一条第一項の規定により開示を受けた個人情報とみなして、第二十四条から第二十八条までの規定を適用する。
4　法令等の規定により自己を本人とする個人情報の開示または訂正を求めることができることとされている場合において、当該開示または訂正の請求に係る実施機関の決定に対してされた不服申立てに関する手続については、当該法令等に別段の定めのある場合を除くほか、この条例の定めるところによる。

福井県（実施機関相互の間の調整）
第五十四条　知事は、個人情報の保護に関する制度が適正かつ円滑に運営されるよう実施機関相互の間の調整を行うものとする。

岐阜県（他の法令との調整等）
第二十七条　3　第十三条から第十九条まで及び第二十四条の規定は、法令又は他の条例の規定に基づき、何人にも自己の個人情報が記録されている公文書が第十八条第二項に規定する方法と同一の方法で開示（当該法令又は他の条例に定める開示の方法が縦覧であるときは、当該縦覧を同項の閲覧とみなす。）することとされている場合（開示の期間が定められている場合にあっては、当該期間内に限る。）における当該個人情報の開示については、適用しない。ただし、当該法令又は他の条例の規定に一定の場合には開示をしない旨の定めがあるときは、この限りでない。

4　前項の場合において、法令又は他の条例の規定により開示を受けた公文書に記録されている個人情報について、当該法令又は他の条例に訂正の手続の定めがないときは、当該個人情報は、第二十条第一項の規定の適用については、第十八条第一項の規定により開示を受けた個人情報とみなす。

5　第二十条から第二十四条までの規定は、法令又は他の条例の規定により、個人情報の訂正の手続が定められている場合における当該個人情報の訂正については、適用しない。

静岡県（他の制度との調整）
第四十三条　法令等の規定により、保有個人情報を閲覧し、若しくは縦覧し、又は保有個人情報が記録された公文書の謄本、抄本その他の写しの交付を求めることができる等の場合における当該保有個人情報の開示については、当該法令等の定めるところによる。

2　法令等の規定により、保有個人情報の訂正又は利用停止を求めることができる場合における当該保有個人情報の訂正又は利用停止については、当該法令等の定めるところによる。

3　法令等の規定により実施機関から開示を受けた保有個人情報について、当該法令等に訂正又は利用停止の手続の規定がない場合においては、当該法令等に反しない限り、この条例による訂正請求又は利用停止請求をすることができる。この場合において、第二十八条第一項又は第三十五条第一項の規定の適用については、法令等の規定により受けた開示は、第二十六条第一項の規定により受けた開示とみなす。

4　保有個人情報に係る本人からの開示請求については、この条例によるものとし、情報公開条例は、適用しない。

愛知県（他の制度との調整）
第二十九条　第十三条から第十七条までの規定は、法令又は他の条例（愛知県情報公開公開条例（平成十二年愛知県条例第十九号）を除く。）の規定に基づき、実施機関の保有する個人情報を閲覧し、若しくは縦覧し、又は実施機関の保有する個人情報が記録されたものの謄本、抄本その他の写しの交付を受けることができる場合における当該個人情報の閲覧又は写しの交付については、適用しない。この場合において、法令又は他の条例の規定に基づき、閲覧し、若しくは縦覧し、又は謄本、抄本その他の写しの交付を受けた個人情報は、第十八条第一項の規定の適用については開示を受けた個人情報と、第二十一条第一項の規定の適用については第　十五条第一項の決定を受けた個人情報とみなす。

2　第十八条から第二十条までの規定は、法令又は他の条例の規定に基づき、実施機関の保有する個人情報の訂正を求めることができる場合における当該個人情報の訂正については、適用しない。

三重県（他の法令等との調整）
第四十一条　3　第十四条から第二十六条までの規定は、他の法令等（三重県情報公開条例（平成十一年三重県条例第四十二号）を除き、規則、規程等を含む。以下この条において同じ。）の規定により、個人情が第二十四条第二項に規定する方法と同一の方法で開示することとされているとき（開示の期間が定められ

4　適用除外、他の制度との調整

ているときは、当該期間内に限る。）には、当該同一の方法による個人情報の開示については、適用しない。

4　法令等の規定に定める開示の方法が縦覧であるときは、当該縦覧を第二十四条第二項の閲覧とみなして、前項の規定を適用する。

5　第二十七条から第三十六条までの規定は、他の法令等の規定により、個人情報の訂正又は利用停止等の手続が定められているときは、適用しない。

6　他の法令等の規定により実施機関から開示を受けた個人情報について、当該他の法令等に訂正又は利用停止等の手続の規定がないときは、当該個人情報を第二十四条第一項又は第二十五条第三項の規定により開示を受けた個人情報とみなす。

滋賀県（他の制度等との調整）

第二十三条　2　第十一条から第二十条までの規定は、他の法令等（滋賀県情報公開条例を除く。）の規定により、実施機関の保有する個人情報の開示または訂正の手続が定められている場合においては、適用しない。

京都府（適用除外）

第二十四条　2　第十二条から第十七条まで及び第二十二条の規定は、法令又は他の条例（京都府情報公開条例（平成十三年京都府条例第一号）を除く。）の規定に、閲覧、縦覧、視聴又は謄本、抄本等の交付の手続が定められている個人情報について、適用しない。

3　第十九条から第二十二条までの規定は、法令又は他の条例の規定に、訂正の手続が定められている個人情報については、適用しない。

大阪府（他の制度との調整等）

第四十六条　2　第十二条から第二十二条までの規定は、次の各号に掲げる行政文書の区分に応じ、当該各号に定める方法による当該行政文書に記録されている個人情報の開示については、適用しない。

一　法令又は他の条例（大阪府情報公開条例を除く。以下この項において同じ。）の規定により閲覧し、又は縦覧することができる行政文書（電磁的記録を除く。）閲覧

二　法令又は他の条例の規定により謄本、抄本等の交付を受けることができる行政文書（電磁的記録を除く。）写しの交付

三　法令又は他の条例の規定により、第二十一条第二項の実施機関の規則で定める方法と同じ方法で開示を受けることができる行政文書（電磁的記録に限る。）当該同じ方法

3　第二十三条から第二十七条までの規定は、法令又は他の条例の規定により、自己に関する個人情報の訂正をすることができる場合においては、適用しない。

4　第二十八条から第三十一条までの規定は、法令又は他の条例の規定により、自己に関する個人情報の削除をすることができる場合においては、適用しない。

兵庫県（他の制度との調整等）

第二十九条　3　法令又は他の条例（情報公開条例（平成十二年兵庫県条例第六号）を除く。）の規定により個人情報の開示を受け、又は訂正を求めることができるときは、当該法令又は他の条例の定めるところによる。

4　適用除外、他の制度との調整

4　法令若しくは他の条例の規定により開示を受けた個人情報について当該法令若しくは他の条例に訂正の請求の規定がない場合又は法令、他の条例若しくは実施機関の定める規程により個人情報の内容が免許証、許可証、通知書その他の書類に記載され、これらが既に個人情報の本人に交付されている場合には、これらの個人情報を第十九条第一項又は第二十条第三項の規定により開示を受けた個人情報とみなして、第二十一条第一項の規定を適用する。

奈良県（他の制度との調整）

第二十八条　3　法令又は他の条例（奈良県情報公開条例（平成十三年三月奈良県条例第三十八号）を除く。以下この項において同じ。）の規定により自己を個人情報の本人とする個人情報について開示を受け、又は訂正を求めることができるときは、当該法令又は他の条例の定めるところによる。

4　法令又は他の条例の定めるところにより実施機関が保有する自己を個人情報の本人とする個人情報（第十条第四項第一号に掲げる事務に係るものを除く。）について閲覧又は写しの交付を受けた場合においては、当該個人情報を第十五条第一項又は第十八条第三項の規定により開示を受けた自己を個人情報の本人とする個人　情報とみなして、第二十条第一項の規定を適用する。

和歌山県（法令又は他の条例による開示の実施との調整）

第二十六条　実施機関は、法令又は他の条例の規定により、開示請求者に対し開示請求に係る保有個人情報が第二十四条第一項本文に規定する方法と同一の方法で開示することとされている場合（開示の期間が定められている場合にあっては、当該期間内に限る。）には、同項本文の規定にかかわらず、当該保有個人情報については、当該同一の方法による開示を行わない。ただし、当該法令又は他の条例の規定に一定の場合には開示をしない旨の定めがあるときは、この限りでない。

2　法令又は他の条例の規定に定める開示の方法が縦覧又は謄本、抄本その他謄写したものの交付であるときは、当該縦覧又は謄本、抄本その他謄写したものの交付を第二十四条第一項本文の閲覧又は写しの交付とみなして、前項の規定を適用する。

鳥取県（他の制度との調整）

第二十六条　他の法令（鳥取県情報公開条例（平成十二年鳥取県条例第二号）を除く。）に個人情報の開示又は訂正の請求の規定があるときは、当該他の法令の定めるところによる。

2　法令の規定により開示を受けた個人情報について当該法令に訂正の請求の規定のない場合又は法令の規定により個人情報の内容が免許証、許可証、通知書その他の書類に記載され、これらが既に本人に交付されている場合には、これらの個人情報を第十五条第一項又は第十九条第二項の規定により開示を受けた個人情報とみなして、第二十一条第一項の規定を適用する。

島根県（他の制度との調整）

第三十二条　3　第二節（第二十四条から第二十八条までを除く。）の規定は、法令又は他の条例（島根県情報公開条例を除く。以下この条において「他の法令等」という。）の規定により、個人情報が第二十一条第二項に規定する方法と同

一の方法で開示することとされている場合（開示の期間が定められている場合にあっては、当該期間内に限る。）には、適用しない。

4　第二十四条から第二十八条までの規定は、他の法令等の規定により、個人情報の訂正等を求めることができるときは、適用しない。

5　他の法令等の規定により開示を受けた個人情報について、当該他の法令等に訂正等の手続の規定がない場合には、当該個人情報をこの条例の規定により開示を受けた個人情報とみなして、第二十四条第一項の規定を適用する。

岡山県（他の制度との調整）

第四十六条　第十四条から第二十五条までの規定は、他の法令等（岡山県行政情報公開条例（平成八年岡山県条例第三号）を除く。次項において同じ。）の規定により、第二十四条第一項に規定する方法と同一の方法（開示の期間が定められている場合にあっては、当該期間内に限る。）による保有個人情報の開示の手続が定められている場合における保有個人情報の開示については、適用しない。この場合において、当該法令等の規定により同項に規定する方法と同一の方法で開示を受けた保有個人情報は、第二十七条第一項及び第三十三条第一項の規定の適用については、この条例の規定により開示を受けた保有個人情報とみなす。

2　他の法令等の規定に定める開示の方法が縦覧であるときは、当該縦覧を第二十四条第一項の閲覧とみなして、前項の規定を適用する。

3　第三章第二節の規定は、他の法令等の規定により、開示を受けた保有個人情報（第一項後段の規定により、この条例の規定により開示を受けた保有個人情報とみなされたものを含む。次項において同じ。）の訂正等の手続が定められている場合における保有個人情報の訂正等については、適用しない。

4　第三章第三節の規定は、他の法令等の規定により、開示を受けた保有個人情報の利用停止等の手続が定められている場合における保有個人情報の利用停止等については、適用しない。

広島県（他の制度との調整等）

第二十二条　第二節の規定は、他の法令等（広島県公文書公開条例（平成十三年広島県条例第五号）を除く。）の規定により、個人情報の開示又は訂正の手続が定められている場合においては、適用しない。

山口県（他の法令等による手続との調整）

第二十四条　法令等（山口県情報公開条例（平成九年山口県条例第十八号）を除く。）の規定により個人情報の閲覧若しくは縦覧又は謄本、抄本等の交付の手続が定められている場合は、第十条から第十九条までの規定は、適用しない。

2　法令等の規定により個人情報の訂正の手続が定められている場合は、第二十条から前条までの規定は、適用しない。

徳島県（他の制度との調整）

第四十四条　3　第十三条から第二十七条までの規定は、法令等（徳島県情報公開条例を除く。）の規定により、保有個人情報が第二十五条第二項に規定する方法と同一の方法で開示することとされているとき（開示の期間が定められているときは、当該期間内に限る。）には、当該同一の方法による保有個人情報の開

4　適用除外、他の制度との調整

示については、適用しない。ただし、当該法令等の規定に一定の場合には開示をしない旨の定めがあるときは、この限りでない。
4　法令等の規定に定める開示の方法が縦覧であるときは、当該縦覧を第二十五条第二項の閲覧とみなして、前項の規定を適用する。
5　第二十八条から第四十条までの規定は、法令等の規定により、保有個人情報の訂正又は利用停止の手続が定められているときは、適用しない。
6　法令等の定めるところにより実施機関から自己に関する保有個人情報の開示を受けた場合において、当該法令等に訂正又は利用停止の手続が定められていないときは、当該開示を受けた保有個人情報は、第二十五条第一項又は第二十六条第三項の規定により開示を受けた保有個人情報とみなす。

香川県（他の制度との調整）
第三十条　3　法令等（香川県情報公開条例（平成十二年香川県条例第五十四号）を除く。）に、自己に関する個人情報の開示又は訂正の請求に係る定めがあるときは、当該法令等の定めるところによる。
4　法令等の定めるところにより、自己に関する個人情報の開示を受けた場合であって、当該法令等に当該個人情報の訂正の請求に係る定めがないときにおける第二十一条第一項の規定の適用については、当該個人情報は、第十八条第一項又は第二十条第二項の規定により開示を受けたものとみなす。

愛媛県（他の制度との調整等）
第四十三条　2　他の法令等（愛媛県情報公開条例を除く。）の規定により、第二十四条第二項に規定する方法と同一の方法まで自己に関する個人情報の開示を求めることができることとされている場合（開示の期間が定められている場合にあっては、当該期間内に限る。）には、同項の規定にかかわらず、当該個人情報については、当該同一の方法による開示を行わない。
3　第二十七条から第三十五条までの規定は、他の法令等の規定により、自己に関する個人情報の訂正又は削除を求めることができることとされている場合には、適用しない。
4　他の法令等の定めるところにより実施機関から開示を受けた自己に関する個人情報について当該法令等に訂正又は削除の手続の定めがない場合における第二十七条第一項又は第三十三条第一項の規定に適用については、当該個人情報は、開示請求に基づき開示を受けた個人情報とみなす。

高知県（他の制度との調整）
第三十条　3　法令等（高知県情報公開条例（平成二年高知県条例第一号）を除く。）に個人情報の開示、訂正又は是正の請求の規定があるときは、当該法令等の定めるところによる。
4　法令等の規定により個人情報について開示を受けた場合又は法令等若しくは実施機関の定める規程により個人情報の内容が免許証、許可証、通知書その他の書類に記載され、それらが当該個人情報の本人に交付されている場合であって、当該法令等又は当該実施機関の定める規程に訂正を求めることができる旨の規定がないときは、当該開示又は交付をもって、この条例により当該個人情報の開示を受けたものとみなして、第二十三条の規定を適用する。

福岡県（他の法令との調整等）
第二十三条 3　第三節の規定は、他の法令（福岡県情報公開条例を除く。）の規定により自己の個人情報の開示を受け、又は訂正をすることができる場合においては適用しない。

佐賀県（他の制度等との調整）
第二十九条 3　第十三条から第二十一条までの規定は、法令等（佐賀県情報公開条例（昭和六十二年佐賀県条例第十七号）を除く。）の規定により個人情報が第十九条第二項に規定する開示の方法と同一の方法で開示することとされている場合（開示の期間が定められている場合にあっては、当該期間内に限る。）には、当該同一の方法による個人情報の開示については、適用しない。この場合において、法令等の規定に定める開示の方法が縦覧であるときは、当該縦覧を第十九条第二項に規定する閲覧とみびして、この項の規定を適用する。
4　第二十二条から第二十四条までの規定は、法令等個人情報の訂正の手続の規定がある場合における当該個人情報の訂正については、適用しない。
5　法令等の規定により開示を受けた個人情報について当該法令等に訂正の手続の規定がない場合又は法令等の規定により個人情報の内容が免許証、許可証、通知書その他の書類に記載され、これらが既に本人に交付されている場合には、これらの個人情報を第十九条第一項又は第二十条第二項の規定により開示を受けた個人情報とみなして、第二十二条第一項の規定を適用する。

長崎県（適用除外等）
第三十四条 3　他の法令等（長崎県情報公開条例（平成十三年長崎県条例第一号を除く。）の定めるところにより、自己の個人情報の開示（閲覧、縦覧又は写しの交付を含む。）又は訂正を求めることができる場合は、第二節の規定は適用せず、当該他の法令等の定めるところによるものとする。
4　自己の個人情報の開示請求については、長崎県情報公開条例の規定は適用せず、第二節の規定によるものとする。

熊本県（他の法令等との調整等）
第三十二条 3　他の法令等（熊本県情報公開条例（平成十二年熊本県条例第六十五号）を除く。）の定めるところにより、自己情報の開示を求め、又は閲覧若しくは写しの交付を受けることができる場合は、第二節（第二十三条から第二十五条までを除く。）の規定は、適用しない。
4　他の法令等の規定により開示を受けた個人情報について当該法令等に訂正請求の規定がない場合又は他の法令等若しくは実施機関の定めにより個人情報の内容が免許証、許可証、通知書その他の書類に記載され、これらが既に個人情報の本人に交付されている場合には、これらの個人情報を第二十条第一項又は第二十二条第三項の規定により開示を受けた個人情報とみなして、第二十三条から第二十五条までの規定を適用する。

大分県（他の開示制度等との調整）
第二十八条　第十三条から第二十一条までの規定は、法令等（大分県情報公開条例（平成十二年大分県条例第四十七号）を除く。以下この項及び第四項において同じ。）の規定により、第二十条第一項及び第二項に規定する方法と同一の方

法（開示の期間が定められている場合にあっては、当該期間内に限る。）による個人情報の開示の手続が定められているときにおける個人情報の開示については、適用しない。この場合において、法令等の規定により同条第一項及び第二項に規定する方法と同一の方法で開示を受けた個人情報は、第二十二条第一項及び第二十五条第一項の規定の適用については、開示決定を受けた個人情報とみなす。

2　前項前段に規定する場合において、法令等の規定により個人情報の訂正の手続が定められているときは、第二十二条から第二十四条までの規定は、個人情報の訂正については、適用しない。

3　第一項前段に規定する場合において、法令等の規定により個人情報の利用停止等の手続が定められているときは、第二十五条から第二十七条までの規定は、個人情報の利用停止等については、適用しない。

4　法令等の規定に定める開示の方法が縦覧であるときは、当該縦覧を第二十条第一項の閲覧とみなして、第一項の規定を適用する。

宮崎県（法令等による開示の実施との調整）

第二十七条　実施機関は、法令等又は規則その他の規程の規定により、開示請求者に対し開示請求に係る個人情報が第二十五条第一項に規定する方法と同一の方法で開示することとされている場合（開示の期間が定められている場合にあっては、当該期間内に限る。）には、同項本文の規定にかかわらず、当該個人情報については、当該同一の方法による開示を行わない。ただし、当該法令等又は規則その他の規程の規定に一定の場合には開示をしない旨の定めがあるときは、この限りでない。

2　法令等又は規則その他の規程の規定に定める方法が縦覧であるときは、当該縦覧を第二十五条第一項本文の閲覧とみなして、前項の規定を適用する。

鹿児島県（他の法令等による開示の実施との調整）

第二十四条　実施機関は、他の法令等の規定により、開示請求者に対し開示請求に係る保有個人情報が第二十二条第一項本文に規定する方法と同一の方法で開示することとされている場合（開示の期間が定められている場合にあっては、当該期間内に限る。）には、同項本文の規定にかかわらず、当該保有個人情報については、当該同一の方法による開示を行わない。ただし、当該他の法令等の規定に一定の場合には開示をしない旨の定めがあるときは、この限りでない。

2　他の法令等の規定に定める開示の方法が縦覧であるときは、当該縦覧を第二十二条第一項本文の閲覧とみなして、前項の規定を適用する。

沖縄県（他の制度等との調整）

第三十二条　2　第二節の規定は、法令又は他の条例（沖縄県情報公開条例（平成十三年沖縄県条例第三十七号）を除く。）の規定により、自己情報の開示を受け、訂正し、又は削除することができる場合においては、適用しない。

(3)　**図書館等情報の除外**

北海道（他の制度との調整）

第三十四条　2　この章の規定は、北海道立文書館、北海道立開拓記念館その他

の道の施設が一般の利用に供することを目的として収集し、整理し、及び保存している個人情報については、適用しない。

宮城県（他の法令との調整等）
第二十六条　2　この章の規定は、図書館その他の県の施設において、一般の利用に供することを目的として収集し、保有している図書、資料、刊行物等に記録されている個人情報については、適用しない。

秋田県（適用除外等）
第三十三条　2　この章の規定は、図書館、博物館、美術館その他の県の施設において、県民の利用に供することを目的として収集し、保有している個人情報については、適用しない。

山形県（他の制度との調整）
第二十五条　次に掲げる個人情報については、この章の規定は、適用しない。
　四　実施機関の管理に属する図書館、博物館その他これらに類する施設において、一般の利用に供することを目的として管理する図書、資料、刊行物等に記録されている個人情報

福島県（他の制度との調整）
第二十五条　3　福島県立図書館、福島県立博物館その他これらに類する県の施設において、県民の利用に供することを目的として管理する図書等に記録されている個人情報については、この章の規定は適用しない。

茨城県（図書館等に対する適用除外）
第三十二条　実施機関の管理に属する図書館等において、一般の利用に供するために保存する図書等に記録されている個人情報については、第二章からこの章までの規定は適用しない。

栃木県（適用除外）
第三十五条　2　この章の規定は、栃木県立図書館、栃木県立美術館、栃木県立文書館その他の施設において、県民の利用に供することを目的として管理されている公文書に記録されている個人情報については、適用しない。

群馬県（他の制度との調整等）
第二十九条　2　この章の規定は、群馬県立文書館、群馬県立図書館その他の県の機関において、一般の利用その他これに準ずる利用に供することを目的として保有されている個人情報については、適用しない。

埼玉県（他の制度との調整等）
第二十六条　3　この章の規定は、次に掲げる個人情報については、適用しない。
　一　図書館その他これに類する施設において閲覧に供され、又は貸し出される図書、刊行物等（当該図書、刊行物等を複写したものを含む。）に記録されている個人情報
　二　埼玉県立文書館が、歴史資料として保有する文書に記録されている個人情報

千葉県（他の制度との調整）
第二十九条　2　この章の規定は、県の文書館、図書館、博物館その他これらに類する施設において、一般の利用に供することを目的として保有されている個

人情報については、適用しない。
東京都（他の制度との調整等）
第三十条　3　この条例は、図書館等において閲覧に供され、又は貸し出される図書、資料、刊行物等（以下「図書等」という。）に記録されている個人に関する情報と同一の個人情報（同一図書等に記録されている状態又はこれと同様の状態にあるものに限る。）については、適用しない。
神奈川県（適用除外）
第二十七条　2　公文書館、図書館、博物館、美術館その他これらに類する施設において、当該施設の設置目的に応じて収集し、整理し、及び保存している個人情報については、この章の規定は、適用しない。
山梨県（他の制度との調整）
第二十五条　3　この章の規定は、山梨県立図書館等において、県民の利用に供することを目的として保有されている個人情報については、適用しない。
新潟県（適用除外）
第三十一条　この章の規定は、次に掲げる個人情報については、適用しない。
　五　新潟県立図書館その他の県の施設において、県民の利用に供することを目的として管理している図書、資料、刊行物等に記録されている個人情報
石川県（適用除外）
第五十条　2　この条例の規定は、石川県立図書館その他の県の機関において広く県民の利用に供することを目的として保有されている個人情報については、適用しない。
岐阜県（他の法令との調整等）
第二十七条　2　この章の規定は、県の図書館その他これに類する施設において、一般の利用に供することを目的として管理している図書、資料、刊行物等に記録されている個人情報については、適用しない。
静岡県（適用除外）
第三条　2　この条例の規定は、静岡県立中央図書館その他の県の施設において県民の利用に供することを目的として管理されている公文書に記録されている個人情報については、適用しない。
愛知県（他の制度との調整）
第二十九条　3　この章の規定は、県の図書館その他これに類する施設において、県民の利用に供することを目的として保有されている個人情報については、適用しない。
三重県（他の法令等との調整）
第四十一条　2　この章の規定は、三重県立図書館その他実施機関が別に定める機関において、一般の利用その他これに準ずる利用に供することを目的として保有されている個人情報については、適用しない。
滋賀県（他の制度等との調整）
第二十三条　3　この章の規定は、滋賀県立図書館、滋賀県立近代美術館その他これらに類する県の施設において一般の利用に供することを目的として保有されている個人情報については、適用しない。

京都府（適用除外）
第二十四条　この章の規定は、次に掲げる個人情報については、適用しない。
　五　京都府立総合資料館、京都府立図書館その他これらに類する施設において、府民の利用に供することを目的として管理されている個人情報

大阪府（他の制度との調整等）
第四十六条　この章の規定は、実施機関が府民の利用に供することを目的として管理している図書、刊行物等に記録されている個人情報については、適用しない。

兵庫県（他の制度との調整等）
第二十九条　2　この章の規定は、兵庫県立図書館その他の施設において、一般の利用その他これに準ずる利用に供することを目的として保有されている個人情報については、適用しない。

奈良県（他の制度との調整）
第二十八条　2　この章の規定は、県の図書館その他これに類する施設において一般の利用に供することを目的として保有している個人情報については、適用しない。

和歌山県（適用除外）
第五十九条　2　実施機関の管理に属する図書館その他の施設において、一般の利用に供することを目的として保有する図書等に記録されている個人情報については、第二章からこの章までの規定は適用しない。

鳥取県（適用除外）
第三十八条　この条例の規定は、次に掲げる個人情報については、適用しない。
　五　図書館、博物館その他の施設において一般の利用に供することを目的として管理されている公文書等に記録されている個人情報

島根県（他の制度との調整）
第三十二条　2　この章の規定は、図書館その他これに類する施設において一般の利用に供することを目的として保有している個人情報については、適用しない。

岡山県（適用除外）
第四十七条　この条例の規定は、次に掲げる個人情報については、適用しない。
　五　官報、公報、白書、新聞、雑誌、書籍その他不特定多数の者に販売することを目的として発行されるものに記載された個人情報
　六　図書館、博物館、美術館その他これらに類する施設において、県民の利用に供することを目的として管理しているものに記載された個人情報

広島県（他の制度との調整等）
第二十二条　2　この章の規定は、県の文書館、図書館、美術館その他これらに類する施設において、県民の利用に供することを目的として保有されている個人情報については、適用しない。

山口県（適用除外）
第三条　この条例は、次に掲げる個人情報については、適用しない。
　五　図書館等において一般の利用に供することを目的として保管されている公

文書に記録されている個人情報

徳島県（他の制度との調整）
第四十四条　2　この章の規定は、図書館、博物館その他これらに類する施設において、当該施設の設置目的に応じて保有されている個人情報については、適用しない。

香川県（他の制度との調整）
第三十条　2　この章の規定は、実施機関が、一般の利用その他これに準ずる利用に供することを目的として保有している個人情報については、適用しない。

愛媛県（他の制度との調整等）
第四十三条　この章の規定は、次に掲げる個人情報については、適用しない。
　三　図書館、博物館、試験場その他これらに類する施設において、一般の利用その他これに準ずる利用に供することを目的として保有されている個人情報

高知県（他の制度との調整）
第三十条　2　この章の規定は、高知県立図書館等において一般の利用に供することを目的として保有されている個人情報については、適用しない。

福岡県（他の法令との調整等）
第二十三条　2　この章の規定は、図書館、美術館その他これらに類する施設において、一般の利用に供することを目的として収集し、整理し、及び保存される図書、資料、刊行物等に記録されている個人情報については、適用しない。

佐賀県（他の制度等との調整）
第二十九条　2　この章の規定は、佐賀県立図書館その他の県の施設において、県民の利用に供することを目的として保有している個人情報については、適用しない。

長崎県（適用除外等）
第三十四条　2　この章の規定は、県立の図書館、美術館、博物館その他これらに類する施設において、一般の利用に供することを目的として、又は歴史的若しくは文化的な資料若しくは学術研究用の資料として特別の管理がされているものに記録された個人情報については、適用しない。

熊本県（他の法令等との調整等）
第三十二条　2　この章の規定は、熊本県立図書館その他の県の施設において、一般の利用その他これに準ずる利用に供することを目的として保有されている個人情報については、適用しない。

大分県（適用除外）
第三十三条　2　この章の規定は、大分県公文書館、大分県立図書館その他これらに類する施設において、当該施設の設置目的に応じて収集し、整理し、及び保存している図書、資料、刊行物等に記録された個人情報については、適用しない。

宮崎県（適用除外）
第五十一条　2　この条例の規定は、県立図書館その他一般に利用できる施設で閲覧に供されているもの又は歴史的若しくは文化的資料若しくは学術研究用の資料として特別の管理がされているものに記録されている個人情報については、

適用しない。
鹿児島県（適用除外等）
第四十条　2　この章の規定は、図書館、博物館その他これらに類する施設において、一般の利用に供することを目的として保管している個人情報については、適用しない。
沖縄県（他の制度等との調整）
第三十二条　この章の規定は、図書館、博物館その他の県の施設又は機関において一般の利用に供することを目的として保有されている図書、資料、刊行物等に記録されている個人情報については、適用しない。

　(4)　その他

奈良県（その他）
第二十九条　この章に定めるもののほか、この章の規定の施行に関し必要な事項は、実施機関が定める。

5　個人情報取扱事務登録等

北海道（個人情報取扱事務登録簿）
第六条　実施機関は、個人情報を取り扱う事務（以下「個人情報取扱事務」という。）について、次に掲げる事項を記載した個人情報取扱事務登録簿（以下「登録簿」という。）を備えなければならない。
一　個人情報取扱事務の名称
二　個人情報取扱事務の目的
三　個人情報取扱事務を所管する組織の名称
四　個人情報取扱事務を開始する年月日
五　個人情報の対象者の範囲
六　個人情報の記録項目
七　個人情報の収集先
八　前各号に定めるもののほか、実施機関が定める事項
2　実施機関は、個人情報取扱事務を開始しようとするときは、あらかじめ、当該個人情報取扱事務について登録簿に登録しなければならない。登録した事項を変更しようとするときも同様とする。
3　前二項の規定は、実施機関の職員又は職員であった者に係る人事、給与、福利厚生等に関する事務については、適用しない。
4　実施機関は、第二項の規定により登録した個人情報取扱事務を廃止したときは、遅滞なく、当該個人情報取扱事務に係る登録を抹消しなければならない。
5　実施機関は、登録簿を一般の閲覧に供しなければならない。

青森県（個人情報取扱事務の登録等）
第六条　実施機関は、個人情報を取り扱う事務（以下「個人情報取扱事務」という。）について、次に掲げる事項を記載した個人情報取扱事務登録簿を備え、一般の閲覧に供しなければならない。
一　個人情報取扱事務の名称及び目的
二　個人情報取扱事務を所管する組織の名称
三　個人情報の対象者の範囲
四　個人情報の項目
五　個人情報の収集先及び提供先
六　その他実施機関が定める事項
2　実施機関は、個人情報取扱事務を開始しようとするときは、あらかじめ、当該個人情報取扱事務について個人情報取扱事務登録簿に登録しなければならない。登録した事項を変更しようとするときも、同様とする。
3　実施機関は、個人情報取扱事務を廃止したときは、速やかに当該個人情報取扱事務の登録を抹消しなければならない。
4　前三項の規定は、県の職員又は職員であった者に係る個人情報取扱事務であって、専らその人事、給与若しくは福利厚生に関する事項又はこれらに準ずる事項を取り扱うものについては、適用しない。

岩手県（個人情報取扱事務の登録）
第三条　実施機関は、個人情報を取り扱う事務であって、個人の氏名、生年月日その他の記述又は個人別に付された番号、記号その他の符号により当該個人を検索し得る状態で個人情報が整理して記録された行政文書を使用するもの（以下「個人情報取扱事務」という。）について、次に掲げる事項を記載した個人情報取扱事務登録簿（以下「登録簿」という。）を作成し、一般の閲覧に供しなければならない。
　一　個人情報取扱事務の名称
　二　個人情報取扱事務を分掌する組織の名称
　三　個人情報取扱事務の目的
　四　個人情報の対象者の範囲
　五　個人情報の記録項目
　六　個人情報の処理形態
　七　個人情報の収集先
　八　個人情報を実施機関以外のものに経常的に提供する場合には、その提供先
　九　その他実施機関が定める事項
２　実施機関は、個人情報取扱事務を新たに開始しようとするときは、あらかじめ、当該個人情報取扱事務について前項各号に掲げる事項を登録簿に登録しなければならない。登録した事項を変更しようとするときも、同様とする。
３　前二項の規定は、実施機関の職員又は職員であった者に係る人事、給与、福利厚生その他職員の職務に関する個人情報取扱事務については、適用しない。
４　実施機関は、第二項の規定により登録した個人情報取扱事務を廃止したときは、速やかに、当該個人情報取扱事務の登録を抹消しなければならない。

宮城県（個人情報取扱事務の登録及び閲覧）
第七条　実施機関は、個人情報を取り扱う事務であって、個人の氏名、生年月日その他の記述又は個人別に付された番号、記号その他の符号により当該個人を検索し得る状態で個人情報が記録された行政文書を使用するもの（以下「個人情報取扱事務」という。）について、次に掲げる事項を記載した個人情報取扱事務登録簿（以下「登録簿」という。）を作成し、一般の閲覧に供しなければならない。
　一　個人情報取扱事務の名称及び概要
　二　個人情報取扱事務を所管する組織の名称
　三　個人情報取扱事務の目的
　四　個人情報取扱事務の対象者
　五　個人情報の記録項目
　六　個人情報の処理形態
　七　個人情報取扱事務の委託の有無
　八　個人情報の収集先
　九　個人情報の利用及び提供の状況
　十　個人情報取扱事務の開始年月日及び登録年月日
　十一　その他実施機関が定める事項

2　実施機関は、個人情報取扱事務を新たに開始しようとするときは、あらかじめ、当該個人情報取扱事務について登録簿に登録しなければならない。登録した事項を変更しようとするときも、同様とする。
3　実施機関は、前項の規定により登録した個人情報取扱事務を廃止したときは、速やかに、当該個人情報取扱事務の登録を抹消しなければならない。
4　前三項の規定は、県の職員又は職員であった者に係る人事、給与、福利厚生等に関する個人情報取扱事務その他宮城県個人情報保護審査会（以下この章及び次章において「審査会」という。）の意見を聴いた上で実施機関が定める個人情報取扱事務については、適用しない。

秋田県（個人情報取扱事務の登録等）
第六条　実施機関は、個人情報を取り扱う事務であって、個人の氏名、生年月日その他の記述又は個人別に付された番号、記号その他の符号により当該個人を検索し得る状態で個人情報が記録された行政文書を使用するもの（以下「個人情報取扱事務」という。）について、次に掲げる事項を記載した個人情報取扱事務登録簿を備え、一般の閲覧に供しなければならない。
一　個人情報取扱事務の名称
二　個人情報取扱事務の目的
三　個人情報取扱事務を所管する組織の名称
四　個人情報の対象者
五　個人情報の記録項目
六　個人情報の収集先
七　その他実施機関が定める事項
2　実施機関は、個人情報取扱事務を開始しようとするときは、あらかじめ、当該個人情報取扱事務について個人情報取扱事務登録簿に登録しなければならない。登録した事項を変更しようとするときも、同様とする。
3　前二項の規定は、県の職員又は職員であった者（県が設立した地方独立行政法人の役員若しくは職員又はこれらの職にあった者を含む。以下同じ。）に関する個人情報取扱事務その他秋田県個人情報保護審査会（以下この章において「審査会」という。）の意見を聴いた上で実施機関が定める個人情報取扱事務については、適用しない。
4　実施機関は、登録した個人情報取扱事務を廃止したときは、速やかに当該個人情報取扱事務に係る登録を抹消しなければならない。

山形県（個人情報取扱事務の登録及び閲覧）
第四条　実施機関は、個人情報を取り扱う事務であって、個人の氏名、生年月日その他の記述又は個人別に付された番号、記号その他の符号により当該個人を検索し得る状態で個人情報が記録された公文書を使用するもの（以下「個人情報取扱事務」という。）について、次に掲げる事項を記載した個人情報取扱事務登録簿（以下「登録簿」という。）を作成し、一般の閲覧に供しなければならない。
一　個人情報取扱事務の名称
二　個人情報取扱事務の目的

三　個人情報取扱事務を所管する組織の名称
四　個人情報の対象者の範囲
五　個人情報の記録項目
六　個人情報の収集先
七　その他規則で定める事項
2　実施機関は、個人情報取扱事務を新たに開始しようとするときは、あらかじめ、当該個人情報取扱事務について登録簿に登録しなければならない。登録した事項を変更しようとするときも、同様とする。
3　実施機関は、前項の規定により登録した個人情報取扱事務を廃止したときは、速やかに、当該個人情報取扱事務の登録を抹消しなければならない。
4　第一項及び第二項の規定は、次に掲げる事務については、適用しない。
一　県の職員及び市町村立学校職員給与負担法（昭和二十三年法律第百三十五号）第一条に規定する職員（以下「県職員等」という。）又は県職員等であった者に関する事務
二　その他規則で定める事務

福島県（個人情報取扱事務の登録）

第五条　実施機関は、個人情報を取り扱う事務であって、個人の氏名、生年月日その他の記述又は個人別に付された番号、記号その他の符号により当該個人を検索し得る状態で個人情報が記録された公文書を使用するもの（以下「個人情報取扱事務」という。）について、次に掲げる事項を登録した個人情報取扱事務登録簿（以下「登録簿」という。）を備え、一般の閲覧に供しなければならない。
一　個人情報取扱事務の名称
二　個人情報取扱事務の目的
三　個人情報取扱事務を所管する組織の名称
四　個人情報取扱事務を登録した年月日
五　個人情報の対象者の類型
六　前号の類型ごとの次に掲げる事項
　ア　個人情報の記録項目及び次条第三項本文に規定する個人情報を収集するときはその理由
　イ　個人情報の処理形態及び第七条第三項に規定する提供の有無
　ウ　個人情報の主な収集先
　エ　個人情報の経常的な提供先
七　前各号に掲げるもののほか、実施機関が定める事項
2　実施機関は、個人情報取扱事務を開始しようとするときは、あらかじめ、当該個人情報取扱事務について登録簿に登録しなければならない。登録した事項を変更しようとするときも、同様とする。
3　前二項の規定は、次に掲げる事務については、適用しない。
一　県の機関の職員又は職員であった者に関する事務
二　物品若しくは金銭の送付又は業務上必要な連絡の用に供するため、相手方の氏名、住所等の事項のみを取り扱う事務
4　実施機関は、第二項の規定により登録した個人情報取扱事務を廃止したとき

は、遅滞なく、当該個人情報取扱事務に係る登録を抹消しなければならない。

茨城県（個人情報保有事務登録簿の作成及び閲覧）

第四条　実施機関は、所掌事務を遂行するために個人情報を保有する事務（以下「個人情報保有事務」という。）について、その保有の状況を明らかにするため、次の各号に掲げる事項を記載した個人情報保有事務登録簿（以下「登録簿」という。）を作成し、これを一般の閲覧に供しなければならない。
一　個人情報保有事務の名称
二　個人情報保有事務の目的（以下「保有事務の目的」という。）
三　個人情報保有事務を所管する組織の名称
四　個人情報の対象者の範囲
五　個人情報の記録項目
六　個人情報の収集方法
七　その他実施機関の定める事項

茨城県（登録簿への登録等）

第五条　実施機関は、新たに個人情報保有事務を行おうとするときは、当該個人情報保有事務について、あらかじめ、前条各号に掲げる事項を登録簿に登録しなければならない。登録した事項を変更しようとするときも、同様とする。
2　実施機関は、前項の規定により登録した個人情報保有事務について、これを行うことをやめたときは、速やかに、当該個人情報保有事務に係る登録を抹消するものとする。

茨城県（登録の適用除外）

第六条　次の各号に掲げる個人情報については、この章の規定は適用しない。
一　県の職員又は職員であった者に係る個人情報
二　国又は他の地方公共団体（以下「国等」という。）の職員又は職員であった者に係る個人情報であって、職務の遂行に関するもの
三　一般に入手し得る刊行物等に記録されている個人情報

栃木県（個人情報取扱事務の登録）

第五条　実施機関は、個人情報を取り扱う事務であって、個人の氏名、生年月日、その他の記述又は個人別に付された番号、記号その他の符号により当該個人を検索し得る状態で個人情報が記録された公文書を使用するもの（以下「個人情報取扱事務」という。）について、次に掲げる事項を記載した個人情報取扱事務登録簿（以下「登録簿」という。）を作成し、一般の閲覧に供しなければならない。
一　個人情報取扱事務の名称
二　個人情報取扱事務を所管する組織の名称
三　個人情報取扱事務の目的
四　個人情報の対象者の範囲
五　個人情報の記録項目
六　前各号に掲げるもののほか、実施機関が定める事項
2　実施機関は、個人情報取扱事務を新たに開始しようとするときは、あらかじめ、当該個人情報取扱事務について登録簿に登録しなければならない。登録し

た事項を変更しようとするときも、同様とする。
3　前二項の規定は、次に掲げる事務については、適用しない。
　一　実施機関の職員又は職員であった者に係る人事、給与、福利厚生等に関する事務
　二　物品若しくは金銭の送付又は業務上必要な連絡の用に供するため、相手方の氏名、住所等の事項のみを取り扱う事務
4　実施機関は、登録した個人情報取扱事務を廃止したときは、遅滞なく、当該個人情報取扱事務の登録を抹消しなければならない。

群馬県（個人情報取扱事務の登録及び閲覧）
第六条　実施機関は、個人情報を取り扱う事務（以下「個人情報取扱事務」という。）について、規則で定める事項を記載した個人情報取扱事務登録簿（以下この条において「登録簿」という。）を作成し、一般の閲覧に供しなければならない。
2　実施機関は、個人情報取扱事務を開始しようとするときは、あらかじめ、当該個人情報取扱事務について登録簿に登録しなければならない。登録した事項を変更しようとするときも、同様とする。
3　前二項の規定は、県の職員又は職員であった者に係る人事、給与、福利厚生等に関する個人情報取扱事務及び群馬県個人情報保護審議会の意見を聴いた上で登録簿に登録しないことが適当であると実施機関が定める個人情報取扱事務については、適用しない。
4　実施機関は、登録に係る個人情報取扱事務を廃止したときは、速やかに、当該個人情報取扱事務の登録を抹消しなければならない。

埼玉県（個人情報取扱事務の登録等）
第十一条　実施機関は、個人情報取扱事務について、個人情報取扱事務登録簿を備え、一般の閲覧に供しなければならない。
2　実施機関は、個人情報取扱事務を開始しようとするときは、あらかじめ、当該個人情報取扱事務について、次に掲げる事項を前項の個人情報取扱事務登録簿に登録するとともに、その内容を公示しなければならない。登録した事項を変更しようとするときも、同様とする。
　一　個人情報取扱事務の名称及び目的
　二　個人情報を取り扱う権限を有する組織の名称
　三　個人情報の記録の項目
　四　個人情報の主な収集先
　五　その他実施機関が定める事項
3　前二項の規定は、県の機関の職員又は職員であった者に関する事務であって、専らその人事、給与若しくは福利厚生に関する事項又はこれらに準ずる事項を取り扱うものについては、適用しない。
4　実施機関は、第一項の個人情報取扱事務登録簿に登録されている個人情報取扱事務を廃止した場合において、当該個人情報取扱事務に係るすべての公文書を保有しなくなったときは、遅滞なく、当該登録を抹消するとともに、その旨を公示するものとする。

5　個人情報取扱事務登録等

千葉県（個人情報取扱事務に関する登録及び閲覧等）
第七条　実施機関は、個人情報を取り扱う事務であって、個人の氏名、生年月日その他の記述又は個人別に付された番号、記号その他の符号により当該個人を検索し得る状態で個人情報が整理して記録される公文書又は磁気テープ等を使用するもの（以下この条において「個人情報取扱事務」という。）について、次の各号に掲げる事項を登録した登録簿を備え置いて、一般の閲覧に供しなければならない。
　一　個人情報取扱事務の名称
　二　個人情報取扱事務を所管する組織の名称
　三　個人情報取扱事務の目的
　四　個人情報取扱事務に係る個人の類型
　五　前号の個人の類型ごとの次の事項
　　イ　個人情報の項目
　　ロ　個人情報を収集する理由
　　ハ　個人情報の主な収集先
　　ニ　個人情報の主な提供先
　六　その他実施機関が定める事項
２　実施機関は、個人情報取扱事務を開始しようとするときは、あらかじめ、当該個人情報取扱事務について前項の登録簿に登録しなければならない。登録した事項を変更しようとするときも、同様とする。
３　実施機関は、登録に係る個人情報取扱事務を廃止したときは、遅滞なく、当該個人情報取扱事務に係る登録を抹消しなければならない。
４　実施機関は、第一項の登録簿に登録した事項を公表するものとする。
５　前各項の規定は、県の職員又は職員であった者に係る個人情報取扱事務であって、専らその人事、給与及び福利厚生に関する事項並びにこれらに準ずる事項を取り扱うものについては、適用しない。

東京都（個人情報取扱事務の届出）
第五条　実施機関は、個人情報を取り扱う事務を開始しようとするときは、東京都規則で定めるところにより、次に掲げる事項を知事に届け出なければならない。届け出た事項を変更しようとするときは、変更する事項についても同様とする。
　一　個人情報を取り扱う事務の名称
　二　個人情報を取り扱う組織の名称
　三　個人情報を取り扱う事務の目的
　四　個人情報の記録項目
　五　個人情報の対象者の範囲
　六　前各号に掲げるもののほか、東京都規則で定める事項
２　前項の規定による届出は、実施機関の職員又は職員であった者に係る事務については、適用しない。
３　実施機関は、第一項の規定による届出に係る個人情報を取り扱う事務を廃止したときは、東京都規則で定めるところにより、遅滞なくその旨を知事に届け

出なければならない。
東京都（公示及び閲覧）
第六条　実施機関は、前条第一項又は第三項の規定による届出に係る事項（以下「届出事項」という。）について、公示するものとする。
2　知事は、届出事項に係る目録を作成し、一般の閲覧に供しなければならない。
神奈川県（個人情報取扱事務の登録）
第七条　実施機関は、個人情報を取り扱う事務（個人の氏名、生年月日その他の記述又は個人別に付された番号、記号その他の符号により個人を検索し得る形で個人情報が記録された行政文書（県又は国若しくは他の地方公共団体の職員に関する個人情報で専らその職務の遂行に関するものが記録された行政文書で実施機関が定めるもの及び一般に入手し得る刊行物等を除く。第四号において「個人情報記録」という。）を使用する事務に限る。以下この条において「個人情報取扱事務」という。）について、次に掲げる事項を記載した個人情報事務登録簿を備えなければならない。
一　個人情報取扱事務の名称及び概要
二　個人情報取扱事務を所管する組織の名称
三　個人情報取扱事務を開始する年月日
四　個人情報記録から検索し得る個人の類型
五　前号の個人の類型ごとの次の事項
　ア　個人情報を取り扱う目的
　イ　個人情報の項目名及び前条各号に掲げる事項に関する個人情報を取り扱うときはその理由
　ウ　個人情報の収集先及び収集の方法
　エ　個人情報の電子計算機処理を行うときは、その旨
　オ　個人情報を利用し、又は提供する範囲、個人情報を提供するときは提供する個人情報の項目名及び第十条第一項に規定するオンライン結合により個人情報を提供するときはその旨
2　実施機関は、個人情報取扱事務を新たに開始しようとするときは、あらかじめ、当該個人情報取扱事務について個人情報事務登録簿に登録しなければならない。登録した事項を変更しようとするときも、同様とする。
3　実施機関は、前項の規定により登録したときは、遅滞なく、登録した事項を審議会に報告しなければならない。この場合において、審議会は、当該事項について意見を述べることができる。
4　実施機関は、第二項の規定により登録した個人情報取扱事務を廃止したときは、遅滞なく、当該個人情報取扱事務に係る登録を抹消し、その旨を審議会に報告しなければならない。
5　実施機関は、個人情報事務登録簿を一般の縦覧に供さなければならない。
神奈川県（個人情報の取扱いに係る業務の登録）
第三十条　事業者は、県内で行う個人情報取扱いに係る業務に関し、次に掲げる事項「以下」「登録事項」という。）について、知事の登録を受けることができる。
一　事業者の氏名又は名称及び住所又は主たる事務所の所在地並びに法人等に

あっては代表者の氏名
　二　登録に係る業務の名称及び目的
　三　登録に係る業務における個人情報の取扱いの概要
　四　登録に係る業務についての問い合わせ先
　五　その他規則で定める事項
２　前項の登録（以下「業務の登録」という。）を受けようとする事業者は、規則で定めるところにより、知事に申請しなければならない。
３　知事は、前項の規定による申請があったときは、登録事項を規則で定める登録簿に登録するものとする。ただし、審議会の意見を聴いた上で、当該申請に係る個人情報の取扱いが著しく不適正であると認めるときは、業務の登録を拒むことができる。
４　知事は、前項の登録簿を一般の縦覧に供さなければならない。
　神奈川県（業務の登録を受けた事業者に対する調査の要請）
第三十一条　知事は、必要があると認めるときは、業務の登録を受けた事業者（以下「登録事業者」という。）に対して、当該業務の登録を受けた業務に関して説明又は資料の提出を要請することができる。
　神奈川県（業務の登録の表示）
第三十二条　登録事業者は、業務の登録を受けた業務に係る個人情報の取扱いについて、その旨を表示することができる。
　神奈川県（変更の申請）
第三十三条　登録事業者は、第三十条第一項第二号及び第三号に掲げる登録事項を変更しようとするときは、規則で定めるところにより、登録事項の変更を知事に申請しなければならない。
２　第三十条第三項の規定は、前項の規定による申請について準用する。この場合において、同条第三項中「前項」とあるのは「第三十三条第一項」と、「登録事項を規則で定める登録簿に登録するものとする」とあるのは「当該申請に係る登録事項の変更を行うものとする」と、「業務の登録」とあるのは「当該変更」と読み替えるものとする。
　神奈川県（変更又は廃止の届出）
第三十四条　登録事業者は、登録事項（第三十条第一項第二号及び第三号に掲げる登録事項を除く。）に変更があったとき、又は業務の登録に係る業務を廃止したときは、遅滞なく、当該変更に係る事項又は業務を廃止した旨を知事に届け出なければならない。
　神奈川県（業務の登録の抹消）
第三十五条　知事は、次の各号のいずれかに該当するときは、業務の登録を抹消することができる。
　一　業務の登録に係る業務を廃止したことが明らかになった場合で、前条の規定による届出がないとき。
　二　登録事業者が第三十一条の規定による要請を拒んだ場合で、審議会の意見を聴いた上で、その拒んだことにつき正当な理由がないと認めるとき。
　三　業務の登録の内容と異なる取扱いを行っていることが明らかになった場合

で、審議会の意見を聴いた上で、業務の登録を抹消する必要があると認めるとき。

山梨県（個人情報取扱事務の登録）

第十二条 実施機関は、個人情報を取り扱う事務であって、個人の氏名、生年月日その他の記述又は個人別に付された番号、記号その他の符号により当該個人を検索し得る形で個人情報が記録された行政文書を使用するもの（以下「個人情報取扱事務」という。）について、次に掲げる事項を記載した個人情報取扱事務登録簿を備えなければならない。
一　個人情報取扱事務の名称及び目的
二　個人情報取扱事務を所管する組織の名称
三　個人情報の対象者の範囲
四　個人情報の記録項目
五　個人情報の収集先
六　前各号に掲げるもののほか、規則で定める事項
2　実施機関は、個人情報取扱事務を開始しようとするときは、当該個人情報取扱事務について個人情報取扱事務登録簿に登録しなければならない。登録した事項を変更しようとするときも、同様とする。
3　前二項の規定は、県の職員又は職員であった者に関する個人情報取扱事務であって、人事又は給与に関するものその他審議会の意見を聴いた上で実施機関が定める個人情報取扱事務については、適用しない。
4　実施機関は、第二項の規定により登録した個人情報取扱事務を廃止したときは、遅滞なく、当該個人情報取扱事務に係る登録を抹消しなければならない。
5　実施機関は、個人情報取扱事務登録簿を一般の閲覧に供しなければならない。
6　実施機関は、第二項の規定による登録の状況について、毎年一回、審議会に報告をしなければならない。この場合において、審議会は、当該報告について意見を述べることができる。

山梨県（業務の登録）

第二十七条 事業者は、県内で行う個人情報の取扱いに係る業務に関し、知事の登録を受けることができる。
2　前項の登録（以下「業務登録」という。）を受けようとする事業者は、次に掲げる事項を記載した申請書を知事に提出しなければならない。
一　氏名又は名称及び住所並びに法人等にあっては、その代表者の氏名
二　登録に係る業務の名称及び目的
三　登録に係る業務における個人情報の取扱いの概要
四　前三号に掲げるもののほか、規則で定める事項
3　知事は、前項の規定による申請書の提出があったときは、同項各号に掲げる事項並びに登録の年月日及び登録番号を規則で定める登録簿に登録するものとする。ただし、審議会の意見を聴いた上で、登録に係る業務における個人情報の取扱いが著しく不適正であると認めるときは、登録を拒むことができる。
4　知事は、前項の登録簿を一般の閲覧に供さなければならない。

山梨県（業務登録の表示）

第二十八条　業務登録を受けた事業者（以下「登録事業者」という。）は、業務登録に係る業務について、業務登録を受けた旨を表示することができる。

山梨県（変更の登録）

第二十九条　登録事業者は、第二十七条第二項第二号又は第三号に掲げる事項に変更があったときは、遅滞なく、当該変更に係る事項を記載した申請書を知事に提出しなければならない。

2　知事は、前項の規定による申請書の提出があったときは、当該変更に係る事項及び変更の年月日を第二十七条第三項の登録簿に登録するものとする。

3　第二十七条第三項ただし書の規定は、前項の規定による登録について準用する。

山梨県（変更又は廃止の届出）

第三十条　登録事業者は、第二十七条第二項第一号若しくは第四号に掲げる事項に変更があったとき、又は登録業務に係る業務を廃止したときは、遅滞なく、当該変更に係る事項又は業務を廃止した旨を知事に届け出なければならない。

山梨県（登録の抹消）

第三十一条　知事は、次の各号のいずれかに該当するときは、業務登録を抹消することができる。

一　業務登録に係る業務を廃止したことが明らかになった場合で、前条の規定による届出がないとき。

二　業務登録の内容と異なる取扱いを行っていることが明らかになった場合で、審議会の意見を聴いた上で、業務登録を抹消する必要があると認めたとき。

長野県（個人情報ファイル簿の作成及び閲覧）

第四条　実施機関は、個人情報ファイルについて、次の各号に掲げる事項を記載した個人情報ファイル簿（以下「ファイル簿」という。）を作成し、一般の閲覧に供しなければならない。

一　個人情報ファイルの名称
二　個人情報ファイル保有目的
三　個人情報ファイルに記録される対象個人の範囲
四　個人情報ファイルの記録項目
五　個人情報の収集方法
六　個人情報ファイルの保有課所の名称
七　その他実施機関の定める事項

2　実施機関は、個人情報ファイルを保有しようとするときは、あらかじめ、当該個人情報ファイルについて前各号に掲げる事項をファイル簿に記載しなければならない。ファイル簿に記載した事項を変更しようとするときも、同様とする。

3　前項の規定にかかわらず、実施機関は、やむを得ない理由により、あらかじめ、ファイル簿に記載することができないときは、その理由がやんだ後に記載することができる。

4　第二項の規定にかかわらず、実施機関は、次の各号に掲げる個人情報ファイルについては、ファイル簿に記載しないことができる。

一　県の機関の職員又は職員であった者に係る人事、給与、福利厚生等に関する事項を記録する個人情報ファイル
　二　物品若しくは金銭の送付又は業務上必要な連絡の用に供するため、相手方の氏名、住所等の事項のみを記録する個人情報ファイル
5　実施機関は、個人情報ファイルの保有をやめたときは、遅滞なく、当該個人情報ファイルについての記載をファイル簿から抹消しなければならない。

長野県（個人情報ファイルの告示）

第五条　知事は、ファイル簿に記載された個人情報ファイルの名称、保有目的、保有課所の名称その他知事が定める事項を告示するものとする。

新潟県（個人情報取扱事務の登録等）

第六条　実施機関は、個人情報を取り扱う事務（以下「個人情報取扱事務」という。）であって、個人の氏名、生年月日その他の記述又は個人別に付された番号、記号その他の符号により当該個人を検索し得る状態で個人情報が記録されている公文書又は磁気テープ等を使用するもの（以下「登録対象事務」という。）について、次に掲げる事項を登録した個人情報取扱事務登録簿（以下「登録簿」という。）を備え、一般の閲覧に供しなければならない。
　一　登録対象事務の名称
　二　登録対象事務の目的
　三　登録対象事務を所管する組織の名称
　四　個人情報の対象者の区分
　五　前号の区分ごとの次に掲げる事項
　　ア　個人情報の記録項目
　　イ　個人情報の収集先
　六　その他実施機関が定める事項
2　実施機関は、登録対象事務を開始しようとするときは、あらかじめ、当該登録対象事務について登録簿に登録しなければならない。登録した事項を変更しようとするときも、同様とする。
3　前二項の規定は、県の職員又は職員であった者に関する事務その他新潟県個人情報保護審査会（以下この章及び次章において「審査会」という。）の意見を聴いた上で実施機関が定める事務については、適用しない。
4　実施機関は、登録した登録対象事務を廃止したときは、遅滞なく、当該登録対象事務に係る登録を抹消しなければならない。

富山県（個人情報取扱事務の登録及び閲覧）

第十二条　実施機関は、個人情報を取り扱う事務であって、個人の氏名、生年月日その他の記述等により当該個人を容易に検索し得る状態で個人情報が記録された公文書を使用するもの（以下「個人情報取扱事務」という。）を新たに開始しようとするときは、あらかじめ、当該個人情報取扱事務について、次に掲げる事項を個人情報取扱事務登録簿に登録し、一般の閲覧に供しなければならない。登録した事項を変更しようとするときも、同様とする。
　一　個人情報取扱事務の名称
　二　個人情報取扱事務を所管する組織の名称

三　記録される個人情報の利用目的
四　記録される個人の範囲
五　記録される個人情報の項目
六　記録される個人情報の取得先
七　記録される個人情報を当該実施機関以外の者に経常的に提供する場合は、その提供先
八　その他規則で定める事項
2　実施機関は、前項の規定により登録した個人情報取扱事務を廃止したときは、遅滞なく、当該個人情報取扱事務に係る登録を抹消しなければならない。
3　前二項の規定は、次の各号のいずれかに該当する個人情報取扱事務については、適用しない。
一　県、国又は他の地方公共団体の職員又は職員であった者に係る個人情報取扱事務であって、専らその人事、給与若しくは福利厚生に関する事項又はこれらに準ずる事項を取り扱うもの
二　資料その他の物品若しくは金銭の送付又は業務上必要な連絡のために利用する個人情報を取り扱う個人情報取扱事務であって、送付又は連絡の相手方の氏名、住所その他の送付又は連絡に必要な事項のみを取り扱うもの

石川県（個人情報取扱事務の登録等）
第十一条　実施機関は、個人情報取扱事務であって、個人の氏名、生年月日その他の記述又は個人別に付された番号、記号その他の符号により当該個人を検索し得る状態で個人情報が記録された公文書を用いるものを開始しようとするときは、あらかじめ、次に掲げる事項を登録した個人情報取扱事務登録簿（以下この条において「登録簿」という。）を作成し、一般の閲覧に供しなければならない。登録した事項を変更しようとするときも、同様とする。
一　個人情報取扱事務の名称
二　個人情報取扱事務を所管する組織の名称
三　個人情報取扱事務の目的
四　個人情報の対象者の範囲
五　個人情報の記録項目
六　個人情報の取得先
七　その他実施機関が定める事項
2　前項の規定は、次に掲げる事務については、適用しない。
一　県の職員（市町村立学校職員給与負担法（昭和二十三年法律第百三十五号）第一条及び第二条に規定する職員を含む。以下この号において同じ。）又は県の職員であった者に係る人事、給与、福利厚生等に関する事務
二　前号に掲げる事務のほか、あらかじめ審査会の意見を聴いた上で実施機関が定める事務
3　実施機関は、登録した個人情報取扱事務を廃止したときは、遅滞なく、当該個人情報取扱事務に係る登録を登録簿から抹消しなければならない。

福井県（個人情報取扱事務の登録等）
第六条　実施機関は、個人情報を取り扱う事務であって、個人の氏名、生年月日

その他の記述または個人別に付された番号、記号その他の符号により当該個人を検索し得る状態で個人情報が記録された公文書を使用するもの（以下「個人情報取扱事務」という。）について、次に掲げる事項を記載した個人情報取扱事務登録簿を作成し、一般の閲覧に供しなければならない。
　一　個人情報取扱事務の名称
　二　個人情報取扱事務の目的
　三　個人情報を収集する根拠
　四　個人情報取扱事務を所管する組織の名称
　五　個人情報の対象者
　六　個人情報の記録項目
　七　個人情報の収集先
　八　その他実施機関が定める事項
2　実施機関は、個人情報取扱事務を開始しようとするときは、あらかじめ、当該個人情報取扱事務について個人情報取扱事務登録簿に登録しなければならない。前項各号に掲げる事項を変更しようとするときも、同様とする。
3　実施機関は、前項の規定により登録した個人情報取扱事務を廃止したときは、速やかに当該個人情報取扱事務に係る登録を抹消しなければならない。
4　前三項の規定は、次に掲げる事務については、適用しない。
　一　県の職員および市町村立学校職員給与負担法（昭和二十三年法律第百三十五号）第一条に規定する職員（以下「県職員等」という。）または県職員等であった者に係る人事、給与、福利厚生等に関する事務
　二　その他福井県個人情報保護審査会（以下この章において「審査会」いう。）の意見を聴いた上で実施機関が定める事務

岐阜県（個人情報取扱事務の登録及び閲覧）
第十二条　実施機関は、個人情報取扱事務について、個人情報取扱事務登録簿（以下「登録簿」という。）を備え、一般の閲覧に供しなければならない。
2　実施機関は、個人情報取扱事務を開始しようとするときは、あらかじめ、当該個人情報取扱事務について、次に掲げる事項を登録簿に登録しなければならない。登録した事項を変更しようとするときも、同様とする。
　一　個人情報取扱事務の名称
　二　個人情報取扱事務を所管する組織の名称
　三　個人情報取扱事務の目的
　四　個人情報取扱事務の根拠
　五　個人情報の対象者の範囲
　六　個人情報の記録項目
　七　個人情報の記録媒体
　八　個人情報の収集先
　九　個人情報の目的外の利用及び提供の有無及び内容
　十　個人情報取扱事務の実施機関以外のものへの委託の有無及び内容
　十一　前各号に掲げるもののほか、実施機関が定める事項
3　前二項の規定は、次に掲げる個人情報取扱事務については、適用しない。

一　県の職員又は職員であった者に係る人事、給与、福利厚生等に関する事務
　二　岐阜県個人情報保護審査会の意見に基づいて、実施機関が定める事務
4　実施機関は、第二項の規定により登録した個人情報取扱事務を廃止したときは、遅滞なく、登録簿から当該個人情報取扱事務に係る登録を抹消しなければならない。

静岡県（個人情報取扱事務の登録）
第十四条　実施機関は、個人情報を取り扱う事務（個人の氏名、生年月日その他の記述等により特定の個人を容易に検索し得る状態で個人情報が記録されている公文書を用いる事務に限る。以下「個人情報取扱事務」という。）を新たに開始しようとするときは、あらかじめ、次に掲げる事項を登録した個人情報取扱事務登録簿（第三項において「登録簿」という。）を作成し、一般の閲覧に供しなければならない。登録した事項を変更しようとするときも、同様とする。
　一　個人情報取扱事務の名称
　二　個人情報取扱事務を所管する組織の名称
　三　個人情報取扱事務の対象者の範囲
　四　個人情報の利用目的
　五　個人情報の記録項目
　六　個人情報の取得方法
　七　個人情報を当該実施機関以外の者に経常的に提供する場合には、その提供先
　八　その他規則で定める事項
2　前項の規定は、次に掲げる事務については、適用しない。
　一　実施機関の職員（市町村立学校職員給与負担法（昭和二十三年法律第百三十五号）第一条及び第二条に規定する職員を含む。以下この号において同じ。）又は職員であった者に係る人事、給与、福利厚生等に関する事務
　二　資料その他の物品若しくは金銭の送付又は業務上必要な連絡に利用するため、相手方の氏名、住所その他の送付又は連絡に必要な事項のみを取り扱う事務
　三　実施機関は、登録した個人情報取扱事務を廃止したときは、遅滞なく、当該個人情報取扱事務について登録簿から抹消しなければならない。

愛知県（個人情報取扱事務の登録）
第十二条　実施機関は、個人情報を取り扱う事務（県の職員又は職員であった者に係る人事、給与等に関する事務その他審議会の意見を聴いた上で実施機関が定める事務を除く。以下「個人情報取扱事務」という。）について、個人情報取扱事務登録簿（以下「登録簿」という。）を備えなければならない。
2　実施機関は、個人情報取扱事務を開始しようとするときは、あらかじめ、当該個人情報取扱事務について次に掲げる事項を登録簿に登録しなければならない。
　一　個人情報取扱事務の名称及び目的
　二　個人情報取扱事務をつかさどる組織の名称
　三　個人情報の対象者の範囲

四　個人情報の項目
　五　個人情報の収集先
　六　その他実施機関の定める事項
3　実施機関は、前項の規定により登録した個人情報取扱事務について、同項各号に掲げる事項を変更しようとするときは、あらかじめ、登録簿に必要な修正を加えなければならない。
4　実施機関は、第二項の規定により登録した個人情報取扱事務を廃止したときは、遅滞なく、登録簿から当該個人情報取扱事務に係る登録を抹消しなければならない。
5　実施機関は、第二項又は第三項の規定により、登録し、又は登録した事項を修正したときは、遅滞なく、審議会に報告しなければならない。この場合において、審議会は、当該登録し、又は修正した事項について意見を述べることができる。
6　実施機関は、登録簿を一般の閲覧に供しなければならない。

三重県（個人情報取扱事務の登録等）

第六条　実施機関は、個人情報を取り扱う事務（以下「個人情報取扱事務」という。）であって、個人の氏名、生年月日その他の記述又は個人別に付された番号、記号その他の符号により特定の個人を検索することができる状態で個人情報が記録された公文書を使用するもの（以下「登録対象事務」という。）について、次に掲げる事項を記載した個人情報取扱事務登録簿（以下この条において「登録簿」という。）を作成し、一般の閲覧に供しなければならない。
　一　登録対象事務の名称
　二　登録対象事務を所管する組織の名称
　三　登録対象事務の目的
　四　個人情報の対象者の範囲
　五　個人情報の記録項目
　六　個人情報の収集先
　七　個人情報の経常的な目的外利用及び提供の状況
　八　前各号に掲げるもののほか、実施機関が定める事項
2　実施機関は、登録対象事務を開始しようとするときは、あらかじめ、当該登録対象事務について登録簿に登録しなければならない。登録した事項を変更しようとするときも、同様とする。
3　実施機関は、前項の規定により登録した登録対象事務を廃止したときは、遅滞なく、当該登録対象事務に係る登録を登録簿から抹消しなければならない。
4　前三項の規定は、県の職員又は職員であった者に係る人事、給与、福利厚生等に関する個人情報取扱事務その他三重県個人情報保護審査会（以下この節において「審査会」という。）の意見を聴いた上で実施機関が定める事務については、適用しない。

滋賀県（個人情報取扱事務の登録および閲覧）

第十条　実施機関は、個人情報（個人の氏名、生年月日その他の記述または個人別に付された番号、記号その他の符号により当該個人を検索し得る状態で公文

書に記録されたものに限る。第二十条までにおいて同じ。）を取り扱う事務（以下「個人情報取扱事務」という。）について、個人情報取扱事務登録簿（以下「登録簿」という。）を作成し、一般の閲覧に供しなければならない。
2　実施機関は、個人情報取扱事務を開始しようとするときは、あらかじめ、次に掲げる事項を登録簿に登録しなければならない。登録した事項を変更しようとするときは、変更する事項についても、同様とする。
一　個人情報取扱事務の名称
二　個人情報取扱事務を所管する組織の名称
三　個人情報取扱事務の目的
四　個人情報の対象者の範囲
五　個人情報の記録項目
六　前各号に掲げるもののほか、実施機関の定める事項
3　前二項の規定は、実施機関の職員または職員であった者の人事、給与、福利厚生等に関する事項を専ら取り扱う個人情報取扱事務および実施機関が行う職員の採用に関する事項を取り扱う個人情報取扱事務については、適用しない。
4　実施機関は、第二項の規定による登録に係る個人情報取扱事務を廃止したときは、遅滞なく、当該個人情報取扱事務に係る登録を抹消しなければならない。

京都府　（個人情報取扱事務の登録）

第十一条　実施機関は、個人情報を取り扱う事務（以下「個人情報取扱事務」という。）行うときは、あらかじめ、個人情報取扱事務登録簿（以下「登録簿」という。）に次に掲げる事項で通常取り扱う内容を登録し、これを閲覧に供しなければならない。
一　個人情報取扱事務の名称
二　個人情報取扱事務を所管する組織の名称
三　個人情報取扱事務の対象となる個人の区分
四　個人情報を取り扱う目的
五　個人情報の種類
六　個人情報の収集先の区分
七　個人情報の利用先又は提供先の区分及び利用し、又は提供する個人情報の種類
八　前各号に掲げるもののほか、実施機関が定める事項
2　実施機関は、前項の規定により登録した事項を変更するときは、あらかじめ、登録簿に当該事項についての変更の登録をしなければならない。
3　実施機関は、個人情報取扱事務を廃止したときは、遅滞なく、登録を抹消しなければならない。
4　第一項又は第二項の規定にかかわらず、実施機関は、やむを得ない事由により、あらかじめ登録することができないときは、その事由がやんだ後、速やかに、これを行わなければならない。
5　前各項の規定は、実施機関の職員又は職員であった者に係る人事、給与又は福利厚生に関する個人情報取扱事務その他これに準じるものについて適用しない。

大阪府（個人情報取扱事務の登録及び縦覧）
第六条　実施機関は、個人情報を取り扱う事務（以下「個人情報取扱事務」という。）について、次に掲げる事項を記載した個人情報取扱事務登録簿（以下「登録簿」という。）を作成し、一般の縦覧に供しなければならない。
　一　個人情報取扱事務の名称
　二　個人情報取扱事務を所掌する組織の名称
　三　個人情報取扱事務の目的
　四　個人情報の対象者の範囲
　五　個人情報の記録項目
　六　個人情報の収集先
　七　前各号に掲げるもののほか、実施機関の規則（規程を含む。以下同じ。）で定める事項
2　実施機関は、個人情報取扱事務を開始しようとするときは、あらかじめ、当該個人情報取扱事務について、前項各号に掲げる事項を登録簿に登録しなければならない。登録した事項を変更しようとするときも、同様とする。
3　前二項の規定は、次に掲げる事務については、適用しない。
　一　府の職員又は職員であった者に関する事務
　二　国又は他の地方公共団体の職員又は職員であった者に係る個人情報であって、職務の遂行に関するものを取り扱う事務
　三　臨時に収集された個人情報を取り扱う事務
　四　一般に入手し得る刊行物等を取り扱う事務
　五　物品若しくは金銭の送付若しくは受領又は業務上必要な連絡の用に供するため、相手方の氏名、住所等の事項のみを取り扱う事務
4　実施機関は、第二項の規定により登録した個人情報取扱事務を廃止したときは、遅滞なく、当該個人情報取扱事務に係る登録を登録簿から抹消しなければならない。

兵庫県（個人情報取扱事務の登録及び閲覧）
第十三条　実施機関は、個人情報取扱事務について、個人情報取扱事務登録簿（以下「登録簿」という。）を備え、一般の閲覧に供しなければならない。
2　実施機関は、個人情報取扱事務を開始しようとするときは、あらかじめ、当該個人情報取扱事務について、次に掲げる事項を登録簿に登録しなければならない。登録した事項を変更しようとするときも、同様とする。
　一　個人情報取扱事務を所管する組織の名称
　二　個人情報取扱事務の名称
　三　個人情報を収集する目的
　四　個人情報を収集する根拠
　五　個人情報の対象者の範囲
　六　個人情報の記録項目
　七　個人情報の主な収集先
　八　前各号に掲げるもののほか、実施機関が定める事項
2　前二項の規定は、県の職員又は職員であった者に係る人事、給与、福利厚生

等に関する個人情報取扱事務については、適用しない。
3　実施機関は、第二項の規定により登録した個人情報取扱事務を廃止したときは、遅滞なく、登録簿から当該個人情報取扱事務に係る登録を抹消しなければならない。

奈良県（個人情報取扱事務の登録及び閲覧）
第十条　実施機関は、個人情報取扱事務について、次に掲げる事項を記載した個人情報取扱事務登録簿（以下この条において「登録簿」という。）を備え、一般の閲覧に供しなければならない。
　一　個人情報取扱事務の名称
　二　個人情報取扱事務を所管する組織の名称
　三　個人情報を収集する目的
　四　個人情報の対象者の範囲
　五　個人情報の記録項目
　六　個人情報の収集先
　七　前各号に掲げるもののほか、実施機関が定める事項
2　実施機関は、個人情報取扱事務を開始しようとするときは、あらかじめ、当該個人情報取扱事務について登録簿に登録をしなければならない。登録をした事項を変更しようとするときも、同様とする。
3　実施機関は、個人情報取扱事務を廃止したときは、遅滞なく、当該個人情報取扱事務について登録簿から登録を抹消しなければならない。
4　前三項の規定は、次の各号のいずれかに該当する個人情報取扱事務については適用しない。
　一　県の職員又は職員であった者に係る人事、給与、福利厚生等に関する事務
　二　物品若しくは金銭の送付又は業務上必要な連絡のために、送付又は連絡に必要な相手方の氏名、住所その他の事項のみを取り扱う事務
　三　前二号に掲げるもののほか、奈良県個人情報保護審議会の意見を聴いて実施機関が定める事務

和歌山県（個人情報取扱事務登録簿の作成及び閲覧）
第十五条　実施機関は、個人情報取扱事務であって、個人の氏名、生年月日その他の記述又は個人別に付された番号、記号その他の符号により特定の個人を検索することができる状態で個人情報が記録された公文書を使用するものについて、次に掲げる事項を記載した個人情報取扱事務登録簿（以下「登録簿」という。）を作成し、一般の閲覧に供しなければならない。
　一　個人情報取扱事務の名称
　二　個人情報取扱事務を所掌する組織の名称
　三　個人情報取扱事務の目的
　四　個人情報の対象者の範囲
　五　個人情報の記録項目
　六　個人情報の収集先
　七　個人情報を当該実施機関以外のものに経常的に提供する場合には、その提供先

八　前各号に掲げるもののほか、実施機関の規則（選挙管理委員会、収用委員会及び公営企業管理者にあってはその規程、監査委員、地方労働委員会、海区漁業調整委員会及び内水面漁場管理委員会にあってはその定め。以下同じ。）で定める事項
2　実施機関は、個人情報取扱事務を新たに開始しようとするときは、あらかじめ、当該個人情報取扱事務について、前項各号に掲げる事項を登録簿に登録しなければならない。登録した事項を変更しようとするときも、同様とする。
3　前二項の規定は、次に掲げる個人情報取扱事務については、適用しない。
　一　県の職員（市町村立学校職員給与負担法（昭和二十三年法律第百三十五号）第一条及び第二条に規定する職員を含む。以下この号において同じ。）又は職員であった者に係る人事、給与、福利厚生等に関する事務
　二　一般に入手し得る刊行物等を取り扱う事務
　三　物品若しくは金銭の送付又は業務上必要な連絡の用に供するため、相手方の氏名、住所等の事項のみを取り扱う事務
　四　前三号に掲げるもののほか、和歌山県個人情報保護審議会の意見を聴いた上で、実施機関が定める事務
4　実施機関は、第二項の規定により登録した個人情報取扱事務を廃止したときは、遅滞なく、登録簿から当該個人情報取扱事務に係る登録を抹消しなければならない。

鳥取県（個人情報取扱事務の登録）
第六条　実施機関は、個人情報取扱事務を開始しようとするときは、あらかじめ、個人情報取扱事務登録簿（以下「登録簿」という。）に、次に掲げる事項を登録しなければならない。登録した事項を変更しようとするときも、同様とする。
　一　個人情報取扱事務の名称
　二　個人情報取扱事務を所管する組織の名称
　三　個人情報取扱事務の目的
　四　個人情報取扱事務の対象者の範囲
　五　取り扱う個人情報の項目
　六　個人情報の収集先
　七　個人情報を実施機関以外のものに経常的に提供する場合には、その提供先
　八　その他規則で定める事項
2　前項の規定にかかわらず、実施機関は、やむを得ない理由によりあらかじめ個人情報取扱事務を登録することができないときは、当該理由がなくなった後、速やかに、当該個人情報取扱事務を登録しなければならない。
3　前二項の規定は、次に掲げる個人情報取扱事務については、適用しない。
　一　公務員等（国家公務員法（昭和二十二年法律第百二十号）第二条第一項に規定する国家公務員（独立行政法人通則法（平成十一年法律第百三号）第二条第二項に規定する特定独立行政法人及び日本郵政公社の役員及び職員を除く。）、独立行政法人等（独立行政法人等の保有する情報の公開に関する法律（平成十三年法律第百四十号）第二条第一項に規定する独立行政法人等をいう。以下同じ。）の役員及び職員、地方公務員法（昭和二十五年法律第二百六

5　個人情報取扱事務登録等　　　　　都道府県個人情報保護条例・項目別条項集

　　十一号）第二条に規定する地方公務員並びに鳥取県住宅供給公社及び鳥取県土地開発公社（以下「公社」という。）の役員及び職員をいう。以下同じ。）又は公務員等であった者の個人情報であって、当該公務員等又は公務員等であった者の職務の遂行に関するものを取り扱う事務
　二　一般に入手し得る刊行物等に係る個人情報を取り扱う事務
　三　前二号に掲げる事務のほか、あらかじめ鳥取県個人情報保護審議会の意見を聴いて規則で定める事務
4　実施機関は、第一項又は第二項の規定により登録した個人情報取扱事務を廃止したときは、速やかに、当該個人情報取扱事務に係る登録を抹消しなければならない。
5　実施機関は、規則で定めるところにより、登録簿を一般の閲覧に供しなければならない。

島根県（個人情報取扱事務の登録及び閲覧）
第四条　実施機関は、個人情報を取り扱う事務（以下「個人情報取扱事務」という。）を開始しようとするときは、次に掲げる事項を個人情報取扱事務登録簿に登録し、一般の閲覧に供しなければならない。登録した事項を変更しようとするときも、同様とする。
　一　個人情報取扱事務の名称
　二　個人情報取扱事務の目的
　三　個人情報取扱事務を所管する組織の名称
　四　個人情報の対象者の範囲
　五　個人情報の記録項目
　六　個人情報の収集先
　七　その他規則で定める事項
2　前項の規定は、次に掲げる個人情報取扱事務については、適用しない。
　一　県の職員及び市町村立学校職員給与負担法（昭和二十三年法律第百三十五号）第一条に規定する職員又は職員であった者に係る人事、給与、福利厚生等に関する事務
　二　その他規則で定める事務
3　実施機関は、登録した個人情報取扱事務を廃止したときは、速やかに、当該個人情報取扱事務の登録を抹消しなければならない。

岡山県（個人情報取扱事務登録簿の作成及び閲覧）
第九条　実施機関は、個人情報を取り扱う事務であって、一定の事務の目的を達成するために体系的に構成された個人情報を含む情報の集合物を取り扱うもの（以下「個人情報取扱事務」という。）について、次に掲げる事項を記載した個人情報取扱事務登録簿（以下この条において「登録簿」という。）を作成し、一般の閲覧に供しなければならない。
　一　個人情報取扱事務の名称
　二　個人情報取扱事務を所管する組織の名称
　三　個人情報の利用目的
　四　個人情報の対象者の範囲

五　個人情報の記録項目
六　個人情報の取得先
七　個人情報の提供先
八　前各号に掲げるもののほか、実施機関が定める事項
2　実施機関は、個人情報取扱事務を新たに開始しようとするときは、あらかじめ、当該個人情報取扱事務について、前項各号に掲げる事項を登録簿に登録しなければならない。登録した事項を変更しようとするときも、同様とする。
3　実施機関は、登録した個人情報取扱事務を廃止したときは、遅滞なく、当該個人情報取扱事務の登録を抹消しなければならない。
4　前三項の規定は、次の各号のいずれかに該当する個人情報取扱事務については、適用しない。
一　県の機関の職員（市町村立学校職員給与負担法（昭和二十三年法律第百三十五号）第一条及び第二条に規定する職員を含む。以下この号において同じ。）又は職員であった者に係る人事、給与、福利厚生等に関する事務
二　物品若しくは金銭の送付又は業務上必要な連絡のために、相手方の氏名、住所その他の送付又は連絡に必要な事項のみを取り扱う事務

広島県（個人情報取扱事務の登録）
第五条　実施機関は、個人情報を取り扱う事務であって、個人の氏名、生年月日その他の記述又は個人別に付された番号、記号その他の符号により当該個人を検索し得る状態で個人情報が記録された公文書又は磁気テープ等を使用するもの（以下「個人情報取扱事務」という。）について、個人情報取扱事務登録簿（以下「登録簿」という。）を作成し、一般の閲覧に供しなければならない。
2　実施機関は、個人情報取扱事務を開始しようとするときは、あらかじめ、次に掲げる事項を前項の登録簿に登録しなければならない。登録した事項を変更しようとするときも同様とする。
一　個人情報取扱事務の名称
二　個人情報取扱事務の目的
三　個人情報取扱事務を所管する組織の名称
四　個人情報の記録項目
五　個人情報の収集方法
六　その他実施機関が定める事項
3　前項の規定にかかわらず、あらかじめ、登録簿に登録することができないやむを得ない理由がある場合、実施機関は、当該理由がなくなった後に登録することができる。
4　実施機関は、第二項の規定により登録した個人情報取扱事務を廃止したときは、遅滞なく、当該個人情報取扱事務に係る登録を登録簿から抹消しなければならない。
5　前各項の規定は、次に掲げる個人情報取扱事務については、適用しない。
一　実施機関の職員又は職員であった者に係る人事、給与、福利厚生等に関する事項を記録する個人情報取扱事務
二　広島県個人情報保護審議会の意見を聴いた上で実施機関が別に定める個人

5 個人情報取扱事務登録等

情報取扱事務

山口県（個人情報取扱事務の登録等）

第四条 実施機関は、個人情報を取り扱う事務のうち、個人情報が記録されている公文書で個人を検索し得るものを使用して行うもの（以下「個人情報取扱事務」という。）を開始しようとするときは、あらかじめ、次に掲げる事項を個人情報取扱事務登録簿（以下「登録簿」という。）

一　個人情報取扱事務の名称
二　個人情報取扱事務の目的
三　個人情報取扱事務を所掌する組織の名称
四　個人情報取扱事務の対象となる個人の類型
五　個人情報の項目
六　個人情報の収集方法
七　個人情報の外部提供の形態
八　個人情報取扱事務の外部委託の有無
九　前各号に掲げるもののほか、実施機関が定める事項

2　実施機関は、登録簿を一般の閲覧に供しなければならない。

3　前二項の規定は、県の職員並びに市町村立学校職員給与負担法（昭和二十三年法律第百三十五号）第一条及び第二条に規定する職員（以下「県職員等」という。）並びに県職員等であった者に係る人事、給与、福利厚生等に関する個人情報取扱事務については、適用しない。

徳島県（個人情報取扱事務の登録及び閲覧）

第五条 実施機関は、個人情報を取り扱う事務（以下「個人情報取扱事務」という。）であって、個人の氏名、生年月日その他の記述又は個人別に付された番号、記号その他の符号により特定の個人を検索することができる状態で記録された個人情報を使用するものを開始しようとするときは、あらかじめ、当該個人情報取扱事務について、次に掲げる事項を個人情報取扱事務登録簿に登録しなければならない。登録した事項を変更しようとするときも、同様とする。

一　個人情報取扱事務の名称
二　個人情報取扱事務を所管する組織の名称
三　個人情報取扱事務の目的
四　個人情報の対象者の範囲
五　個人情報の記録項目
六　個人情報の収集先
七　前各号に掲げるもののほか、実施機関が定める事項

2　実施機関は、前項の規定により登録した個人情報取扱事務を廃止したときは、速やかに、個人情報取扱事務登録簿から当該個人情報取扱事務に係る登録を抹消しなければならない。

3　実施機関は、個人情報取扱事務登録簿を一般の閲覧に供しなければならない。

4　前三項の規定は、県の職員又は職員であった者に係る人事、給与、福利厚生等に関する個人情報取扱事務については、適用しない。

香川県（個人情報取扱事務登録簿の作成及び閲覧）

第十二条 実施機関は、個人情報取扱事務であって、個人の氏名、生年月日その他の記述又は個人別に付された番号、記号その他の符号により当該個人を検索し得る状態で個人情報が記録された文書等又は磁気テープ等を使用するものについて、個人情報取扱事務登録簿（以下「登録簿」という。）を作成し、一般の閲覧に供しなければならない。
2　実施機関は、前項に規定する個人情報取扱事務を開始しようとするときは、あらかじめ、当該個人情報取扱事務について、次に掲げる事項を登録簿に登録しなければならない。登録した事項を変更しようとするときも、同様とする。
　一　個人情報取扱事務の名称
　二　個人情報取扱事務を所管する組織の名称
　三　個人情報取扱事務の目的及び根拠
　四　個人情報の記録項目
　五　個人情報の対象者の範囲
　六　登録年月日
　七　前各号に掲げるもののほか、実施機関が定める事項
3　前二項の規定は、実施機関の職員又は職員であった者に係る人事、給与、福利厚生等に関する個人情報取扱事務については、適用しない。
4　実施機関は、第二項の規定による登録に係る個人情報取扱事務を廃止したときは、遅滞なく、登録簿から当該個人情報取扱事務に係る登録を抹消しなければならない。

愛媛県（個人情報取扱事務の登録及び閲覧）
第七条　実施機関は、個人情報を取り扱う事務（以下「個人情報取扱事務」という。）について、次に掲げる事項を記載した個人情報取扱事務登録簿（以下「登録簿」という。）を備え、一般の閲覧に供しなければならない。
　一　個人情報取扱事務の名称
　二　個人情報取扱事務を所管する組織の名称
　三　個人情報取扱事務の目的
　四　個人情報の対象者の範囲
　五　個人情報の記録項目
　六　その他実施機関（議会にあっては、議長。第三項第三号、第二十条から第二十四条まで、第二十八条第一項第五号、第三十条から第三十二条まで、第三十四条第一項第五号、第四十条第二項第五号及び第三項並びに第五十五条において同じ。）が定める事項
2　実施機関は、個人情報取扱事務を開始しようとするときは、あらかじめ、当該個人情報取扱事務について、登録簿に登録しなければならない。登録した事項を変更しようとするときも、同様とする。
3　前二項の規定は、次に掲げる個人情報取扱事務については、適用しない。
　一　県の職員（市町村立学校職員給与負担法（昭和二十三法律第百三十五号）第一条及び第二条に規定する職員を含む。以下この号において同じ。）又は職員であった者に係る人事、給与、福利厚生等に関する事務
　二　一般に入手し得る刊行物等に記録されている個人情報を取り扱う事務

三　前二号に掲げる事務のほか、あらかじめ愛媛県個人情報保護審議会の意見を聴いて実施機関が定める事務
4　実施機関は、第二項の規定により登録した個人情報取扱事務を廃止したときは、遅滞なく、登録簿から当該個人情報取扱事務に係る登録を抹消しなければならない。

高知県（個人情報取扱事務の登録等）
第七条　実施機関は、個人情報を取り扱う事務（以下「個人情報取扱事務」という。）について、次に掲げる事項を記載した個人情報取扱事務登録簿（次項において「登録簿」という。）を備え、一般の閲覧に供しなければならない。
一　個人情報取扱事務を所管する組織の名称
二　個人情報取扱事務の名称
三　個人情報を収集する目的及び理由
四　個人情報を収集する根拠法令等
五　個人情報の対象者の範囲
六　個人情報の項目
七　個人情報の収集先
八　前各号に掲げるもののほか、実施機関が定める事項
2　実施機関は、個人情報取扱事務を開始しようとするときは、あらかじめ、当該個人情報取扱事務について登録簿に登録しなければならない。登録した事項を変更しようとするときも、同様とする。
3　実施機関は、登録した個人情報取扱事務を廃止したときは、速やかに、当該個人情報取扱事務の登録を抹消しなければならない。
4　前三項の規定は、次に掲げる事務については、適用しない。
一　県の職員又は職員であった者に係る人事、給与、福利厚生等に関する個人情報取扱事務
二　公文書の送付又は受領のための整理簿等、相手方の氏名、住所等の事項のみを取り扱う簡易な事務
三　一般に入手し得る刊行物等を取り扱う事務

福岡県（個人情報取扱事務による関する登録及び閲覧）
第九条　実施機関は、個人情報を取り扱う事務であって、個人の氏名、生年月日その他の記述又は個人別に付された番号、記号その他の符号により当該個人を検索し得る状態で個人情報が記録された公文書を使用するもの（以下「個人情報取扱事務」という。）について、登録簿を作成し、一般の閲覧に供しなければならない。
2　実施機関は、個人情報取扱事務を開始しようとするときは、あらかじめ、次に掲げる事項を前項の登録簿に登録しなければならない。登録した事項を変更しようとするときは、変更する事項についても同様とする。
一　個人情報取扱事務の名称
二　個人情報取扱事務の目的
三　個人情報取扱事務を所管する組織の名称
四　個人情報取扱事務を開始する年月日

五　個人情報の対象者の類型
六　前号の類型ごとの次に掲げる事項
　　イ　個人情報の項目名及び第三条第二項各号に掲げる事項に関する個人情報を収集するときはその理由
　　ロ　個人情報の処理形態及び第六条の提供の有無
　　ハ　個人情報の主な収集先
　　ニ　第五条の利用又は提供の有無
3　前二項の規定は、実施機関の職員又は職員であった者に関する個人情報取扱事務であって、専らその人事、給与及び福利厚生に関する事項並びにこれらに準ずる事項を取り扱うものについては、適用しない。
4　実施機関は、第二項の登録に係る個人情報取扱事務を廃止したときは、遅滞なく、当該個人情報取扱事務に係る登録を抹消しなければならない。

佐賀県（個人情報取扱事務の登録及び閲覧）
第六条　実施機関は、特定の個人を検索し得る状態で個人情報が記録されている公文書を使用する事務（以下「個人情報取扱事務」という。）を開始しようとするときは、次に掲げる事項を個人情報取扱事務登録簿に登録し、一般の閲覧に供しなければならない。登録した事項を変更しようとするときも、同様とする。
一　個人情報取扱事務の名称
二　個人情報取扱事務を所掌する組織の名称
三　個人情報取扱事務の目的
四　個人情報取扱事務の対象者の範囲
五　取り扱う個人情報の項目
六　個人情報の収集先
七　前各号に掲げるもののほか、実施機関の定める事項
2　前項の規定は、佐賀県個人情報保護審査会の意見を聴いた上で実施機関が定める個人情報取扱事務については、適用しない。
3　実施機関は、第一項の規定により登録した個人情報取扱事務を廃止したときは、速やかに、当該個人情報取扱事務に係る登録を抹消しなければならない。

長崎県（個人情報取級事務の登録等）
第六条　実施機関は、個人情報を取り扱う事務（以下「個人情報取扱事務」という。）について、次に掲げる事項を記載した個人情報取扱事務登録簿（以下「登録簿」という。）を作成し、一般の閲覧に供しなければならない。
一　個人情報取扱事務の名称
二　個人情報取扱事務を所管する組織の名称
三　個人情報取扱事務の目的
四　個人情報取級事務の対象となる個人の類型
五　記録されている個人情報の項目
六　個人情報の収集先
七　個人情報を実施機関以外の者に経常的に提供する場合は、その提供先
八　その他実施機関が定める事項
2　実施機関は、個人情報取級事務を開始しようとするときは、あらかじめ、当

該個人情報取扱事務について、前項各号に掲げる事項を登録簿に登録しなければならない。登録した事項を変更しようとするときも、同様とする。
3　前二項の規定は、次に掲げる事務については、適用しない。
　一　県、国又は他の地方公共団体の職員又は職員であった者に関する事務
　二　臨時に収集された個人情報を取り扱う事務
　三　一般に入手し得る刊行物等を取り扱う事務
　四　物品若しくは金銭の送付若しくは受領又は業務上必要な連絡の用に供するため、相手方の氏名、住所等の事項のみを取り扱う事務
　五　その他長崎県個人情報保護審査会（以下この章において「審査会」という。）の意見を聴いた上で実施機関が定める事務
4　実施機関は、登録した個人情報取扱事務を廃止したときは、遅滞なく、当該個人情報取扱事務に係る登録を登録簿から抹消しなければならない。

熊本県（登録対象事務の登録及び閲覧）
第六条　実施機関は、個人情報を取り扱う事務（以下「個人情報取扱事務」という。）であって、個人の氏名、生年月日その他の記述又は個人別に付された番号、記号その他の符号により、特定の個人を検索し得る状態で個人情報が記録されている行政文書を使用するもの（以下「登録対象事務」という。）について、次に掲げる事項を記載した登録簿を作成し、一般の閲覧に供しなければならない。
　一　登録対象事務の名称
　二　登録対象事務の目的
　三　登録対象事務を所管する組織の名称
　四　登録対象事務の根拠
　五　個人情報の対象者の範囲
　六　記録されている個人情報の項目
　七　個人情報の主な収集先
　八　個人情報の収集方法
　九　個人情報の目的外の利用及び提供の有無及び内容
　十　登録対象事務の開始年月日
2　実施機関は、登録対象事務を新たに開始しようとするときは、あらかじめ、当該登録対象事務について登録簿に登録しなければならない。登録した事項を変更しようとするときも、同様とする。
3　実施機関は、前項の規定により登録した登録対象事務を廃止したときは、速やかに、当該登録対象事務に係る登録を抹消しなければならない。
4　前三項の規定は、県の職員（市町立学校職員給与負担法（昭和二十三年法律第百三十五号）第一条に規定する職員を含む。以下同じ。）又は職員であった者に係る人事、給与、福利厚生等に関する個人情報取扱事務その他熊本県個人情報保護制度審議会（以下この章において「審議会」という。）の意見を聴いた上で実施機関が定める事務については、適用しない。

大分県（個人情報取扱事務登録簿の作成及び閲覧）
第十二条　実施機関は、個人情報を取り扱う事務であって、個人の氏名、生年月日その他の記述又は個人別に付された番号、記号その他の符号により特定の個

人を検索することができる状態で個人情報が記録された公文書を使用するもの（以下「個人情報取扱事務」という。）について、次に掲げる事項を記載した個人情報取扱事務登録簿を作成し、一般の閲覧に供しなければならない。
　一　個人情報取扱事務の名称
　二　個人情報取扱事務を所管する組織の名称
　三　利用目的
　四　個人情報の対象者の範囲
　五　個人情報の記録項目
　六　個人情報の収集先
　七　個人情報の提供先
　八　前各号に掲げるもののほか、実施機関が定める事項
２　前項の規定は、次の各号のいずれかに該当する個人情報取扱事務については適用しない。
　一　県の職員（市町村立学校職員給与負担法（昭和二十三年法律第百三十五号）第一条及び第二条に規定する職員を含む。以下この号において同じ。）又は職員であった者に係る人事、給与、福利厚生等に関する事務
　二　物品若しくは金銭の送付又は業務上必要な連絡のために、相手方の氏名、住所その他の送付又は連絡に必要な事項のみを取り扱う事務

宮崎県（個人情報取扱事務の登録及び閲覧）

第六条　実施機関は、個人情報を取り扱う事務であって、個人の氏名、生年月日その他の記述又は個人別に付された番号、記号その他の符合により特定の個人を検索することができる状態で個人情報が記録された公文書を使用するもの（以下「個人情報取扱事務」という。）について、次に掲げる事項を記載した個人情報取扱事務登録簿（以下この条において「登録簿」という。）を作成し、一般の閲覧に供しなければならない。
　一　個人情報取扱事務の名称
　二　個人情報取扱事務を所管する組織の名称
　三　個人情報取扱事務の目的
　四　個人情報の対象者の範囲
　五　個人情報の記録項目
　六　個人情報の収集方法
　七　個人情報を当該実施機関以外のものに経常的に提供する場合には、その提供先
　八　前各号に定めるもののほか、実施機関が定める事項
２　実施機関は、個人情報取扱事務を新たに開始しようとするときは、あらかじめ、当該個人情報取扱事務について、前項各号に掲げる事項を登録簿に登録しなければならない。登録した事項を変更しようとするときも同様とする。
３　実施機関は、第一項の規定により登録した個人情報取扱事務を廃止したときは、遅滞なく、当該個人情報取扱事務に係る登録を抹消しなければならない。
４　前三項の規定は、次の各号のいずれかに該当する個人情報取扱事務については、適用しない。

一　県の職員（市町村立学校職員給与負担法（昭和二十三年法律第百三十五号）第一条及び第二条に規定する職員を含む。以下この号及び第十五条第一項において同じ。）又は職員であった者に係る事務であって、専らその人事、給与若しくは福利厚生に関する事項又はこれらに準ずる事項を記録するもの
　二　資料その他の物品若しくは金銭の送付又は業務上必要な連絡のために、相手方の氏名、住所その他の送付又は連絡に必要な事項のみを取り扱う事務

鹿児島県（個人情報取扱事務の登録等）

第十条　実施機関は、個人情報を取り扱う事務であって、特定の個人を検索することができるように個人情報が記録された公文書を使用するもの（以下「個人情報取扱事務」という。）を開始しようとするときは、次に掲げる事項を記載した個人情報取扱事務登録簿に登録し、一般の閲覧に供しなければならない。登録した事項を変更しようとするときも、同様とする。
　一　個人情報取扱事務の名称
　二　個人情報取扱事務を所掌する組織の名称
　三　個人情報の利用目的
　四　公文書に記録される個人情報（以下この条において「記録情報」という。）の項目
　五　本人（他の個人の氏名、生年月日その他の記述等によらないで検索しうる者に限る。）として公文書に記録される個人の範囲
　六　記録情報の収集方法
　七　記録情報を当該実施機関以外のものに経常的に提供する場合には、その提供先
　八　前各号に掲げるもののほか、規則で定める事項
2　実施機関は、前項の規定により登録した個人情報取扱事務を廃止したときは、遅滞なく、当該個人情報取扱事務に係る登録を抹消しなければならない。
3　前二項の規定は、次に掲げる個人情報取扱事務については、適用しない。
　一　公務員等（国家公務員法（昭和二十二年法律第百二十号）第二条第一項に規定する国家公務員（独立行政法人通則法（平成十一年法律第百三号）第二条第二項に規定する特定独立行政法人の役員及び職員を除く。）、独立行政法人等の役員及び職員並びに地方公務員法（昭和二十五年法律第二百六十一号）第二条に規定する地方公務員をいう。以下同じ。）又は公務員等であった者に係る個人情報を取り扱う事務であって、専らその人事、給与若しくは福利厚生に関する事項又はこれらに準ずる事項を取り扱うもの（実施機関が行う職員の採用試験に関する個人情報取扱事務を含む。）
　二　一般に入手し得る刊行物等に係る個人情報を取り扱う事務
　三　前二号に掲げる事務のほか、規則で定める事務

沖縄県（登録簿の作成及び閲覧）

第七条　実施機関は、個人情報を取り扱う事務（以下「個人情報取扱事務」という。）について、次に掲げる事項を記載した個人情報取扱事務登録簿（以下「登録簿」という。）を作成し、一般の閲覧に供しなければならない。
　一　個人情報取扱事務の名称及び概要

二　個人情報取扱事務の目的
三　個人情報取扱事務を所管する組織の名称
四　個人情報の対象者の範囲
五　個人情報の記録項目
六　個人情報の主な収集先
七　個人情報の主な提供先
八　通信回線による電子計算組織の結合の有無
九　その他実施機関が定める事項
2　実施機関は、個人情報取扱事務を開始しようとするときは、あらかじめ、当該個人情報取扱事務について登録簿に登録しなければならない。登録した事項を変更しようとするときも、同様とする。
3　前二項の規定は、実施機関の職員又は職員であった者に関する人事、給与及び福利厚生に関する個人情報取扱事務その他沖縄県個人情報保護審査会の意見を聴いた上で、実施機関が定める個人情報取扱事務については、適用しない。
4　実施機関は、第二項の規定により登録した個人情報取扱事務を廃止したときは、遅滞なく、当該個人情報取扱事務に係る登録を抹消しなければならない。

6　収集・保有の制限

北海道（収集の制限）
第七条　実施機関は、個人情報を収集するときは、あらかじめ個人情報取扱事務の目的を明確にし、当該個人情報取扱事務の目的を達成するために必要な範囲内で収集しなければならない。
2　実施機関は、個人情報を収集するときは、適法かつ公正な手段により収集しなければならない。
3　実施機関は、個人情報を収集するときは、本人から収集しなければならない。ただし、次の各号のいずれかに該当するときは、この限りでない。
　一　法令又は他の条例（以下「法令等」という。）の規定に基づくとき。
　二　本人の同意があるとき。
　三　出版、報道等により公にされているとき。
　四　個人の生命、身体又は財産の安全を守るため緊急かつやむを得ないと認められるとき。
　五　所在不明であること、精神上の障害により事理を弁識する能力を欠く常況にあること等の事由により本人から収集することができない場合であって、本人の権利利益を不当に侵害するおそれがないと認められるとき。
　六　前各号に掲げる場合のほか、北海道個人情報保護審査会の意見を聴いた上で、個人情報取扱事務の目的を達成するために、本人以外のものから収集する必要があると実施機関が認めるとき。
4　実施機関は、思想、信条及び信教に関する個人情報並びに社会的差別の原因となるおそれのある個人情報については、収集してはならない。ただし、法令等に定めがあるとき及び北海道個人情報保護審査会の意見を聴いた上で、個人情報事務取扱の目的を達成するために収集する必要があると実施機関が認めるときは、この限りでない。

青森県（収集の制限）
第七条　実施機関は、個人情報を収集するときは、あらかじめ当該個人情報に係る個人情報取扱事務の目的を明確にし、その目的を達成するために必要な範囲内で、適法かつ公正な手段により収集しなければならない。
2　実施機関は、思想、信条及び宗教に関する個人情報並びに社会的差別の原因となるおそれのある個人情報を収集してはならない。ただし、法令又は条例（以下「法令等」という。）の規定に基づき収集する場合又は個人情報取扱事務の目的を達成するために当該個人情報が必要であり、かつ、欠くことができない場合は、この限りでない。
3　実施機関は、個人情報を収集するときは、本人から収集しなければならない。ただし、次に掲げる場合は、この限りでない。
　一　法令等の規定に基づき収集するとき。
　二　本人の同意を得て収集するとき。
　三　出版、報道その他の方法により公にされたものから収集するとき。

四　他の実施機関から提供を受けて収集するとき。
五　人の生命、身体又は財産の安全を守るため緊急かつやむを得ないと認められるとき。
六　国若しくは他の地方公共団体又は実施機関以外の県の機関から収集することが事務の執行上やむを得ないと認められるとき。
七　前各号に掲げる場合のほか、本人から収集したのでは当該個人情報に係る個人情報取扱事務の目的の達成に支障が生ずるおそれがあると認められるときその他本人以外のものから収集することに相当の理由があると認められるとき。

岩手県（収集の制限）
第四条　実施機関は、個人情報を収集するときは、あらかじめ当該個人情報を取り扱う目的を明らかにし、当該目的を達成するために必要な範囲内で、適法かつ公正な手段により収集しなければならない。
2　実施機関は、個人情報を収集するときは、本人から直接収集しなければならない。ただし、次の各号のいずれかに該当するときは、この限りでない。
一　本人の同意があるとき。
二　法令又は他の条例（以下「法令等」という。）の規定に基づくとき。
三　出版、報道等により公にされているものから収集するとき。
四　個人の生命、身体又は財産を保護するため、緊急かつやむを得ないと認められるとき。
五　所在不明、心神喪失等の事由により、本人から収集することができない場合であって、本人の権利利益を不当に侵害するおそれがないと認められるとき。
六　他の実施機関から次条第一項各号のいずれかに該当する提供を受けて収集するとき。
七　前各号に掲げる場合のほか、岩手県個人情報保護審議会（以下この章において「審議会」という。）の意見を聴いた上で、本人から収集することにより、個人情報を取り扱う事務の目的の達成に支障が生じ、又は円滑な実施が困難になるおそれがあると実施機関が認めるとき。
3　実施機関は、思想、信条及び信教に関する個人情報並びに社会的差別の原因となるおそれのある個人情報を収集してはならない。ただし、法令等の規定に基づくとき、又は審議会の意見を聴いた上で、個人情報を取り扱う事務の目的を達成するために必要があると実施機関が認めるときは、この限りでない。

宮城県（収集の制限）
第八条　実施機関は、個人情報を収集するときは、あらかじめ当該個人情報を取り扱う目的を明らかにし、当該目的を達成するために必要な範囲内で収集しなければならない。
2　実施機関は、個人情報を収集するときは、適法かつ公正な手段により収集しなければならない。
3　実施機関は、個人情報を収集するときは、本人から収集しなければならない。ただし、次の各号のいずれかに該当するときは、この限りでない。

一　本人の同意があるとき。
二　法令（条例を含む。以下同じ。）に定めのあるとき。
三　個人の生命、身体又は財産の安全を確保するため、緊急かつやむを得ないと認められるとき。
四　出版、報道等により公にされたものから収集するとき。
五　国、他の地方公共団体又は実施機関以外の県の機関から収集する場合で、事務の執行上やむを得ないと認められるとき。
六　他の実施機関から次条各号のいずれかに該当する提供を受けて収集するとき。
七　前各号に掲げる場合のほか、審査会の意見を聴いた上で、個人情報を取り扱う事務の目的を達成するため相当な理由があると実施機関が認めるとき。
4　実施機関は、思想、信条又は信教に関する個人情報及び社会的差別の原因となるおそれのある個人情報を収集してはならない。ただし、法令に定めのあるとき、又は審査会の意見を聴いた上で実施機関が当該個人情報を取り扱う事務の目的を達成するために必要と認めるときは、この限りでない。

秋田県（収集の制限）
第七条　実施機関は、あらかじめ個人情報を取り扱う事務の目的を明確にし、当該目的を達成するために必要な範囲内で、適法かつ公正な手段により個人情報を収集しなければならない。
2　実施機関は、思想、信条又は信教に関する個人情報及び社会的差別の原因となるおそれのある個人情報を収集してはならない。ただし、法令若しくは条例の規定に基づくとき、又は審査会の意見を聴いた上で個人情報を取り扱う事務の目的を達成するために必要があると実施機関が認めるときは、この限りでない。
3　実施機関は、個人情報を収集するときは、本人から収集しなければならない。ただし、次の各号のいずれかに該当するときは、この限りでない。
一　本人の同意があるとき。
二　法令又は条例の規定に基づくとき。
三　個人の生命、身体又は財産を保護するため、緊急かつやむを得ないと認められるとき。
四　出版、報道その他これらに類する行為により公にされているとき。
五　他の実施機関から提供を受けるとき。
六　実施機関以外の県の機関、国、独立行政法人等、他の地方公共団体から収集する場合で、事務の遂行上やむを得ないと認められるとき。
七　前各号に掲げる場合のほか、審査会の意見を聴いた上で、本人から収集したのでは個人情報を取り扱う事務の性質上その目的の達成に支障が生じ、又は円滑な実施を困難にするおそれがあることその他本人以外のものから収集することに相当の理由があることを実施機関が認めるとき。

山形県（収集の制限）
第五条　実施機関は、個人情報を収集するときは、個人情報を取り扱う事務の目的を明確にし、当該目的を達成するために必要な範囲内で、適法かつ公正な手

段により収集しなければならない。
2　実施機関は、個人情報を収集するときは、本人から収集しなければならない。ただし、次の各号のいずれかに該当するときは、この限りでない。
　一　本人の同意があるとき。
　二　法令及び他の条例（以下「法令等」という。）の規定又は実施機関が法律上従わなければならない各大臣その他国の機関の指示（以下「国の機関の指示」という。）に基づくとき。
　三　当該個人情報が本人により公にされているとき。
　四　個人の生命、身体、健康、財産又は生活を保護するため、緊急かつやむを得ないと認められるとき。
　五　所在不明、精神上の障害による事理を弁識する能力の欠如等の事由により、本人から収集することができないとき。
　六　他の実施機関から提供を受けるとき。
　七　国、他の地方公共団体又は実施機関以外の県の機関から収集する場合で、事務の執行上やむを得ないと認められるとき。
　八　前各号に掲げる場合のほか、山形県個人情報保護運営審議会（議会にあっては、山形県議会個人情報保護運営審議会。次項第二号及び次条第一項第七号において同じ。）の意見を聴いた上で、個人情報を取り扱う事務の目的を達成するため相当の理由があると実施機関が認めるとき。
3　実施機関は、思想、信条及び信教に関する個人情報並びに社会的差別の原因となるおそれがある個人情報を収集してはならない。ただし、次の各号のいずれかに該当するときは、この限りでない。
　一　法令等の規定又は国の機関の指示に基づくとき。
　二　山形県個人情報保護運営審議会の意見を聴いた上で、個人情報を取り扱う事務の目的を達成するために当該個人情報が必要であり、かつ、欠くことができないと実施機関が認めるとき。

福島県　（収集の制限）
第六条　実施機関は、個人情報を収集するときは、個人情報を取り扱う事務の目的を明確にし、当該目的を達成するために必要な範囲内で、適法かつ公正な手段により収集しなければならない。
2　実施機関は、個人情報を収集するときは、本人から収集しなければならない。ただし、次の各号のいずれかに該当するときは、この限りでない。
　一　法令又は他の条例（以下「法令等」という。）の規定に基づくとき。
　二　本人の同意があるとき。
　三　個人の生命、身体又は財産の安全を守るため、緊急かつやむを得ないと認められるとき。
　四　出版、報道等により公にされているとき。
　五　他の実施機関からの提供を受けるとき。
　六　国、他の地方公共団体又は実施機関以外の県の機関から収集することに相当な理由がある場合において、本人の権利利益を不当に侵害するおそれがないと認められるとき。

七　本人から収集することにより個人情報を取り扱う事務の目的の達成に支障が生じ、又は円滑な実施を困難にするおそれがある場合において、本人の権利利益を不当に侵害するおそれがないと認められるとき。

3　実施機関は、思想、信条及び宗教に関する個人情報並びに社会的差別の原因となるおそれのある個人情報を収集してはならない。ただし、法令等の規定に基づくとき又は個人情報を取り扱う事務の目的を達成するために当該個人情報が欠くことができないときは、この限りでない。

茨城県　（収集の制限）

第七条　実施機関は、個人情報を収集するに当たっては、保有事務の目的をできる限り明確にし、かつ、保有事務の目的を達成するために必要な範囲内で収集しなければならない。

2　実施機関は、個人情報を収集するときは、本人から収集しなければならない。ただし、次の各号のいずれかに該当するときは、この限りでない。

一　本人の同意に基づき収集するとき。
二　法令又は条例の規定に基づき収集するとき。
三　個人の生命、身体又は財産の安全を守るため、緊急かつやむを得ない必要があると認めて収集するとき。
四　出版、報道等により公にされているものから収集するとき。
五　他の実施機関から提供を受ける場合であって、提供を受けて収集することについて相当な理由のあるとき。
六　国等から提供を受ける場合であって、提供を受けて収集することについて相当な理由のあるとき。
七　事務の性質上、本人から収集したのではその目的の達成に支障が生じ、又は当該事務の適正な遂行に支障が生ずると認められるときその他本人以外から収集することについて相当な理由のあるとき。

3　実施機関は、個人情報を収集するときは、適法かつ公正な手段により収集しなければならない。

栃木県　（収集の制限）

第六条　実施機関は、個人情報を収集するときは、個人情報を取り扱う事務の目的を明確にし、当該目的を達成するために必要な範囲内で、適法かつ公正な手段により収集しなければならない。

2　実施機関は、思想、信条及び信教に関する個人情報並びに社会的差別の原因となる個人情報を収集してはならない。ただし、法令若しくは条例（以下「法令等」という。）の規定に基づくとき、又は栃木県個人情報保護審議会（以下「審議会」という。）の意見を聴いた上で、個人情報を取り扱う事務の目的を達成するために必要であると実施機関が認めるときは、この限りでない。

3　実施機関は、個人情報を収集するときは、本人から収集しなければならない。ただし、次の各号のいずれかに該当するときは、この限りでない。

一　法令等の規定に基づくとき。
二　本人の同意があるとき。
三　出版、報道等により公にされているものから収集するとき。

四　個人の生命、身体又は財産を保護するため、緊急かつやむを得ないと認められるとき。
五　争訟、指導、相談、選考、評価等の事務で、本人から収集したのでは当該事務の目的を達成することができないと認められるとき、又は当該事務の性質上本人から収集したのでは事務の適正な遂行に支障が生ずると認められるとき。
六　実施機関以外の県の機関、国又は他の地方公共団体から収集する場合で、事務の遂行上やむを得ず、かつ、本人の権利利益を不当に侵害するおそれがないとき。
七　他の実施機関から次条各号のいずれかに該当する提供を受けて収集するとき。
八　前各号に掲げる場合のほか、審議会の意見を聴いた上で、個人情報を取り扱う事務の目的を達成するため相当の理由があると実施機関が認めるとき。

群馬県（収集の制限）

第七条　実施機関は、個人情報を収集するときは、あらかじめ、個人情報取扱事務の目的を明らかにし、当該目的を達成するために必要な範囲内で、適法かつ公正な手段により収集しなければならない。

2　実施機関は、個人情報を収集するときは、本人から収集しなければならない。ただし、次の各号のいずれかに該当するときは、この限りでない。
一　本人の同意があるとき。
二　法令又は条例（以下「法令等」という。）に定めがあるとき。
三　出版、報道等により公にされているとき。
四　個人の生命、身体又は財産を保護するため、緊急かつやむを得ないと認められるとき。
五　他の実施機関から提供を受けるとき。
六　その他群馬県個人情報保護審議会の意見を聴いた上で、個人情報取扱事務の目的を達成するため相当の理由があると実施機関が認めるとき。

3　実施機関は、次に掲げる個人情報を収集してはならない。ただし、法令等に定めがあるとき、又は群馬県個人情報保護審議会の意見を聴いた上で個人情報取扱事務の目的を達成するため必要があると実施機関が認めるときは、この限りでない。
一　思想、信条及び信教に関する個人情報
二　病歴その他個人の特質を規定する身体に関する個人情報
三　犯罪歴その他社会的差別の原因となるおそれのある個人情報

埼玉県（収集の制限）

第六条　実施機関は、個人情報を収集するときは、個人情報を取り扱う事務（以下「個人情報取扱事務」という。）の目的を明確にし、当該目的を達成するために必要な範囲内で、適法かつ公正な手段により行わなければならない。

2　実施機関は、思想、信教及び信条に関する個人情報並びに社会的差別の原因となるおそれのある個人情報を収集してはならない。ただし、法令若しくは条例（以下「法令等」という。）に定めがあるとき、又は個人情報取扱事務の目的

を達成するために当該個人情報が欠くことができないときは、この限りでない。
3　実施機関は、個人情報を収集するときは、本人から収集しなければならない。ただし、次の各号のいずれかに該当するときは、この限りでない。
　一　本人の同意があるとき。
　二　法令等に定めがあるとき。
　三　出版、報道その他これらに類する行為により公にされているものを収集するとき。
　四　個人の生命、身体又は財産の安全を守るため緊急かつやむを得ないと認められるとき。
　五　他の実施機関から情報の提供を受けて収集するとき。
　六　争訟、選考、指導、相談等の事務事業で本人から収集したのではその目的を達成することができないと認められるとき、又は事務事業の性質上本人から収集したのでは事務事業の適正な執行に支障が生ずると認められるとき。
　七　国、他の地方公共団体、実施機関以外の県の機関等から収集することが事務の執行上やむを得ないと認められるとき。

千葉県　（収集の制限）
第八条　実施機関は、個人情報を収集するときは、個人情報を取り扱う事務の目的を明確にし、当該目的を達成するために必要な範囲内で、適法かつ公正な手段により行わなければならない。
2　実施機関は、思想、信条及び宗教に係る個人情報並びに千葉県個人情報保護審議会（以下「審議会」という。）の意見を聴いた上で社会的差別の原因となるおそれのある個人情報として実施機関が定めるものを収集してはならない。ただし、次の各号のいずれかに該当するときは、この限りでない。
　一　法令又は条例（以下「法令等」という。）に基づいて収集するとき。
　二　審議会の意見を聴いた上で、個人情報を取り扱う事務の目的を達成するために必要があると認めて収集するとき。
3　実施機関は、個人情報を収集するときは、本人から収集しなければならない。ただし、次の各号のいずれかに該当するときは、この限りでない。
　一　法令等に基づいて収集するとき。
　二　本人の同意に基づいて収集するとき。
　三　出版、報道等により公にされているものを収集するとき。
　四　個人の生命、身体又は財産の安全を守るため、緊急かつやむを得ないと認められる場合において収集するとき。
　五　他の実施機関から第十条各号のいずれかに該当する提供を受けて収集するとき。
　六　審議会の意見を聴いた上で、本人から収集したのでは個人情報を取り扱う事務の性質上その目的の達成に支障が生じ、又は円滑な執行を困難にするおそれがあると認めて収集するとき、その他本人以外のものから収集することに相当の理由があると認めて収集するとき。

東京都　（収集の制限）
第四条　実施機関は、個人情報を収集するときは、個人情報を取り扱う事務の目

的を明確にし、当該事務の目的を達成するために必要な範囲内で、適法かつ公正な手段により収集しなければならない。
2 実施機関は、思想、信教及び信条に関する個人情報並びに社会的差別の原因となる個人情報については収集してはならない。ただし、法令又は条例（以下「法令等」という。）に定めがある場合及び個人情報を取り扱う事務の目的を達成するために当該個人情報が必要かつ欠くことができない場合はこの限りでない。
3 実施機関は、個人情報を収集するときは、本人からこれを収集しなければならない。ただし、次の各号のいずれかに該当する場合は、この限りでない。
一 本人の同意があるとき。
二 法令等に定めがあるとき。
三 出版、報道等により公にされているとき。
四 個人の生命、身体又は財産の安全を守るため、緊急かつやむを得ないと認められるとき。
五 所在不明、精神上の障害による事理を弁識する能力の欠如等の事由により、本人から収集することができないとき。
六 争訟、選考、指導、相談等の事務で本人から収集したのではその目的を達成し得ないと認められるとき、又は事務の性質上本人から収集したのでは事務の適正な執行に支障が生ずると認められるとき。
七 国若しくは地方公共団体から収集することが事務の執行上やむを得ないと認められる場合又は第十条第二項各号のいずれかに該当する利用若しくは提供により収集する場合で、本人の権利利益を不当に侵害するおそれがないと認められるとき。

神奈川県（取扱いの制限）

第六条 実施機関は、次に掲げる事項に関する個人情報を取り扱ってはならない。ただし、法令若しくは条例（以下「法令等」という。）の規定に基づいて取り扱うとき、又はあらかじめ神奈川県個人情報保護審議会（以下「審議会」という。）の意見を聴いた上で正当な事務若しくは事業の実施のために必要があると認めて取り扱うときは、この限りでない。
一 思想、信条及び宗教
二 人種及び民族
三 犯罪歴
四 社会的差別の原因となる社会的身分

神奈川県（収集の制限）

第八条 実施機関は、個人情報を収集するときは、あらかじめ個人情報を取り扱う目的（以下「取扱目的」という。）を明確にし、収集する個人情報の範囲を当該取扱目的の達成のために必要な限度を超えないものとしなければならない。
2 実施機関は、個人情報を収集するときは、適法かつ公正な手段により収集しなければならない。
3 実施機関は、個人情報を収集するときは、本人から収集しなければならない。ただし、次の各号のいずれかに該当するときは、この限りでない。

6 　収集・保有の制限

一　法令等の規定に基づき収集するとき。
二　本人の同意に基づき収集するとき。
三　個人の生命、身体又は財産の安全を守るため緊急かつやむを得ない必要があると認めて収集するとき。
四　出版、報道その他これらに類する行為により公にされたものから収集するとき。
五　他の実施機関から次条第一項各号のいずれかに該当する提供を受けて収集するとき。
六　審議会の意見を聴いた上で、本人から収集することにより県の機関又は国若しくは他の地方公共団体の機関が行う当該事務又は事業の性質上その目的の達成に支障が生じ、又は円滑な実施を困難にするおそれがあることその他本人以外の者から収集することに相当な理由があることを実施機関が認めて収集するとき。

4　実施機関は、前項第三号又は第六号の規定に該当して本人以外の者から個人情報を収集したときは、その旨及び当該個人情報に係る取扱目的を本人に通知しなければならない。ただし、審議会の意見を聴いた上で適当と認めたときは、この限りでない。

5　法令等の規定に基づく申請、届出その他これらに類する行為に伴い、当該申請、届出その他これらに類する行為を行おうとする者以外の個人に関する個人情報が収集されたときは、当該個人情報は、第三項第二号の規定に該当して収集されたものとみなす。

山梨県　（個人情報の収集の制限）

第六条　実施機関は、個人情報を収集するときは、個人情報を取り扱う事務の目的を明確にし、その目的を達成するために必要な範囲内で収集しなければならない。

2　実施機関は、個人情報を収集するときは、適法かつ公正な手段により収集しなければならない。

3　実施機関は、次に掲げる事項に関する個人情報を収集してはならない。ただし、法令の規定に基づくとき、又は山梨県個人情報保護審議会（以下この章及び次章において「審議会」という。）の意見を聴いた上で、個人情報を取り扱う事務の目的を達成するため必要があると実施機関が認めたときは、この限りでない。

一　思想、信条及び宗教
二　人種及び民族
三　犯罪に関する経歴
四　社会的差別の原因となる社会的身分

4　実施機関は、個人情報を収集するときは、本人から収集しなければならない。ただし、次の各号のいずれかに該当するときは、この限りでない。

一　法令の規定に基づくとき。
二　本人の同意があるとき。
三　個人の生命、身体又は財産の安全を守るため、緊急かつやむを得ないと認

められるとき。
四　出版、報道等により公にされているとき。
五　他の実施機関から個人情報の提供を受けるとき。
六　審議会の意見を聴いた上で、本人から収集することにより個人情報を取り扱う事務の目的の達成に支障が生じ、又は円滑な実施を困難にするおそれがあると実施機関が認めたとき。

長野県　（収集の制限）

第六条　実施機関は、個人情報を収集するときは、所掌事務の範囲内で、個人情報の保有目的を明確にし、当該保有目的の達成に必要な限度において、適法かつ公正な手段により収集しなければならない。

2　実施機関は、個人情報を収集するときは、本人から収集しなければならない。ただし、法令又は条例（以下「法令等」という。）の定めるところにより収集するとき、本人の同意のあるときその他本人以外のものから収集ことに相当な理由があるときは、この限りでない。

3　実施機関は、思想、信条及び宗教に関する個人情報並びに社会的差別の原因となるおそれのある個人情報を収集してはならない。ただし、法令等の定めるところにより収集するとき又は所掌事務の遂行に欠くことのできないときは、この限りでない。

新潟県　（収集の制限）

第七条　実施機関は、個人情報を収集するときは、個人情報取扱事務の目的を明確にし、当該目的を達成するために必要な範囲内で、適法かつ公正な手段により行わなければならない。

2　実施機関は、思想、信条又は信教に関する個人情報及び社会的差別の原因となるおそれのある個人情報を収集してはならない。ただし、当該個人情報の収集が次の各号のいずれかに該当するときは、この限りでない。

一　法令若しくは条例（以下「法令等」という。）の規定に基づくとき、又は法律若しくはこれに基づく政令の規定により知事その他の執行機関の権限に属する国の事務に関する主務大臣等からの指示（以下「主務大臣等の指示」という。）に基づくとき。

二　審査会の意見を聴いた上で、個人情報取扱事務の目的を達成するために必要があると実施機関が認めるとき。

3　実施機関は、個人情報を収集するときは、本人から収集しなければならない。ただし、個人情報の収集が次の各号のいずれかに該当するときは、この限りでない。

一　法令等の規定又は主務大臣等の指示に基づくとき。
二　本人の同意があるとき。
三　個人の生命、身体又は財産の安全を守るため、緊急かつやむを得ない必要があると認められるとき。
四　当該個人情報が出版、報道等により公にされているとき。
五　他の実施機関から提供を受けるとき。
六　所在不明、精神上の障害による事理を弁識する能力の欠如等の事由により、

本人から収集できない場合において、本人の権利利益を不当に侵害するおそれがないと認められるとき。
　七　実施機関以外の県の機関、国又は他の地方公共団体から収集する場合において、事務の執行上やむを得ないと認められるとき。
　八　前各号に掲げる場合のほか、審査会の意見を聴いた上で、本人から収集したのでは個人情報取扱事務の性質上その目的の達成に支障が生じ、又は円滑な実施を困難にするおそれがあると実施機関が認めるときその他本人以外のものから収集することに相当な理由があると実施機関が認めるとき。

富山県（個人情報の保有の制限等）
第四条　実施機関は、個人情報を保有するに当たっては、所掌する事務を遂行するため必要な場合に限り、かつ、その利用の目的をできる限り特定しなければならない。
２　実施機関は、前項の規定により特定された利用の目的（以下「利用目的」という。）の達成に必要な範囲を超えて、個人情報を保有してはならない。
３　実施機関は、利用目的を変更する場合には、変更前の利用目的と相当の関連性を有すると合理的に認められる範囲を超えて行ってはならない。

富山県（取得の制限）
第五条　実施機関は、個人情報を取得するときは、利用目的を達成するために必要な範囲内で、適法かつ適正な方法により取得しなければならない。
２　実施機関は、個人情報を取得するときは、次に掲げる場合を除き、本人から取得しなければならない。
　一　法令若しくは他の条例（以下「法令等」という。）の規定又は実施機関が法律若しくはこれに基づく政令により従う義務を有する国の行政機関の指示（以下「国の機関からの法令による指示」という。）に基づくとき。
　二　本人の同意があるとき。
　三　人の生命、身体又は財産の保護のために緊急に必要があるとき。
　四　出版、報道等により公にされているものから取得するとき。
　五　実施機関以外の県の機関、国、独立行政法人等（独立行政法人等の保有する個人情報の保護に関する法律（平成十五年法律第五十九号）第二条第一項に規定する独立行政法人等をいう。以下同じ。）又は他の地方公共団体から取得することが事務の執行上やむを得ないと認められるとき。
　六　他の実施機関から提供を受けるとき。
　七　前各号に掲げる場合のほか、利用目的を達成するため相当な理由があるものとして規則で定める場合
３　実施機関は、次に掲げる場合を除き、思想、信条又は信教に関する個人情報及び社会的差別の原因となるおそれのある個人情報を取得してはならない。
　一　法令等の規定又は国の機関からの法令による指示に基づくとき。
　二　利用目的を達成するために必要で欠くことができないものとして規則で定める場合
４　実施機関は、本人から直接書面（電子的方式、磁気的方式その他人の知覚によっては認識することができない方式で作られる記録（第二十四条において

「電磁的記録」という。)を含む。)に記録された当該本人の個人情報を取得するときは、次に掲げる場合を除き、あらかじめ、本人に対し、その利用目的を明示しなければならない。
　一　人の生命、身体又は財産の保護のために緊急に必要があるとき。
　二　利用目的を本人に明示することにより、本人又は第三者の生命、身体、財産その他の権利利益を害するおそれがあるとき。
　三　利用目的を本人に明示することにより、県、国、独立行政法人等又は他の地方公共団体が行う事務又は事業の適正な遂行に支障を及ぼすおそれがあるとき。
　四　取得の状況からみて利用目的が明らかであると認められるとき。
5　知事は、第二項第七号若しくは第三項第二号の規則の制定又は改廃をしようとするときは、あらかじめ、富山県個人情報保護審議会の意見を聴かなければならない。

石川県（取得の制限）
第四条　実施機関は、個人情報を取得するときは、あらかじめ個人情報を取り扱う事務（以下「個人情報取扱事務」という。）の目的を明確にし、当該目的の達成のために必要な範囲内で、適法かつ適正な方法により取得しなければならない。
2　実施機関は、次に掲げる個人情報を取得してはならない。ただし、法令及び条例（以下「法令等」という。）の規定に基づくとき、又は石川県個人情報保護審査会（以下この章において「審査会」という。）の意見を聴いた上で、個人情報取扱事務の目的を達成するために当該個人情報の取得が必要かつ欠くことができないと実施機関が認めるときは、この限りでない。
　一　思想、信条及び信教に関する個人情報
　二　個人の特質を規定する身体に関する個人情報
　三　社会的差別の原因となるおそれのある個人情報
3　実施機関は、個人情報を取得するときは、本人から取得しなければならない。ただし、次の各号のいずれかに該当するときは、この限りでない。
　一　法令等の規定に基づくとき。
　二　本人の同意があるとき。
　三　人の生命、身体又は財産の保護のために緊急に必要があるとき。
　四　出版、報道等により公にされているとき。
　五　他の実施機関から提供を受けるとき。
　六　実施機関以外の県の機関、国、独立行政法人等（独立行政法人等の保有する情報の公開に関する法律（平成十三年法律第百四十号）第二条第一項に規定する独立行政法人等で、知事が定めるものを除いたものをいう。以下同じ。）又は他の地方公共団体から取得する場合で、事務の遂行上やむを得ないと認められるとき。
　七　前各号に掲げる場合のほか、審査会の意見を聴いた上で、本人から個人情報を取得したのでは個人情報取扱事務の目的の達成に支障が生じ、又はその円滑な実施を困難にするおそれがあると実施機関が認めるとき、その他本人

以外の者から取得することに相当の理由があると実施機関が認めるとき。

福井県（収集の制限）

第七条 実施機関は、個人情報を収集するときは、あらかじめ、個人情報を取り扱う事務の目的を明確にし、当該目的を達成するために必要な範囲内で、適法かつ適正な方法により収集しなければならない。

2 実施機関は、思想、信条または信教に関する個人情報および社会的差別の原因となるおそれのある個人情報を収集してはならない。ただし、法令または他の条例（以下「法令等」という。）の規定に基づくとき、または審査会の意見を聴いた上で、個人情報を取り扱う事務の目的を達成するために必要があると実施機関が認めるときは、この限りでない。

3 実施機関は、個人情報を収集するときは、本人から収集しなければならない。ただし、次の各号のいずれかに該当するときは、この限りでない。

一 本人の同意があるとき。
二 法令等の規定に基づくとき。
三 個人の生命、身体または財産を保護するため、緊急かつやむを得ないと認められるとき。
四 所在不明、心神喪失等の事由により、本人から収集することができない場合で、事務の遂行上やむを得ないと認められるとき。
五 出版、報道その他これらに類する行為により公にされているとき。
六 他の実施機関から次条第一項ただし書の規定により提供を受けるとき。
七 実施機関以外の県の機関、国または他の地方公共団体から収集する場合で、事務の遂行上やむを得ないと認められるとき。
八 前各号に掲げる場合のほか、審査会の意見を聴いた上で、本人から収集した場合には、個人情報を取り扱う事務の性質上その目的の達成に支障が生じ、またはその円滑な実施を困難にするおそれがあることその他本人以外のものから収集することに正当な理由があることを実施機関が認めるとき。

岐阜県（収集の制限）

第六条 実施機関は、個人情報を収集するときは、個人情報を取り扱う事務（以下「個人情報取扱事務」という。）の目的を明確にし、当該目的を達成するために必要な範囲内で収集しなければならない。

2 実施機関は、個人情報を収集するときは、適法かつ公正な手段により収集しなければならない。

3 実施機関は、個人情報を収集する場合は、本人から収集しなければならない。ただし、次の各号のいずれかに該当するときは、この限りでない。

一 本人の同意があるとき。
二 法令及び条例（以下「法令等」という。）に定めがあるとき。
三 個人の生命、身体又は財産の保護のため緊急かつやむを得ないと認められるとき。
四 出版、報道等により公にされているとき。
五 岐阜県個人情報保護審査会の意見に基づいて、本人から収集することにより個人情報取扱事務の目的の達成に支障が生じ、又は本人以外から収集する

ことに公益上の必要その他相当な理由があるとして実施機関が定めるとき。
4　実施機関は、次に掲げる事項に関する個人情報を収集してはならない。ただし、法令等に定めがあるとき、又は岐阜県個人情報保護審査会に基づいて、個人情報取扱事務の目的を達成するために必要かつ欠くことができないとして実施機関が定めるときは、この限りでない。
　一　思想、信教及び信条
　二　人種及び民族
　三　犯罪歴
　四　社会的差別の原因となる社会的身分

静岡県（個人情報の保有の制限等）

第五条　実施機関は、個人情報を保有するに当たっては、その権限に属する事務を遂行するため必要な場合に限り、かつ、その利用の目的をできる限り特定しなければならない。
2　実施機関は、前項の規定により特定された利用の目的（以下「利用目的」という。）の達成に必要な範囲を超えて、個人情報を保有してはならない。
3　実施機関は、利用目的を変更する場合には、変更前の利用目的と相当の関連性を有すると合理的に認められる範囲を超えて行ってはならない。

静岡県（取得の制限）

第六条　実施機関は、個人情報を取得するときは、適法かつ適正な方法により取得しなければならない。
2　実施機関は、法令又は条例（以下「法令等」という。）に基づく場合を除き、個人情報を取得するときは、本人から取得しなければならない。ただし、次の各号のいずれかに該当するときその他利用目的を達成するため本人以外の者から取得することにつき相当の理由があると認められるときは、この限りでない。
　一　本人の同意があるとき。
　二　出版、報道等により公にされているとき。
　三　人の生命、身体又は財産の保護のために緊急に必要があるとき。
　四　所在不明、精神上の障害による事理を弁識する能力の欠如等の事由により、本人から取得することができないとき。
　五　他の実施機関から提供を受けるとき。
　六　実施機関以外の県の機関、国又は他の地方公共団体から取得する場合で、事務の遂行上やむを得ないと認められるとき。
　七　事務の性質上、本人から取得したのでは当該事務の適正な遂行に支障を及ぼすおそれがあると認められるとき。
3　実施機関は、法令等に基づく場合を除き、思想、信条及び信教に関する個人情報を取得してはならない。ただし、事務の適正な遂行のために当該個人情報が必要かつ欠くことができないときは、この限りでない。
4　法令等に基づく申請、届出その他これらに類する行為に伴い、当該申請、届出その他これらに類する行為を行おうとする者以外の個人に関する個人情報が取得されたときは、当該個人情報は、第二項第一号に該当して取得されたものとみなす。

6 収集・保有の制限

静岡県（利用目的の明示）

第七条 実施機関は、本人から直接書面（電子的方式、磁気的方式その他人の知覚によっては認識することができない方式で作られる記録（以下「電磁的記録」という。）を含む。）に記録された当該本人の個人情報を取得するときは、次に掲げる場合を除き、あらかじめ、本人に対し、その利用目的を明示しなければならない。

一　人の生命、身体又は財産の保護のために緊急に必要があるとき。
二　利用目的を本人に明示することにより、本人又は第三者の生命、身体、財産その他の権利利益を害するおそれがあるとき。
三　利用目的を本人に明示することにより、県の機関、国又は他の地方公共団体が行う事務又は事業の適正な遂行に支障を及ぼすおそれがあるとき。
四　取得の状況からみて利用目的が明らかであると認められるとき。

愛知県（個人情報の収集の制限）

第七条 実施機関は、個人情報を収集するときは、あらかじめ個人情報を取り扱う事務の目的を明確にし、その目的を達成するために必要な範囲内で収集しなければならない。

2　実施機関は、個人情報を収集するときは、適法かつ公正な手段により収集しなければならない。

3　実施機関は、個人情報を収集するときは、本人から収集しなければならない。ただし、次の各号のいずれかに該当するときは、この限りでない。

一　法令又は条例の規定に基づくとき。
二　本人の同意があるとき。
三　出版等により公にされているとき。
四　他の実施機関から個人情報の提供を受けるとき。
五　個人の生命、身体又は財産を保護するため、緊急かつやむを得ないと認められるとき。
六　愛知県個人情報保護審議会（以下この章及び次章において「審議会」という。）の意見を聴いた上で、相当な理由があると実施機関が認めたとき。

4　実施機関は、思想、信条及び信教に関する個人情報並びに審議会の意見を聴いた上で社会的差別の原因となるおそれのある個人情報として実施機関が定めるものを収集してはならない。ただし、次の各号のいずれかに該当するときは、この限りでない。

一　法令又は条例の規定に基づくとき。
二　審議会の意見を聴いた上で、事務の目的を達成するため必要があると実施機関が認めたとき。

三重県（収集の制限）

第七条 実施機関は、個人情報を収集するときは、あらかじめ個人情報取扱事務の目的を明確にし、当該目的を達成するために必要な範囲内で、適法かつ公正な手段により収集しなければならない。

2　実施機関は、個人情報を収集するときは、本人から収集しなければならない。ただし、次の各号のいずれかに該当するときは、この限りでない。

一　本人の同意に基づき収集するとき。
　二　法令又は条例（以下「法令等」という。）の規定に基づき収集するとき。
　三　出版、報道等により公にされたものから収集するとき。
　四　個人の生命、身体又は財産の保護のため、緊急かつやむを得ないと認めて収集するとき。
　五　他の実施機関から提供を受けて収集するとき。
　六　前各号に掲げる場合のほか、審査会の意見を聴いた上で、本人から収集することにより個人情報取扱事務の目的の達成に支障が生じ、又はその円滑な実施を困難にするおそれがあるときその他本人以外の者から収集することに相当の理由があると実施機関が認めて収集するとき。
3　実施機関は、次に掲げる個人情報を収集してはならない。ただし、法令等の規定に基づき収集するとき、又は審査会の意見を聴いた上で、個人情報取扱事務の目的を達成するために必要であり、かつ、欠くことができないと実施機関が認めるときは、この限りでない。
　一　思想、信条及び信教に関する個人情報
　二　社会的差別の原因となるおそれのある個人情報

滋賀県（収集の制限）

第四条　実施機関は、個人情報を収集するときは、個人情報を取り扱う事務の目的を明確にし、かつ、その目的を達成するために必要な範囲内で、適法かつ公正な手段により収集しなければならない。
2　実施機関は、思想、信条および宗教に関する個人情報ならびに社会的差別の原因となるおそれのある個人情報を収集してはならない。ただし、法令または条例（以下「法令等」という。）に定めがある場合および個人情報を取り扱う事務の目的を達成するために必要かつ欠くことができない場合は、この限りでない。
3　実施機関は、個人情報を収集するときは、本人から収集しなければならない。ただし、次の各号のいずれかに該当するときは、この限りでない。
　一　本人の同意があるとき。
　二　法令等に基づいて収集するとき。
　三　個人の生命、身体または財産の安全を守るため緊急かつやむを得ないと認められるとき。
　四　出版、報道等により公にされたものから収集するとき。
　五　他の実施機関から第六条第一項各号のいずれかに該当する提供を受けて収集するとき。
　六　前各号に掲げる場合のほか、本人以外のものから収集することに相当な理由があると認められるとき。

京都府（収集の制限）

第四条　実施機関は、個人情報を収集するときは、あらかじめ、収集する目的（以下「収集目的」という。）及び収集する根拠を明確にするとともに、当該収集目的を達成するために必要な限度を超えて収集してはならない。
2　実施機関は、個人情報を収集するときは、適法かつ公正な手段により収集し

なければならない。
3　実施機関は、次に掲げる個人情報を収集してはならない。ただし、法令等に基づくとき又は京都府個人情報保護審議会（以下この章及び次章において「審議会」という。）の意見を聴いた上で、実施機関がその権限に属する事務を執行するため必要があると認めたときは、この限りでない。
　一　思想、信条及び信教に関する個人情報並びに個人の特質を規定する身体に関する個人情報
　二　社会的差別の原因となるおそれのある個人情報
4　実施機関は、個人情報を収集するときは、本人から収集しなければならない。ただし、次の各号のいずれかに該当するときは、この限りでない。
　一　法令等に基づくとき。
　二　本人の同意があるとき。
　三　個人の生命、身体又は財産の保護のため緊急かつやむを得ないと認められるとき。
　四　出版、報道等により公にされているとき。
　五　他の実施機関、実施機関以外の府の機関、国又は他の地方公共団体から収集する場合で、本人以外のものから収集することが事務の執行上やむを得ず、かつ、当該収集することによって本人の権利利益を不当に侵害するおそれがないと認められるとき。
　六　前各号に掲げる場合のほか、本人以外のものから当該収集することについて相当の理由があり、かつ、当該収集をすることによって本人の権利利益を不当に侵害するおそれがないと認められるとき。
5　実施機関は、前項第六号に規定する場合において、本人以外のものから個人情報を収集するときは、あらかじめ、審議会の意見を聴かなければならない。

大阪府　（収集の制限）
第七条　実施機関は、個人情報を収集するときは、あらかじめ個人情報を取り扱う目的を具体的に明らかにし、当該目的の達成のために必要な範囲内で収集しなければならない。
2　実施機関は、個人情報を収集するときは、適法かつ公正な手段により収集しなければならない。
3　実施機関は、個人情報を収集するときは、本人から収集しなければならない。ただし、次の各号のいずれかに該当するときは、この限りでない。
　一　本人の同意があるとき。
　二　法令又は条例の規定に基づくとき。
　三　他の実施機関から提供を受けるとき。
　四　出版、報道等により公にされているものから収集することが正当であると認められるとき。
　五　個人の生命、身体又は財産の保護のため、緊急かつやむを得ないと認められるとき。
　六　前各号に掲げる場合のほか、大阪府個人情報保護審議会（以下「審議会」という。）の意見を聴いた上で、本人から収集することにより、個人情報取扱

事務の目的の達成に支障が生じ、又はその円滑な実施を困難にするおそれがあることその他本人以外のものから収集することに相当の理由があると実施機関が認めるとき。
4　実施機関は、次に掲げる個人情報を収集してはならない。ただし、法令若しくは条例の規定に基づくとき又は審議会の意見を聴いた上で、個人情報取扱事務の目的を達成するために当該個人情報が必要であり、かつ、欠くことができないと実施機関が認めるときは、この限りでない。
　一　思想、信仰、信条その他の心身に関する基本的な個人情報
　二　社会的差別の原因となるおそれのある個人情報

兵庫県（収集の制限）

第六条　実施機関は、個人情報を収集するときは、その目的を明確にし、当該目的を達成するために必要な範囲内で収集しなければならない。
2　実施機関は、個人情報を収集するときは、適法かつ公正な手段により収集しなければならない。
3　実施機関は、個人情報を収集するときは、本人から収集しなければならない。ただし、次の各号のいずれかに該当するときは、この限りでない。
　一　本人の同意があるとき。
　二　法令又は条例（以下「法令等」という。）に定めがあるとき。
　三　出版、報道等により公にされているとき。
　四　個人の生命、身体又は財産の保護のため緊急かつやむを得ないと認められるとき。
　五　次条ただし書の規定により、他の実施機関から個人情報の提供を受けるとき。
　六　附属機関設置条例（昭和三十六年兵庫県条例第二十号）第一条第一項の規定による個人情報保護審議会（以下「審議会」という。）の意見を聴いて、本人から収集することにより実施機関の個人情報を取り扱う事務（以下「個人情報取扱事務」という。）の目的の達成に支障が生じ、又は個人情報取扱事務の円滑な実施を困難にするおそれがあると実施機関が認めるとき。
4　実施機関は、次に掲げる個人情報を収集してはならない。ただし、法令等に定めがあるとき、又は審議会の意見を聴いて、個人情報取扱事務の目的を達成するために必要があると実施機関が認めるときは、この限りでない。
　一　思想、信教及び信条に関する個人情報
　二　病歴その他個人の特質を規定する身体に関する個人情報
　三　犯罪歴その他社会的差別の原因となるおそれのある個人情報

奈良県（個人情報の収集の制限）

第五条　実施機関は、個人情報を収集するときは、収集の目的を明確にし、当該目的を達成するために必要な範囲内で、適法かつ公正な手段により収集しなければならない。
2　実施機関は、個人情報を収集するときは、個人情報の本人から収集しなければならない。ただし、次の各号のいずれかに該当するときは、この限りでない。
　一　法令又は条例（以下「法令等」という。）の規定に基づき収集するとき。

6　収集・保有の制限

二　個人情報の本人の同意を得て収集するとき。
三　出版、報道等により公にされている情報から収集するとき。
四　個人の生命、身体又は財産を保護するため、緊急やむを得ないと認められるとき。
五　他の実施機関から提供を受けて収集するとき。
六　国、他の地方公共団体又は実施機関以外の県の機関から収集することが事務の執行上やむを得ないと認められるとき。
七　前各号に掲げる場合のほか、個人情報の本人から収集することにより個人情報を取り扱う事務（以下「個人情報取扱事務」という。）の目的の達成に支障が生じ、又はその円滑な実施を困難にするおそれがあるときその他個人情報の本人以外のものから収集することに相当な理由があると実施機関が認めるとき。
3　実施機関は、思想、信条及び信教に関する個人情報並びに社会的差別の原因となるおそれのある個人情報として奈良県個人情報保護審議会の意見を聴いて規則で定めるものを収集してはならない。ただし、次の各号のいずれかに該当するときは、この限りでない。
一　法令等の規定に基づき収集するとき。
二　個人情報取扱事務の目的を達成するために必要不可欠であると実施機関が認めるとき。
4　実施機関は、第二項第七号又は前項第二号の場合において個人情報を収集するときは、あらかじめ、奈良県個人情報保護審議会の意見を聴かなければならない。

和歌山県（個人情報の収集の制限等）
第六条　実施機関は、個人情報を収集するときは、あらかじめ個人情報を取り扱う事務（以下「個人情報取扱事務」という。）の目的を明確にし、当該個人情報取扱事務の目的を達成するために必要な範囲内で、適法かつ適正な方法により収集しなければならない。
2　実施機関は、個人情報を収集するときは、本人から収集しなければならない。ただし、次の各号のいずれかに該当するときは、この限りでない。
一　法令又は条例（以下「法令等」という。）の規定に基づくとき。
二　本人の同意があるとき。
三　出版、報道等により公にされているとき。
四　人の生命、身体又は財産の保護のため、緊急かつやむを得ないと認められるとき。
五　他の実施機関から個人情報の提供を受けるとき。
六　前各号に掲げる場合のほか、和歌山県個人情報保護審議会の意見を聴いた上で、本人から個人情報を収集したのでは個人情報取扱事務の目的の達成に支障が生じ、又は個人情報取扱事務の円滑な実施を困難にするおそれがあると実施機関が認めるときその他本人以外のものから収集することに相当の理由があると実施機関が認めるとき。
3　実施機関は、個人情報を本人から直接収集するときは、次に掲げる場合を除

き、あらかじめ、本人に対し、その個人情報取扱事務の目的を明示しなければならない。
　一　人の生命、身体又は財産の保護のため、緊急かつやむを得ないと認められるとき。
　二　個人情報取扱事務の目的を本人に明示することにより、本人又は第三者の生命、身体、財産その他の権利利益を害するおそれがあるとき。
　三　個人情報取扱事務の目的を本人に明示することにより、県の機関、国又は他の地方公共団体が行う事務又は事業の適正な遂行に支障を及ぼすおそれがあるとき。
　四　収集の状況からみて個人情報取扱事務の目的が明らかであると認められるとき。
　五　前各号に掲げる場合のほか、和歌山県個人情報保護審議会の意見を聴いた上で、個人情報取扱事務の目的を明示しないことにつき相当の理由があると実施機関が認めるとき。
4　実施機関は、思想、信条及び信教に関する個人情報並びに社会的差別の原因となるおそれのある個人情報を収集してはならない。ただし、次の各号のいずれかに該当するときは、この限りでない。
　一　法令等の規定に基づくとき。
　二　和歌山県個人情報保護審議会の意見を聴いた上で、個人情報取扱事務の目的を達成するために必要であり、かつ、欠くことができないと実施機関が認めるとき。

鳥取県　(収集の制限)
第七条　実施機関は、登録簿に登録された目的(前条第三項各号に掲げる事務については、実施機関があらかじめ定める目的)を達成するために必要な範囲内で、適法かつ公正な手段により個人情報を収集しなければならない。
2　実施機関は、次に掲げる個人情報を収集してはならない。
　一　思想、信条及び信教に関する情報
　二　社会的差別の原因となるおそれのある個人情報として、あらかじめ鳥取県個人情報保護審議会の意見を聴いて規則で定める情報
3　前項の規定にかかわらず、実施機関は、次の各号のいずれかに該当するときは、同項各号に掲げる個人情報を収集することができる。
　一　法令(法律、法律に基づく命令、条例又はこれらに基づく実施機関の規則(規程を含む。)をいう。以下同じ。)の規定に基づいて収集するとき。
　二　前号に掲げる場合のほか、当該個人情報が必要不可欠であると実施機関が認めるとき。
4　実施機関は、個人情報を本人から収集しなければならない。ただし、次の各号のいずれかに該当するときは、この限りでない。
　一　本人の同意に基づいて収集するとき。
　二　法令の規定に基づいて収集するとき。
　三　出版、報道等により公にされているものから収集するとき。
　四　個人の生命、身体又は財産の安全を守るため、緊急かつやむを得ないと認

られるとき。
五　他の実施機関から収集する場合であって、当該他の実施機関から収集することがやむを得ないと認められるとき。
六　前各号に掲げる場合のほか、本人以外のものから収集することに相当な理由があると実施機関が認めるとき。
5　実施機関は、第三項第二号又は前項第六号の規定により個人情報を収集しようとするときは、あらかじめ鳥取県個人情報保護審議会の意見を聴かなければならない。

島根県（収集の制限）
第五条　実施機関は、個人情報を収集するときは、個人情報取扱事務の目的を明確にし、当該事務の目的を達成するために必要な範囲内で、適正な方法により収集しなければならない。
2　実施機関は、思想、信条及び信教に関する個人情報並びに社会的差別の原因となるおそれのある個人情報を収集してはならない。ただし、法令若しくは条例（以下「法令等」という。）の規定に基づくとき又は島根県個人情報保護審査会の意見を聴いた上で個人情報取扱事務の目的を達成するために必要があると実施機関が認めるときは、この限りでない。
3　実施機関は、個人情報を収集するときは、本人から収集しなければならない。ただし、次の各号のいずれかに該当するときは、この限りでない。
一　本人の同意があるとき。
二　法令等の規定に基づくとき。
三　出版、報道等により公にされているものから収集するとき。
四　個人の生命、身体又は財産を保護するため、緊急かつやむを得ないと認められるとき。
五　他の実施機関から提供を受けるとき。
六　前各号に掲げる場合のほか、個人情報を本人以外のものから収集することにつき相当の理由がある場合であって、かつ、本人の権利利益を不当に害するおそれがないと認められるとき。

岡山県（利用目的の明確化等）
第六条　実施機関は、個人情報を取り扱うときは、できる限り当該個人情報を利用する目的（以下「利用目的」という。）を特定した上で行わなければならない。
2　実施機関は、個人情報の利用目的の達成に必要な範囲を超えて、当該個人情報を取り扱ってはならない。
3　実施機関は、利用目的を変更するときは、変更前の利用目的と相当の関連性を有すると合理的に認められる範囲を超えて行ってはならない。

岡山県（取得に際しての利用目的の明示）
第八条　実施機関は、本人から直接、文書、図画、写真又は電磁的記録により当該本人の個人情報を取得するときは、本人に対し、その利用目的を明示しなければならない。ただし、次の各号のいずれかに該当する場合は、この限りでない。
一　個人の生命、身体又は財産を保護するため、緊急かつやむを得ないと認め

られるとき。
二 利用目的を明示することにより個人の生命、身体、財産その他の権利利益を害するおそれがあるとき。
三 利用目的を明示することにより個人情報を取り扱う事務の適正な遂行に支障を及ぼすおそれがあるとき。
四 取得の状況からみて利用目的が明らかであると認められるとき。
2 実施機関は、本人以外のものから当該本人の個人情報を取得するときは、取得後速やかに、その利用目的を本人に明示しなければならない。ただし、次の各号のいずれかに該当する場合は、この限りでない。
一 法令等に基づいて取得するとき。
二 出版、報道等により既に公にされている情報を取得するとき。
三 次条第一項に規定する個人情報取扱事務登録簿に登録された事務の執行において個人情報を取得するときその他あらかじめ利用目的を公表した上で個人情報を取得するとき。
四 所在不明、精神上の障害による事理を弁識する能力の欠如等の事由により、本人から取得することができないとき。
五 争訟、選考、指導、相談等の事務その他当該事務の性質上本人から取得したのでは当該事務の適正な執行に支障が生ずると認められるとき。
六 当該実施機関以外の県の機関、国、他の地方公共団体等から取得することが事務の執行上やむを得ないと認められるとき、又は前条第一項各号のいずれかに該当する場合の提供により取得するとき。

広島県 （収集の制限）
第六条 実施機関は、個人情報を収集するときは、個人情報を取り扱う事務の目的を明確にし、当該目的を達成するために必要な範囲内で、適法かつ公正な手段により収集しなければならない。
2 実施機関は、思想、信条及び信教に関する個人情報並びに社会的差別の原因となるおそれのある個人情報を収集してはならない。ただし、法令若しくは条例（以下「法令等」という。）に定めがあるとき、又は広島県個人情報保護審議会の意見を聴いた上で事務の執行上必要であり、かつ、欠くことができないと実施機関が認めるときは、この限りでない。
3 実施機関は、個人情報を収集するときは、本人から収集しなければならない。ただし、次の各号のいずれかに該当するときは、この限りでない。
一 法令等の規定に基づいて収集するとき。
二 本人の同意に基づいて収集するとき。
三 出版、報道等により公にされているものから収集するとき。
四 個人の生命、身体又は財産の安全を守るため緊急かつやむを得ない必要があると認めて収集するとき。
五 所在不明、心神喪失等の理由により、本人から収集することができないとき。
六 前各号に掲げる場合のほか、広島県個人情報保護審議会の意見を聴いた上で、本人から収集したのでは個人情報を取り扱う事務の性質上その目的の達

成に支障が生じ、又は円滑な実施を困難にするおそれがあることその他本人以外のものから収集することに相当な理由があることを実施機関が認めて収集するとき。

山口県（収集の制限）

第五条　実施機関は、個人情報を収集するときは、あらかじめ個人情報を取り扱う事務の目的を明確にし、当該目的の達成に必要な範囲内において、適法かつ適正な方法により収集しなければならない。

2　実施機関は、思想、信教及び信条に関する個人情報並びに社会的差別の原因となる個人情報を収集してはならない。ただし、法令又は条例（以下「法令等」という。）に定めがあるとき又は個人情報を取り扱う事務の目的を達成するため欠くことができないときは、この限りでない。

3　実施機関は、個人情報を収集するときは、本人から直接収集しなければならない。ただし、次の各号のいずれかに該当するときは、この限りでない。

一　本人の同意があるとき。
二　法令等に定めがあるとき。
三　出版、報道等により公にされているとき。
四　人の生命、身体又は財産を保護するため緊急かつやむを得ない必要があるとき。
五　所在不明、心神喪失等の事由により、本人から直接収集することができないとき。
六　争訟、指導、選考、診断、公共用地の取得その他の事務の遂行のために収集する場合であって、本人から直接収集することにより、当該事務の目的を失わせ、又は当該事務の適正な遂行に著しい支障が生ずるおそれがあるとき。
七　学術研究の目的のために収集する場合であって、本人の権利利益を不当に害するおそれがないとき。
八　他の実施機関、実施機関以外の県の機関又は国若しくは他の地方公共団体の機関から収集する場合であって、本人の権利利益を不当に害するおそれがないとき。

4　法令等の規定に基づく申請、届出等に伴い、当該申請、届出等を行った者以外の個人に関する個人情報が収集されたときは、当該個人情報は、前項第一号の規定に該当して収集されたものとみなす。

徳島県（収集の制限）

第六条　実施機関は、個人情報を収集するときは、あらかじめ個人情報取扱事務の目的を明確にし、当該目的の達成のために必要な範囲内で適法かつ適正な方法により収集しなければならない。

2　実施機関は、個人情報を収集するときは、本人から収集しなければならない。ただし、次の各号のいずれかに該当するときは、この限りでない。

一　本人の同意があるとき。
二　法令又は他の条例（以下「法令等」という。）の規定に基づくとき。
三　収集する個人情報が出版、報道等により公にされているとき。
四　個人の生命、身体又は財産の保護のため、緊急かつやむを得ないと認めら

れるとき。
　五　他の実施機関から個人情報の提供を受けるとき。
　六　前各号に掲げる場合のほか、徳島県個人情報保護審査会の意見を聴いた上で、本人から個人情報を収集したのでは個人情報取扱事務の目的の達成に支障が生じ、又はその円滑な実施を困難にするおそれがあると実施機関が認めるときその他本人以外の者から収集することに相当の理由があると実施機関が認めるとき。
3　実施機関は、次に掲げる個人情報を収集してはならない。ただし、法令等の規定に基づくとき、又は徳島県個人情報保護審査会の意見を聴いた上で、個人情報取扱事務の目的を達成するために必要であり、かつ、欠くことができないと実施機関が認めるときは、この限りでない。
　一　思想、信条及び信教に関する個人情報
　二　病歴、身体障害等の身体に関する個人情報
　三　社会的差別の原因となるおそれのある個人情報

香川県　（収集の制限）

第六条　実施機関は、個人情報を収集するときは、個人情報を取り扱う事務（以下「個人情報取扱事務」という。）の目的を明確にし、当該目的を達成するために必要な範囲内で、適法かつ公正な手段により収集しなければならない。
2　実施機関は、個人情報を収集するときは、本人（個人情報から識別され得る個人をいう。以下同じ。）から収集しなければならない。ただし、次の各号のいずれかに該当するときは、この限りでない。
　一　本人の同意があるとき。
　二　法令又は他の条例（以下「法令等」という。）に定めがあるとき。
　三　個人情報が出版、報道等により公にされているとき。
　四　個人の生命、身体又は財産の安全を守るため緊急かつやむを得ないと認められるとき。
　五　他の実施機関から個人情報の提供を受けるとき。
　六　前各号に掲げる場合のほか、個人情報を本人以外のものから収集することにつき相当の理由がある場合であって、本人の権利利益を不当に侵害するおそれがないと認められるとき。
3　実施機関は、思想、信条又は信教に関する個人情報及び社会的差別の原因となるおそれのある個人情報を収集してはならない。ただし、法令等に定めがあるとき、又は個人情報取扱事務の目的を達成するために当該個人情報が必要であって、かつ、欠くことができないと認めるときは、この限りでない。

愛媛県　（収集の制限）

第八条　実施機関は、個人情報を収集するときは、あらかじめ個人情報取扱事務の目的を明確にし、当該目的を達成するために必要な範囲内で、適法かつ公正な手段により収集しなければならない。
2　実施機関は、個人情報を収集するときは、個人情報の本人から収集しなければならない。ただし、当該個人情報の収集が次の各号のいずれかに該当するときは、この限りでない。

一　法令又は条例（以下「法令等」という。）の規定に基づくとき。
二　個人情報の本人の同意があるとき。
三　収集する個人情報が出版、報道等により公にされているとき。
四　個人の生命、身体又は財産の保護のため、緊急かつやむを得ないと認められるとき。
五　所在不明であること、精神上の障害により事理を弁識する能力を欠く常況にあること等の事由により、個人情報の本人から収集することができない場合であって、当該個人情報の本人の権利利益を不当に侵害するおそれがないと認められるとき。
六　前各号に掲げる場合のほか、愛媛県個人情報保護審議会の意見を聴いた上で、個人情報の本人から収集したのでは個人情報取扱事務の性質上その目的の達成に支障が生じ、又はその円滑な実施を困難にするおそれがあると実施機関が認めるときその他個人情報の本人以外のものから収集することに相当の理由があると実施機関が認めるとき。
3　実施機関は、思想、信条及び信教に関する個人情報並びに犯罪歴その他社会的差別の原因となるおそれのある個人情報を収集してはならない。ただし、法令等の規定に基づくとき、又は愛媛県個人情報保護審議会の意見を聴いた上で、個人情報取扱事務の目約を達成するために該個人情報が必要であり、かつ、欠くことができないと実施機関が認めるときは、この限りでない。

高知県　（収集の制限）

第八条　実施機関は、個人情報を収集するときは、あらかじめ個人情報取扱事務の目的を明確にし、当該個人情報取扱事務の目的を達成するために必要な範囲内で収集しなければならない。
2　実施機関は、個人情報を収集するときは、適法かつ公正な手段により収集しなければならない。
3　実施機関は、思想、信条及び信教に関する個人情報並びに社会的差別の原因となるおそれのある個人情報を収集してはならない。ただし、法令又は他の条例（以下「法令等」という。）に定めがあるとき又は個人情報取扱事務の目的を達成するために実施機関が必要があると認め、高知県個人情報保護制度委員会の意見を聴いた上で収集するときは、この限りでない。
4　実施機関は、個人情報を収集するときは、本人から収集しなければならない。ただし、次の各号のいずれかに該当するときは、この限りでない。
一　本人の同意があるとき。
二　法令等の規定に基づき収集するとき。
三　出版、報道等により公にされているものから収集するとき。
四　個人の生命、身体又は財産の保護のため、緊急かつやむを得ないと認められるとき。
五　他の実施機関から提供を受けて収集するとき。
六　前各号に掲げる場合のほか、高知県個人情報保護制度委員会の意見を聴いた上で、本人から収集したのでは当該個人情報に係る個人情報取扱事務の目的の達成に支障が生じ、又はその円滑な実施を困難にするおそれがあると実

施機関が認めるときその他本人以外のものから収集することに相当の理由があると実施機関が認めるとき。

福岡県（収集の制限）

第三条 実施機関は、個人情報を収集するときは、個人情報を取り扱う事務の目的を明確にし、かつ、当該目的を達成するために必要な範囲内で、適法かつ公正な手段により収集しなければならない。

2 実施機関は、次に掲げる事項に関する個人情報の収集をしてはならない。ただし、法令（条例を含む。以下同じ。）に基づいて収集するとき、及び福岡県個人情報保護審議会の意見を聴いた上で、個人情報を取り扱う事務の目的を達成するために収集する必要があると実施機関が認めるときは、この限りでない。
　一　思想、信条及び宗教
　二　人種及び民族
　三　犯罪歴
　四　社会的差別の原因となる社会的身分

3 実施機関は、個人情報を収集するときは、本人から収集しなければならない。ただし、次の各号のいずれかに該当するときは、この限りでない。
　一　法令に基づいて収集するとき。
　二　本人の同意があるとき。
　三　出版、報道等により公にされたものから収集するとき。
　四　他の実施機関から第五条第四号に該当する提供を受けて収集するとき。
　五　個人の生命、身体又は財産の安全を守るため緊急かつやむを得ないと認められるとき。
　六　国、他の地方公共団体又は県の実施機関以外の機関から収集することが事務の執行上やむを得ないと認められるとき。
　七　前各号に掲げる場合のほか、福岡県個人情報保護審議会の意見を聴いた上で、本人から収集することにより個人情報を取り扱う事務の目的の達成に支障が生じ、又は円滑な実施を困難にするおそれがあると実施機関が認めるとき。

佐賀県（収集の制限）

第七条 実施機関は、個人情報を収集するときは、個人情報を取り扱う事務の目的を明確にし、当該目的を達成するために必要な範囲内で、適法かつ適正な手段により行わなければならない。

2 実施機関は、思想、信条及び信教に関する個人情報並びに犯罪歴その他社会的差別の原因となるおそれのある個人情報を収集してはならない。ただし、法令若しくは他の条例（以下「法令等」という。）に定めがあるとき、又は佐賀県個人情報保護審査会の意見を聴いた上で、個人情報を取り扱う事務の目的を達成するために必要があると実施機関が認めるときは、この限りでない。

3 実施機関は、個人情報を収集するときは、本人から収集しなければならない。ただし、次の各号のいずれかに該当するときは、この限りでない。
　一　本人の同意があるとき。
　二　法令等に定めがあるとき。

三　出版、報道等により公にされているとき。
四　個人の生命、身体又は財産を保護するため、緊急かつやむを得ないと認められるとき。
五　他の実施機関から提供を受けるとき。
六　国、独立行政法人等、他の地方公共団体又は実施機関以外の県の機関から収集する場合で、事務の執行上やむを得ず、かつ、当該収集をすることにより本人の権利利益を不当に害するおそれがないと認められるとき。
七　前各号に掲げる場合のほか、佐賀県個人情報保護審査会の意見を聴いた上で、本人から収集することにより実施機関の個人情報を取り扱う事務の目的の達成に支障が生じ、又は実施機関の個人情報を取り扱う事務の円滑な実施を困難にするおそれがあると実施機関が認めるとき。

長崎県　(収集の制限)
第七条　実施機関は、個人情報を収集するときは、あらかじめ個人情報取扱事務の目的を明確にし、当該目的を達成するために必要な範囲内で、適法かつ公正な手段により行わなければならない。
2　実施機関は、個人情報を収集するときは、本人から収集しなければならない。ただし、次の各号のいずれかに該当するときは、この限りでない。
一　本人の同意があるとき。
二　法令若しくは条例 (以下「法令等」という。) の規定又は内閣総理大臣、各省大臣その他国の機関からの指示等 (法律又はこれに基づく政令の規定により従う義務のあるものをいう。以下「国の機関からの指示等」という。) に基づくとき。
三　出版、報道等によりすでに公にされているものから収集するとき。
四　個人の生命、身体又は財産の安全を確保するため、緊急かつやむを得ないと認められるとき。
五　他の実施機関から情報の提供を受けて収集するとき。
六　国、他の地方公共団体又は実施機関以外の県の機関からの収集が事務の執行上やむを得ず、かつ、当該収集によって本人の権利利益を不当に侵害するおそれがないと認められるとき。
七　前各号に掲げる場合のほか、審査会の意見を聴いた上で、本人以外からの収集について公益上の必要その他相当な理由があると実施機関が認めるとき。
3　実施機関は、思想、信条及び信教に関する情報並びに人種、民族、犯罪歴その他社会的差別の原因となるおそれのある情報は、収集してはならない。ただし、法令等の規定若しくは国の機関からの指示等に基づくとき又は審査会の意見を聴いた上で当該個人情報取扱事務の目的を達成するために必要があると実施機関が認めるときは、この限りでない。

熊本県　(収集の制限)
第七条　実施機関は、個人情報を収集するときは、あらかじめ個人情報取扱事務の目的を明確にし、当該目的を達成するために必要な範囲内で、適法かつ公正な手段により行わなければならない。
2　実施機関は、個人情報を収集するときは、本人から収集しなければならない。

ただし、個人情報の収集が次の各号のいずれかに該当するときは、この限りでない。
一　本人の同意があるとき。
二　法令又は条例（以下「法令等」という。）に定めがあるとき。
三　出版、報道等により公にされているものから収集するとき。
四　個人の生命、身体又は財産の保護のため、緊急かつやむを得ないと認められるとき。
五　他の実施機関から提供を受けるとき。
六　国、他の地方公共団体又は実施機関以外の県の機関から収集する場合において、本人以外のものから収集することが事務の執行上やむを得ず、かつ、当該収集をすることによって本人の権利利益を不当に侵害するおそれがないと認められるとき。
七　審議会の意見を聴いた上で、本人から収集することとしたのでは実施機関の個人情報取扱事務の目的の達成に支障が生じるおそれ又は実施機関の個人情報取扱事務の円滑な実施が困難となるおそれがあると実施機関が認めるとき。
3　実施機関は、思想、信条及び信教に関する個人情報並びに犯罪歴その他社会的差別の原因となるおそれのある個人情報を収集してはならない。ただし、法令等に定めがあるとき、又は審議会の意見を聴いた上で、当該個人情報取扱事務の目的を達成するために必要で欠くことができないと実施機関が認めるときは、この限りでない。

大分県（利用目的による制限）
第三条　実施機関は、個人情報の収集に当たっては、あらかじめ個人情報を利用する目的（以下「利用目的」という。）を明確にしなければならない。
2　実施機関は、個人情報の収集、利用、提供その他の個人情報の取扱いに当たっては、利用目的の達成に必要な範囲内で行わなければならない。
3　実施機関は、利用目的を変更するときは、変更前の利用目的と相当の関連性を有すると合理的に認められる範囲を超えて行ってはならない。

大分県（収集の制限）
第四条　実施機関は、法令又は他の条例（以下「法令等」という。）の規定に基づき収集するときを除き、思想、信条及び信教に関する個人情報並びに社会的差別の原因となるおそれのある個人情報を収集してばならない。ただし、大分県個人情報保護審議会（以下この章において「審議会」という。）の意見を聴いた上で、事務の適正な遂行に当該個人情報が必要かつ欠くことができないと実施機関が認めるときは、この限りでない。

大分県（適正な収集）
第五条　実施機関は、個人情報を収集するときは、適法かつ適正な方法により収集しなければならない。

大分県（本人からの収集）
第六条　実施機関は、個人情報を収集するときは、法令等の規定に基づき収集するときを除き、本人から収集しなければならない。ただし、次の各号のいずれ

かに該当するときは、この限りでない。
一　本人の同意に基づき収集するとき。
二　出版、報道等により公にされている情報から収集するとき。
三　個人の生命、身体又は財産を保護するため、緊急やむを得ないと認められるとき。
四　他の実施機関から提供を受けるとき。
五　前各号に掲げる場合のほか、審議会の意見を聴いた上で、利用目的を達成するため本人以外のものから収集することにつき相当の理由があると実施機関が認めるとき。

2　実施機関は、本人から直接、文書、図画又は電磁的記録に記録された当該本人の個人情報を収集するときは、あらかじめ、本人に対し、その利用目的を明らかにしなければならない、ただし、次の各号のいずれかに該当するときは、この限りでない。
一　個人の生命、身体又は財産を保護するため、緊急やむを得ないと認められるとき。
二　利用目的を明らかにすることにより個人の生命、身体、財産その他の権利利益を害するおそれがあるとき。
三　利用目的を明らかにすることにより個人情報を取り扱う事務の適正な遂行に支障を及ぼすおそれがあるとき。
四　収集の状況からみて利用目的が明らかであると認められるとき。
五　前各号に掲げる場合のほか、審議会の意見を聴いた上で、利用目的を明らかにしないことにつき相当の理由があると実施機関が認めるとき。

宮崎県（利用目的による制限）
第七条　実施機関は、個人情報を保有するに当たっては、その利用の目的をできる限り特定しなければならない。
2　実施機関は、前項の規定により特定された利用の目的（以下「利用目的」という。）の達成に必要な範囲を超えて、個人情報を保有してはならない。
3　実施機関は、利用目的を変更する場合には、変更前の利用目的と相当の関連性を有すると合理的に認められる範囲を超えて行ってはならない。

宮崎県（収集の制限）
第八条　実施機関は、個人情報を収集するときは、適法かつ適正な方法により取得しなければならない。
2　実施機関は、個人情報を収集するときは、法令又は他の条例（以下「法令等」という。）の規定に基づく場合を除き、本人から収集しなければならない。ただし、次の各号のいずれかに該当するときは、この限りでない。
一　本人の同意があるとき。
二　出版、報道等により公にされているとき。
三　人の生命、身体又は財産の保護のために緊急に必要があるとき。
四　他の実施機関から提供を受けるとき。
五　国、他の地方公共団体又は実施機関以外の県の機関から収集する場合において、事務の遂行上やむを得ず、かつ、個人の権利利益を不当に侵害するお

それがないと認められるとき。
　六　前各号に掲げる場合のほか、宮崎県個人情報保護審査会(以下この章において「審査会」という。)の意見を聴いた上で、本人以外のものから収集することに相当の理由があると実施機関が認めるとき。
3　実施機関は、本人から直接書面(電磁的記録を含む。)に記録された当該本人の個人情報を収集するときは、あらかじめ、本人に対し、その利用目的を明示しなければならない。ただし、次の各号のいずれかに該当するときは、この限りでない。
　一　人の生命、身体又は財産の保護のために緊急に必要があるとき。
　二　利用目的を本人に明示することにより、個人の生命、身体、財産その他の権利利益を改正する害するおそれがあるとき。
　三　利用目的を本人に明示することにより、個人情報を取り扱う事務の適正な遂行に支障を及ぼすおそれがあるとき。
　四　収集の状況からみて利用目的が明らかであると認められるとき。
4　実施機関は、思想、信条及び信教に関する個人情報並びに社会的差別の原因となるおそれのある個人情報を収集してはならない。ただし、法令の規定に基づくとき、又は審査会の意見を聴いた上で、個人情報を取り扱う事務の目的を達成するために必要があると実施機関が認めるときは、この限りでない。

鹿児島県　(個人情報の保有の制限等)
第三条　実施機関は、個人情報を保有するに当たっては、その所掌する事務を遂行するため必要な場合に限り、かつ、その利用の目的をできる限り特定しなければならない。
2　実施機関は、前項の規定により特定された利用の目的(以下「利用目的」という。)の達成に必要な範囲を超えて、個人情報を保有してはならない。
3　実施機関は、利用目的を変更する場合には、変更前の利用目的と相当の関連性を有すると合理的に認められる範囲を超えて行ってはならない。

鹿児島県　(利用目的の明示)
第四条　実施機関は、本人から直接書面(電子的方式、磁気的方式その他人の知覚によっては認識することができない方式で作られる記録(第二十二条第一項及び第二十五条第二項において「電磁的記録」という。)を含む。)に記録された当該本人の個人情報を取得するときは、次に掲げる場合を除き、あらかじめ、本人に対し、その利用目的を明示しなければならない。
　一　人の生命、身体又は財産の保護のために緊急に必要があるとき。
　二　利用目的を本人に明示することにより、本人又は第三者の生命、身体、財産その他の権利利益を害するおそれがあるとき。
　三　利用目的を本人に明示することにより、県の機関、国の機関、独立行政法人等(独立行政法人等の保有する情報の公開に関する法律(平成十三年法律第百四十号)第二条第一項に規定する独立行政法人等をいう。以下同じ。)又は他の地方公共団体が行う事務又は事業の適正な遂行に支障を及ぼすおそれがあるとき。
　四　取得の状況からみて利用目的が明らかであると認められるとき。

沖縄県　（収集の制限）

第八条　実施機関は、個人情報を収集するときは、あらかじめ、個人情報取扱事務の目的を明確にし、その目的を達成するために必要な範囲内で、適法かつ公正な手段により収集しなければならない。

2　実施機関は、思想、信条及び宗教に関する個人情報並びに社会的差別の原因となるおそれのある個人情報を収集してはならない。ただし、法令若しくは条例（以下「法令等」という。）に基づいて収集するとき、又は沖縄県個人情報保護審査会の意見を聴いた上で、個人情報取扱事務の目的を達成するために収集する必要があると実施機関が認めるときは、この限りでない。

3　実施機関は、個人情報を収集するときは、本人から収集しなければならない。ただし、次の各号のいずれかに該当するときは、この限りでない。

一　法令等に基づくとき。
二　本人の同意があるとき。
三　出版、報道等により公にされているとき。
四　他の実施機関から次条第一項各号のいずれかに該当する提供を受けるとき。
五　人の生命、身体又は財産の安全を守るため、緊急かつやむを得ないと認められるとき。
六　国若しくは他の地方公共団体又は実施機関以外の県の機関から収集することが事務の執行上やむを得ないと認められるとき。
七　前各号に掲げる場合のほか、沖縄県個人情報保護審査会の意見を聴いた上で、本人から収集することにより、個人情報取扱事務の目的の達成に支障が生じ、又は円滑な実施を困難にするおそれがあると実施機関が認めるとき。

4　実施機関は、前項第五号から第七号までの規定に該当して本人以外の者から個人情報を収集したときは、その旨及び当該個人情報の収集目的を本人に通知しなければならない。ただし、沖縄県個人情報保護審査会の意見を聴いた上で、適当と認めたときは、この限りでない。

7 利用及び提供の制限

(1) 利用及び提供の制限一般

北海道（利用及び提供の制限）
第八条 実施機関は、個人情報事務取扱の目的以外に個人情報を当該実施機関内において利用し、又は当該実施機関以外のものへ提供してはならない。ただし、次の各号のいずれかに該当するときは、この限りでない。
一 法令等の規定に基づくとき。
二 本人の同意があるとき。
三 個人の生命、身体又は財産の安全を守るため緊急かつやむを得ないと認められるとき。
四 前三号に掲げる場合のほか、北海道個人情報保護審査会の意見を聴いた上で、公益上の必要その他相当の理由があると実施機関が認めるとき。
2 実施機関は、前項ただし書の規定により個人情報を当該実施機関内において利用し、又は当該実施機関以外のものへ提供するときは、本人及び第三者の権利利益を不当に侵害することのないようにしなければならない。

青森県（利用及び提供の制限）
第八条 実施機関は、個人情報取扱事務の目的以外の目的のために、当該個人情報取扱事務に係る個人情報を当該実施機関内において利用し、又は当該実施機関以外のものへ提供してはならない。ただし、次に掲げる場合は、この限りでない。
一 法令等の規定に基づき、利用し、又は提供するとき。
二 本人の同意を得て、利用し、又は提供するとき。
三 人の生命、身体又は財産の安全を守るため緊急かつやむを得ないと認められるとき。
四 前三号に掲げる場合のほか、公益上の必要その他相当の理由があると認められるとき。
2 実施機関は、実施機関以外のものに個人情報を提供する場合において、個人の権利利益の保護のため必要があると認めるときは、当該個人情報の提供を受けるものに対し、当該個人情報について使用目的若しくは使用方法の制限その他必要な制限を付し、又は当該個人情報の漏えい、滅失及びき損の防止その他の当該個人情報の適切な取扱いのために必要な措置を講ずることを求めなければならない。

岩手県（利用及び提供の制限）
第五条 実施機関は、個人情報を取り扱う目的以外の目的のために、個人情報を当該実施機関内部において利用し、又は当該実施機関以外のものに提供してはならない。ただし、次の各号のいずれかに該当するときは、この限りでない。
一 本人の同意があるとき、又は本人に提供するとき。
二 法令等の規定に基づくとき。

7 利用及び提供の制限

三　出版、報道等により公にされている場合において、個人の権利利益を不当に侵害するおそれがないと認められるとき。
四　個人の生命、身体又は財産を保護するため、緊急かつやむを得ないと認められるとき。
五　実施機関の内部で利用し、又は他の実施機関に提供する場合で、事務の執行上やむを得ず、かつ、個人の権利利益を不当に侵害するおそれがないと認められるとき。
六　前各号に掲げる場合のほか、審議会の意見を聴いた上で、公益上の必要その他相当の理由があると実施機関が認めるとき。

2　実施機関は、実施機関以外のものに個人情報を提供する場合において、個人の権利利益の保護のため必要があると認められるときは、当該個人情報の提供を受けるものに対し、当該個人情報について使用目的若しくは使用方法の制限その他の必要な制限を付し、又はその適切な取扱いのために必要な措置を講ずることを求めなければならない。

宮城県　（利用及び提供の制限）
第九条　実施機関は、個人情報を取り扱う目的以外の目的で個人情報を利用し、又は提供してはならない。ただし、次の各号のいずれかに該当するときは、この限りでない。
一　本人の同意があるとき、又は本人に提供するとき。
二　法令に定めのあるとき。
三　個人の生命、身体又は財産の安全を確保するため、緊急かつやむを得ないと認められるとき。
四　出版、報道等により公にされているとき。
五　専ら学術研究等の目的のために利用し、又は提供する場合で、本人の権利利益を不当に侵害するおそれがないと認められるとき。
六　同一実施機関内で利用する場合又は他の実施機関、実施機関以外の県の機関、国若しくは他の地方公共団体に提供する場合で、事務に必要な限度で使用し、かつ、使用することに相当な理由があると認められるとき。
七　前各号に掲げる場合のほか、審査会の意見を聴いた上で、個人情報を使用することに相当な理由があると実施機関が認めるとき。

秋田県　（利用及び提供の制限）
第九条　実施機関は、個人情報を取り扱う事務の目的以外の目的のために個人情報を当該実施機関内において利用し、又は当該実施機関以外のものに提供してはならない。ただし、次の各号のいずれかに該当するときは、この限りでない。
一　本人の同意があるとき、又は本人に提供するとき。
二　法令又は条例の規定に基づくとき。
三　個人の生命、身体又は財産を保護するため、緊急かつやむを得ないと認められるとき。
四　出版、報道その他これらに類する行為により公にされているとき。
五　同一の実施機関内で利用する場合又は他の実施機関、実施機関以外の県の機関、国、独立行政法人等、他の地方公共団体に提供する場合で、事務の遂

行上必要な限度において使用し、かつ、使用することに相当の理由があると認められるとき。
　六　前各号に掲げる場合のほか、審査会の意見を聴いた上で、公益上の必要その他相当の理由があると実施機関が認めるとき。
２　実施機関は、前項ただし書の規定により個人情報を利用し、又は提供するときは、個人の権利利益を不当に侵害することのないようにしなければならない。

山形県（利用及び提供の制限）
第六条　実施機関は、個人情報を取り扱う事務の目的以外の目的のために、個人情報を当該実施機関の内部において利用し、又は当該実施機関以外のものに提供してはならない。ただし、次の各号のいずれかに該当するときは、この限りでない。
　一　本人の同意があるとき、又は本人に提供するとき。
　二　法令等の規定又は国の機関の指示に基づくとき。
　三　当該個人情報が本人により公にされているとき。
　四　個人の生命、身体、健康、財産又は生活を保護するため、緊急かつやむを得ないと認められるとき。
　五　専ら学術研究又は統計の作成のために利用し、又は提供する場合で、本人の権利利益を不当に侵害するおそれかないと認められるとき。
　六　国及び地方公共団体が利用する場合で、事務に必要な限度で利用し、かつ、利用することに相当の理由があると認められるとき。
　七　前各号に掲げる場合のほか、山形県個人情報保護運営審議会の意見を聴いた上で、個人情報を利用し、又は提供することに公益上の必要その他相当の理由があると実施機関が認めるとき。
２　実施機関は、実施機関以外のものに個人情報を提供する場合において、必要があると認めるときは、提供を受けるものに対し、当該個人情報の利用目的若しくは利用方法の制限その他必要な制限を付し、又はその適正な取扱いについて必要な措置を講ずることを求めなければならない。

福島県（利用及び提供の制限）
第七条　実施機関は、個人情報を取り扱う事務の目的以外の目的のために個人情報を当該実施機関の内部において利用し、又は当該実施機関以外のものに提供してはならない。ただし、次の各号のいずれかに該当するときは、この限りでない。
　一　法令等の規定に基づくとき。
　二　本人の同意があるとき。
　三　個人の生命、身体又は財産の安全を守るため、緊急かつやむを得ないと認められるとき。
　四　出版、報道等により公にされている場合において、本人の権利利益を不当に侵害するおそれがないと認められるとき。
　五　同一実施機関内で利用し、又は国、他の地方公共団体若しくは県の他の機関に提供することに相当の理由がある場合において、本人の権利利益を不当に侵害するおそれがないと認められるとき。

7 利用及び提供の制限

六　個人情報を提供することに公益上の必要その他特別の理由がある場合において、本人の権利利益を不当に侵害するおそれがないと認められるとき。

茨城県（利用及び提供の制限）

第十条　実施機関は、保有する個人情報を、保有事務の目的以外の目的のために当該実施機関の内部において利用し、又は当該実施機関以外の者に提供してはならない。

2　前項の規定にかかわらず、実施機関は、次の各号のいずれかに該当すると認めるときは、保有事務の目的以外の目的のために個人情報を利用し、又は提供することができる。ただし、個人情報を保有事務の目的以外の目的のために利用し、又は提供することによって、当該個人情報の本人又は第三者の権利利益を不当に侵害するおそれがあると認められるときは、この限りでない。

一　本人の同意に基づき利用し、若しくは提供するとき又は本人に提供するとき。

二　法令又は条例の規定に基づき利用し、又は提供するとき。

三　実施機関が所掌事務の遂行に必要な限度で個人情報を内部で利用する場合であって、当該個人情報を利用することについて相当な理由のあるとき。

四　他の実施機関に提供する場合において、提供を受ける機関が所掌事務の遂行に必要な限度で当該個人情報を使用し、かつ、当該個人情報を使用することについて相当の理由のあるとき。

五　国等に提供する場合において、提供を受ける者が所掌事務の遂行に必要な限度で当該個人情報を使用し、かつ、当該個人情報を使用することについて相当な理由のあるとき。

六　前各号に掲げる場合のほか、専ら統計の作成又は学術研究の目的のために個人情報を提供するとき、個人情報を本人以外の者に提供することが明らかに本人の利益になるときその他個人情報を提供することについて特別の理由があるとき。

栃木県（利用及び提供の制限）

第七条　実施機関は、個人情報を取り扱う事務の目的以外の目的のために、個人情報を当該実施機関内において利用し、又は当該実施機関以外のものに提供してはならない。ただし、次の各号のいずれかに該当するときは、この限りでない。

一　法令等の規定に基づくとき。

二　本人の同意があるとき。

三　出版、報道等により公にされているとき。

四　個人の生命、身体又は財産を保護するため、緊急かつやむを得ないと認められるとき。

五　専ら学術研究又は統計の作成のために利用し、又は提供する場合で、個人の権利利益を不当に侵害するおそれがないと認められるとき。

六　実施機関内で利用する場合又は他の実施機関、実施機関以外の県の機関、国若しくは他の地方公共団体に提供する場合で、事務に必要な限度で使用し、かつ、使用することについて相当の理由があると認められるとき。

七　前各号に掲げる場合のほか、審議会の意見を聴いた上で、公益上の必要その他相当の理由があると実施機関が認めるとき。

群馬県（利用及び提供の制限）
第八条　実施機関は、個人情報取扱事務の目的以外の目的のために個人情報を当該実施機関の内部において利用し、又は当該実施機関以外のものに提供してはならない。ただし、次の各号のいずれかに該当するときは、この限りでない。
一　本人の同意があるとき、又は本人に提供するとき。
二　法令等に定めがあるとき。
三　出版、報道等により公にされているとき。
四　個人の生命、身体又は財産を保護するため、緊急かつやむを得ないと認められるとき。
五　同一実施機関内で利用する場合又は他の実施機関に提供する場合で、これらの実施機関の所掌事務の遂行に必要なものであり、かつ、本人又は第三者の権利利益を不当に侵害するおそれがないと認められるとき。
六　その他群馬県個人情報保護審議会の意見を聴いた上で、公益上の必要その他相当の理由があると実施機関が認めるとき。

埼玉県（利用及び提供の制限）
第八条　実施機関は、個人情報事務取扱の目的以外の目的のために個人情報を当該実施機関の内部において利用し、又は当該実施機関以外のものに提供してはならない。ただし、次の各号のいずれかに該当するときは、この限りでない。
一　本人の同意があるとき。
二　法令等に定めがあるとき。
三　個人の生命、身体又は財産の安全を守るため緊急かつやむを得ないと認められるとき。
四　専ら学術研究又は統計の作成のために利用し、又は提供する場合で、本人の権利利益を不当に侵害するおそれがないと認められるとき。
五　実施機関の内部において利用する場合又は国、他の地方公共団体若しくは当該実施機関以外の県の機関（第十三条第一項第七号において「国等」という。）に提供する場合で、当該実施機関又は提供を受けるものの所掌事務の遂行に必要であって、本人の権利利益を不当に侵害するおそれがないと認められるとき。
六　その他個人情報を利用し、又は提供することに特別な理由がある場合で、本人の権利利益を不当に侵害するおそれがないと認められるとき。

千葉県（利用及び提供の制限）
第十条　実施機関は、個人情報を取り扱う事務の目的以外の目的のために個人情報を当該実施機関の内部において利用し、又は当該実施機関以外のものに提供してはならない。ただし、次の各号のいずれかに該当するときは、この限りでない。
一　法令等に基づいて利用し、又は提供するとき。
二　本人の同意に基づいて利用し、若しくは提供するとき、又は本人に提供するとき。

三　出版、報道等により公にされているものを利用し、又は提供するとき。
四　個人の生命、身体又は財産の安全を守るため、緊急かつやむを得ないと認められる場合において、利用し、又は提供するとき。
五　審議会の意見を聴いた上で、公益上の必要その他相当の理由があると認めて利用し、又は提供するとき。

東京都　（個人情報の利用及び提供の制限）
第十条　実施機関は、個人情報を取り扱う事務の目的を超えた個人情報の当該実施機関内における利用及び当該実施機関以外のものへの提供（以下「目的外利用・提供」という。）をしてはならない。
2　前項の規定にかかわらず、実施機関は、次の各号のいずれかに該当する場合は、目的外利用・提供をすることができる。
一　本人の同意があるとき。
二　法令等に定めがあるとき。
三　出版、報道等により公にされているとき。
四　個人の生命、身体又は財産の安全を守るため、緊急かつやむを得ないと認められるとき。
五　専ら学術研究又は統計の作成のために利用し、又は提供する場合で、本人の権利利益を不当に侵害するおそれがないと認められるとき。
六　同一実施機関内で利用する場合又は国、地方公共団体若しくは他の実施機関等に利用する場合で、事務に必要な限度で使用し、かつ、使用することに相当な理由があると認められるとき。
3　実施機関は、目的外利用・提供をするときは、本人及び第三者の権利利益を不当に侵害することがないようにしなければならない。

神奈川県　（利用及び提供の制限）
第九条　実施機関は、個人情報を収集したときの取扱目的以外の目的に当該個人情報を利用し、又は提供してはならない。ただし、次の各号のいずれかに該当するときは、この限りでない。
一　法令の規定に基づき利用し、又は提供するとき。
二　本人の同意に基づき利用し、若しくは提供するとき、又は本人に提供するとき。
三　個人の生命、身体又は財産の安全を守るため緊急かつやむを得ない必要があると認めて利用し、又は提供するとき。
四　前三号に掲げる場合のほか、審議会の意見を聴いた上で必要があると認めて利用し、又は提供するとき。
2　実施機関は、前項第三号又は第四号の規定に該当して個人情報を利用し、又は提供したときは、その旨及び目的を本人に通知しなければならない。ただし、審議会の意見を聴いた上で適当と認めたときは、この限りでない。

山梨県　（個人情報の利用及び提供の制限）
第七条　実施機関は、個人情報を取り扱う事務の目的以外の目的のために個人情報を当該実施機関の内部において利用し、又は当該実施機関以外のものへ提供してはならない。ただし、次の各号のいずれかに該当するときは、この限りで

ない。
一　法令の規定に基づくとき。
二　本人の同意があるとき。
三　個人の生命、身体又は財産の安全を守るため、緊急かつやむを得ないと認められるとき。
四　審議会の意見を聴いた上で、公益上の必要その他相当な理由があると実施機関が認めたとき。

長野県（利用及び提供の制限）
第八条　実施機関は、記録情報の保有目的以外の目的のために記録情報を実施機関の内部において利用し、又は実施機関以外のものに提供してはならない。
2　前項の規定にかかわらず、実施機関は、次の各号のいずれかに該当するときは、記録情報の保有目的以外の目的のために記録情報を利用し、又は提供することができる。ただし、第二号から第四号までのいずれかに該当する場合において、記録情報が記録情報の本人又は第三者の権利利益を不当に侵害するおそれがあるときは、この限りでない。
一　法令等の定めるところにより、記録情報を提供しなければならないとき。
二　記録情報の本人に記録情報を提供するとき又は記録情報の本人の同意を得たとき。
三　実施機関、実施機関以外の県の機関、国又は他の地方公共団体が記録情報を使用する場合において、記録情報を使用するものが所掌事務の遂行に必要な範囲内で使用し、かつ、当該記録情報を使用することについて相当な理由があるとき。
四　前三号に掲げる場合のほか、専ら統計の作成又は学術研究の目的のために記録情報を提供するとき、個人の生命、身体、財産の安全を守るために緊急かつやむを得ないときその他記録情報を提供することについて特別な理由があるとき。
3　実施機関は、記録情報を提供する場合において、必要があると認めるときは、提供を受けるものに対し、当該記録情報の使用目的、使用方法その他必要な制限を付し、又は適切な管理のために必要な措置を講ずるよう求めるものとする。
4　実施機関は、公益上必要があり、かつ、記録情報について必要な保護措置が講じられていなければ、通信回線による電子計算組織の結合により記録情報を提供してはならない。

新潟県（利用及び提供の制限）
第九条　実施機関は、個人情報取扱事務の目的以外の目的のために個人情報を当該実施機関内において利用し、又は当該実施機関以外のものに提供してはならない。ただし、当該個人情報の利用又は提供が次の各号のいずれかに該当するときは、この限りでない。
一　法令等の規定又は主務大臣等の指示に基づくとき。
二　本人の同意があるとき、又は本人に提供するとき。
三　個人の生命、身体又は財産の安全を守るため、緊急かつやむを得ない必要があると認められるとき。

四　同一実施機関内で当該個人情報を利用する場合又は他の実施機関、実施機関以外の県の機関、国若しくは他の地方公共団体に当該個人情報を提供する場合において、当該同一実施機関内で当該個人情報を利用する実施機関又は当該個人情報の提供を受けるものが、当該個人情報を事務に必要な限度で使用し、かつ、使用することについて相当の理由があると認められるとき。
五　前各号に掲げる場合のほか、審査会の意見を聴いた上で、公益上の必要その他相当の理由があると実施機関が認めるとき。
2　実施機関は、前項ただし書の規定により個人情報を利用し、又は提供するときは、個人の権利利益を不当に侵害することのないようにしなければならない。

富山県（利用及び提供の制限）
第九条　実施機関は、法令等の規定又は国の機関からの法令による指示に基づく場合を除き、利用目的以外の目的のために保有個人情報を自ら利用し、又は提供してはならない。
2　前項の規定にかかわらず、実施機関は、次の各号のいずれかに該当すると認めるときは、利用目的以外の目的のために保有個人情報を自ら利用し、又は提供することができる。ただし、保有個人情報を利用目的以外の目的のために自ら利用し、又は提供することによって、本人又は第三者の権利利益を不当に侵害するおそれがあると認められるときは、この限りでない。
一　本人の同意があるとき、又は本人に提供するとき。
二　実施機関が所掌する事務の遂行に必要な限度で保有個人情報を内部で利用する場合であって、当該保有個人情報を利用することについて相当な理由のあるとき。
三　他の実施機関、実施機関以外の県の機関、国、独立行政法人等又は他の地方公共団体に保有個人情報を提供する場合において、保有個人情報の提供を受ける者が、所掌する事務又は事業の遂行に必要な限度で提供に係る個人情報を利用し、かつ、当該個人情報を利用することについて相当な理由のあるとき。
四　専ら統計の作成又は学術研究の目的のために保有個人情報を提供するとき。
五　前各号に掲げる場合のほか、公益上の必要その他相当な理由があるものとして規則で定める場合
3　前項の規定は、保有個人情報の利用又は提供を制限する法令等の規定の適用を妨げるものではない。
4　知事は、第二項第五号の規則の制定又は改廃をしようとするときは、あらかじめ、富山県個人情報保護審議会の意見を聴かなければならない。

石川県（利用及び提供の制限）
第六条　実施機関は、個人情報取扱事務の目的以外の目的のために保有個人情報を当該実施機関内において利用し、又は当該実施機関以外の者に提供してはならない。ただし、次の各号のいずれかに該当するときは、この限りでない。
一　法令等の規定に基づくとき。
二　本人の同意があるとき、又は本人に提供するとき。
三　人の生命、身体又は財産の保護のために緊急に必要があるとき。

四　出版、報道等により公にされているとき。
五　専ら統計の作成又は学術研究の目的のために利用し、又は提供するとき。
六　同一の実施機関内で利用する場合又は他の実施機関に提供する場合で、利用し、又は提供を受ける実施機関において事務の遂行上必要な限度で利用し、かつ、利用することに相当の理由があるとき。
七　前各号に掲げる場合のほか、審査会の意見を聴いた上で、公益上の必要その他相当の理由があると実施機関が認めるとき。
2　実施機関は、前項ただし書の規定により保有個人情報を利用し、又は提供するときは、個人の権利利益を不当に侵害することのないようにしなければならない。

福井県（利用および提供の制限）
第八条　実施機関は、個人情報を取り扱う事務の目的以外の目的のために個人情報を当該実施機関において利用し、または当該実施機関以外のものに提供してはならない。ただし、次の各号のいずれかに該当するときは、この限りでない。
一　本人の同意があるとき、または本人に提供するとき。
二　法令等の規定に基づくとき。
三　個人の生命、身体または財産を保護するため、緊急かつやむを得ないと認められるとき。
四　出版、報道その他これらに類する行為により公にされているとき。
五　同一の実施機関内で利用する場合または他の実施機関に提供する場合で、事務の遂行上必要な限度において使用し、かつ、使用することに正当な理由があると認められるとき。
六　前各号に掲げる場合のほか、審査会の意見を聴いた上で、公益上の必要その他正当な理由があると実施機関が認めるとき。
2　実施機関は、前項ただし書の規定により個人情報を利用し、または提供するときは、個人の権利利益を不当に侵害することのないようにしなければならない。
3　実施機関は、実施機関以外のものに個人情報を提供する場合において、必要があると認めるときは、提供を受けるものに対して、当該個人情報の使用目的もしくは使用方法の制限その他必要な制限を付し、または個人情報の保護のために必要な措置を講ずることを求めなければならない。

岐阜県（利用及び提供の制限）
第七条　実施機関は、個人情報取扱事務の目的以外の目的のために、個人情報を当該実施機関の内部において利用し、又は当該実施機関以外のものに提供してはならない。ただし、次の各号のいずれかに該当するときは、この限りでない。
一　本人の同意があるとき、又は本人に提供するとき。
二　法令等に定めのあるとき。
三　個人の生命、身体又は財産の保護のため緊急かつやむを得ないと認められるとき。
四　出版、報道等により公にされているとき。
五　岐阜県個人情報保護審査会の意見に基づいて、公益上の必要その他相当な

理由があるとして実施機関が定めるとき。
2 実施機関は、前項ただし書の規定により個人情報を利用し、又は提供するときは、個人の権利利益を不当に侵害してはならない。
　静岡県（利用及び提供の制限）
第十一条　実施機関は、法令等に基づく場合を除き、利用目的以外の目的のために保有個人情報を自ら利用し、又は提供してはならない。
2 前項の規定にかかわらず、実施機関は、次の各号のいずれかに該当すると認めるときは、利用目的以外の目的のために保有個人情報を自ら利用し、又は提供することができる。ただし、保有個人情報を利用目的以外の目的のために自ら利用し、又は提供することによって、本人又は第三者の権利利益を不当に侵害するおそれがあると認められるときは、この限りでない。
　一　本人の同意があるとき、又は本人に提供するとき。
　二　実施機関がその権限に属する事務の遂行に必要な限度で保有個人情報を内部で利用する場合であって、当該保有個人情報を利用することについて相当の理由があるとき。
　三　県の機関（当該実施機関を除く。）、国又は他の地方公共団体に保有個人情報を提供する場合において、保有個人情報の提供を受ける者が、その権限に属する事務の遂行に必要な限度で提供に係る個人情報を利用し、かつ、当該個人情報を利用することについて相当の理由があるとき。
　四　前三号に掲げる場合のほか、専ら統計の作成又は学術研究の目的のために保有個人情報を提供するとき、本人以外の者に提供することが明らかに本人の利益になるとき、その他保有個人情報を提供することについて特別の理由があるとき。
3 実施機関は、個人の権利利益を保護するため特に必要があると認めるときは、保有個人情報の利用目的以外の目的のための当該実施機関の内部における利用を特定の部局又は機関に限るものとする。
　愛知県（個人情報の利用及び提供の制限）
第八条　実施機関は、個人情報を取り扱う事務の目的以外の目的のために個人情報を利用し、又は提供してはならない。ただし、次の各号のいずれかに該当するときは、この限りでない。
　一　法令又は条例の規定に基づくとき。
　二　本人の同意があるとき、又は本人に提供するとき。
　三　出版等により公にされているとき。
　四　個人の生命、身体又は財産を保護するため、緊急かつやむを得ないと認められるとき。
　五　審議会の意見を聴いた上で、公益上の必要その他相当な理由があると実施機関が認めたとき。
2 実施機関は、前項ただし書の規定により個人情報を利用し、又は提供するときは、個人の権利利益を不当に侵害することのないようにしなければならない。
　三重県（利用及び提供の制限）
第八条　実施機関は、個人情報取扱事務の目的以外の目的のために、個人情報を

当該実施機関の内部で利用し、又は当該実施機関以外のものに提供してはならない。ただし、次の各号のいずれかに該当するときは、この限りでない。
一　本人の同意に基づき利用し、若しくは提供するとき、又は本人に提供するとき。
二　法令等の規定に基づき利用し、又は提供するとき。
三　出版、報道等により公にされたものを利用し、又は提供するとき。
四　個人の生命、身体又は財産の保護のため、緊急かつやむを得ないと認めて利用し、又は提供するとき。
五　実施機関の内部で利用し、又は他の実施機関に提供する場合で、事務に必要な限度で使用し、かつ、使用することに相当の理由があると認められるとき。
六　前各号に掲げる場合のほか、審査会の意見を聴いた上で、公益上の必要その他相当の理由があると実施機関が認めて利用し、又は提供するとき。
2　実施機関は、前項ただし書の規定により、個人情報を利用し、又は提供するときは、個人の権利利益を不当に侵害してはならない。

滋賀県（利用及び提供の制限）
第六条　実施機関は、個人情報を取り扱う事務の目的以外の目的のために個人情報を当該実施機関内において利用し、または当該実施機関以外のものへ提供してはならない。ただし、次の各号のいずれかに該当するときは、この限りでない。
一　本人の同意があるとき。
二　法令等に基づいて利用し、または提供するとき。
三　個人の生命、身体または財産の安全を守るため緊急かつやむを得ないと認められるとき。
四　専ら統計の作成または学術研究の目的のために利用し、または提供する場合で、個人の権利利益を不当に侵害するおそれがないと認められるとき。
五　同一実施機関内で利用する場合または国の機関、他の地方公共団体の機関もしくは当該実施機関以外の県の機関に提供する場合で、事務に必要な限度で使用し、かつ、使用することに相当な理由があると認められるとき。
六　前各号に掲げる場合のほか、提供先の事務の遂行に必要な特別の理由があり、個人の権利利益を不当に侵害するおそれがないと認められるとき。

京都府（利用及び提供の制限）
第五条　実施機関は、収集目的以外の目的のために個人情報を利用し、又は提供してはならない。ただし、次の各号のいずれかに該当するときは、この限りでない。
一　法令等に基づくとき。
二　本人の同意があるとき又は本人に提供するとき。
三　個人の生命、身体又は財産の保護のため緊急かつやむを得ないと認められるとき。
四　実施機関内部で利用し、又は他の実施機関に提供する場合で、個人情報を利用し、又は提供することが事務の執行上やむを得ず、かつ、当該利用又は提

供によって本人又は第三者の権利利益を不当に侵害するおそれがないと認められるとき。
　五　前各号に掲げる場合のほか、個人情報を利用し、又は提供することに相当の理由があり、かつ、当該利用又は提供によって本人又は第三者の権利利益を不当に侵害するおそれがないと認められるとき。
２　実施機関は、前項第五号に規定する場合において、個人情報を利用し、又は提供するときは、あらかじめ、審議会の意見を聴かなければならない。

大阪府（利用及び提供の制限）
第八条　実施機関は、個人情報取扱事務の目的以外に個人情報を、当該実施機関内において利用し、又は当該実施機関以外のものに提供してはならない。ただし、次の各号のいずれかに該当するときは、この限りでない。
　一　本人の同意があるとき又は本人に提供するとき。
　二　法令又は条例の規定に基づくとき。
　三　出版、報道等により公にされているものを利用し、又は提供することが正当であると認められるとき。
　四　個人の生命、身体又は財産の保護のため、緊急かつやむを得ないと認められるとき。
　五　同一実施機関内で利用し、又は他の実施機関に提供する場合で、個人情報を利用し、又は提供することが当該実施機関の所掌事務の遂行に必要かつ不可欠のものであり、かつ、当該利用又は提供によって本人又は第三者の権利利益を不当に侵害するおそれがないと認められるとき。
　六　専ら統計の作成又は学術研究の目的のために利用し、又は提供する場合で、本人又は第三者の権利利益を不当に侵害するおそれがないと認められるとき。
　七　前各号に掲げる場合のほか、審議会の意見を聴いた上で、公益上の必要その他相当の理由があると実施機関が認めるとき。
２　実施機関は、実施機関以外のものに個人情報を提供する場合において、必要があると認めるときは、提供を受けるものに対して、当該個人情報の使用目的若しくは使用方法の制限その他の必要な制限を付し、又はその適切な取扱いについて必要な措置を講ずることを求めなければならない。
３　実施機関は、審議会の意見を聴いた上で、公益上の必要があり、かつ、個人の権利利益を侵害するおそれがないと当該実施機関が認める場合を除き、実施機関以外のものに対して、通信回線により結合された電子計算機（実施機関の保有する個人情報を実施機関以外のものが随時入手し得る状態にするものに限る。）を用いて個人情報の提供をしてはならない。

兵庫県（利用及び提供の制限）
第七条　実施機関は、個人情報の収集の目的以外の目的のために、個人情報を当該実施機関の内部において利用し、又は当該実施機関以外のものに提供してはならない。ただし、次の各号のいずれかに該当するときは、この限りでない。
　一　本人の同意があるとき、又は本人に提供するとき。
　二　法令等に定めがあるとき。
　三　個人の生命、身体又は財産の保護のため緊急かつやむを得ないと認められ

四　審議会の意見を聴いて、公益上の必要その他相当の理由があると実施機関
　　　が認めるとき。
　奈良県（個人情報の利用及び提供の制限）
第六条　実施機関は、個人情報の収集の目的以外の目的のために、個人情報を利
　用し、又は提供してはならない。ただし、次の各号のいずれかに該当するとき
　は、この限りでない。
　　一　法令等の規定に基づき利用し、又は提供するとき。
　　二　個人情報の本人の同意を得て利用し、若しくは提供し、又は個人情報の本
　　　人に提供するとき。
　　三　出版、報道等により公にされている情報を利用し、又は提供するとき。
　　四　個人の生命、身体又は財産を保護するため、緊急やむを得ないと認められ
　　　るとき。
　　五　当該実施機関内で利用する場合又は国、他の地方公共団体若しくは当該実
　　　施機関以外の県の機関に提供する場合において、事務に必要な限度で個人情
　　　報を使用し、かつ、当該個人情報を使用することについて相当な理由がある
　　　と認められるとき。
　　六　前各号に掲げる場合のほか、公益上の必要その他相当な理由があると実施
　　　機関が認めるとき。
2　実施磯関は、前項ただし書に規定する場合において、個人情報を利用し、又
　は提供するときは、個人の権利利益を不当に侵害することのないようにしなけ
　ればならない。
3　実施機関は、個人情報を実施機関以外のものに提供する場合において必要が
　あると認めるときは、提供を受けるものに対し、当該個人情報の使用目的若し
　くは使用方法の制限その他の必要な制限を付し、又はその適正な取扱いについ
　て必要な措置を講ずることを求めなければならない。
4　実施機関は、通信回線を用いた電子計算機その他の情報機器の結合（実施機
　関の保有する個人情報を実施機関以外のものが随時入手し得る状態とするもの
　に限る。）により、個人情報を実施機関以外のものに提供してはならない。ただ
　し、次の各号のいずれかに該当するときは、この限りでない。
　　一　法令等の規定に基づき提供するとき。
　　二　公益上の必要があり、かつ、個人情報について必要な保護措置が講じられ
　　　ていると実施機関が認めるとき。
5　実施機関は、第一項第六号又は前項第二号の場合において個人情報を利用し、
　又は提供するときは、あらかじめ、奈良県個人情報保護審議会の意見を聴かな
　ければならない。
　和歌山県（利用及び提供の制限）
第十二条　実施機関は、個人情報取扱事務の目的以外の目的のために保有個人情
　報を当該実施機関の内部で利用し、又は当該実施機関以外のものに提供しては
　ならない。ただし、次の各号のいずれかに該当するときは、この限りでない。
　　一　法令等の規定に基づくとき。

二　本人の同意があるとき、又は本人に提供するとき。
三　出版、報道等により公にされているとき。
四　人の生命、身体又は財産の保護のため、緊急かつやむを得ないと認められるとき。
五　前各号に掲げる場合のほか、和歌山県個人情報保護審議会の意見を聴いた上で、公益上の必要その他相当の理由があると実施機関が認めるとき。

鳥取県　（利用及び提供の制限）
第八条　実施機関は、登録簿に登録された目的（第六条第三項各号に掲げる事務については、実施機関があらかじめ定める目的）以外の目的のために個人情報を実施機関において利用し、又は実施機関以外のものに提供してはならない。ただし、次の各号のいずれかに該当するときは、この限りでない。
一　本人の同意に基づいて利用し、若しくは提供するとき、又は本人に提供するとき。
二　法令の規定に基づいて利用し、又は提供するとき。
三　個人の生命、身体又は財産の安全を守るため、緊急かつやむを得ないと認められるとき。
四　実施機関において利用する場合又は他の実施機関に提供する場合であって、利用し、又は提供を受ける個人情報が当該実施機関の事務の執行に必要不可欠であると認められるとき。
五　前各号に掲げる場合のほか、提供することに公益上の必要その他相当な理由があると実施機関が認めるとき。
2　実施機関は、前項第五号の規定により個人情報を提供しようとするときは、あらかじめ鳥取県個人情報保護審議会の意見を聴かなければならない。
3　実施機関は、個人情報を実施機関以外のものに提供するときは、提供を受けるものに対し、当該個人情報の使用目的、使用方法等について必要な制限を付し、又は個人情報保護のために必要な措置を講ずるよう求めることができる。

島根県　（利用の制限）
第六条　実施機関は、個人情報取扱事務の目的以外の目的のために、個人情報を当該実施機関内において利用してはならない。ただし、次の各号のいずれかに該当するときは、この限りでない。
一　本人の同意があるとき。
二　法令等の規定に基づくとき。
三　個人の生命、身体又は財産を保護するため、緊急かつやむを得ないと認められるとき。
四　当該実施機関の事務を遂行する上で当該個人情報を使用することについて相当な理由があり、かつ、本人の権利利益を不当に害するおそれがないと認められるとき。

島根県　（提供の制限）
第七条　実施機関は、個人情報取扱事務の目的以外の目的のために、個人情報を当該実施機関以外のものに提供してはならない。ただし、次の各号のいずれかに該当するときは、この限りでない。

一　本人の同意があるとき又は本人に提供するとき。
　二　法令等の規定に基づくとき。
　三　法令等の規定により又は慣行として公にされ、又は公にすることが予定されているとき。
　四　個人の生命、身体又は財産を保護するため、緊急かつやむを得ないと認められるとき。
　五　他の実施機関、実施機関以外の県の機関、国又は他の地方公共団体に提供する場合で、当該個人情報を使用することについて相当な理由があり、かつ、本人の権利利益を不当に害するおそれがないと認められるとき。
　六　前各号に掲げる場合のほか、島根県個人情報保護審査会の意見を聴いた上で、公益上の必要その他相当の理由があると実施機関が認めるとき。
2　実施機関は、個人情報を実施機関以外のものに提供する場合において、必要があると認めるときは、提供を受けるものに対し、当該個人情報の使用目的、使用方法等について制限を付し、又は適正な管理のために必要な措置を講ずるよう努めなければならない。
3　実施機関は、法令等の規定に基づくとき又は公益上の必要があり、かつ、個人情報の保護のために必要な措置が講じられていると認められるときを除き、通信回線による電子計算機その他の情報機器の結合により、個人情報を実施機関以外のものに提供してはならない。

岡山県（利用及び提供の制限）
第七条　実施機関は、法令若しくは条例（以下「法令等」という。）の規定に基づき利用し、若しくは提供しなければならない場合又は個人の権利利益を不当に侵害するおそれのない場合であって次の各号のいずれかに該当するときを除き、個人情報をその利用目的以外の目的のために利用し、又は提供してはならない。
　一　本人の同意があるとき、又は本人に提供するとき。
　二　出版、報道等により既に公にされているとき。
　三　個人の生命、身体又は財産を保護するため、必要であると認められるとき。
　四　実施機関が、法令等に定める所掌事務の遂行に必要な限度で個人情報を当該実施機関内部で利用する場合であって、当該個人情報をその利用目的以外の目的で利用することについて相当な理由のあるとき。
　五　他の実施機関、実施機関以外の県の機関、国、他の地方公共団体等に個人情報を提供する場合であって、当該個人情報の提供を受けるものが、法令等に定める事務又は業務の遂行に必要な限度で当該個人情報を利用し、かつ、その利用について相当な理由のあるとき。
　六　専ら統計の作成又は学術研究のために個人情報を利用し、又は提供するとき、個人情報をその本人以外のものに提供することが明らかに本人の利益になるときその他個人情報を利用し、又は提供することについて特別の理由のあるとき。
2　実施機関は、前項第四号の規定により個人情報をその利用目的以外の目的で当該実施機関内部で利用する場合において、個人の権利利益を保護するため特に必要があると認めるときは、当該利用を当該実施機関の特定の部局又は機関

に限るものとする。
3　第一項の規定は、個人情報の利用又は提供を制限する他の法令等の規定の適用を妨げるものではない。

広島県　（利用及び提供の制限）
第八条　実施機関は、個人情報を取り扱う事務の目的以外の目的のために個人情報を当該実施機関内において利用し、又は当該実施機関以外のものに提供してはならない。ただし、次の各号のいずれかに該当するときは、この限りでない。
一　法令等の規定に基づいて利用し、又は提供するとき。
二　本人の同意に基づいて利用し、若しくは提供するとき、又は本人に提供するとき。
三　出版、報道等により公にされているものを利用し、又は提供するとき。
四　個人の生命、身体又は財産の安全を守るため緊急かつやむを得ないと認められる場合において、利用し、又は提供するとき。
五　専ら学術研究、統計の作成等の目的のために利用し、又は提供するとき。
六　同一実施機関が利用する場合又は他の実施機関、国若しくは他の地方公共団体に提供する場合で、相当な理由があると認めてそれぞれの事務の目的に必要な範囲内において、利用し、又は提供するとき。
七　前各号に掲げる場合のほか、広島県個人情報保護審議会の意見を聴いた上で、相当な理由があることを実施機関が認めて利用し、又は提供するとき。
2　実施機関は、前項ただし書きの規定により個人情報を利用し、又は提供するときは、本人及び第三者の権利利益を不当に侵害してはならない。

山口県　（利用及び提供の制限）
第六条　実施機関は、個人情報を取り扱う事務の目的以外の目的のために個人情報を当該実施機関の内部において利用し、又は当該実施機関以外の者に提供してはならない。ただし、次の各号のいずれかに該当するときは、この限りでない。
一　本人の同意があるとき、又は本人に提供するとき。
二　法令等に定めがある場合であって、本人の権利利益を不当に害するおそれがないとき。
三　出版、報道等により公にされている場合であって、本人の権利利益を不当に害するおそれがないとき。
四　人の生命、身体又は財産を保護するため緊急かつやむを得ない必要があるとき。
五　学術研究の目的のために提供する場合であって、本人の権利利益を不当に害するおそれがないとき。
六　実施機関の内部において利用する場合又は他の実施機関、実施機関以外の県の機関若しくは国若しくは他の地方公共団体の機関に提供する場合であって、これらの機関が個人情報を利用することについて相当な理由があり、かつ、本人の権利利益を不当に害するおそれがないとき。
七　本人以外の者に提供することが明らかに本人の利益になるとき。
2　実施機関は、個人情報を実施機関以外の者に提供する場合において、必要が

あると認めるときは、当該個人情報の提供を受ける者に対し、当該個人情報の使用目的若しくは使用方法の制限その他必要な制限を付し、又は当該個人情報の漏えい、滅失、き損の防止その他の当該個人情報の適切な管理のために必要な措置を講ずることを求めるものとする。

徳島県（利用及び提供の制限）

第七条　実施機関は、個人情報取扱事務の目的以外の目的のために個人情報を当該実施機関の内部で利用し、又は当該実施機関以外のものに提供してはならない。ただし、次の各号のいずれかに該当するときは、この限りでない。

一　本人の同意があるとき、又は本人に提供するとき。
二　法令等の規定に基づくとき。
三　利用し、又は提供する個人情報が出版、報道等により公にされているとき。
四　個人の生命、身体又は財産の保護のため、緊急かつやむを得ないと認められるとき。
五　前各号に掲げる場合のほか、徳島県個人情報保護審査会の意見を聴いた上で、公益上の必要その他相当の理由があると実施機関が認めるとき。

香川県（利用又は提供の制限）

第七条　実施機関は、個人情報取扱事務の目的以外の目的のために、個人情報を当該実施機関の内部において利用し、又は当該実施機関以外のものに提供してはならない。ただし、次の各号のいずれかに該当するときは、この限りでない。

一　本人の同意があるとき。
二　法令等に定めがあるとき。
三　個人情報が出版、報道等により公にされているとき。
四　個人の生命、身体又は財産の安全を守るため緊急かつやむを得ないと認められるとき。
五　前各号に掲げる場合のほか、個人情報取扱事務の目的以外の目的のために、個人情報を当該実施機関の内部において利用し、又は当該実施機関以外のものに提供することにつき相当の理由がある場合であって、本人の権利利益を不当に侵害するおそれがないと認められるとき。

愛媛県（利用及び提供の制限）

第九条　実施機関は、個人情報取扱事務の目的以外の目的のために、当該個人情報を当該実施機関内において利用し、又は当該実施機関以外のものに提供してはならない。ただし、当該個人情報の利用又は提供が次の各号のいずれかに該当するときは、この限りでない。

一　法令等の規定に基づくとき。
二　個人情報の本人の同意があるとき、又は個人情報の本人に提供するとき。
三　利用し、又は提供する個人情報が出版、報道等により公にされているとき。
四　個人の生命、身体又は財産の保護のため、緊急かつやむを得ないと認められるとき。
五　前各号に掲げる場合のほか、愛媛県個人情報保護審議会の意見を聴いた上で、公益上の必要その他相当の理由があると実施機関が認めるとき。

高知県（利用の制限）

7　利用及び提供の制限

第九条　実施機関は、個人情報取扱事務の目的以外の目的のために、個人情報を当該実施機関内において利用してはならない。ただし、次の各号のいずれかに該当するときは、この限りでない。
一　本人の同意があるとき。
二　法令等の規定に基づくとき。
三　出版、報道等により公にされているとき。
四　個人の生命、身体又は財産の保護のため、緊急かつやむを得ないと認められるとき。
五　前各号に掲げる場合のほか、高知県個人情報保護制度委員会の意見を聴いた上で、公益上の必要その他相当の理由があると実施機関が認めるとき。

高知県（提供の制限）
第十条　実施機関は、個人情報取扱事務の目的以外の目的のために、個人情報を当該実施機関以外のものに提供してはならない。ただし、前条各号のいずれかに該当する場合及び本人に提供する場合は、この限りでない。
2　実施機関は、前項ただし書の規定により、実施機関以外のものに個人情報を提供する場合において必要があると認めるときは、提供を受けるものに対し、当該個人情報の使用目的若しくは使用方法について必要な制限を付し、又は個人情報の保護のために必要な措置を講ずるよう求めなければならない。

福岡県（利用及び提供の制限）
第五条　実施機関は、個人情報を取り扱う事務の目的を超えて個人情報を当該実施機関内において利用し、又は当該実施機関以外のものへ提供してはならない。ただし、次の各号のいずれかに該当するときは、この限りでない。
一　法令に基づいて利用し、又は提供するとき。
二　本人の同意があるとき。
三　個人の生命、身体又は財産の安全を守るため緊急かつやむを得ないと認められるとき。
四　前三号に掲げる場合のほか、福岡県個人情報保護審議会の意見を聴いた上で、公益上必要があると実施機関が認めるとき。

佐賀県（利用及び提供の制限）
第八条　実施機関は、個人情報を取り扱う事務の目的以外の目的のために、個人情報を当該実施機関内において利用し、又は当該実施機関以外のものに提供してはならない。ただし、次の各号のいずれかに該当するときは、この限りでない。
一　本人の同意があるとき、又は本人に提供するとき。
二　法令等に定めがあるとき。
三　出版、報道等により公にされているとき。
四　個人の生命、身体又は財産を保護するため、緊急かつやむを得ないと認められるとき。
五　専ら統計の作成又は学術研究の目的のために、当該実施機関内において利用し、又は当該実施機関以外のものに提供する場合で、本人の権利利益を不当に害するおそれがないと認められるとき。

六　当該実施機関内において利用し、又は他の実施機関に提供する場合で、これらの実施機関の事務の執行上やむを得ず、かつ、本人の権利利益を不当に害するおそれがないと認められるとき。
七　前各号に掲げる場合のほか、佐賀県個人情報保護審査会の意見を聴いた上で、公益上の必要その他相当の理由があると実施機関が認めるとき。
2　実施機関は、実施機関以外のものに個人情報を提供する場合において、必要があると認めるときは、提供を受けるものに対して、当該個人情報の使用目的、使用方法等について必要な制限を付し、又は個人情報の保護のために必要な措置を講ずるよう求めなければならない。

長崎県（利用及び提供の制限）

第八条　実施機関は、個人情報取扱事務の目的以外の目的で、個人情報を当該実施機関内において利用し、又は当該実施機関以外のものに提供してはならない。ただし、当該個人情報の利用又は提供が次の各号のいずれかに該当するときは、この限りでない。
一　本人の同意があるとき又は本人に提供するとき。
二　法令等の規定又は国の機関からの指示等に基づくとき。
三　個人の生命、身体又は財産の安全を確保するため、緊急かつやむを得ないと認められるとき。
四　専ら学術研究又は統計の作成の目的で利用し、又は提供する場合で、個人の権利利益を不当に侵害するおそれがないとき。
五　同一の実施機関内で個人情報を利用する場合であって、当該利用が事務の執行上やむを得ず、かつ、個人の権利利益を不当に侵害するおそれがないと認められるとき。
六　他の実施機関、実施機関以外の県の機関、国又は他の地方公共団体に個人情報を提供する場合であって、当該提供が事務の執行上やむを得ず、かつ、個人の権利利益を不当に侵害するおそれがないと認められるとき。
七　前各号に掲げる場合のほか、審査会の意見を聴いた上で、個人情報取扱事務の目的以外の目的での個人情報の利用又は提供について公益上の必要その他相当の理由があると実施機関が認めるとき。
2　実施機関は、個人情報を実施機関以外のものに提供するときは、そのものに対し、当該個人情報の使用目的、使用方法等について必要な制限を付し、又は個人情報保護のために必要な措置を講ずるよう求めることができる。

熊本県（利用及び提供の制限）

第八条　実施機関は、個人情報取扱事務の目的以外の目的のために、個人情報を当該実施機関の内部において利用し、又は当該実施機関以外のものに提供してはならない。ただし、当該個人情報の利用又は提供が次の各号のいずれかに該当するときは、この限りでない。
一　本人の同意があるとき、又は本人に提供するとき。
二　法令等に定めがあるとき。
三　出版、報道等により個人情報が公にされているとき。
四　個人の生命、身体又は財産の保護のため、緊急やむを得ないと認められる

とき。
　五　専ら統計の作成又は学術研究の目的のために利用し、又は提供する場合において、本人の権利利益を不当に侵害するおそれがないと認められるとき。
　六　実施機関が当該実施機関の所管する個人情報取扱事務に必要な限度で個人情報を内部で利用する場合において、当該個人情報を利用することについて相当の理由があると認められるとき。
　七　他の実施機関、実施機関以外の県の機関、国又は他の地方公共団体に個人情報を提供する場合において、個人情報の提供を受けるものが、その所管する事務に必要な限度で個人情報を使用し、かつ、当該個人情報を使用することについて相当の理由があると認められるとき。
　八　前各号に掲げる場合のほか、審議会の意見を聴いた上で、公益上の必要その他相当の理由があると実施機関が認めるとき。

大分県（利用及び提供の制限）
第七条　実施機関は、法令等の規定に基づき、当該実施機関の内部において利用し、又は当該実施機関以外のものに提供しなければならないときを除き、利用目的以外の目的のための個人情報の利用及び提供（以下「目的外利用等」という。）をしてはならない。
2　前項の規定にかかわらず、実施機関は、個人の権利利益を不当に侵害するおそれのない場合であって次の各号のいずれかに該当するとき及び審議会の意見を聴いた上で公益上の必要その他相当の理由があると認めるときは、目的外利用等をすることができる。
　一　本人の同意があるとき又は本人に提供するとき。
　二　個人の生命、身体又は財産を保護するため、緊急やむを得ないと認められるとき。
　三　専ら学術研究又は統計の作成のために利用し、又は提供するとき。
3　実施機関は、前項の規定により実施機関及び本人以外のものに個人情報を提供する場合において、提供を受けるものに対し、当該個人情報の利用目的若しくは利用方法の制限その他の必要な制限を付し、又はその適正な取扱いについて必要な措置を講ずることを求めなければならない。

宮崎県（利用及び提供の制限）
第九条　実施機関は、法令等の規定に基づく場合を除き、利用目的以外の目的のために、個人情報を当該実施機関の内部において利用し、又は当該実施機関以外のものへ提供してはならない。
2　前項の規定にかかわらず、実施機関は、次の各号のいずれかに該当するときは、利用目的以外の目的のために、個人情報を当該実施機関の内部において利用し、又は当該実施機関以外のものに提供することができる。ただし、個人情報を利用目的以外の目的のために利用し、又は提供することによって、個人の権利利益を不当に侵害するおそれがあると認められるときは、この限りでない。
　一　本人の同意があるとき、又は本人に提供するとき。
　二　出版、報道等により公にされているとき。
　三　人の生命、身体又は財産の保護のために緊急に必要があるとき。

四　専ら統計の作成又は学術研究のために利用し、又は提供するとき。
五　同一実施機関の内部で利用するとき、又は他の実施機関、実施機関以外の県の機関、国若しくは他の地方公共団体が提供する場合において、事務の遂行上やむを得ないと認められるとき。
六　前各号に掲げる場合のほか、審査会の意見を聴いた上で、公益上の必要その他相当の理由があると実施機関が認めるとき。
2　前二項の規定は、個人情報の利用又は提供を制限する法令等の規定の適用を妨げるものではない。
3　実施機関は、個人の権利利益を保護するため特に必要があると認めるときは、第二項の規定による個人情報の利用目的のための実施機関の内部における利用を特定の部局又は機関に限るものとする。

鹿児島県（保有個人情報の提供を受けるものに対する措置要求）
第九条　実施機関は、前条第二項第三号から第六号までの規定に基づき、保有個人情報を提供する場合において、必要があると認めるときは、保有個人情報の提供を受けるものに対し、提供に係る個人情報について、その利用の目的若しくは方法の制限その他必要な制限を付し、又はその漏えいの防止その他の個人情報の適切な管理のために必要な措置を講ずることを求めるものとする。

沖縄県（利用及び提供の制限）
第九条　実施機関は、個人情報事務取扱の目的以外の目的のために個人情報を当該実施機関内において利用し、又は当該実施機関以外のものへ提供してはならない。ただし、次の各号のいずれかに該当するときは、この限りでない。
一　法令等に基づくとき。
二　本人の同意があるとき。
三　人の生命、身体又は財産の安全を守るため、緊急かつ止むを得ないと認められるとき。
四　前各号に掲げる場合のほか、沖縄県個人情報保護審査会の意見を聴いた上で、公益上の必要その他相当な理由があると実施機関が認めるとき。
2　実施機関は、前項ただし書の規定により個人情報を利用し、又は提供するときは、個人の権利利益を不当に侵害することのないようにしなければならない。

(2)　電算機結合による提供

北海道（電子計算組織を結合する方法による提供の制限）
第十条　実施機関は、公益上の必要があり、かつ、個人の権利利益を侵害するおそれがないと認められるときでなければ、通信回線により電子計算組織を結合する方法により、個人情報を実施機関以外のものへ提供してはならない。
2　実施機関は、前項の方法により新たに個人情報を実施機関以外のものへ提供するときは、あらかじめ北海道個人情報保護審査会の意見を聴かなければならない。その内容を変更しようとするときも、同様とする。

青森県（情報機器の結合による提供の制限）
第九条　実施機関は、公益上の必要その他相当の理由があり、かつ、個人情報の漏えい、滅失及びき損の防止その他の個人情報の適切な取扱いのために必要な

措置が講じられていると認められる場合を除き、通信回線を用いて電子計算機その他の情報機器を結合する方法により、実施機関以外のものに個人情報を提供してはならない。

岩手県（オンライン結合による提供の制限）
第六条　実施機関は、電気通信回線を用いた電子計算機その他の情報機器の結合（実施機関以外のものが実施機関の保有する個人情報を随時入手し得る状態にするものに限る。以下「オンライン結合」という。）により個人情報を実施機関以外のものに提供してはならない。
2　前項の規定にかかわらず、実施機関は、法令等の規定に基づくとき、又は審議会の意見を聴いた上で、公益上の必要があり、かつ、個人の権利利益を侵害するおそれがないと認めるときは、オンライン結合により個人情報を提供することができる。

宮城県（オンライン結合による提供の制限）
第十条　実施機関は、個人情報取扱事務を電子計算機を使用して処理する場合にあっては、公益上の必要があり、かつ、個人の権利利益の侵害を防止するための措置が講じられている場合を除き、通信回線を用いた電子計算機その他の情報機器の結合（以下「オンライン結合」という。）により個人情報を実施機関以外のものに提供してはならない。
2　実施機関は、オンライン結合による個人情報の実施機関以外のものへの提供を開始しようとするときは、あらかじめ審査会の意見を聴かなければならない。その内容を変更しようとするときも、同様とする。

秋田県（オンライン結合による提供の制限）
第十条　実施機関は、公益上の必要があり、かつ、個人の権利利益を侵害するおそれがないと認められる場合でなければ、通信回線を用いた電子計算機その他の情報機器の結合（実施機関以外のものが実施機関の保有する個人情報を随時入手し得る状態にするものに限る。以下「オンライン結合」という。）により、個人情報を実施機関以外のものに提供してはならない。
2　実施機関は、オンライン結合により実施機関以外のものに個人情報の提供を開始しようとする場合は、法令又は条例の規定に基づくときを除き、あらかじめ審査会の意見を聴かなければならない。その内容を変更しようとするときも、同様とする。

山形県（電子情報処理組織による提供の制限）
第七条　実施機関は、公益上の必要があり、かつ、個人情報の保護のために必要な措置が講じられていると認められるときを除き、電子計算機（入出力装置を含む。）と入出力装置を電気通信回線で接続した電子情報処理組織（実施機関が保有する個人情報を実施機関以外のものが随時入手し得るものに限る。）を使用して、個人情報を実施機関以外のものに提供してはならない。

福島県（利用及び提供の制限）
第七条　3　実施機関は、公益上の必要があり、かつ、個人情報の保護について必要な措置が講じられていると認められるときを除き、通信回線を用いた電子計算機その他の情報機器の結合（実施機関が保有する個人情報を実施機関以外

のものが随時入手し得る状態にするものに限る。)により個人情報を実施機関以外のものに提供してはならない。

栃木県（電子計算機等の結合による提供の制限）

第九条　実施機関は、電気通信回線を用いた電子計算機その他の情報機器の結合（実施機関が保有する個人情報を実施機関以外のものが随時入手し得る状態にするものに限る。)により、個人情報を実施機関以外のものに提供してはならない。ただし、法令等の規定に基づくとき、又は審議会の意見を聴いた上で、公益上の必要があり、かつ、個人の権利利益を不当に侵害するおそれがないと実施機関が認めるときは、この限りでない。

群馬県（利用及び提供の制限）

第八条　3　実施機関は、通信回線による電子計算機その他の情報機器の結合（実施機関が保有する個人情報を実施機関以外のものが随時入手し得る状態にするものに限る。）により個人情報を提供するときは、個人の権利利益を不当に侵害することがないよう努めるとともに、法令等に基づく場合を除き、あらかじめ、群馬県個人情報保護審議会の意見を聴かなければならない。提供している内容を変更しようとするときも、同様とする。

埼玉県（提供先に対する措置要求等）

第九条　2　実施機関は、公益上の必要があり、かつ、提供を受けるものが十分な個人情報の保護措置を講じていると認められるときでなければ、通信回線を用いた電子計算機又は電子計算機の端末機の結合（実施機関が保有する個人情報を実施機関以外のものが随時入手し得る状態にするものに限る。）により、個人情報を実施機関以外のものに提供してはならない。

千葉県（実施機関以外のものに対する提供の制限）

第十一条　2　実施機関は、公益上の必要その他相当の理由があり、かつ、個人情報の保護のために必要な措置が講じられていると認められる場合でなければ、通信回線による電子計算機その他の情報機器の結合（実施機関の保有する個人情報を実施機関以外のものが随時入手し得る状態にするものに限る。以下「オンライン結合」という。）により、個人情報を実施機関以外のものに提供してはならない。

3　実施機関は、オンライン結合により個人情報を実施機関以外のものに提供しようとするときは、あらかじめ、審議会の意見を聴かなければならない。その内容を変更しようとするときも、同様とする。

東京都（個人情報の外部提供の制限）

第十一条　2　実施機関は、事務の執行上必要かつ適切と認められ、及び個人情報について必要な保護措置が講じられている場合を除き、通信回線による電子計算組織の結合による外部提供をしてはならない。

神奈川県（オンライン結合による提供）

第十条　実施機関は、公益上の必要があり、かつ、個人の権利利益を侵害するおそれがないと認められるときでなければ、オンライン結合（当該実施機関が管理する電子計算機と実施機関以外の者が管理する電子計算機その他の機器とを通信回線を用いて結合し、当該実施機関が保有する個人情報を当該実施機関以

外の者が随時入手し得る状態にする方法をいう。次項において同じ。）による個人情報の提供を行ってはならない。
2　実施機関は、オンライン結合による個人情報の提供を新たに開始しようとするときは、あらかじめ、審議会の意見を聴かなければならない。その内容を変更しようとするときも、同様とする。
山梨県（オンライン結合による個人情報の提供の制限）
第八条　実施機関は、公益上の必要があり、かつ、個人の権利利益を侵害するおそれがないと認められるときを除き、実施機関以外のものに対してオンライン結合（通信回線を用いて電子計算機その他の機器を結合し、実施機関の保有する個人情報を他の実施機関以外のものが随時入手し得る状態にする方法をいう。次項において同じ。）による個人情報の提供をしてはならない。
2　実施機関は、オンライン結合による個人情報の提供を開始しようとするときは、審議会の意見を聴かなければならない。その内容を変更しようとするときも、同様とする。
新潟県（オンライン結合による提供の制限）
第十条　実施機関は、通信回線を用いた電子計算機その他の情報機器の結合（実施機関の保有する個人情報を実施機関以外のものが随時入手し得る状態にするものに限る。次項において「オンライン結合」という。）により、個人情報を実施機関以外のものへ提供してはならない。
2　前項の規定にかかわらず、実施機関は、審査会の意見を聴いた上で、公益上の必要があり、かつ、個人の権利利益を侵害するおそれがないと認めるときは、オンライン結合により、個人情報を提供することができる。その内容を変更しようとするときも、同様とする。
富山県（電子計算機等の結合による提供の制限）
第十条　実施機関は、次に掲げる場合を除き、当該実施機関の使用に係る電子計算機と実施機関以外の者の使用に係る電子計算機その他の機器とを電気通信回線で接続し、当該実施機関の保有個人情報を実施機関以外の者が随時入手し得る状態にする方法により提供してはならない。
　一　法令等の規定又は国の機関からの法令による指示に基づくとき。
　二　前号に掲げる場合のほか、公益上の必要があり、かつ、個人の権利利益を不当に侵害するおそれがないものとして規則で定める場合
2　知事は、前項第二号の規則の制定又は改廃をしようとするときは、あらかじめ、富山県個人情報保護審議会の意見を聴かなければならない。
石川県（電子計算機等の結合による提供の制限）
第七条　実施機関は、法令等の規定に基づくとき、又は事務の遂行上必要かつ適切と認められ、かつ、保有個人情報について必要な保護措置が講じられているときを除き、電気通信回線を用いた電子計算機その他の機器の結合により、実施機関の保有個人情報を実施機関以外の者が随時入手し得る状態にする方法により、保有個人情報を実施機関以外の者に提供してはならない。
2　実施機関は、前項に規定する方法により保有個人情報の提供を新たに開始しようとするとき（法令等の規定に基づくときを除く。）は、あらかじめ、審査会

の意見を聴かなければならない。その内容を変更しようとするときも、同様とする。

福井県（電子計算機等の結合による提供の制限）
第九条　実施機関は、通信回線を用いた電子計算機その他の情報機器の結合（実施機関以外のものが実施機関の保有する個人情報を随時入手し得る状態にするものに限る。）により、個人情報を実施機関以外のものに提供してはならない。ただし、法令等の規定に基づくとき、または審査会の意見を聴いた上で、公益上の必要があり、かつ、個人の権利利益を不当に侵害するおそれがないと実施機関が認めるときは、この限りでない。

静岡県（電子計算機等の結合による提供に係る保護措置）
第十三条　実施機関は、当該実施機関の使用に係る電子計算機と実施機関以外の特定の者の使用に係る電子計算機その他の機器とを電気通信回線を介して接続し、当該実施機関の保有個人情報を当該特定の者が随時入手し得る状態にする方法により提供するときは、保有個人情報の保護に関し必要な措置を講じなければならない。

愛知県（オンライン結合による個人情報の提供の制限）
第十条　実施機関は、公益上の必要があり、かつ、個人の権利利益を侵害するおそれがないと認められるときを除き、他の実施機関以外のものに対して、通信回線を用いた電子計算機その他の情報機器の結合（実施機関の保有する個人情報を他の実施機関以外のものが随時入手し得る状態にするものに限る。以下「オンライン結合」という。）による個人情報の提供をしてはならない。
2　実施機関は、オンライン結合による個人情報の提供を開始しようとするときは、あらかじめ、審議会の意見を聴かなければならない。その内容を変更しようとするときも、同様とする。

三重県（オンライン結合による提供の制限）
第九条　実施機関は、通信回線を用いた電子計算機その他の情報機器の結合（実施機関が保有する個人情報を実施機関以外のものが随時入手することができる状態にするものに限る。次項において「オンライン結合」という。）により、個人情報を実施機関以外のものに提供してはならない。
2　前項の規定にかかわらず、実施機関は、法令等の規定に基づくとき、又は審査会の意見を聴いた上で、公益上の必要があり、かつ、個人の権利利益を侵害するおそれがないと認めるときは、オンライン結合により個人情報を提供することができる。

滋賀県（電子計算機等の結合による提供の制限）
第七条　実施機関は、公益上の必要があり、かつ、個人の権利利益を侵害するおそれがないと認められるときを除き、通信回線による電子計算機その他の情報機器の結合（実施機関の保有する個人情報を実施機関以外のものが随時入手し得る状態にするものに限る。）により、個人情報を実施機関以外のものに提供してはならない。

京都府（オンライン結合による提供）
第六条　実施機関は、オンライン結合（通信回線を用いて実施機関が管理する電

7　利用及び提供の制限

子計算機と実施機関以外のものが管理する電子計算機を結合し、実施機関の管理する個人情報を実施機関以外のものが随時入手し得る状態にする方法をいう。以下同じ。）により個人情報を提供するときは、個人の権利利益を不当に侵害することがないよう努め、法令等の規定に基づく場合を除き、あらかじめ、審議会の意見を聴かなければならない。
2　実施機関は、前項の規定により審議会の意見を聴いたオンライン結合による個人情報の提供の内容を変更するときは、あらかじめ、審議会の意見を聴かなければならない。

兵庫県（オンライン結合による提供の制限）
第八条　実施機関は、オンライン結合（通信回線を用いた電子計算機その他の情報機器の結合により、実施機関の保有する個人情報を実施機関以外のものが随時入手し得る状態にする方法をいう。以下同じ。）により、実施機関以外のものに対し、個人情報を提供してはならない。
2　前項の規定にかかわらず、実施機関は、法令等に定めがあるとき、又は審議会の意見を聴いて、公益上の必要があり、かつ、個人の権利利益を侵害するおそれがないと認めるときは、オンライン結合により個人情報を提供することができる。その内容を変更しようとするときも、同様とする。

和歌山県（オンライン結合による提供の制限）
第十四条　実施機関は、通信回線を用いた電子計算機その他の情報機器の結合（実施機関が保有する個人情報を実施機関以外のものが入手することができる状態にするものに限る。次項において「オンライン結合」という。）により、保有個人情報を実施機関以外のものに提供してはならない。
2　前項の規定にかかわらず、実施機関は、法令等の規定に基づくとき、又は和歌山県個人情報保護審議会の意見を聴いた上で、公益上の必要その他相当の理由があり、かつ、個人の権利利益が侵害されないよう必要な措置が講じられていると認められるときに限り、オンライン結合により保有個人情報を提供することができる。

鳥取県（利用及び提供の制限）
第八条　4　実施機関は、通信回線を用いた電子計算機その他の情報機器の結合の方法により、個人情報を実施機関以外のものに提供するときは、個人情報保護のために必要な措置を講じなければならない。

島根県（提供の制限）
第七条　3　実施機関は、法令等の規定に基づくとき又は公益上の必要があり、かつ、個人情報の保護のために必要な措置が講じられていると認められるときを除き、通信回線による電子計算機その他の情報機器の結合により、個人情報を実施機関以外のものに提供してはならない。

岡山県（外部提供の制限）
第十条　2　実施機関は、法令等に基づく場合又は事務執行上必要かつ適切と認められる場合で個人情報について必要な保護措置が講じられているときを除き、オンライン結合（当該実施機関が管理する電子計算機その他の情報機器と当該実施機関以外のものが管理する電子計算機その他の情報機器とを通信回線を用

いて結合し、当該実施機関が保有する個人情報を当該実施機関以外のものが随時入手し得る状態にする方法をいう。）による外部提供をしてはならない。
広島県（利用及び提供の制限）
第八条　4　実施機関は、事務の執行上必要かつ適切であると認められる場合において、通信回線による電子計算組織の結合により個人情報を実施機関以外のものに提供しようとするときは、個人の権利利益を侵害することのないよう、個人情報について必要な保護措置を講じなければならない。
山口県（利用及び提供の制限）
第六条　3　実施機関は、公益上必要であり、かつ、個人の権利利益の侵害を防止するための措置が講じられている場合を除き、オンライン結合（当該実施機関の使用に係る電子計算機（入出力装置を含む。以下同じ。）と実施機関以外の者の使用に係る電子計算機とを電気通信回線を用いて結合し、当該実施機関が保有する個人情報を当該実施機関以外の者が随時入手し得る状態にすることをいう。）による個人情報の提供をしてはならない。
徳島県（オンライン結合による提供の制限）
第八条　実施機関は、通信回線を用いた電子計算機その他の情報機器の結合（実施機関が保有する個人情報を実施機関以外のものが随時入手することができる状態にするものに限る。次項において「オンライン結合」という。）により、個人情報を実施機関以外のものに提供してはならない。
2　前項の規定にかかわらず、実施機関は、法令等の規定に基づくとき、又は徳島県個人情報保護審査会の意見を聴いた上で、公益上の必要があり、かつ、個人の権利利益が侵害されないよう必要な措置が講じられていると認められるときに限り、オンライン結合により個人情報を提供することができる。
香川県（実施機関以外のものへの提供に係る必要な措置）
第八条　2　実施機関は、その管理する電子計算機と実施機関以外のものが管理する電子計算機その他の機器とを通信回線で接続することにより個人情報を当該実施機関以外のものに提供しようとするときは、知事が別に定める技術的措置に関する基準を遵守しなければならない。
愛媛県（オンライン結合による提供の制限）
第十条　実施機関は、通信回線による電子計算機その他の情報機器の結合（実施機関の保有する個人情報を実施機関以外のものが随時入手し得る状態にするものに限る。以下「オンライン結合」という。）により、個人情報を実施機関以外のものに提供してはならない。
2　前項の規定にかかわらず、実施機関は、法令等の規定に基づくとき、又は愛媛県個人情報保護審議会の意見を聴いた上で、公益上の必要があり、かつ、個人の権利利益を侵害するおそれがないと実施機関が認めるときに限り、オンライン結合により、個人情報を実施機関以外のものに提供することができる。その提供の内容を変更するときも、同様とする。
高知県（オンライン結合による提供の制限）
第十一条　実施機関は、公益上の必要があり、かつ、個人の権利利益を侵害するおそれがないと認められるときでなければ、オンライン結合（当該実施機関が

管理する電子計算機と実施機関以外のものが管理する電子計算機その他の機器とを通信回線を用いて結合し、当該実施機関が保有する個人情報を当該実施機関以外のものが随時入手し得る状態にする方法をいう。次項において同じ。)による個人情報の提供を行ってはならない。
2　実施機関は、オンライン結合により個人情報を提供しようとするときは、あらかじめ、高知県個人情報保護制度委員会の意見を聴かなければならない。その内容を変更しようとするときも、同様とする。

福岡県（電子計算組織の結合による提供の制限）
第六条　実施機関は、福岡県個人情報保護審議会の意見を聴いた上で、公益上の必要があり、かつ、個人情報について必要な保護措置が講じられていると認める場合を除き、通信回線による電子計算組織の結合により個人情報を実施機関以外のものへ提供してはならない。

佐賀県（オンライン結合による提供）
第九条　実施機関は、通信回線を用いた電子計算機その他の情報機器の結合（実施機関以外のものが実施機関の保有する個人情報を随時入手し得る状態にするものに限る。次項において「オンライン結合」という。)により、個人情報を実施機関以外のものに提供してはならない。
2　前項の規定にかかわらず、実施機関は、法令等に定めがあるとき、又は佐賀県個人情報保護審査会の意見を聴いた上で、公益上の必要があり、かつ、個人の権利利益を害するおそれがないと認めるときは、オンライン結合により個人情報を提供することができる。

長崎県（オンライン結合による提供の制限）
第九条　実施機関は、法令等の規定又は国の機関からの指示等に基づくときを除き、実施機関以外のものに対して、通信回線を用いた電子計算機その他の情報機器の結合（実施機関の保有する個人情報を実施機関以外のものが随時入手し得る状態にするものに限る。以下「オンライン結合」という。）による個人情報の提供をしてはならない。
2　前項の規定にかかわらず、実施機関は、審査会の意見を聴いた上で、公益上の必要があり、かつ、個人の権利利益を不当に侵害するおそれがないと認められるときは、オンライン結合により個人情報を提供することができる。その提供の内容を変更するときも、同様とする。

熊本県（オンライン結合による提供）
第九条　実施機関は、オンライン結合（通信回線を用いて実施機関が管理する電子計算機と実施機関以外のものが管理する電子計算機その他の情報機器とを結合し、実施機関の保有する個人情報を実施機関以外のものが随時入手し得る状態にする方法をいう。以下同じ。）により、個人情報を実施機関以外のものへ提供してはならない。
2　前項の規定にかかわらず、実施機関は、公益上の必要があり、かつ、個人の権利利益を侵害するおそれがないと認めるときに限り、オンライン結合により、個人情報を提供することができる。この場合において、実施機関は、あらかじめ、審議会の意見を聴かなければならない。その提供の内容を変更するときも、

同様とする。

大分県（オンライン結合による提供の制限）
第八条　実施機関は、法令等の規定に基づき提供する場合を除き、オンライン結合（当該実施機関が管理する電子計算機と実施機関以外のものが管理する電子計算機その他の情報機器とを通信回線を用いて結合し、当該実施機関が保有する個人情報を当該実施機関以外のものが随時入手し得る状態にする方法をいう。）により、個人情報を実施機関以外のものへ提供してはならない。
2　前項の規定にかかわらず、実施機関は、審議会の意見を聴いた上で、公益上の必要があり、かつ、個人情報の適正な取扱いについて必要な措置が講じられていると認めるときは、オンライン結合により、個人情報を実施機関以外のものへ提供することができる。

宮崎県（オンライン結合による提供の制限）
第十条　実施機関は、オンライン結合（当該実施機関が管理する電子計算機と実施機関以外のものが管理する電子計算機その他の情報機器とを通信回線を用いて結合し、当該実施機関が保有する個人情報を当該実施機関以外のものが随時入手し得る状態にする方法をいう。次項において同じ。）により、個人情報を当該実施機関以外のものに提供してはならない。
2　前項の規定にかかわらず、実施機関は、法令等の規定に基づくとき、又は審議会の意見を聴いた上で、公益上の必要があり、かつ、個人の権利利益を不当に侵害するおそれがないと認めるときは、オンライン結合により、個人情報を当該実施機関以外のものに提供することができる。

沖縄県（電子計算組織の結合による提供の制限）
第十条　実施機関は、沖縄県個人情報保護審査会の意見を聴いた上で、公益上の必要があり、かつ、個人情報について必要な保護措置が講じられていると認められる場合を除き、通信回線による電子計算組織の結合により個人情報を実施機関以外のものへ提供してはならない。

(3)　**提供先に対する措置要求**

北海道（提供先に対する措置要求）
第九条　実施機関は、実施機関以外のものに対して個人情報を提供する場合において、必要があると認めるときは、提供を受けるものに対し、提供に係る個人情報の使用目的若しくは使用方法の制限その他必要な制限を付し、又はその適切な取扱いについて必要な措置を講ずることを求めなければならない。

青森県（委託に伴う措置等）
第十二条　実施機関は、個人情報取扱事務を実施機関以外のものに委託する場合において、個人の権利利益の保護のため必要があると認めるときは、当該個人情報取扱事務に係る個人情報について収集方法、使用目的若しくは使用方法の制限その他必要な制限を付し、又は当該個人情報の漏えい、滅失及びき損の防止その他の当該個人情報の適切な取扱いのために必要な措置を講じなければならない。

秋田県（提供先に対する措置の要求）

7　利用及び提供の制限

第十一条　実施機関は、実施機関以外のものに個人情報を提供する場合において、必要があると認めるときは、提供を受けるものに対して、当該個人情報の使用目的若しくは使用方法の制限その他必要な制限を付し、又は安全保護の措置を講ずることを求めなければならない。

福島県（利用及び提供の制限）

第七条　2　実施機関は、実施機関以外のものに個人情報を提供する場合において、必要があると認めるときは、提供を受けるものに対し、当該個人情報の使用目的若しくは使用方法の制限その他必要な制限を付し、又はその適切な取扱いについて必要な措置を講ずることを求めなければならない。

茨城県（利用及び提供の制限）

第十条　3　実施機関は、個人情報を提供する場合において、必要があると認めるときは、提供を受ける者に対し、提供に係る個人情報について、その使用目的若しくは使用方法の制限その他必要な制限を付し、又は安全確保の措置を講ずることを求めるものとする。

栃木県（事業者に対する個人情報の保護施策）

第三十七条　県は、事業者が個人情報の保護に関し適切な措置を講ずることができるよう、事業者に対する意識啓発その他必要な施策の実施に努めなければならない。

群馬県（利用及び提供の制限）

第八条　2　実施機関は、個人情報を実施機関以外のものに提供するときは、提供を受けるものに対し、当該個人情報の使用目的若しくは使用方法の制限その他の必要な制限を付し、又はその適正な取扱いについて必要な措置を講ずるよう求めることができる。

群馬県（委託に伴う措置等）

第十一条　実施機関は、個人情報取扱事務を実施機関以外のものに委託しようとするときは、個人情報の保護に関し必要な措置を講じなければならない。

2　実施機関から個人情報取扱事務の委託を受けたものは、安全確保の措置を講ずるよう努めなければならない。

3　前項の委託を受けた事務に従事している者又は従事していた者は、当該事務に関して知り得た個人情報をみだりに他人に知らせ、又は不当な目的に使用してはならない。

埼玉県（提供先に対する措置要求等）

第九条　実施機関は、個人情報を実施機関以外のものに提供する場合において、必要があると認めるときは、提供を受けるものに対し、当該個人情報の使用目的若しくは使用方法の制限その他必要な制限を付し、又はその適正な取扱いについて必要な措置を講ずるよう求めなければならない。

千葉県（実施機関以外のものに対する提供の制限）

第十一条　実施機関は、個人情報を実施機関以外のものに提供する場合において必要があると認めるときは、提供を受けるものに対し、当該個人情報について、その使用目的若しくは使用方法の制限その他必要な制限を付し、又は安全確保の措置を講ずることを求めるものとする。

東京都（個人情報の外部提供の制限）
第十一条 実施機関は、個人情報の実施機関以外のものへの提供（以下「外部提供」という。）をする場合は、外部提供を受けるものに対し、個人情報の使用目的若しくは使用方法の制限その他の必要な制限を付し、又はその適切な取扱いについて必要な措置を講ずることを求めなければならない。

新潟県（提供先に対する措置の要求）
第十一条 実施機関は、実施機関以外のものに個人情報を提供する場合において、必要があると認めるときは、提供を受けるものに対して、当該個人情報の使用目的若しくは使用方法の制限その他の必要な制限を付し、又は安全確保の措置を講ずることを求めなければならない。

富山県（保有個人情報の提供を受ける者に対する措置要求）
第十一条 実施機関は、第九条第二項第三号から第五号までの規定により、保有個人情報を提供する場合において、必要があると認めるときは、保有個人情報の提供を受ける者に対し、提供に係る個人情報について、その利用の目的若しくは方法の制限その他必要な制限を付し、又はその漏えいの防止その他の個人情報の適切な管理のために必要な措置を講ずることを求めるものとする。

石川県（保有個人情報の提供を受ける者に対する措置要求）
第八条 実施機関は、保有個人情報を実施機関以外の者に提供する場合において、必要があると認めるときは、保有個人情報の提供を受ける者に対し、提供に係る個人情報について、その利用の目的若しくは方法の制限その他必要な制限を付し、又は漏えいの防止その他の個人情報の適切な管理のために必要な措置を講ずることを求めなければならない。

岐阜県（提供先に対する措置の要求）
第八条 実施機関は、個人情報を実施機関以外のものに提供する場合において必要があると認めるときは、提供を受けるものに対し、当該個人情報の使用目的若しくは使用方法の制限その他の必要な制限を課し、又はその適正な取扱いについて必要な措置を講ずることを求めなければならない。

静岡県（保有個人情報の提供を受ける者に対する措置要求）
第十二条 実施機関は、前条第二項第三号又は第四号の規定に基づき、保有個人情報を提供する場合において、必要があると認めるときは、保有個人情報の提供を受ける者に対し、提供に係る個人情報について、その利用の目的若しくは方法の制限その他必要な制限を付し、又はその漏えいの防止その他の個人情報の適切な管理のために必要な措置を講ずることを求めるものとする。

愛知県（提供先に対する措置要求）
第九条 実施機関は、他の実施機関以外のものに対して個人情報を提供する場合において、必要があると認めるときは、提供を受けるものに対し、提供に係る個人情報の使用目的若しくは使用方法の制限その他必要な制限を付し、又はその適切な取扱いについて必要な措置を講ずることを求めなければならない。

三重県（提供先に対する措置要求）
第十条 実施機関は、個人情報を実施機関以外のものに提供する場合において、必要があると認めるときは、提供を受けるものに対し、当該個人情報の使用目

滋賀県（利用及び提供の制限）
第六条　2　実施機関は、個人情報を実施機関以外のものに提供する場合において、必要があると認めるときは、提供を受けるものに対し、当該個人情報について、その使用目的もしくは使用方法の制限その他必要な制限を付し、または安全確保の措置を講ずることを求めなければならない。。

京都府（提供先に対する措置要求）
第七条　実施機関は、実施機関以外のものに対して個人情報を提供する場合において、必要があると認めるときは、提供を受けるものに対し、当該個人情報の使用目的、使用方法等に係る制限を付し、又はその適切な取扱いを確保するための措置を講じることを求めなければならない。

兵庫県（提供先に対する措置の要求）
第九条　実施機関は、個人情報を実施機関以外のものに提供する場合において必要があると認めるときは、提供を受けるものに対し、当該個人情報の使用目的若しくは使用方法の制限その他の必要な制限を付し、又はその適正な取扱いについて必要な措置を講ずることを求めなければならない。

和歌山県（保有個人情報の提供を受けるものに対する措置要求）
第十三条　実施機関は、保有個人情報を実施機関以外のものに提供する場合において、必要があると認めるときは、保有個人情報の提供を受けるものに対し、提供に係る個人情報について、その使用の目的若しくは使用の方法の制限その他必要な制限を付し、又はその漏えいの防止その他の個人情報の適切な管理のために必要な措置を講ずることを求めるものとする。

岡山県（外部提供の制限）
第十条　実施機関は、第七条第一項の規定により、個人情報の当該実施機関及び本人以外のものへの提供（以下この条及び第三十三条第一項において「外部提供」という。）をする場合においては、外部提供を受けるものに対し、当該外部提供に係る個人情報について、その利用目的、利用方法等に関し必要な制限を付し、又はその適切な取扱いについて必要な措置を講ずることを求めなければならない。

広島県（利用及び提供の制限）
第八条　3　実施機関は、実施機関以外のものに個人情報を提供する場合において、必要があると認めるときは、提供を受けるものに対し、その個人情報の使用目的、使用方法等の制限を付し、又は適正な管理のために必要な措置を講ずるよう求めなければならない。

徳島県（提供先に対する措置要求）
第九条　実施機関は、第七条ただし書の規定に基づき、個人情報を実施機関以外のものに提供する場合において、必要があると認めるときは、個人情報の提供を受けるものに対し、提供に係る個人情報について、その利用の目的若しくは方法の制限その他必要な制限を付し、又はその適正な取扱いについて必要な措置を講ずることを求めるものとする。

香川県（実施機関以外のものへの提供に係る必要な措置）
第八条 実施機関は、個人情報を実施機関以外のものに提供する場合において必要があると認めるときは、当該個人情報の提供を受けるものに対し、その使用目的若しくは使用方法の制限その他必要な制限を付し、又は安全確保の措置（個人情報の漏えい、滅失及びき損の防止その他の個人情報の適切な管理のために必要な措置をいう。以下同じ。）を講ずることを求めなければならない。

愛媛県（提供先に対する措置要求）
第十一条 実施機関は、個人情報を実施機関以外のものに提供する場合において、必要があると認めるときは、提供を受けるものに対して、当該個人情報の使用目的若しくは使用方法の制限その他の必要な制限を付し、又はその適正な取扱いについて必要な措置を講ずることを求めなければならない。

高知県（委託等に伴う措置）
第十四条 実施機関は、個人情報取扱事務を実施機関以外のものに委託するとき又は地方自治法（昭和二十二年法律第六十七号）第二百四十四条の二第三項の指定管理を行わせるときは、個人情報の保護のために必要な措置を講じなければならない。

熊本県（提供先に対する措置要求）
第十二条 実施機関は、実施機関以外のものに個人情報を提供する場合において、必要があると認めるときは、提供を受けるものに対して、当該個人情報の使用目的若しくは使用方法の制限その他の必要な制限を付し、又はその適正な取扱いに係る必要な措置を講ずることを求めなければならない。

宮崎県（個人情報の提供を受ける者に対する措置要求）
第十一条 実施機関は、個人情報を当該実施機関以外のものに提供する場合において、必要があると認めるときは、当該個人情報の提供を受けるものに対し、提供に係る個人情報について、その利用の目的若しくは方法の制限その他必要な制限を付し、又はその漏えいの防止その他の個人情報の適切な管理のために必要な措置を講ずることを求めるものとする。

鹿児島県（保有個人情報の提供を受けるものに対する措置要求）
第九条 実施機関は、前条第二項第三号から第六号までの規定に基づき、保有個人情報を提供する場合において、必要があると認めるときは、保有個人情報の提供を受けるものに対し、提供に係る個人情報について、その利用の目的若しくは方法の制限その他必要な制限を付し、又はその漏えいの防止その他の個人情報の適切な管理のために必要な措置を講ずることを求めるものとする。

(4) **委託に伴う措置**

北海道（委託に伴う措置）
第十二条 実施機関は、個人情報取扱事務を委託するときは、当該委託の契約において、個人情報の保護に関して委託者が構ずべき措置を明らかにしなければならない。

岩手県（委託に伴う措置等）
第九条 実施機関は、個人情報を取り扱う事務を実施機関以外の者に委託すると

きは、当該委託に係る契約において、個人情報の保護のために当該委託を受けた者が請ずべき措置を明らかにしなければならない。
宮城県（委託に伴う措置等）
第十三条　実施機関は、個人情報を取り扱う事務を実施機関以外のものに委託するときは、個人情報の保護に関し必要な措置を講じなければならない。
秋田県（指定管理者の指定に伴う措置等）
第十二条の二　実施機関は、地方自治法（昭和二十二年法律第六十七号）第二百四十四条の二第三項の規定により指定管理者に公の施設の管理を行わせるときは、当該管理に係る契約において、指定管理者が講ずべき個人情報の保護のために必要な措置を明らかにしなければならない。
2　前項の公の施設の管理の業務に従事している者又は従事していた者は、当該業務に関して知り得た個人情報をみだりに他人に知らせ、又は不当な目的に使用してはならない。
秋田県（委託に伴う措置等）
第十三条　実施機関は、個人情報を取り扱う事務の全部又は一部を実施機関以外のものに委託するときは、当該委託に係る契約において、委託を受けたものが講ずべき個人情報の保護のために必要な措置を明らかにしなければならない。
山形県（委託に伴う措置等）
第九条　実施機関は、個人情報を取り扱う事務を実施機関以外のものに委託するときは、個人情報の保護のために必要な措置を講じなければならない。
福島県（委託に伴う措置等）
第九条　実施機関は、個人情報を取り扱う事務を実施機関以外のものに委託するときは、個人情報の保護のために必要な措置を講じなければならない。
茨城県（委託に当たっての必要な措置）
第十一条　実施機関は、個人情報の取扱いを伴う事務を実施機関以外の者に委託するときは、個人の権利利益の保護に関し必要な措置を講じなければならない。
栃木県（委託に伴う措置等）
第十二条　実施機関は、個人情報を取り扱う事務を実施機関以外のものに委託するときは、個人情報の保護に関し必要な措置を講じなければならない。
群馬県（委託等に伴う措置等）
第十一条　実施機関は、個人情報取扱事務を実施機関以外のものに委託し、又は指定管理者（地方自治法（昭和二十二年法律第六十七号）第二百四十四条の二第三項に規定する指定管盤をいう。以下同じ。）に公の施設の管理を行わせようとするときは、個人情報の保護に関し必要な措置を講じなければならない。
埼玉県（受託者に対する措置要求）
第十条　実施機関は、個人情報取扱事務を委託するときは、委託を受ける者に対し、個人情報の適切な管理のために必要な措置を講ずるよう求めなければならない。
千葉県（委託に伴う措置等）
第十二条　実施機関は、個人情報を取り扱う事務の委託をするときは、個人情報の保護のために必要な措置を講じなければならない。

東京都（委託に伴う措置）
第八条 実施機関は、個人情報を取り扱う事務を委託しようとするときは、個人情報の保護に関し必要な措置を講じなければならない。

神奈川県（取扱い等の委託）
第十三条 実施機関は、個人情報の取扱いを伴う事務又は事業の全部又は一部を実施機関以外の者に委託するときは、当該契約において、個人情報の適切な取扱いについて受託者が講ずべき措置を明らかにしなければならない。

山梨県（委託に伴う措置等）
第十条 実施機関は、個人情報を取り扱う事務を実施機関以外のものに委託しようとするときは、個人情報の保護のために必要な措置を講じなければならない。

長野県（受託者に対する措置要求）
第九条 実施機関は、個人情報の取扱いを実施機関以外の者に委託するときは、受託者に対し、当該個人情報の適切な管理のために必要な措置を講ずるよう求めなければならない。

新潟県（委託に伴う措置等）
第十二条 実施機関は、実施機関以外のものに個人情報取扱事務の委託をするときは、個人情報の保護のために必要な措置を講じなければならない。

富山県（委託に伴う措置等）
第八条 実施機関は、個人情報の取扱いを実施機関以外の者に委託しようとするときは、個人情報の保護に関し必要な措置を講じなければならない。
2　実施機関から個人情報の取扱いの委託を受けた者（以下この項において「受託者」という。）は、受託した事務に関して、当該受託者が保有する個人情報の漏えい、滅失又はき損の防止その他の当該個人情報の適切な管理のために必要な措置を講じなければならない。
3　前項の受託事務に従事している者又は従事していた者は、その事務に関して知り得た個人情報の内容をみだりに他人に知らせ、又は不当な目的に利用してはならない。

石川県（委託に伴う措置等）
第十条 実施機関は、個人情報取扱事務を実施機関以外の者に委託しようとするときは、個人情報の保護に関し必要な措置を講じなければならない。
2　実施機関から個人情報取扱事務の委託を受けた者は、個人情報の漏えい、滅失又はき損の防止その他の個人情報の適切な管理のために必要な措置を講じなければならない。
3　前項の委託を受けた事務に従事している者又は従事していた者は、当該事務に関して知り得た個人情報の内容をみだりに他人に知らせ、又は不当な目的に利用してはならない。

福井県（委託に伴う措置等）
第十二条 実施機関は、個人情報を取り扱う事務の全部または一部を実施機関以外のものに委託するときは、当該委託に係る契約において、委託を受けたものが個人情報の保護のために講ずべき措置を明らかにしなければならない。

岐阜県（委託に伴う措置等）

第十一条　実施機関は、個人情報取扱事務を実施機関以外のものに委託しようとするときは、その契約において、委託を受けたものが講ずべき個人情報の保護のために必要な措置を明らかにしなければならない。

静岡県（委託に伴う措置等）
第十条　実施機関は、個人情報の取扱いを委託するに当たっては、個人情報の保護に関し必要な措置を講じなければならない。

愛知県（委託に伴う措置等）
第二十七条　実施機関は、個人情報を取り扱う事務を委託しようとするときは、個人情報の保護のために必要な措置を講じなければならない。

三重県（委託に伴う措置）
第十三条　実施機関は、個人情報取扱事務を実施機関以外のものに委託しようとするときは、その契約において、委託を受けたものが個人情報の保護のために講ずべき措置を明らかにしなければならない。

滋賀県（委託に伴う措置等）
第八条　実施機関は、個人情報の取扱いに伴う事務を委託しようとするときは、個人情報の保護に関し必要な措置を講じなければならない。

京都府（委託に伴う措置等）
第十条　実施機関は、個人情報の取扱いを伴う事務の全部又は一部を実施機関以外のものに委託しようとするときは、当該委託契約において、委託を受けたものが講じるべき、個人情報の漏えい、き損及び滅失の防止その他の個人情報の適切な管理のために必要な措置を明らかにしなければならない。

大阪府（委託に伴う措置等）
第十条　実施機関は、個人情報取扱事務を実施機関以外のものに委託するときは、個人情報の保護のために必要な措置を講じなければならない。

兵庫県（委託に伴う措置等）
第十二条　実施機関は、個人情報取扱事務その他の個人情報を取り扱う事務を実施機関以外のものに委託しようとするときは、その契約において、委託を受けたものが構ずべき安全確保の措置を明らかにしなければならない。

奈良県（委託に伴う措置等）
第九条　実施機関は、個人情報の取扱いを伴う事務の委託をしようとするときは、当該委託に係る契約において、個人情報の保護のために必要な措置を明らかにしなければならない。

和歌山県（委託に伴う措置）
第十一条　実施機関は、個人情報取扱事務を実施機関以外のものに委託するときは、個人情報の保護に関し必要な措置を講じなければならない。

鳥取県（委託に伴う措置等）
第十一条　実施機関は、個人情報の取扱いを伴う業務を実施機関以外の者に委託しようとするときは、当該委託契約において、委託を受けた者が講ずるべき個人情報保護のために必要な措置を明らかにしなければならない。

島根県（委託に伴う措置）
第十条　実施機関は、個人情報取扱事務を実施機関以外のものに委託するときは、

当該委託に係る契約において、委託を受けたものが講ずべき個人情報の保護のために必要な措置を明らかにしなければならない。

岡山県（委託に伴う措置）
第十二条　実施機関は、個人情報を取り扱う事務に係る業務を委託しようとするときは、個人情報の保護に関し必要な措置を講じなければならない。

広島県（委託に伴う措置等）
第二十一条　実施機関は、個人情報の取扱いを伴う事務を実施機関以外のものに委託しようとするときは、個人情報の保護のために必要な措置を講じなければならない。

山口県（事務の委託に伴う措置）
第九条　実施機関は、個人情報の取扱いを伴う事務を実施機関以外の者に委託するときは、当該委託に係る契約において、個人情報の適正な取扱いを確保するために受託者が構ずべき措置を明らかにしなければならない。

徳島県（委託に伴う措置）
第十二条　実施機関は、個人情報取扱事務の全部又は一部を実施機関以外のものに委託するときは、当該委託に係る契約において、委託を受けたものが講ずべき個人情報の保護のために必要な措置を明らかにしなければならない。

香川県（委託に伴う措置）
第十一条　実施機関は、個人情報取扱事務の全部又は一部を実施機関以外のものに委託しようとするときは、当該委託に係る契約において、受託者が構ずべき安全確保の措置を明らかにしなければならない。

愛媛県（委託に伴う措置等）
第十四条　実施機関は、個人情報取扱事務の全部又は一部を実施機関以外のものに委託するときは、当該委託に係る契約において、委託を受けたものが講ずべき個人情報の保護のために必要な措置を明らかにしなければならない。

福岡県（委託に伴う措置の要求）
第七条　実施機関は、個人情報の取扱いを伴う事務を実施機関以外の者に委託しようとするときは、受託者に対し、安全確保の措置を講ずるよう求めなければならない。

佐賀県（委託に伴う措置等）
第十二条　実施機関は、個人情報を取り扱う事務を実施機関以外のものに委託しようとするときは、委託契約において、委託を受けたものが講ずべき個人情報の保護のために必要な措置を明らかにしなければならない。
4　前三項の規定は、地方自治法（昭和二十二年法律第六十七号）第二百四十四条の二第三項の規定に基づき、公の施設の管理を行わせようとする場合について準用する。

長崎県（委託に関する措置等）
第十一条　実施機関は、個人情報取級事務を実施機関以外のものに委託しようとするときは、当該委託に係る契約において、受託者が講ずべき安全確保の措置を明らかにしなければならない。

熊本県（外部委託に関する措置）

7　利用及び提供の制限

第十三条　実施機関は、個人情報取扱事務を実施機関以外のものに委託しようとするとき、その契約において、委託を受けたものが構ずべき安全確保の措置を明らかにしなければならない。

大分県（委託に伴う措置等）

第十一条　実施機関は、個人情報の取扱いを伴う事務を実施機関以外のものに委託をしようとするときは、当該委託に係る契約において、個人情報の保護に関し必要な措置を明らかにしなければならない。

宮崎県（外部委託に伴う措置等）

第十四条　実施機関は、個人情報を取り扱う事務を実施機関以外のものに委託しようとするときは、当該委託契約において、委託を受けたものが講ずべき個人情報の保護のため必要な措置を明らかにしなければならない。

沖縄県（委託に関する措置等）

第十四条　実施機関は、個人情報取扱事務を実施機関以外のものに委託するときは、個人情報の保護のために必要な措置を構じなければならない。

(5)　受託者の構ずべき措置

青森県（委託に伴う措置等）

第十二条　2　実施機関から個人情報取扱事務の委託を受けたものは、当該個人情報取扱事務に係る個人情報の漏えい、滅失及びき損の防止その他の当該個人情報の適切な取扱いのために必要な措置を講ずるよう努めなければならない。

3　実施機関から委託を受けた個人情報取扱事務に従事している者又は従事していた者は、当該個人情報取扱事務に関して知り得た個人情報をみだりに他人に知らせ、又は不当な目的に使用してはならない。

岩手県（委託に伴う措置等）

第九条　2　実施機関から個人情報を取り扱う事務の委託を受けた者は、個人情報の漏えい、滅失及びき損の防止その他の個人情報の適切な管理のために必要な措置を講じなければならない。

3　前項の委託を受けた事務に従事している者又は従事していた者は、その事務に関して知り得た個人情報をみだりに他人に知らせ、又は不当な目的に使用してはならない。

宮城県（委託に伴う措置等）

第十三条　2　実施機関から個人情報を取り扱う事務の委託を受けたものは、個人情報の保護に関し必要な措置を講ずるよう努めなければならない。

3　前項の委託を受けた事務に従事している者又は従事していた者は、当該事務に関して知り得た個人情報をみだりに他人に知らせ、又は不当な目的に使用してはならない。

秋田県（委託に伴う措置等）

第十三条　2　前項の委託を受けた事務に従事している者又は従事していた者は、当該事務に関して知り得た個人情報をみだりに他人に知らせ、又は不当な目的に使用してはならない。

山形県（委託に伴う措置等）

第九条　2　実施機関から個人情報を取り扱う事務の委託を受けたものは、個人情報の適正な取扱いを確保するために必要な措置を講ずるよう努めなければならない。
3　実施機関から受託した個人情報を取り扱う事務に従事している者又は従事していた者は、その事務に関して知り得た個人情報を正当な理由なく他人に知らせ、又は不当な目的に使用してはならない。

福島県（委託に伴う措置等）
第九条　2　実施機関から個人情報を取り扱う事務の委託を受けたものは、個人情報の適切な取扱いのために必要な措置を講ずるよう努めなければならない。
3　前項の委託を受けた事務に従事している者又は従事していた者は、その事務に関して知り得た個人情報をみだりに他人に知らせ、又は不当な目的に使用してはならない。

茨城県（受託者等の義務）
第十二条　2　前項の受託業務に従事している者又は従事していた者は、当該業務に関して知り得た個人情報の内容をみだりに他人に知らせ、又は不当な目的に使用してはならない。

栃木県（委託に伴う措置等）
第十二条　2　実施機関から個人情報を取り扱う事務の委託を受けたものは、個人情報の漏えい、滅失及びき損の防止その他の個人情報の適正な管理のために必要な措置を講ずるよう努めなければならない。
3　前項の委託を受けた個人情報を取り扱う事務に従事している者又は従事していた者は、当該事務に関して知り得た個人情報をみだりに他人に知らせ、又は不当な目的に使用してはならない。

群馬県（委託に伴う措置等）
第十一条　2　実施機関から個人情報取扱事務の委託を受けたものは、安全確保の措置を講ずるよう努めなければならない。
3　前項の委託を受けた事務に従事している者又は従事していた者は、当該事務に関して知り得た個人情報をみだりに他人に知らせ、又は不当な目的に使用してはならない。

千葉県（委託に伴う措置等）
第十二条　3　第一項の委託を受けた事務に従事している者又は従事していた者は、その事務に関して知り得た個人情報をみだりに他人に知らせ、又は不当な目的に使用してはならない。

東京都（受託者等の責務）
第九条　実施機関から個人情報を取り扱う事務を受託したものは、個人情報の漏えい、滅失及びき損の防止その他の個人情報の適正な管理のために必要な措置を講ずるよう努めなければならない。
2　前項の受託事務に従事している者又は従事していた者は、その事務に関して知り得た個人情報をみだりに他人に知らせ、又は不当な目的に使用してはならない。

山梨県（委託に伴う措置等）

7 利用及び提供の制限

第十条　2　実施機関から個人情報を取り扱う事務の委託を受けたもの又は指定管理者は、安全確保の措置を講ずるよう努めなければならない。
3　前項の委託を受けた事務又は指定管理者の管理する公の施設の管理の業務に従事している者又は従事していた者は、当該事務に関して知り得た個人情報をみだりに他人に知らせ、又は不当な目的に使用してはならない。

新潟県（委託に伴う措置等）

第十二条　2　実施機関から前項の委託を受けたものは、安全確保の措置を講ずるよう努めなければならない。
3　前項の委託を受けた事務に従事している者又は従事していた者は、その事務又は事務に関して知り得た個人情報をみだりに他人に知らせ、又は不当な目的に使用してはならない。

福井県（委託に伴う措置等）

第十二条　2　前項に規定する場合において、委託を受けた事務に従事している者または従事していた者は、当該事務に関して知り得た個人情報をみだりに他人に知らせ、または不当な目的に使用してはならない。

岐阜県（委託に伴う措置等）

第十一条　2　実施機関から個人情報取扱事務の委託を受けたものは、前項の個人情報の保護ために必要な措置を講じなければならない。
3　前項の委託を受けた事務に従事している者又は従事していた者は、当該事務に関して知ることのできた個人情報をみだりに他人に知らせ、又は不当な目的に使用してはならない。

静岡県（委託に伴う措置等）

第十条　2　実施機関から個人情報の取扱いの委託を受けた者は、受託した業務に関して、個人情報の漏えい、滅失又はき損の防止その他の個人情報の適切な管理のために必要な措置を講じなければならない。
3　前項の受託業務に従事している者又は従事していた者は、その業務に関して知り得た個人情報の内容をみだりに他人に知らせ、又は不当な目的に利用してはならない。

愛知県（委託に伴う措置等）

第二十七条　2　実施機関から個人情報を取り扱う事務の委託を受けたものは、個人情報の安全確保の措置を講ずるよう努めなければならない。
3　前項の委託を受けた事務に従事している者又は従事していた者は、その事務に関して知ることのできた個人情報をみだりに他人に知らせ、又は不当な目的に使用してはならない。

三重県（委託に伴う措置）

第十三条　2　実施機関から前項の委託を受けたものは、個人情報の漏えい、滅失及びき損の防止その他の個人情報の適切な管理のために必要な措置を講ずるよう努めなければならない。
3　前項の委託を受けた事務に従事している者又は従事していた者は、当該事務に関して知ることができた個人情報をみだりに他人に知らせ、又は不当な目的に使用してはならない。

滋賀県（委託に伴う措置等）
第八条 2　実施機関から個人情報の取扱いを伴う事務の委託を受けたものは、安全確保の措置を講ずるよう努めなければならない。
3　前項の委託を受けた事務に従事している者または従事していた者は、その事務に関して知り得た個人情報をみだりに他人に知らせ、又は不当な目的に使用してはならない。

京都府（委託に伴う措置等）
第十条 2　実施機関から個人情報の取扱いを伴う事務の委託を受けたものは、個人情報の安全確保の措置を講じるよう努めなければならない。
3　前項の委託を受けた事務に従事している者又は従事していた者は、その事務に関して知り得た個人情報をみだりに他人に知らせ、又は不当な目的に使用してはならない。

大阪府（委託に伴う措置等）
第十条 2　実施機関から個人情報取扱事務の委託を受けたものは、個人情報の適切な取扱いを講ずるよう努めなければならない。
3　前項の委託を受けた事務に従事している者又は従事していた者は、その事務に関して知り得た個人情報をみだりに他人に知らせ、又は不当な目的に使用してはならない。

兵庫県（委託に伴う措置等）
第十二条 2　実施機関から前項の事務の委託を受けたものは、同項の完全確保の措置を講ずるよう努めなければならない。
3　前項の委託を受けた事務に従事している者又は従事していた者は、当該事務に関して知ることのできた個人情報をみだりに他人に知らせ、又は不当な目的に使用してはならない。

奈良県（委託に伴う措置等）
第九条 2　実施機関から個人情報の取扱いを伴う事務の委託を受けた者は、当該個人情報について安全確保の措置を講ずるよう努めなければならない。
3　実施機関から委託を受けた個人情報の取扱いを伴う事務に従事している者又は従事していた者は、その事務に関して知ることができた個人情報をみだりに他人に知らせ、又は不当な目的に使用してはならない。

和歌山県（委託に伴う措置）
第十一条 2　実施機関から個人情報取扱事務の委託を受けたものは、個人情報の漏えい、滅失又はき損の防止その他の個人情報の適切な管理のために必要な措置を講じなければならない。
3　前項の委託を受けた事務に従事している者又は従事していた者は、その事務に関して知り得た個人情報の内容をみだりに他人に知らせ、又は不当な目的に使用してはならない。

鳥取県（委託に伴う措置等）
第十一条 2　実施機関から個人情報の取扱いを伴う業務の委託を受けた者は、個人情報の漏えい、滅失及びき損の防止その他個人情報の適正な管理のために必要な措置を講ずるよう努めなければならない。

3　実施機関から委託された個人情報の取扱いを伴う業務に従事している者又は従事していた者は、その業務に関して知り得た個人情報をみだりに他人に知らせ、又は不当な目的に使用してはならない。

岡山県（受託者等の責務）
第十三条　実施機関から個人情報を取り扱う事務に係る業務を受託したものは、当該個人情報について安全確保措置を講じなければならない。
2　前項の規定により受託した業務に従事している者又は従事していた者は、その業務に関して知り得た個人情報をみだりに他人に知らせ、又は不当な目的に利用してはならない。

広島県（委託に伴う措置等）
第二十一条　2　実施機関から個人情報の取扱いを伴う事務の委託を受けたものは、個人情報の漏えい、滅失及びき損の防止その他の個人情報の適正な管理のために必要な措置を講ずるよう努めなければならない。
3　前項の委託を受けた事務に従事している者又は従事していた者は、その事務に関して知り得た情報をみだりに他人に知らせ、又は不当な目的に使用してはならない。

徳島県（委託に伴う措置）
第十二条　2　実施機関から個人情報取扱事務の委託を受けたものは、個人情報の漏えい、滅失又はき損の防止その他の個人情報の適切な管理のために必要な措置を講じなければならない。
3　実施機関から個人情報取扱事務の委託を受けたものが受託した業務を行う場合において、当該業務に従事している者又は従事していた者は、その業務に関して知り得た個人情報をみだりに他人に知らせ、又は不当な目的に使用してはならない。

愛媛県（委託に伴う措置等）
第十四条　2　実施機関から個人情報取扱事務の委託を受けたものは、個人情報の漏えい、滅失及びき損の防止その他の個人情報の適切な管理のために必要な措置を講ずるよう努めなければならない。
3　前項の委託を受けた事務に従事している者又は従事していた者は、その事務に関して知り得た個人情報をみだりに他人に知らせ、又は不当な目的に使用してはならない。

高知県（委託等に伴う措置）
第十四条　2　実施機関から個人情報取扱事務の委託を受けたもの又は個人情報取扱事務を行わせることとされた指定管理職は、前項の規定により講ぜられた措置に従い、個人情報を適正に管理しなければならない。
3　前項の委託を受けた、又は指管理者が行うこととされた事務に従事している者又は従事していた者は、その業務に関して知り得た個人情報をみだりに他人に知らせ、又は不当な目的に使用してはならない。

佐賀県（委託に伴う措置等）
第十二条　2　実施機関から個人情報を取り扱う事務の委託を受けたものは、個人情報の漏えい、滅失又はき損の防止その他の個人情報の適正な管理のために

必要な措置を講ずるよう努めなければならない。
3　前項の委託を受けた事務に従事している者又は従事していた者は、当該事務に関して知り得た個人情報をみだりに他人に知らせ、又は不当な目的に使用してはならない。
4　前三項の規定は、地方自治法（昭和二十二年法律第六十七号）第二百四十四条の二第三項の規定に基づき、公の施設の管理を行わせようとする場合について準用する。

長崎県（委託に関する措置等）
第十一条　2　受託者は、前項の契約に基づき安全確保の措置を講じなければならない。
3　第一項の規定により委託を受けた個人情報取扱事務に従事している者又は従事していた者は、当該事務に関して知り得た個人情報をみだりに他人に知らせ、又は不当な目的に使用してはならない。

熊本県（外部委託に関する措置）
第十三条　2　実施機関から前項の個人情報取扱事務の委託を受けたものは、同項の契約に基づき安全確保の措置を講ずるよう努めなければならない。
3　前項の委託を受けた個人情報取扱事務に従事している者又は従事していた者は、当該個人情報取扱事務に関して知り得た個人情報をみだりに他人に知らせ、又は不当な目的に使用してはならない。

大分県（委託に伴う措置等）
第十一条　2　実施機関から個人情報の取扱いを伴う事務の委託を受けたものは、当該事務を行うに当たり取り扱う個人情報について、安全確保措置を講ずるよう努めなければならない。
3　前項の委託を受けた個人情報の取扱いを伴う事務に従事している者又は従事していた者は、当該事務に関して知り得た個人情報をみだりに他人に知らせ、又は不当な目的に利用してはならない。

宮崎県（外部委託に伴う措置等）
第十四条　2　実施機関から個人情報を取り扱う事務の委託を受けたものは、個人情報の漏えい、滅失又はき損の防止その他の個人情報の適切な管理のために必要な措置を講じなければならない。
3　前項の委託を受けた事務に従事している者又は従事していた者は、当該事務に関して知り得た個人情報をみだりに他人に知らせ、又は不当な目的に利用してはならない。

沖縄県（委託に関する措置等）
第十四条　2　実施機関から個人情報取扱事務の委託を受けたものは、安全確保の措置を講ずるよう努めなければならない。
3　前項の委託を受けた事務に従事している者又は従事していた者は、その事務に関して知り得た個人情報をみだりに他人に知らせ、又は不当な目的に使用してはならない。

8　自己情報の開示

⑴　自己情報の開示請求権

北海道（自己に関する個人情報の開示の請求）
第十四条　何人も、実施機関に対し、その保有する自己に関する個人情報（第六条第三項に規定する事務に係るものを除く。以下同じ。）の開示（当該個人情報が存在しないときにその旨を知らせることを含む。第二十一条を除き、以下同じ。）を請求することができる。
2　未成年者又は成人被後見人の法定代理人は、本人に代わって前項の規定による開示の請求（以下「開示請求」という。）をすることができる。

青森県（自己情報の開示請求）
第十三条　何人も、実施機関に対し、当該実施機関が保有する行政文書に記録されている自己を本人とする個人情報の開示の請求をすることができる。
2　未成年者又は成人被後見人の法定代理人は、本人に代わって前項の規定による開示の請求（以下「開示請求」という。）をすることができる。

岩手県（開示請求権）
第十条　何人も、この条例の定めるところにより、実施機関に対し、個人情報取扱事務（第三条第三項に規定する事務を除く。第二十一条第一項及び第二十四条第一項において同じ。）に係る自己に関する個人情報の開示を請求することができる。
2　未成年者又は成年被後見人の法定代理人は、当該未成年者又は成年被後見人に代わって、前項に規定する開示の請求をすることができる。

宮城県（開示請求）
第十四条　何人も、実施機関に対し、当該実施機関の個人情報を取り扱う事務（県の職員又は職員であった者に係る人事、給与、福利厚生等に関する事務を除く。）に係る行政文書に記録されている自己を本人とする個人情報の開示の請求（以下「開示請求」という。）をすることができる。
2　未成年者又は成人被後見人の法定代理人（以下単に「法定代理人」という。）は、当該成人被後見人又は禁治産者に代わって、開示請求をすることができる。
3　実施機関は、開示請求があったときは、第十七条第一項及び第二項に定めるところにより当該開示請求に係る個人情報を開示しなければならない。

秋田県（開示請求）
第十四条　何人も、実施機関に対し、当該実施機関の個人情報を取り扱う事務（県の職員又は職員であった者に関する事務を除く。）に係る行政文書に記録されている自己を本人とする個人情報の開示の請求（以下「開示請求」という。）をすることができる。
2　未成年者又は成年被後見人の法定代理人は、当該未成年者又は成年被後見人に代わって開示請求をすることができる。

山形県（個人情報の開示請求）

第十一条　何人も、この条例の定めるところにより、個人情報を取り扱う事務（第四条第四項第一号に規定する事務を除く。）に係る公文書に記録されている自己を本人とする個人情報の開示を、当該公文書を保有する実施機関（議会にあっては、議長。以下この章（次条第一項第八号を除く。）において同じ。）に対し、請求することができる。
2　未成年者又は成年被後見人の法定代理人（以下「法定代理人」という。）は、本人に代わって前項の開示の請求（以下「開示請求」という。）をすることができる。

　福島県（自己情報の開示請求）
第十一条　何人も、実施機関に対し、当該実施機関が保有する公文書に記録されている自己に関する個人情報（第五条第三項第一号の事務に係るものを除く。）の開示の請求（以下「開示請求」という。）をすることができる。
2　未成年者又は成年被後見人の法定代理人は、本人に代わって開示請求をすることができる。

　茨城県（個人情報の開示請求）
第十四条　何人も、実施機関に対して、公文書又は磁気テープ等に記録されている自己に関する個人情報（個人の氏名、生年月日その他の記述又は個人別に付された番号、記号その他の符号により、容易に検索し得るものに限る。）について、その開示（個人情報が存在しないときにその旨を知らせることを含む。以下同じ。）を請求することができる。
2　未成年者又は成年被後見人の法定代理人は、本人に代わって前項の開示の請求（以下「開示請求」という。）をすることができる。

　栃木県（個人情報の開示を請求できる者）
第十三条　何人も、実施機関に対し、当該実施機関の保有する公文書に記録されている自己の個人情報（第五条第三項第一号に規定する事務に係るものを除く。以下同じ。）の開示を請求することができる。
2　未成年者又は成年被後見人の法定代理人は、本人に代わって前項の規定による開示の請求（以下「開示請求」という。）をすることができる。

　群馬県（開示請求）
第十二条　何人も、実施機関に対し、公文書に記録されている自己の個人情報（県の職員又は職員であった者に係る人事、給与、福利厚生等に関する事務に係るものを除く。）の開示の請求（以下「開示請求」という。）をすることができる。
2　未成年者又は成年被後見人の法定代理人は、当該未成年者又は成年被後見人に代わって開示請求をすることができる。

　埼玉県（開示請求）
第十二条　何人も、実施機関に対し、公文書に記録された自己の個人情報（前条第三項に規定する事務に係るものを除く。）であって、当該実施機関の権限に属する事務に係るものの開示を請求することができる。
2　未成年者又は禁治産者の法定代理人は、実施機関が定めるところにより、本人に代わって前項の開示の請求（以下「開示請求」という。）をすることができ

千葉県（開示請求）

第十四条　何人も、実施機関に対し、公文書又は磁気テープ等に記録された自己の個人情報（他人の氏名、生年月日その他の記述又は他人の個人別に付された番号、記号その他の符号によらないで本人を検索し得るものに限る。）の開示の請求（以下「開示請求」という。）をすることができる。

2　未成年者又は成人被後見人の法定代理人は、本人に代わって開示請求をすることができる。

東京都（個人情報の開示を請求できる者）

第十二条　何人も、実施機関に対し、公文書に記録されている自己の個人情報（第五条第二項に規定する事務に係るものを除く。以下同じ。）の開示の請求（以下「開示請求」という。）をすることができる。

2　未成年者又は禁治産者の法定代理人は、本人に代わって開示請求をすることができる。

神奈川県（自己情報の開示請求権）

第十五条　何人も、実施機関が保有する自己を本人とする個人情報の開示（個人情報が存在しないときにその旨を知らせることを含む。以下同じ。）を請求することができる。

2　未成年者又は成人被後見人の法定代理人は、本人に代わって前項の開示の請求（以下「開示の請求」という。）をすることができる。

3　実施機関は、開示の請求があったときは、第十八条第一項及び第二項に規定する方法により当該開示の請求に係る個人情報の開示をしなければならない。

山梨県（自己情報の開示請求）

第十三条　何人も、実施機関に対し、行政文書に記録されている自己の個人情報の開示（個人情報が存在しないときにその旨を知らせることを含む。以下同じ。）を請求することができる。

2　未成年者又は成人被後見人の法定代理人は、本人に代わって前項の開示の請求（以下「開示請求」という。）をすることができる。

3　実施機関は、開示請求があった場合には、当該開示請求に係る個人情報の開示をしなければならない。

長野県（開示の請求）

第十一条　何人も、この条例の定めるところにより、実施機関に対し、当該実施機関が管理する自己の記録情報（氏名、生年月日その他の記述又は個人別に付された番号、記号その他の符号により検索し得るものに限る。）の開示を請求することができる。

2　未成年者又は成人被後見人の法定代理人は、本人に代わって前項の開示の請求（以下「開示請求」という。）をすることができる。

新潟県（開示請求）

第十四条　何人も、実施機関に対して、その個人情報取扱事務（県の職員又は職員であった者に関する事務を除く。）に係る公文書又は磁気テープ等に記録されている自己を本人とする個人情報（磁気テープ等に記録されている個人情報に

あっては、実施機関において現に使用中のプログラムを用いて検索及び印刷が可能なものに限る。）の開示を請求することができる。
2　未成年者又は成人被後見人の法定代理人は、本人に代わって前項の規定による開示の請求（以下「開示請求」という。）をすることができる。

富山県　（開示請求権）

第十三条　何人も、この条例の定めるところにより、実施機関に対し、当該実施機関の保有する自己を本人とする保有個人情報の開示を請求することができる。
2　未成年者又は成年被後見人の法定代理人は、この条例の定めるところにより、実施機関に対し、本人に代わって、当該実施機関の保有する当該未成年者又は成年被後見人を本人とする保有個人情報の開示を請求することができる。

石川県　（開示請求権）

第十二条　何人も、この条例の定めるところにより、実施機関に対し、当該実施機関の保有する自己を本人とする保有個人情報の開示を請求することができる。
2　未成年者又は成年被後見人の法定代理人は、本人に代わって前項の規定による開示の請求（以下「開示請求」という。）をすることができる。

福井県　（個人情報の開示を請求できる者）

第十三条　何人も、実施機関に対し、当該実施機関の個人情報を取り扱う事務（第六条第四項第一号に掲げる事務を除く。）に係る公文書に記録されている自己を本人とする個人情報の開示の請求（以下「開示請求」という。）をすることができる。
2　未成年者または成年被後見人の法定代理人は、当該未成年者または成年被後見人に代わって開示請求をすることができる。ただし、本人が反対の意思を表示したときは、この限りでない。
3　本人が開示請求をすることができないやむを得ない理由があると認められる場合には、前項の法定代理人以外の代理人によって開示請求をすることができる。

岐阜県　（開示請求）

第十三条　何人も、実施機関に対し、当該実施機関の個人情報取扱事務（前条第三項第一号に規定する事務を除く。）に係る公文書に記録されている自己の個人情報の開示の請求（以下「開示請求」という。）をすることができる。
2　未成年者又は成人被後見人の法定代理人（以下「代理人」という。）は、本人に代わって開示請求をすることができる。ただし、本人が反対の意思を表示したときは、この限りでない。

静岡県　（開示請求権）

第十五条　何人も、この条例の定めるところにより、実施機関に対し、その保有する自己を本人とする保有個人情報の開示を請求することができる。
2　未成年者又は成年被後見人の法定代理人は、本人に代わって前項の規定による開示の請求（以下「開示請求」という。）をすることができる。

愛知県　（自己情報の開示請求）

第十三条　何人も、実施機関に対して、その保有する自己に関する個人情報の開示（当該個人情報が存在しないときにその旨を知らせることを含む。以下同

8 自己情報の開示

じ。)を請求することができる。
2　未成年者又は成人被後見人の法定代理人は、本人に代わって前項の開示の請求（以下「開示請求」という。)をすることができる。

三重県（個人情報の開示請求）
第十四条　何人も、実施機関に対し、公文書に記録されている自己に関する個人情報の開示を請求することができる。
2　前項の規定による請求（以下「開示請求」という。)は、実施機関が別に定めるところにより、代理人によってすることができる。

滋賀県（自己情報の開示請求）
第十一条　何人も、実施機関に対し、自己に関する個人情報の開示の請求（以下「開示請求」という。)をすることができる。ただし、前条第三項に規定する事務に係るものについては、この限りでない。
2　未成年者または成人被後見人の法定代理人は、本人に代わって開示請求をすることができる。

京都府（開示の請求）
第十二条　何人も、実施機関に対し、公文書（昭和六十三年十月一日前に作成され、又は取得された物にあっては、保存年数が永年である物に限る。)又は磁気記録媒体等に記録されている自己の個人情報（前条第五項に規定する事務に係る個人情報を除く。第十九条において同じ。)であって、検索し得るものの開示の請求（以下「開示請求」という。)をすることができる。

大阪府（開示請求）
第十二条　何人も、実施機関に対し、当該実施機関が現に保有している自己に関する個人情報（第六条第三項第一号及び第二号に規定する事務に係るものを除く。第二十三条第一項、第二十八条第一項及び第三十二条第一項において同じ。)であって、検索し得るものの開示を請求することができる。
2　未成年者又は成人被後見人の法定代理人は、本人に代わって、前項の規定による請求（以下「開示請求」という。)をすることができる。

兵庫県（開示請求）
第十四条　何人も、実施機関に対し、公文書に記録されている自己の個人情報（前条第三項に規定する事務に係るものを除く。以下第二十九条第四項において同じ。)の開示（当該個人情報が存在しない場合にその旨を知らせることを含む。以下同じ。)の請求（以下「開示請求」という。)をすることができる。
2　未成年者又は成人被後見人の法定代理人（以下「代理人」という。)は、本人に代わって開示請求をすることができる。ただし、本人が反対の意思を表示したときは、この限りでない。

奈良県（開示請求）
第十一条　何人も、実施機関に対し、行政文書に記録されている自己を個人情報の本人とする個人情報（個人の氏名、生年月日その他の記述又は個人別に付された番号、記号その他の符号により当該個人を容易に検索し得る状態で記録されたものに限る。)の開示の請求（前条第四項第一号に掲げる事務に係るものを除く。以下「開示請求」という。)をすることができる。ただし、磁気テープ等

に記録されている個人情報であって、当該個人情報について現に使用しているプログラム（電子計算機に対する指令であって、一の結果を得ることができるように組み合わされたものをいう。）を用いて出力することにより書面を作成することができないものについては、この限りでない。
2　未成年者又は成年被後見人の法定代理人（以下「法定代理人」という。）は、本人に代わって開示請求をすることができる。

和歌山県　（開示請求権）
第十六条　何人も、この条例の定めるところにより、実施機関に対し、当該実施機関の保有する自己を本人とする保有個人情報の開示を請求することができる。
2　未成年者又は成年被後見人の法定代理人は、本人に代わって前項の規定による開示の請求（以下「開示請求」という。）をすることができる。

鳥取県　（開示請求）
第十二条　何人も、実施機関に対して、当該実施機関の個人情報取扱事務に係る自己の個人情報（第六条第三項各号に掲げる事務に係るものを除く。第二十六条第二項及び第二十七条第一項において同じ。）について開示（個人情報が存在しないときにその旨を知らせることを含む。）の請求をすることができる。
2　前項の請求（以下「開示請求」という。）は、本人が請求することができないやむを得ない理由があると認められる場合には、代理人によってすることができる。

島根県　（開示請求）
第十一条　何人も、この条例の定めるところにより、実施機関に対し、公文書（島根県情報公開条例（平成十二年島根県条例第五十二号）第二条第二項に規定する公文書をいう。以下同じ。）に記録されている自己の個人情報（第四条第二項第一号に掲げる事務に係るものを除く。）の開示の請求（以下「開示請求」という。）をすることができる。
2　未成年者又は成年被後見人の法定代理人（以下「法定代理人」という。）は、本人に代わって開示請求をすることができる。

岡山県　（保有個人情報の開示を請求することができる者）
第十四条　何人も、実施機関に対し、公文書に記録されている個人情報（以下「保有個人情報」という。）であって、自己を個人情報の本人とするものの開示を請求することができる。ただし、保有個人情報が、第九条第四項第一号に掲げる事務、刑事事件に係る裁判、検察官、検察事務官若しくは司法警察職員が行う処分又は刑の執行に係るものであるときは、この限りでない。
2　未成年者又は成年被後見人の法定代理人は、本人に代わって前項の開示の請求（以下「開示請求」という。）をすることができる。

広島県　（開示請求）
第九条　何人も、実施機関に対し、当該実施機関が保有する個人情報取扱事務（第五条第五項に規定する事務を除く。以下同じ。）に係る自己に関する個人情報について開示（個人情報が存在しないときにその旨を知らせることを含む。以下同じ。）の請求をすることができる。
2　未成年者又は禁治産者の法定代理人は、本人に代わって前項の開示の請求

（以下「開示請求」という。）をすることができる。
山口県（開示請求権）
第十条　何人も、この条例の定めるところにより、実施機関に対し、公文書に記録されている自己の個人情報の開示を請求することができる。
2　未成年者又は成年被後見人の法定代理人は、本人に代わって前項の規定による開示の請求（以下「開示請求」という。）をすることができる。
徳島県（開示請求）
第十三条　何人も、実施機関に対し、当該実施機関が保有する自己を本人とする保有個人情報（第五条第四項に規定する個人情報取扱事務に係るものを除く。）の開示を請求することができる。
2　代理人は、本人に代わって前項の規定による開示の請求（以下「開示請求」という。）をすることができる。ただし、未成年者又は成年被後見人の法定代理人以外の代理人にあっては、やむを得ない理由により本人が自ら開示請求をすることが困難であると認められる場合に限り、開示請求をすることができる。
香川県（開示請求）
第十三条　何人も、実施機関に対し、文書等又は磁気テープ等に記録されている自己の個人情報の開示（個人情報が存在しないときにその旨を知らせることを含む。以下同じ。）の請求（以下「開示請求」という。）をすることができる。ただし、前条第三項に規定する個人情報取扱事務に係るものについては、この限りでない。
2　未成年者又は成年被後見人の法定代理人（以下「代理人」という。）は、本人に代わって開示請求をすることができる。
愛媛県（開示の請求）
第十五条　何人も、この条例の定めるところにより、実施機関に対し、公文書に記録されている自己に関する個人情報（第七条第三項第一号に掲げる事務に係るものを除く。）の開示の請求をすることができる。
2　未成年者又は成年被後見人の法定代理人は、本人に代わって前項の規定による開示の請求（以下「開示請求」という。）をすることができる。
高知県（開示請求権）
第十五条　何人も、実施機関に対し、公文書に記録されている自己の個人情報の開示（当該個人情報が存在しないことの確認を含む。以下同じ。）を請求することができる。
2　未成年者又は成年被後見人の法定代理人は、本人に代わって個人情報の開示の請求（以下「開示請求」という。）をすることができる。
福岡県（開示の請求）
第十条　何人も、実施機関に対し、当該実施機関が保有する個人情報取扱事務（前条第三項に規定する事務を除く。）に係る自己の個人情報（磁気テープ等に記録されている個人情報にあっては、現に使用しているプログラムを用いて出力できるものに限る。以下この章において同じ。）の開示を請求することができる。
2　未成年者又は成年被後見人の法定代理人は、本人に代わって前項の規定によ

る開示の請求（以下「開示請求」という。）をすることができる。
佐賀県（開示請求権）
第十三条　何人も、この条例の定めるところにより、実施機関に対し、当該実施機関の管理する公文書に記録されている自己の個人情報の開示の請求（以下「開示請求」という。）をすることができる。
2　未成年者又は成年被後見人の法定代理人は、本人に代わって開示請求をすることができる。
長崎県（開示請求）
第十二条　何人も、実施機関に対し、公文書に記録されている自己の個人情報（第六条第三項第一号に規定する事務に係るものを除く。第二十四条第一項及び第三十一条第一項において同じ。）の開示の請求（以下「開示請求」という。）をすることができる。
2　未成年者又は成年被後見人の法定代理人（以下「法定代理人」という。）は、本人に代わって開示請求をすることができる。
熊本県（開示請求できる者）
第十四条　何人も、実施機関に対し、行政文書に記録されている自己に関する個人情報（県の職員又は職員であった者に係る人事、給与、福利厚生等に関する事務に係るものを除く。以下「自己情報」という。）の開示の請求をすることができる。
2　未成年者又は成年被後見人の法定代理人（以下「法定代理人」という。）は、本人に代わって前項の規定による開示の請求（以下「開示請求」という。）をすることができる。
大分県（開示請求権）
第十三条　何人も、実施機関に対し、当該実施機関の管理する公文書に記録されている自己を本人とする個人情報の開示を請求することができる。
2　未成年者又は成年被後見人の法定代理人は、本人に代わって前項の開示の請求（以下「開示請求」という。）をすることができる。
宮崎県（開示請求権）
第十五条　何人も、この条例の定めるところにより、実施機関に対し、当該実施機関の保有する公文書に記録されている自己を本人とする個人情報（県の職員又は職員であった者に係る事務であって、専らその人事、給与若しくは福利厚生に関する事項又はこれらに準ずる事項を記録するものに係る個人情報を除く。）の開示を請求することができる。
2　未成年者又は成年被後見人の法定代理人は、本人に代わって前項の規定による開示の請求（以下「開示請求」という。）をすることができる。
鹿児島県（開示請求権）
第十一条　何人も、この条例の定めるところにより、実施機関に対し、当該実施機関の保有する自己を本人とする保有個人情報の開示を請求することができる。
2　未成年者又は成年被後見人の法定代理人（以下「法定代理人」という。）は、本人に代わって前項の規定による開示の請求（以下「開示請求」という。）をすることができる。

沖縄県（開示の請求）
第十五条 何人も、実施機関に対し、当該実施機関が保有する自己の個人情報（以下「自己情報」という。）の開示を請求することができる。
2 未成年者又は成人被後見人の法定代理人は、本人に代わって前項の規定による開示の請求（以下「開示請求」という。）をすることができる。

(2) 死者の個人情報請求権

岩手県（開示請求権）
第十条 3 死者に関する個人情報については、前二項の規定にかかわらず、当該死者の配偶者（婚姻の届出をしていないが、事実上婚姻関係と同様の事情にあった者を含む。）、子、父母、孫、祖父母、兄弟姉妹その他同居の親族は、第一項に規定する開示の請求をすることができる。

富山県（開示請求権）
第十三条 3 死者の個人情報については、次に掲げる者（以下「遺族」という。）は、この条例の定めるところにより、実施機関に対し、当該実施機関の保有する当該死者を本人とする保有個人情報の開示を請求することができる。
一 当該死者の配偶者（届出をしていないが、当該死者の死亡の当時事実上婚姻関係と同様の事情にあった者を含む。）
二 当該死者の子及び父母
三 当該死者の二親等の血族又は一親等の姻族である者（前二号に掲げる者がないときに限る。）

高知県（開示請求権）
第十五条 3 実施機関が高知県個人情報保護制度委員会の意見を聴いた上であらかじめ定めた者は、死者に関する個人情報の開示請求をすることができる。

(3) 開示請求手続き

北海道（開示請求の手続）
第十五条 開示請求をしようとする者は、実施機関に対して、次の事項を記載した開示請求書を提出しなければならない。
一 氏名及び住所
二 開示請求に係る個人情報を特定するために必要な事項
三 前二号に定めるもののほか、実施機関が定める事項
2 開示請求をしようとする者は、実施機関に対して、自己が当該開示請求に係る個人情報の本人又はその法定代理人であることを証明するために必要な書類で実施機関が定めるものを提出し、又は提示しなければならない。

青森県（開示請求の方法）
第十四条 開示請求をしようとする者は、次に掲げる事項を記載した書面（以下「開示請求書」という。）を実施機関に提出しなければならない。
一 氏名及び住所
二 開示請求に係る個人情報を特定するために必要な事項
三 その他実施機関が定める事項

2 開示請求をしようとする者は、自己が当該開示請求に係る個人情報の本人又はその法定代理人であることを証明するために必要な書類等で実施機関が定めるものを提出し、又は提示しなければならない。

3 実施機関は、開示請求書に形式上の不備があると認めるときは、開示請求をした者（以下「開示請求者」という。）に対し、相当の期間を定めて、その補正を求めることができる。この場合において、実施機関は、開示請求者に対し、補正の参考となる情報を提供するよう努めなければならない。

岩手県（開示請求の手続）

第十一条 前条各項の規定に基づく開示の請求（以下「開示請求」という。）は、次に掲げる事項を記載した書面（以下「開示請求書」という。）を実施機関に提出してしなければならない。

一 開示請求をする者の氏名及び住所
二 行政文書の名称その他の開示請求に係る個人情報を特定するに足りる事項
三 その他実施機関が定める事項

2 開示請求をする者は、本人又はその法定代理人若しくは前条第三項の死者に関する個人情報を請求できる者であることを証明するために必要な書類を提出し、又は提示しなければならない。

3 実施機関は、開示請求書に形式上の不備があると認めるときは、開示請求をした者（以下「開示請求者」という。）に対し、相当の期間を定めて、その補正を求めることができる。この場合において、実施機関は、開示請求者に対し、補正の参考となる情報を提供するよう努めなければならない。

宮城県（開示請求の手続）

第十五条 開示請求をしようとする者は、次に掲げる事項を記載した開示請求書を実施機関に提出しなければならない。

一 氏名又は名称及び住所並びに法人にあっては、その代表者の氏名
二 開示請求をしようとする個人情報の特定に必要な事項
三 その他実施機関が定める事項

2 開示請求をしようとする者は、自己が当該開示請求に係る個人情報の本人又はその法定代理人であることを証明するために必要な書類で実施機関が指定するものを提出し、又は提示しなければならない。

秋田県（開示請求の手続）

第十五条 開示請求をしようとする者は、次に掲げる事項を記載した書面（以下「開示請求書」という。）を実施機関に提出しなければならない。

一 氏名及び住所
二 法定代理人が開示請求をする場合にあっては、本人の氏名及び住所
三 行政文書の名称その他の開示請求に係る個人情報を特定するために必要な事項
四 その他実施機関が定める事項

2 開示請求をしようとする者は、自己が当該開示請求に係る個人情報の本人又は法定代理人であることを証明するために必要な書類で実施機関が定めるものを提出し、又は提示しなければならない。

3 実施機関は、開示請求書に形式上の不備があると認めるときは、開示請求をした者(以下「開示請求者」という。)に対し、相当の期間を定めて、その補正を求めることができる。この場合において、実施機関は、開示請求者に対し、補正の参考となる情報を提供するよう努めなければならない。

山形県(個人情報の開示請求)
第十一条 3 開示請求をしようとする者は、次に掲げる事項を記載した書面を実施機関に提出しなければならない。
　一 開示請求をしようとする者の氏名及び住所
　二 開示請求をしようとする個人情報を特定するために必要な事項
　三 その他規則で定める事項
4 開示請求をしようとする者は、実施機関に対して、自己が当該開示請求に係る個人情報の本人又はその法定代理人であることを証明するために必要な書類として規則で定めるものを提出し、又は提示しなければならない。

福島県(開示請求の方法)
第十四条 開示請求をしようとする者は、次に掲げる事項を記載した請求書(以下「開示請求書」という。)を実施機関に提出しなければならない。
　一 開示請求をしようとする者の氏名及び住所
　二 開示請求をしようとする個人情報を特定するために必要な事項
　三 前二号に定めるもののほか、実施機関が定める事項
2 開示請求をしようとする者は、実施機関に対して、自己が当該開示請求に係る個人情報の本人又はその法定代理人であることを証明するために必要な書類として実施機関が定めるものを提出し、又は提示しなければならない。
3 実施機関は、開示請求書に形式上の不備があると認めるときは、開示請求者に対し、相当の期間を定めて、その補正を求めることができる。この場合において、実施機関は、開示請求者に対し、補正の参考となる情報を提供するよう努めなければならない。

茨城県(開示請求の手続)
第十六条 第十四条の規定に基づき開示請求をしようとする者は、実施機関に対して、次の各号に掲げる事項を記載した開示請求書を提出しなければならない。
　一 開示請求をする者の氏名及び住所
　二 開示請求に係る個人情報を特定するために必要な事項
　三 その他実施機関の定める事項
2 開示請求をしようとする者は、実施機関に対して、自己が当該開示請求に係る個人情報の本人又はその法定代理人であることを証明するために必要な書類その他の資料として実施機関が定めるものを提出し、又は提示しなければならない。

栃木県(開示請求の手続)
第十四条 開示請求をしようとする者は、次に掲げる事項を記載した請求書(以下「開示請求書」という。)を実施機関に提出しなければならない。
　一 開示請求をしようとする者の氏名及び住所
　二 開示請求に係る個人情報を特定するために必要な事項

三　前二号に掲げるもののほか、実施機関が定める事項
2　開示請求をしようとする者は、実施機関に対し、自己が当該開示請求に係る個人情報の本人又はその法定代理人であることを証明するために必要な書類で実施機関が定めるものを提出し、又は提示しなければならない。
3　実施機関は、開示請求書に形式上の不備があると認めるときは、開示請求をした者（以下「開示請求者」という。）に対し、相当の期間を定めて、その補正を求めることができる。この場合において、実施機関は、開示請求者に対し、補正の参考となる情報を提供するよう努めなければならない。

群馬県　（開示請求の手続）

第十六条　開示請求をしようとする者は、次に掲げる事項を記載した請求書（以下「開示請求書」という。）を実施機関に提出しなければならない。
一　開示請求をしようとする者の氏名及び住所
二　開示請求に係る個人情報を特定するために必要な事項
三　その他実施機関が定める事項
2　開示請求をしようとする者は、実施機関に対し、自己が当該開示請求に係る個人情報の本人又はその法定代理人であることを証明するために必要な書類として実施機関が定めるものを提出し、又は提示しなければならない。
3　実施機関は、開示請求書に形式上の不備があると認めるときは、開示請求者に対し、相当の期間を定めて、その補正を求めることができる。この場合において、実施機関は、開示請求者に対し、補正の参考となる情報を提供するよう努めなければならない。

埼玉県　（開示請求の方法）

第十五条　第十二条第一項の規定により開示請求をしようとする者は、実施機関に対し、次に掲げる事項を記載した請求書を提出しなければならない。
一　開示請求をしようとする者の氏名及び住所
二　開示請求をしようとする個人情報を特定するために必要な事項
三　その他実施機関が定める事項
2　開示請求をしようとする者は、自己が当該開示請求に係る個人情報の本人又はその法定代理人であることを確認するために必要な書類で実施機関が定めるものを実施機関に提出し、又は提示しなければならない。

千葉県　（開示請求の手続）

第十六条　開示請求をしようとする者は、次の各号に掲げる事項を記載した請求書を実施機関に提出しなければならない。
一　開示請求をしようとする者の氏名及び住所
二　法定代理人が開示請求をしようとする場合にあっては、本人の氏名及び住所
三　開示請求をしようとする個人情報を特定するために必要な事項
四　その他実施機関の定める事項
2　開示請求をしようとする者は、自己が開示請求に係る個人情報の本人又はその法定代理人であることを証明するために必要な書類として実施機関が定めるものを実施機関に提出し、又は提示しなければならない。

東京都（個人情報の開示請求方法）
第十三条 前条の規定に基づき開示請求をしようとする者は、実施機関に対して、次に掲げる事項を記載した開示請求書を提出しなければならない。
　一　開示請求をしようとする者の氏名及び住所
　二　開示請求をしようとする個人情報を特定するために必要な事項
　三　前二号に掲げるもののほか、実施機関が定める事項
2　開示請求をしようとする者は、実施機関に対して、自己が当該開示請求に係る個人情報の本人又はその法定代理人であることを証明するために必要な書類で実施機関が定めるものを提出し、又は提示しなければならない。
3　実施機関は、開示請求書に形式上の不備があると認めるときは、開示請求をした者（以下「開示請求者」という。）に対し、相当の期間を定めて、その補正を求めることができる。この場合において、実施機関は、開示請求者に対し、補正の参考となる情報を提供するよう努めなければならない。

神奈川県（開示の請求の手続）
第十六条 開示の請求をしようとする者は、当該開示の請求に係る個人情報を保有している実施機関に対して、次に掲げる事項を記載した請求書を提出しなければならない。
　一　開示の請求をしようとする者の氏名及び住所
　二　開示の請求に係る個人情報の内容
　三　その他実施機関が定める事項
2　開示の請求をしようとする者は、当該開示の請求をしようとする者が当該開示の請求に係る個人情報の本人であることを確認するために必要な書類で実施機関が定めるものを提出し、又は提示しなければならない。
3　実施機関は、請求書に形式上の不備があると認めるときは、請求者に対し、相当の期間を定めて、その補正を求めることができる。この場合において、実施機関は、請求者に対し、補正の参考となる情報を提供するよう努めなければならない。

神奈川県（開示の請求及び訂正の請求の適用除外）
第二十五条 第十五条から第二十条まで及び前条の規定は、他の法令の規定により、公文書の閲覧又は縦覧の手続が定められているとき、公文書の謄本、抄本等の交付の手続が定められているときその他第十八条第一項及び第二項に規定する方法による個人情報の開示の手続が定められているときにおける個人情報の開示については、適用しない。

山梨県（開示請求の方法）
第十五条 開示請求をしようとする者は、次に掲げる事項を記載した請求書を実施機関に提出しなければならない。
　一　氏名及び住所
　二　開示請求に係る個人情報を特定するために必要な事項
　三　前二号に掲げるもののほか、規則で定める事項
2　前項の場合において、開示請求をしようとする者は、実施機関に対して、自己が当該開示請求に係る個人情報の本人又はその法定代理人であることを証明

するために必要なものとして規則で定める書類を提出し、又は提示しなければならない。

長野県（開示請求の方法）
第十三条　第十一条第一項又は第二項の規定により開示請求をしようとする者は、次に掲げる事項を記載した請求書を実施機関に提出しなければならない。ただし、実施機関があらかじめ定めた記録情報については、口頭により請求することができる。
　一　請求者の氏名及び住所
　二　個人情報ファイルの名称又は記録情報を特定するために必要な事項
　三　記録情報の本人の氏名（第一号に掲げる氏名と異なる場合に限る。）
　四　その他実施機関の定める事項
2　前項の場合において、開示請求をしようとする者は、自己が開示請求に係る記録情報の本人又はその法定代理人であることを明らかにするために必要な書類で実施機関が定めるものを提出し、又は提示しなければならない。
3　実施機関は、第一項の規定による請求書に形式上の不備があると認めるときは、請求者に対し、相当の期間を定めて、その補正を求めることができる。この場合において、実施機関は、請求者に対し、補正の参考となる情報を提供するよう努めなければならない。

新潟県（開示請求の方法）
第十五条　開示請求をしようとする者は、次の事項を記載した請求書を実施機関に提出しなければならない。
　一　開示請求をしようとする者の氏名及び住所
　二　法定代理人が開示請求をしようとする場合にあっては、本人の氏名及び住所
　三　開示請求をしようとする個人情報を特定するために必要な事項
　四　その他実施機関が定める事項
2　開示請求をしようとする者は、自己が当該開示請求に係る個人情報の本人又はその代理人であることを証明するために必要な書類で実施機関が定めるものを提出し、又は提示しなければならない。

富山県（開示請求の手続）
第十四条　前条各項の規定による開示の請求（以下「開示請求」という。）は、次に掲げる事項を記載した書面（以下「開示請求書」という。）を実施機関に提出してしなければならない。
　一　開示請求をする者の氏名及び住所又は居所
　二　開示請求に係る保有個人情報が記載されている公文書の名称その他の開示請求に係る保有個人情報を特定するに足りる事項
　三　前二号に掲げるもののほか、規則で定める事項
2　前項の場合において、開示請求をする者は、規則で定めるところにより、次の各号に掲げる区分に応じ、それぞれ当該各号に定める書類を提示し、又は提出しなければならない。
　一　前条第一項の規定による開示の請求　開示の請求に係る保有個人情報の本

8 自己情報の開示　　　　　　　　都道府県個人情報保護条例・項目別条項集

　　人であることを示す書類
　二　前条第二項の規定による開示の請求　開示の請求に係る保有個人情報の本人の法定代理人であることを示す書類
　三　前条第三項の規定による開示の請求　開示の請求に係る保有個人情報の本人である死者の遺族であることを示す書類
3　実施機関は、開示請求書に形式上の不備があると認めるときは、開示請求をした者（以下「開示請求者」という。）に対し、相当の期間を定めて、その補正を求めることができる。この場合において、実施機関は、開示請求者に対し、補正の参考となる情報を提供するよう努めなければならない。

石川県（開示請求の方法）
第十三条　前条の規定により開示請求をしようとする者は、次に掲げる事項を記載した請求書（以下「開示請求書」という。）を実施機関に提出しなければならない。
　一　開示請求をしようとする者の氏名及び住所
　二　開示請求に係る保有個人情報が記載されている公文書の名称その他の開示請求に係る保有個人情報を特定するに足りる事項
　三　前二号に掲げるもののほか、実施機関が定める事項
2　前項の場合において、開示請求をしようとする者は、実施機関が定めるところにより、開示請求に係る保有個人情報の本人であること（前条第二項の規定による開示請求にあっては、開示請求に係る保有個人情報の本人の法定代理人であること）を示す書類を提示し、又は提出しなければならない。
3　第一項の場合において、開示請求をしようとする者は、実施機関が保有個人情報の特定を容易にできるよう必要な協力をしなければならない。
4　実施機関は、開示請求書に形式上の不備があると認めるときは、開示請求をした者（以下「開示請求者」という。）に対し、相当の期間を定めて、その補正を求めることができる。この場合において、実施機関は、開示請求者に対し、補正の参考となる情報を提供するよう努めなければならない。

福井県（個人情報の開示の請求方法）
第十四条　開示請求は、実施機関に対して、次に掲げる事項を記載した書面（以下「開示請求書」という。）を提出してしなければならない。
　一　開示請求をする者の氏名および住所または居所（法人にあっては、名称および代表者の氏名ならびに主たる事務所の所在地）
　二　代理人が開示請求をする場合にあっては、本人の氏名および住所
　三　前条第三項の代理人が開示請求をする場合にあっては、本人が開示請求をすることができないやむを得ない理由
　四　公文書の名称その他の開示請求に係る個人情報を特定するために必要な事項
　五　その他実施機関が定める事項
2　開示請求をしようとする者は、自己が当該開示請求に係る個人情報の本人またはその代理人であることを証明するために必要な書類で実施機関が定めるものを提出し、または提示しなければならない。

3 実施機関は、開示請求書に形式上の不備があると認めるときは、開示請求をした者（以下「開示請求者」という。）に対し、相当の期間を定めて、その補正を求めることができる。この場合において、実施機関は、開示請求者に対し、補正の参考となる情報を提供するよう努めなければならない。

岐阜県（開示請求の方法）
第十六条　開示請求をしようとする者は、実施機関に対し、次の事項を記載した請求書（以下「開示請求書」という。）を提出しなければならない。
　一　開示請求をしようとする者の氏名及び住所（法人にあっては、名称、代表者の氏名及び主たる事務所の所在地）
　二　開示請求をしようとする者が代理人である場合は、本人の氏名及び住所
　三　開示請求に係る個人情報を特定するために必要な事項
　四　前三号に掲げるもののほか、実施機関が定める事項
2　開示請求をしようとする者は、実施機関に対し、自己が当該開示請求に係る個人情報の本人又はその代理人であることを証明するために必要な書類で実施機関が定めるものを提出し、又は提示しなければならない。
3　実施機関は、開示請求書に形式上の不備があると認めるときは、当該開示請求書を提出した者（以下「開示請求書提出者」という。）に対し、相当の期間を定めて、その補正を求めることができる。この場合において、実施機関は、開示請求書提出者に対し、補正の参考となる情報を提供するよう努めなければならない。

静岡県（開示請求の手続）
第十六条　開示請求は、次に掲げる事項を記載した書面（以下「開示請求書」という。）を実施機関に提出してしなければならない。
　一　開示請求をする者の氏名及び住所又は居所
　二　開示請求に係る保有個人情報が記録されている公文書の名称その他の開示請求に係る保有個人情報を特定するに足りる事項
　三　その他規則で定める事項
2　前項の場合において、開示請求をする者は、規則で定めるところにより、開示請求に係る保有個人情報の本人であること（前条第二項の規定による開示請求にあっては、開示請求に係る保有個人情報の本人の法定代理人であること）を示す書類を提示し、又は提出しなければならない。
3　実施機関は、開示請求書に形式上の不備があると認めるときは、開示請求をした者（以下「開示請求者」という。）に対し、相当の期間を定めて、その補正を求めることができる。この場合において、実施機関は、開示請求者に対し、補正の参考となる情報を提供するよう努めなければならない。

愛知県（開示請求の手続）
第十四条　開示請求をしようとする者は、次の事項を記載した請求書を実施機関に提出しなければならない。ただし、実施機関があらかじめ定めた個人情報の開示請求については、口頭により行うことができる。
　一　開示請求をしようとする者の氏名及び住所
　二　開示請求に係る個人情報を特定するために必要な事項

三　その他実施機関の定める事項
2　開示請求をしようとする者は、実施機関に、自己が当該開示請求に係る個人情報の本人又はその法定代理人であることを証明するために必要な書類で実施機関が定めるものを提出し、又は提示しなければならない。

三重県（開示請求の手続）
第十五条　開示請求をしようとする者は、次に掲げる事項を記載した請求書（以下「開示請求書」という。）を実施機関に提出しなければならない。
一　開示請求をしようとする者の氏名及び住所並びに代理人による開示請求の場合にあっては本人の氏名及び住所
二　開示請求に係る個人情報を特定するために必要な事項
2　開示請求をしようとする者は、実施機関に対し、自己が当該開示請求に係る個人情報の本人又はその代理人であることを証明するために必要な書類で実施機関が定めるものを提示しなければならない。
3　開示請求をしようとする者は、実施機関が個人情報の特定を容易にできるよう必要な協力をしなければならない。
4　実施機関は、開示請求書に形式上の不備があると認めるときは、開示請求をした者（以下「開示請求者」という。）に対し、相当の期間を定めて、その補正を求めることができる。この場合において、実施機関は、開示請求者に対し、補正の参考となる情報を提供するよう努めなければならない。

滋賀県（開示請求の方法）
第十二条　開示請求をしようとする者は、実施機関に対して、次に掲げる事項を記載した開示請求書を提出しなければならない。
一　氏名および住所
二　開示請求をしようとする個人情報を特定するために必要な事項
三　前二号に掲げるもののほか、実施機関の定める事項
2　開示請求をしようとする者は、実施機関に対して、自己が当該開示請求に係る個人情報の本人またはその法定代理人であることを証明するために必要な書類で実施機関が定めるものを提出し、または提示しなければならない。

京都府（開示請求の方法）
第十四条　開示請求をしようとする者は、次に掲げる事項を記載した請求書を実施機関に提出しなければならない。
一　開示請求をしようとする者の氏名及び住所
二　開示請求に係る個人情報の内容
三　前二号に掲げるもののほか、実施機関が定める事項
2　代理人によって開示請求をしようとするときは、その代理人は、前項に規定する請求書に、同項各号に掲げる事項のほか、その代理人の氏名及び住所を記載しなければならない。
3　開示請求をしようとする者は、実施機関に対して、自己が当該開示請求に係る個人情報の本人であることを証明するため、実施機関が定めるものを提出し、又は提示しなければならない。
4　代理人によって開示請求をしようとするときは、その代理人は、実施機関に対

して、代理人の資格及び代理人本人であることを証明するため、実施機関が定めるものを提出し、又は提示しなければならない。

大阪府（開示請求の方法）
第十七条　開示請求をしようとする者は、次に掲げる事項を記載した開示請求書を実施機関に提出しなければならない。
　一　氏名及び住所
　二　開示請求に係る個人情報を特定するために必要な事項
　三　前二号に掲げるもののほか、実施機関の規則で定める事項
2　開示請求をしようとする者は、自己が当該開示請求に係る個人情報の本人又はその法定代理人であることを証明するために必要な資料で実施機関の定めるものを実施機関に提出し、又は提示しなければならない。
3　実施機関は、開示請求をしようとする者に対し、当該開示請求に係る個人情報の特定に必要な情報を提供するよう努めなければならない。
4　実施機関は、開示請求書に形式上の不備があると認めるときは、開示請求者に対し、相当の期間を定めて、その補正を求めることができる。この場合において、実施機関は、開示請求者に対し、当該補正に必要な情報を提供するよう努めなければならない。

兵庫県（開示請求の方法）
第十五条　開示請求をしようとする者は、次に掲げる事項を記載した請求書（以下「開示請求書」という。）を実施機関に提出しなければならない。
　一　開示請求をしようとする者の氏名及び住所
　二　開示請求をしようとする者が代理人である場合は、本人の使命及び住所
　三　開示請求に係る個人情報を特定するために必要な事項
　三　前三号に掲げるもののほか、実施機関が定める事項
2　開示請求をしようとする者は、実施機関に対し、自己が当該開示請求に係る個人情報の本人又はその代理人であることを証明するために必要な書類で実施機関が定めるものを提出し、又は提示しなければならない。

奈良県（開示請求の方法）
第十二条　開示請求をしようとする者は、実施機関に対し、次に掲げる事項を記載した請求書（第三項において「開示請求書」という。）を提出しなければならない。
　一　開示請求をしようとする者の氏名及び住所
　二　開示請求に係る個人情報を特定するに足りる事項
　三　前二号に掲げるもののほか、実施機関が定める事項
2　開示請求をしようとする者は、実施機関に対し、自己が当該開示請求に係る個人情報の本人又はその法定代理人であることを証明するために必要な書類で実施機関が定めるものを提出し、又は提示しなければならない。
3　実施機関は、開示請求書に形式上の不備があると認めるときは、開示請求をした者（以下「開示請求者」という。）に対し、相当の期間を定めて、その補正を求めるこきる。この場合において、実施機関は、開示請求者に対し、補正の参考となる情報を提供するよう努めなければならない。

8　自己情報の開示

和歌山県（開示請求の手続）
第十七条　開示請求は、次に掲げる事項を記載した書面（以下「開示請求書」という。）を実施機関に提出してしなければならない。
　一　開示請求をする者の氏名及び住所又は居所
　二　開示請求に係る保有個人情報が記録されている公文書の名称その他の開示請求に係る保有個人情報を特定するに足りる事項
　三　前二号に掲げるもののほか、実施機関の規則で定める事項
2　前項の場合において、開示請求をする者は、実施機関の規則で定めるところにより、開示請求に係る保有個人情報の本人であること（前条第二項の規定による開示請求にあっては、開示請求に係る保有個人情報の本人の法定代理人であること）を示す書類を提示し、又は提出しなければならない。
3　実施機関は、開示請求書に形式上の不備があると認めるときは、開示請求をした者（以下「開示請求者」という。）に対し、相当の期間を定めて、その補正を求めることができる。この場合において、実施機関は、開示請求者に対し、補正の参考となる情報を提供するよう努めなければならない。

鳥取県（開示請求の方法）
第十三条　開示請求をしようとする者は、次に掲げる事項を記載した開示請求書を実施機関に提出しなければならない。
　一　開示請求をしようとする者の氏名及び住所
　二　開示請求に係る個人情報を特定するために必要な事項
　三　代理人によって開示請求をする場合は、その理由
　四　その他規則で定める事項
2　開示請求をしようとする者は、実施機関に、自己が当該開示請求に係る個人情報の本人又はその代理人であることを証明するために必要な書類として規則で定めるものを提出し、又は提示しなければならない。
3　実施機関は、開示請求書に形式上の不備があると認めるときは、開示請求をした者（以下「開示請求者」という。）に対し、相当の期間を定めて、その補正を求めなければならない。この場合において、実施機関は、開示請求者に対し、補正の参考となる情報を提供するよう努めなければならない。
4　実施機関は、前項の補正が正当な理由なく行われないときは、開示請求者に対し、開示請求に係る個人情報を開示しない旨の決定をするものとする。

島根県（開示請求の方法）
第十二条　前条の規定に基づき開示請求をしようとする者は、次に掲げる事項を記載した書面（以下「開示請求書」という。）を実施機関に提出しなければならない。
　一　開示請求をしようとする者の氏名及び住所
　二　開示請求に係る個人情報を特定するために必要な事項
　三　その他規則で定める事項
2　開示請求をしようとする者は、実施機関に対し、自己が当該開示請求に係る個人情報の本人又はその法定代理人であることを証明するために必要な書類として規則で定めるものを提出し、又は提示しなければならない。

3 実施機関は、開示請求書に形式上の不備があると認めるときは、開示請求をした者（以下「開示請求者」という。）に対し、相当の期間を定めて、その補正を求めることができる。この場合において、実施機関は、開示請求者に対し補正の参考となる情報を提供するよう努めなければならない。

岡山県（保有個人情報の開示の請求方法）
第十五条 前条の規定による開示請求をしようとする者は、次の事項を記載した請求書（第三項において「開示請求書」という。）を実施機関に提出しなければならない。
　一　氏名及び住所
　二　開示請求をしようとする公文書及び保有個人情報を特定するために必要な事項
　三　前二号に掲げるもののほか、実施機関が定める事項
2　開示請求をしようとする者は、実施機関に対し、自己が当該開示請求に係る保有個人情報の本人又はその法定代理人であることを証明するために必要な書類で実施機関が定めるものを提出し、又は提示しなければならない。
3　実施機関は、開示請求書に形式上の不備があると認めるときは、開示請求をした者（以下「開示請求者」という。）に対し、相当の期間を定めて、その補正を求めることができる。この場合において、実施機関は、開示請求者に対し、補正の参考となる情報を提供するよう努めなければならない。

広島県（開示請求の方法）
第十条 開示請求をしようとする者は、次に掲げる事項を記載した開示請求書を実施機関に提出しなければならない。ただし、当該請求書を提出することが困難であると実施機関が認めるときは、この限りでない。
　一　開示請求をしようとする者の氏名及び住所
　二　開示請求をしようとする個人情報を特定するために必要な事項
　三　その他実施機関が定める事項
3　開示請求をしようとする者は、実施機関に、自己が当該開示請求に係る個人情報の本人又はその法定代理人であることを証明するために必要な書類として実施機関が定めるものを提出し、又は提示しなければならない。

山口県（開示請求の手続）
第十一条 開示請求をしようとする者は、次に掲げる事項を記載した書面を実施機関に提出しなければならない。
　一　氏名及び住所
　二　開示請求に係る個人情報を特定するために必要な事項
　三　前二号に掲げるもののほか、実施機関が定める事項
2　開示請求をしようとする者は、実施機関に対し、自己が当該開示請求に係る個人情報の本人又はその法定代理人であることを証明するために必要な書類であって、実施機関が定めるものを提出し、又は提示しなければならない。

徳島県（開示請求の手続）
第十四条 開示請求をしようとする者は、実施機関に対し、次に掲げる事項を記載した請求書を提出しなければならない。

一　氏名及び住所
　二　開示請求に係る個人情報取扱事務の名称その他の開示請求に係る保有個人情報を特定するために必要な事項
　三　代理人によって開示請求をする場合は、その理由
　四　前三号に掲げるもののほか、実施機関が定める事項
2　前項の場合において、開示請求をしようとする者は、実施機関に対し、自己が当該開示請求に係る保有個人情報の本人又はその代理人であることを示す書類で実施機関が定めるものを提示し、又は提出しなければならない。
3　実施機関は、第一項の請求書に形式上の不備があると認めるときは、開示請求をした者（以下「開示請求者」という。）に対し、相当の期間を定めて、その補正を求めることができる。この場合において、実施機関は、開示請求者に対し、補正の参考となる情報を提供するよう努めなければならない。

香川県　（開示請求の方法）
第十四条　開示請求をしようとする者は、次に掲げる事項を記載した請求書（以下「開示請求書」という。）を実施機関に提出しなければならない。
　一　開示請求をしようとする者の氏名及び住所
　二　開示請求に係る個人情報を特定するために必要な事項
　三　前二号に掲げるもののほか、実施機関が定める事項
2　開示請求をしようとする者は、開示請求書を提出する際に、自己が当該開示請求に係る個人情報の本人又はその代理人であることを証明するために必要な書類として実施機関が定めるものを実施機関に提出し、又は提示しなければならない。

愛媛県　（開示請求の手続）
第十六条　開示請求は、次に掲げる事項を記載した書面（以下「開示請求書」という。）を実施機関に提出してしなければならない。
　一　開示請求をする者の氏名及び住所
　二　法定代理人が開示請求をする場合にあっては、本人の氏名及び住所
　三　開示請求に係る個人情報を特定するために必要な事項
　四　その他実施機関（議会にあっては、議長）が定める事項
2　開示請求をする者は、実施機関に対して、自己が当該開示請求に係る個人情報の本人又はその法定代理人であることを証明するために必要な書類で実施機関（議会にあっては、議長。次項において同じ。）が定めるものを提出し、又は提示しなければならない。
3　実施機関は、開示請求書に形式上の不備があると認めるときは、開示請求をした者（以下「開示請求者」という。）に対し、相当の期間を定めて、その補正を求めることができる。この場合において、実施機関は、開示請求者に対し、補正の参考となる情報を提供するよう努めなければならない。

高知県　（開示請求の方法）
第十八条　開示請求をしようとする者は、実施機関に対して、次に掲げる事項を記載した請求書（次条において「開示請求書」という。）を提出しなければならない。

一　氏名及び住所
　　二　開示請求に係る個人情報を特定するために必要な事項
　　三　前二号に掲げるもののほか、実施機関が定める事項
　2　開示請求をしようとする者は、実施機関に対して、自己が当該開示請求に係る個人情報の本人又は第十五条第二項若しくは第三項の規定に基づき開示請求をする者であることを証明するために必要な書類で実施機関が定めるものを提出し、又は提示しなければならない。
　福岡県　（開示請求の方法）
第十一条　開示請求をしようとする者は、実施機関に対して、次に掲げる事項を記載した開示請求書を提出しなければならない。
　　一　氏名及び住所
　　二　開示請求をしようとする個人情報を特定するために必要な事項
　　三　その他実施機関が定める事項
　2　開示請求をしようとする者は、実施機関に対して、自己が当該開示請求に係る個人情報の本人又はその法定代理人であることを証明するために必要な書類で実施機関が定めるものを提出し、又は提示しなければならない。
　佐賀県　（開示請求の手続）
第十六条　開示請求をしようとする者は、次に掲げる事項を記載した請求書（以下「開示請求書」という。）を実施機関に提出しなければならない。
　　一　氏名及び住所（法人にあっては、名称、代表者の氏名及び主たる事務所の所在地
　　二　開示請求に係る個人情報を特定するために必要な事項
　　三　前二号に掲げるもののほか、実施機関の定める事項
　2　開示請求をしようとする者は、実施機関に対し、自己が当該開示請求に係る個人情報の本人又はその法定代理人であることを証明するために必要な書類として実施機関が定めるものを提出し、又は提示しなければならない。
　3　実施機関は、開示請求書に形式上の不備があると認めるときは、開示請求者に対し、相当の期間を定めて、その補正を求めることができる。この場合において、実施機関は、開示請求者に対し、補正の参考となる情報を提供するよう努めなければならない。
　長崎県　（開示請求の手続）
第十三条　開示請求をしようとする者は、次に掲げる事項を記載した請求書（以下「開示請求書」という。）を実施機関に提出しなければならない。
　　一　開示請求をしようとする者の氏名及び住所
　　二　開示請求に係る個人情報を特定するために必要な事項
　　三　その他実施機関が定める事項
　2　開示請求をしようとする者は、実施機関に対し、自己が当該開示請求に係る個人情報の本人又はその法定代理人であることを証明するために必要な書類で実施機関が定めるものを提出し、又は提示しなければならない。
　3　実施機関は、開示請求書に形式上の不備があると認めるときは、開示請求をした者（以下「開示請求者」という。）に対し、相当の期間を定めて、その補正

を求めることができる。この場合において、実施機関は、開示請求者に対し、補正の参考となる情報を提供するよう努めなければならない。

熊本県（開示請求の手続）
第十五条　開示請求をしようとする者は、次に掲げる事項を記載した請求書（以下「開示請求書」という。）を実施機関に提出しなければならない。
　一　氏名又は名称及び住所又は居所並びに法人にあってはその代表者の氏名
　二　開示請求に係る個人情報を特定するために必要な事項
　三　前二号に掲げるもののほか、実施機関が定める事項
2　開示請求をしようとする者は、実施機関に対し、自己が当該開示請求に係る個人情報の本人又はその法定代理人であることを証明するために必要な書類で実施機関が定めるものを提出し、又は提示しなければならない。
3　実施機関は、開示請求書に形式上の不備があると認めるときは、開示請求をした者（以下「開示請求者」という。）に対し、相当の期間を定めて、その補正を求めることができる。この場合において、実施機関は、開示請求者に対し、補正の参考となる情報を提供するよう努めなければならない。

大分県（開示請求の方法）
第十四条　開示請求をしようとする者は、実施機関に対して、次に掲げる事項を記載した請求書（以下「開示請求書」という。）を提出しなければならない。
　一　開示請求をしようとする者の氏名又は名称及び住所並びに法人にあってはその代表者の氏名
　二　開示請求をしようとする個人情報を特定するために必要な事項
　三　前二号に掲げるもののほか、実施機関が定める事項
2　開示請求をしようとする者は、実施機関が定めるところにより、自己が当該開示請求に係る個人情報の本人又はその法定代理人であることを証明するために必要な書類を提出し、又は提示しなければならない。
3　実施機関は、開示請求書に形式上の不備があると認めるときは、開示請求をした者（以下「開示請求書」という。）に対し、相当の期間を定めて、その補正を求めることができる。この場合において、実施機関は、開示請求者に対し、補正の参考となる情報を提供するよう努めなければならない。

宮崎県（開示請求の手続）
第十六条　開示請求は、次に掲げる事項を記載した書面（以下「開示請求書」という。）を実施機関に提出してしなければならない。
　一　開示請求をする者の氏名及び住所又は居所
　二　開示請求に係る個人情報が記録されている公文書の名称その他の開示請求に係る保有個人情報を特定するに足りる事項
　三　前二号に掲げるもののほか、実施機関が定める事項
2　前項の場合において、開示請求をする者は、実施機関が定めるところにより、開示請求に係る個人情報の本人であること（前条第二項の規定による開示請求にあっては、開示請求に係る個人情報の本人の法定代理人であること）を示す書類を提示し、又は提出しなければならない。
3　実施機関は、開示請求書に形式上の不備があると認めるときは、開示請求を

した者（以下「開示請求者」という。）に対し、相当の期間を定めて、その補正を求めることができる。この場合において、実施機関は、開示請求者に対し、補正の参考となる情報を提供するよう努めなければならない。

鹿児島県（開示請求の手続）

第十二条　開示請求は、次に掲げる事項を記載した書面（以下「開示請求書」という。）を実施機関に提出してしなければならない。

一　開示請求をする者の氏名及び住所又は居所（法人である法定代理人が本人に代わって開示請求をする場合にあっては、名称及び代表者の氏名並びに主たる事務所の所在地）

二　法定代理人が本人に代わって開示請求をする場合は、本人の氏名及び住所又は居所

三　開示請求に係る保有個人情報が記録されている公文書の名称その他の開示請求に係る保有個人情報を特定するに足りる事項

2　前項の場合において、開示請求をする者は、規則で定めるところにより、開示請求に係る保有個人情報の本人であること（前条第二項の規定による開示請求にあっては、開示請求に係る保有個人情報の本人の法定代理人であること）を示す書類を提示し、又は提出しなければならない。

3　実施機関は、開示請求書に形式上の不備があると認めるときは、開示請求をした者（以下「開示請求者」という。）に対し、相当の期間を定めて、その補正を求めることができる。この場合において、実施機関は、開示請求者に対し、補正の参考となる情報を提供するよう努めなければならない。

沖縄県（開示の請求方法）

第十六条　開示の請求をしようとする者は、当該請求に係る個人情報を保有する実施機関に対して、次に掲げる事項を記載した請求書を提出しなければならない。

一　氏名及び住所

二　開示の請求に係る個人情報を特定するために必要な事項

三　その他実施機関が定める事項

2　開示の請求をしようとする者は、自己が当該開示請求に係る本人又はその法定代理人であることを証明するために必要な書類で、実施機関が定めるものを提出し、又は提示しなければならない。

(4)　**開示請求の特例**

北海道（口頭による開示請求）

第二十三条　実施機関があらかじめ定めた個人情報については、第十五条第一項の規定にかかわらず、開示請求は、口頭により行うことができる。

2　実施機関は、前項の規定により口頭による開示請求があったときは、第十六条第一項の規定にかかわらず、直ちに当該個人情報の開示をするものとする。この場合において、個人情報の開示は、第二十一条第一項の規定にかかわらず、実施機関が別に定める方法により行うものとする。

青森県（口頭による開示請求等）

第十八条　行政文書に記録されている個人情報のうち、開示請求があった場合において直ちに開示することができる個人情報として実施機関が定める個人情報については、第十四条第一項の規定にかかわらず、口頭により開示請求を行うことができる。
2　実施機関は、前項の規定により口頭による開示請求があったときは、前三条の規定にかかわらず、当該実施機関が別に定める方法により、直ちに当該開示請求に係る個人情報を開示しなければならない。
3　第十四条第二項の規定は、前項の規定により個人情報の開示を受ける者について準用する。

岩手県（開示請求に対する措置）
第十四条　実施機関は、開示請求に係る個人情報の全部又は一部を開示するときは、その旨の決定をし、開示請求者に対し、その旨及び開示の実施に関し実施機関が定める事項を書面により通知しなければならない。
2　実施機関は、開示請求に係る個人情報の全部を開示しないとき（開示請求に係る個人情報が記録された行政文書を保有していないときを含む。）は、開示をしない旨の決定をし、開示請求者に対し、その旨を書面により通知しなければならない。

宮城県（開示請求等の特例）
第十八条　実施機関が別に定める個人情報は、第十五条第一項の規定にかかわらず、口頭により開示請求を行うことができる。
2　実施機関は、前項の規定により口頭による開示請求があったときは、当該実施機関が別に定める方法により直ちに開示しなければならない。

秋田県（開示請求等の特例）
第二十二条　第十五条第一項の規定にかかわらず、実施機関があらかじめ定めた個人情報について、本人が開示請求をしようとするときは、口頭により行うことができる。
2　実施機関は、前項の規定により口頭による開示請求があったときは、前三条の規定にかかわらず、当該実施機関が別に定めるところにより直ちに開示しなければならない。

山形県（開示請求等の特例）
第十五条　実施機関があらかじめ定めた個人情報について本人が開示請求をしようとするときは、第十一条第三項の規定にかかわらず、口頭により、開示請求を行うことができる。
2　実施機関は、前項の規定による開示請求があったときは、第十三条及び前条の規定にかかわらず、実施機関が別に定める方法により、当該開示請求に係る個人情報を直ちに開示するものとする。

福島県（開示請求の特例）
第十七条　実施機関があらかじめ定めた個人情報について本人が開示請求をしようとするときは、第十四条第一項の規定にかかわらず、口頭により行うことができる。
2　前項の規定による開示請求をしようとする者は、実施機関に対して、自己が

当該開示請求に係る個人情報の本人であることを証明するために必要な書類として実施機関が定めるものを提示しなければならない。

3　実施機関は、第一項の規定による開示請求があったときは、前二条の規定にかかわらず、実施機関が別に定める方法により直ちに開示するものとする。

茨城県（簡易開示手続に関する特則）

第二十一条　開示請求があったときは直ちに開示することをあらかじめ実施機関において決定し、告示した個人情報に係る開示については、第十六条、第十七条第一項及び第三項、第十九条並びに前条の規定にかかわらず、実施機関において定めた簡易の手続によることができる。

栃木県（開示請求等の特例）

第二十二条　実施機関があらかじめ定めた個人情報について、本人が開示請求をしようとするときは、第十四条第一項の規定にかかわらず、口頭その他実施機関が定める方法により行うことができる。

2　実施機関は、前項の規定による開示請求があったときは、第十八条第一項の規定にかかわらず、直ちに個人情報を開示しなければならない。この場合において、当該個人情報の開示は、前条第一項及び第二項の規定にかかわらず、実施機関が定める方法により行うものとする。

群馬県（開示請求等の特例）

第二十条　実施機関があらかじめ定めた個人情報について、本人が開示請求をしようとするときは、第十六条第一項の規定にかかわらず、口頭により行うことができる。

2　実施機関は、前項の規定により口頭による開示請求があったときは、第十八条の規定にかかわらず、直ちに、当該個人情報を開示しなければならない。この場合において、当該個人情報の開示の方法は、前条第一項及び第二項の規定にかかわらず、実施機関が定める方法によるものとする。

埼玉県（開示請求及び開示の特例）

第十八条　実施機関があらかじめ定めた個人情報について、本人が開示請求をしようとするときは、第十五条第一項の規定にかかわらず、口頭により行うことができる。

2　前項の規定による開示請求をしようとする者は、第十五条第二項の規定にかかわらず、実施機関が別に定める書類を提示しなければならない。

3　実施機関は、第一項の規定による開示請求があったときは、前二条の規定にかかわらず、直ちに本人であることを確認し、実施機関が別に定める方法により、開示するものとする。

千葉県（開示請求及び開示の特例）

第二十一条　実施機関があらかじめ定めた個人情報については、第十六条第一項の規定にかかわらず、開示請求は、口頭により行うことができる。

2　実施機関は、前項の規定により口頭による開示請求があったときは、当該開示請求に係る個人情報を開示するかどうかの決定をしないで、直ちに開示するものとする。この場合において、開示は、第十九条第二項及び第三項に規定にかかわらず、実施機関が別に定める方法により行うものとする。

3 第十六条第二項及び第十九条第一項の規定は、第一項の規定による口頭による開示請求について準用する。

神奈川県（開示の請求の特例）
第十九条 実施機関があらかじめ定めた個人情報については、第十六条第一項の規定にかかわらず、開示の請求は、口頭により行うことができる。
2 実施機関は、前項の規定によりあらかじめ定めた個人情報について開示の請求があったときは、第十七条及び前条第一項の規定にかかわらず、開示又は不開示の決定をしないで、速やかに、同項及び同条第二項に規定する方法により開示をするものとする。

山梨県（開示請求の特例）
第十八条 実施機関があらかじめ定めた個人情報については、第十五条第一項の規定にかかわらず、口頭により開示請求をすることができる。
2 実施機関は、前項の規定により開示請求があったときは、第十六条及び前条第一項の規定にかかわらず、直ちに開示をするものとする。この場合において、開示の方法は、同条第二項の規定にかかわらず、実施機関が別に定めるところによるものとする。

新潟県（開示請求等の特例）
第二十一条 実施機関があらかじめ定めた個人情報について、本人が開示請求をしようとするときは、第十五条第一項の規定にかかわらず、口頭により行うことができる。
2 前項の規定による開示請求をしようとする者は、第十五条第二項の規定にかかわらず、実施機関に対して、自己が当該開示請求に係る個人情報の本人であることを証明するために必要な書類で実施機関が定めるものを提示しなければならない。
3 実施機関は、第一項の規定による開示請求があったときは、第十六条から第十八条までの規定にかかわらず、実施機関が別に定める方法により直ちに開示しなければならない。

富山県（開示請求等の特例）
第二十五条 規則で定める保有個人情報に係る第十三条第一項の規定による開示の請求は、第十四条第一項の規定にかかわらず、規則で定める簡易な方法により行うことができる。
2 前項の簡易な方法により開示の請求をする者は、開示の請求に係る保有個人情報の本人であることを示す書類で規則で定めるものを提示し、又は提出しなければならない。
3 実施機関は、第一項の簡易な方法による開示の請求があったときは、第十九条及び前条の規定にかかわらず、規則で定める方法により直ちに開示するものとする。

石川県（開示請求の特例）
第二十三条 実施機関があらかじめ定めた保有個人情報について本人が開示請求をしようとするときは、第十三条第一項の規定にかかわらず、口頭により行うことができる。

2　前項の規定により開示請求をしようとする者は、第十三条第二項の規定にかかわらず、実施機関に対し、自己が当該開示請求に係る保有個人情報の本人であることを示す書類で、実施機関が定めるものを提示しなければならない。
3　実施機関は、第一項の規定により開示請求があったときは、第十八条から前条までの規定にかかわらず、当該実施機関が定めるところにより直ちに開示しなければならない。

福井県（開示請求等の特例）
第二十二条　実施機関が別に定める個人情報について、本人が開示請求をしようとするときは、第十四条第一項の規定にかかわらず、口頭によりすることができる。
2　前項の規定により口頭による開示請求をしようとする者は、第十四条第二項の規定にかかわらず、実施機関に対し、自己が当該開示請求に係る個人情報の本人であることを証明するために必要な書類で実施機関が定めるものを提示しなければならない。
3　実施機関は、第一項の規定により口頭による開示請求があったときは、前四条の規定にかかわらず、当該実施機関が別に定める方法により直ちに開示しなければならない。

三重県（開示請求等の特例）
第二十五条　実施機関があらかじめ定めた個人情報について本人が開示請求をしようとするときは、第十五条第一項の規定にかかわらず、口頭により行うことができる。
2　前項の規定により開示請求をしようとする者は、第十五条第二項の規定にかかわらず、実施機関に対し、自己が当該開示請求に係る個人情報の本人であることを証明するために必要な書類で実施機関が定めるものを提示しなければならない。
3　実施機関は、第一項の規定により開示請求があったときは、第二十条、第二十一条及び前条の規定にかかわらず、実施機関が定める方法により直ちに開示しなければならない。

滋賀県（開示請求および開示の特例）
第十六条　実施機関があらかじめ定めた個人情報については、第十二条第一項の規定にかかわらず、開示請求は、口頭により行うことができる。
2　前項に規定する口頭による開示請求があった場合における当該個人情報の開示については、第十四条第一項および前条第二項の規定にかかわらず、実施機関の定める方法によるものとする。

京都府（簡易開示の手続）
第十八条　実施機関があらかじめ定めた個人情報については、第十四条第一項及び第二項の規定にかかわらず、口頭により開示請求をすることができる。
2　実施機関は、前項の規定による開示請求があったときは、第十五条の規定にかかわらず、遅滞なく開示するものとする。この場合において、開示の方法は、第十六条第二項及び第三項の規定にかかわらず、実施機関が別に定める方法によるものとする。

3　第十四条第三項及び第四項の規定は、前項の規定により個人情報の開示を受ける者について準用する。

大阪府（開示請求等の特例）

第二十二条　実施機関があらかじめ定めた個人情報について本人が開示請求をしようとするときは、第十七条第一項の規定にかかわらず、口頭により行うことができる。

2　前項の開示請求をしようとする者は、第十七条第二項の規定にかかわらず、自己が当該開示請求に係る個人情報の本人であることを証明するために必要な資料で実施機関の定めるものを実施機関に提示しなければならない。

3　実施機関は、第一項の開示請求があったときは、第十八条、第十九条及び前条第一項の規定にかかわらず、直ちに開示するものとする。この場合において、個人情報の開示の方法は、前条第二項から第五項までの規定にかかわらず、実施機関が別に定めるところによるものとする。

兵庫県（簡易な開示）

第二十条　実施機関があらかじめ定めた個人情報について、本人が開示請求をしようとするときは、第十五条第一項の規定にかかわらず、口頭によりすることができる。

2　前項の規定により開示請求をしようとする者は、第十五条第二項の規定にかかわらず、実施機関に対し、自己が当該開示請求に係る個人情報の本人であることを証明するために必要な書類で実施機関が定めるものを提示しなければならない。

3　実施機関は、第一項の規定により開示請求があったときは、第十六条及び前条第一項の規定にかかわらず、直ちに個人情報の開示をしなければならない。この場合において、当該個人情報の開示の方法は、同条第二項及び第三項の規定にかかわらず、実施機関が定める方法によるものとする。

奈良県（口頭による開示請求等）

第十八条　実施機関があらかじめ定めた個人情報について、個人情報の本人が開示請求をしようとするときは、第十二条第一項の規定にかかわらず、口頭により開示請求をすることができる。

2　前項の規定により開示請求をしようとする者は、第十二条第二項の規定にかかわらず、実施機関に対し、自己が当該開示請求に係る個人情報の本人であることを証明するために必要な書類で実施機関が定めるものを提示しなければならない。

3　実施機関は、第一項の規定により開示請求があったときは、第十三条から第十五条までの規定にかかわらず、実施機関が定める方法により直ちに開示をするものとする。

和歌山県（開示請求の特例）

第二十五条　実施機関があらかじめ定めた個人情報について、本人は、第十七条第一項の規定にかかわらず、口頭により開示請求をすることができる。

2　前項の規定により口頭による開示請求をする者は、第十七条第二項の規定にかかわらず、実施機関が定めるところにより、自己が当該開示請求に係る保有

個人情報の本人であることを示さなければならない。
3 実施機関は、第一項の規定により口頭による開示請求があったときは、第二十二条の規定にかかわらず、直ちに開示するものとする。この場合において、第二十一条第一項の規定による書面による通知は行わないものとし、当該保有個人情報の開示は、前条第一項の規定にかかわらず、実施機関が定める方法により行うものとする。

鳥取県（開示請求の方法等の特例）
第十九条　実施機関があらかじめ定める個人情報の開示請求は、第十三条第一項の規定にかかわらず、口頭により行うことができる。
2　実施機関は、前項の規定による開示請求があったときは、第十四条及び第十五条の規定にかかわらず、当該実施機関が別に定めるところにより、直ちに個人情報を開示するものとする。

島根県（開示請求の特例）
第二十二条　実施機関があらかじめ定めた個人情報について、本人が開示請求をしようとするときは、第十二条第一項の規定にかかわらず、口頭により開示請求を行うことができる。
2　実施機関は、前項の規定により口頭による開示請求があったときは、第十七条から前条までの規定にかかわらず、当該実施機関が別に定める方法により直ちに開示しなければならない。

岡山県（簡易な開示請求等）
第二十五条　実施機関があらかじめ定めた個人情報については、第十五条第一項の規定にかかわらず、実施機関が別に定める簡易な方法により開示請求をすることができる。
2　実施機関は、前項に規定する方法による開示請求があったときは、第二十条及び第二十一条の規定にかかわらず、直ちに当該開示請求に係る保有個人情報を開示するものとする。この場合における開示の方法は、前条第一項の規定にかかわらず、実施機関が別に定めるところによるものとする。

広島県（開示請求の方法）
第十条　2　実施機関があらかじめ定めた個人情報の開示請求については、前項の規定にかかわらず、口頭により行うことができる。

山口県（口頭による開示の申出）
第十八条　実施機関は、当該実施機関が別に定める個人情報について、本人から口頭による開示の申出があったときは、当該実施機関が別に定める方法により直ちに当該開示の申出に係る個人情報を提供するものとする。
2　第十一条第二項の規定は、前項の規定による開示の申出をしようとする者について準用する。
3　第一項の規定による個人情報の提供は、第三十条の個人情報の開示とみなす。

徳島県（開示請求の特例）
第二十六条　実施機関があらかじめ定めた保有個人情報について、当該保有個人情報の本人は、第十四条第一項の規定にかかわらず、口頭により開示請求を行うことができる。

2 前項の規定により口頭による開示請求をしようとする者は、実施機関が定めるところにより、自己が当該開示請求に係る保有個人情報の本人であることを示さなければならない。
3 実施機関は、第一項の規定により口頭による開示請求があったときは、第二十一条の規定にかかわらず、直ちに開示するものとする。この場合において、第二十条第一項の規定による書面による通知は行わないものとし、当該保有個人情報の開示は、前条第二項及び第三項の規定にかかわらず、実施機関が定める方法により行うものとする。

香川県 （開示請求及び開示の特例）
第二十条 実施機関があらかじめ定めた個人情報の開示請求は、第十四条第一項の規定にかかわらず、口頭により行うことができる。
2 実施機関は、前項の規定により開示請求があったときは、直ちに、当該開示請求をした者に対し、当該開示請求に係る個人情報の開示をしなければならない。この場合において、当該個人情報の開示は、実施機関が定める方法により行うものとする。

愛媛県 （開示請求の特例）
第二十五条 実施機関（議会にあっては、議長）があらかじめ定めた個人情報について、個人情報の本人から開示請求をするときは、第十六条第一項の規定にかかわらず、口頭によりすることができる。
2 前項の規定により口頭による開示請求をする者は、第十六条第二項の規定にかかわらず、実施機関に対して、自己が当該開示請求に係る個人情報の本人であることを証明するために必要な書類で実施機関（議会にあっては、議長。次項において同じ。）が定めるものを提示しなければならない。
3 実施機関は、第一項の規定により口頭による開示請求があったときは、第二十条第一項及び第二十一条第一項の規定にかかわらず、直ちに開示するものとする。この場合において、個人情報の開示の方法は、前条第二項及び第三項の規定にかかわらず、実施機関が定めるところによるものとする。

高知県 （口頭による開示請求）
第二十一条 実施機関があらかじめ定めた個人情報の開示請求については、第十八条第一項の規定にかかわらず、口頭により行うことができる。
2 第十八条第二項の規定は、前項の規定に基づき開示請求をしようとする者について準用する。
3 第一項に規定する口頭による開示請求があった場合における当該個人情報の開示については、第十九条第一項及び前条第一項から第三項までの規定にかかわらず、実施機関の定める方法により行うものとする。

福岡県 （開示請求及び開示の特例）
第十六条 実施機関があらかじめ定めた個人情報については、第十一条第一項の規定にかかわらず、開示請求は、口頭により行うことができる。
2 実施機関は、前項の規定により口頭による開示請求があったときは、第十二条第一項の規定による開示をするかどうかの決定を行わず、直ちに開示するものとする。この場合において、開示の方法は実施機関が別に定めるところによ

るものとし、第十三条第二項及び第三項の規定は、適用しない。
佐賀県（開示請求等の特例）
第二十条 実施機関があらかじめ定める個人情報に係る開示請求は、第十六条第一項の規定にかかわらず、口頭により行うことができる。
2 実施機関は、前項の規定による開示請求があったときは、第十七条及び前条の規定にかかわらず、当該実施機関が定めるところにより、直ちに個人情報を開示するものとする。
長崎県（開示請求等の特例）
第二十二条 実施機関があらかじめ定めた個人情報について、本人は、第十三条第一項の規定にかかわらず、口頭による開示請求をすることができる。
2 前項の開示請求をしようとする者は、第十三条第二項の規定にかかわらず、実施機関に対し、自己が当該開示請求に係る個人情報の本人であることを証明するために必要な書類で実施機関が定めるものを提示しなければならない。
3 実施機関は、第一項の開示請求があったときは、第十七条から前条までの規定にかかわらず、直ちに個人情報を開示するものとし、当該個人情報の開示は、実施機関が定める方法により行うものとする。
熊本県（開示請求等の特例）
第二十二条 実施機関があらかじめ定めた個人情報について、本人は、第十五条第一項の規定にかかわらず、口頭による開示請求をすることができる。
2 前項の規定により口頭による開示請求をしようとする者は、第十五条第一項の規定にかかわらず、実施機関に対し、自己が当該開示請求に係る個人情報の本人であることを証明するために必要な書類で実施機関が定めるものを提示しなければならない。
3 実施機関は、第一項の規定により口頭による開示請求があったときは、第十九条及び第二十条第一項の規定にかかわらず、開示決定等を行わないで、直ちに個人情報を開示しなければならない。この場合において、当該個人情報の開示は、実施機関が定める方法により行うものとする。
大分県（口頭による開示請求等）
第二十一条 実施機関があらかじめ定めた個人情報について、本人は、第十四条第一項の規定にかかわらず、口頭により開示請求することができる。
2 前項の規定により口頭による開示請求をしようとする者は、第十四条第二項の規定にかかわらず、実施機関が定めるところにより、自己が当該開示請求に係る個人情報の本人であることを証明するために必要な書類を提示しなければならない。
3 実施機関は、第一項の規定により口頭による開示請求があったときは、前三条の規定にかかわらず、実施機関が定める方法により直ちに開示するものとする。
宮崎県（開示請求等の特例）
第二十六条 実施機関があらかじめ定めた個人情報について、本人は、第十六条第一項の規定にかかわらず、口頭により開示請求をすることができる。
2 前項の規定により口頭による開示請求をする者は、第十六条第二項の規定に

かかわらず、実施機関が定めるところにより、開示請求に係る個人情報の本人であることを示す書類を提示しなければならない。
3　実施機関は、第一項の規定により口頭による開示請求があったときは、前六条の規定にかかわらず、当該実施機関が定める方法により直ちに開示するものとする。

鹿児島県（開示請求等の特例）
第二十三条　実施機関があらかじめ定めた個人情報について、本人が開示請求をするときは、第十二条第一項の規定にかかわらず、実施機関が定める簡易な方法により、開示を申し出ることができる。
2　前項の規定による開示の申出（以下この項及び次項において「開示申出」という。）をする者は、第十二条第二項の規定にかかわらず、実施機関に対し、自己が当該開示申出に係る保有個人情報の本人であることを証明するために必要な書類で実施機関が定めるものを提示しなければならない。
3　実施機関は、開示申出があったときは、直ちに当該開示申出に係る保有個人情報を開示しなければならない。この場合における開示の方法は、前条第一項の規定にかかわらず、実施機関が定めるところによるものとする。

沖縄県（開示の請求及び開示の特例）
第二十一条　実施機関があらかじめ定めた個人情報については、第十六条第一項の規定にかかわらず、口頭により開示の請求をすることができる。
2　実施機関は、前項の規定により口頭による開示の請求があったときは、第十七条第一項の規定にかかわらず、直ちに開示するものとする。この場合において、開示の方法は、第十八条第二項から第四項までの規定にかかわらず、実施機関が別に定めるところによるものとする。

(5)　部分開示

青森県（開示義務）
第十九条　2　実施機関は、開示請求に係る個人情報に不開示情報に該当する情報とそれ以外の情報とがある場合において、これらの情報を容易に、かつ、開示請求の趣旨が損なわれない程度に分離できるときは、当該不開示情報に該当する情報を除いて、開示しなければならない。

岩手県（部分開示）
第十三条　実施機関は、開示請求に係る個人情報の一部に非開示情報が含まれている場合において、非開示情報に係る部分を容易に区分して除くことができるときは、開示請求者に対し、当該部分を除いた部分につき開示しなければならない。ただし、当該部分を除いた部分に有意の情報が含まれていないと認められるときは、この限りでない。

宮城県（開示請求）
第十四条　5　実施機関は、開示請求に係る個人情報に前項各号のいずれかに該当する個人情報とそれ以外の個人情報とがある場合において、これら部分を容易に、かつ、開示請求の趣旨を損なわない程度に分離できるときは、同項各号のいずれかに該当する個人情報に係る部分を除いて、開示しなければならない。

秋田県（部分開示）

第十七条　実施機関は、開示請求に係る個人情報に非開示情報が含まれている場合において、非開示情報に係る部分とそれ以外の部分とを容易に分離することができるときは、当該非開示情報に係る部分を除いて当該個人情報を開示しなければならない。ただし、当該非開示情報に係る部分を除いた部分に有意の情報が記録されていないと認められるときは、この限りでない。

山形県（個人情報の開示）

第十二条　3　開示請求に係る個人情報に不開示情報が含まれている場合において、不開示情報を容易に、かつ、開示請求の趣旨が損なわれない程度に分離することができるときは、第一項の規定にかかわらず、実施機関は、開示請求者に対し、不開示情報を除いた個人情報を開示しなければならない。

福島県（部分開示）

第十三条　実施機関は、開示の請求に係る個人情報の一部に不開示情報が含まれている場合において、不開示情報の部分を容易に、かつ、当該開示請求の趣旨が損なわれない程度に分離できるときは、当該部分を除いて、当該個人情報を開示しなければならない。

栃木県（個人情報の部分開示）

第十六条　実施機関は、開示請求に係る個人情報が非開示情報とそれ以外の個人情報とからなる場合において、非開示情報を容易に区分することができるときは、開示請求者に対し、当該非開示情報を除いた部分につき開示しなければならない。ただし、当該非開示情報を除いた部分に有意の個人情報が含まれていないと認められるときは、この限りでない。

群馬県（部分開示）

第十四条　実施機関は、開示請求に係る個人情報に、前条各号のいずれかに該当することにより開示しない個人情報（以下「非開示情報」という。）とそれ以外の個人情報とがある場合において、これらの個人情報を容易に、かつ、開示請求の趣旨を損なわない程度に分離できるときは、当該当開示情報を除いて開示しなければならない。

埼玉県（部分開示）

第十四条　実施機関は、開示請求に係る個人情報が前条第一項各号又は第二項各号に該当する個人情報とそれ以外の個人情報とからなる場合において、これらの個人情報を容易に分離できるときは、同条第一項各号又は第二項各号に該当する個人情報を除いて、開示しなければならない。

千葉県（部分開示）

第二十条　実施機関は、開示しようとする個人情報に、第十五条の規定により開示しないことができる個人情報とそれ以外の個人情報とがある場合において、これらの個人情報を容易に、かつ、開示請求の趣旨を損なわない程度に分離できるときは、同条の規定により開示しないことができる個人情報を除いて開示しなければならない。

東京都（個人情報の一部開示）

第十七条　実施機関は、開示請求に係る個人情報に、前各号のいずれかに該当

することにより開示しないことができる個人情報（以下「非開示情報」という。）とそれ以外の個人情報とがある場合において、開示請求の趣旨が損なわれることがないと認めるときは、非開示情報を除いて、開示するものとする。

山梨県（開示をしないことができる個人情報）
第十四条　2　実施機関は、開示請求に係る個人情報に、前項各号のいずれかに該当することにより開示をしないことができる個人情報とそれ以外の個人情報とがある場合において、これらの部分を容易に分離することができ、かつ、当該分離により開示請求の趣旨が損なわれることがないと認めるときは、同項の規定にかかわらず、当該開示をしないことができる個人情報に係る部分を除いて、当該開示請求に係る個人情報の開示をするものとする。

新潟県（部分開示）
第二十条　実施機関は、開示請求に係る個人情報が前条各号のいずれかに該当することにより開示しないことができる個人情報とそれ以外の個人情報とからなる場合において、これらの個人情報を容易に、かつ、開示請求の趣旨を損なわない程度に分離できるときは、当該開示しないことができる個人情報を除いて、開示しなければならない。

富山県（部分開示）
第十六条　実施機関は、開示請求に係る保有個人情報に非開示情報が含まれている場合において、非開示情報に該当する部分を容易に区分して除くことができるときは、開示請求者に対し、当該部分を除いた部分につき開示しなければならない。
2　開示請求に係る保有個人情報に前条第三号の情報（開示請求者以外の特定の個人を識別することができるものに限る。）が含まれている場合において、当該情報のうち、氏名、生年月日その他の開示請求者以外の特定の個人を識別することができることとなる記述等の部分を除くことにより、開示しても、開示請求者以外の個人の権利利益が害されるおそれがないと認められるときは、当該部分を除いた部分は、同号の情報に含まれないものとみなして、前項の規定を適用することができる。

石川県（部分開示）
第十五条　実施機関は、開示請求に係る保有個人情報に不開示情報が含まれている場合において、不開示情報に該当する部分を容易に区分して除くことができるときは、開示請求者に対し、当該部分を除いた部分につき開示しなければならない。
2　開示請求に係る保有個人情報に前条第三号の情報（開示請求者以外の特定の個人を識別することができるものに限る。）が含まれている場合において、当該情報のうち、氏名、生年月日その他の開示請求者以外の特定の個人を識別することができることとなる記述等の部分を除くことにより、開示しても、開示請求者以外の個人の権利利益が害されるおそれがないと認められるときは、当該部分を除いた部分は、同号の情報に含まれないものとみなして、前項の規定を適用する。

福井県（個人情報の一部開示）

第十六条　実施機関は、開示請求に係る個人情報の一部に非開示情報が含まれている場合において、非開示情報に係る部分を容易に区分して除くことができるときは、開示請求者に対し、当該部分を除いた部分につき開示しなければならない。ただし、当該部分を除いた部分に有意の情報が記録されていないと認められるときは、この限りでない。

岐阜県（部分開示）

第十五条　実施機関は、開示請求に係る個人情報に非開示情報が含まれている場合において、非開示情報に係る部分とそれ以外の部分とを容易に分離することができ、かつ、当該分離により請求の趣旨が損なわれることがないと認めるときは、当該非開示情報に係る部分を除いて、開示しなければならない。

静岡県（部分開示）

第十八条　実施機関は、開示請求に係る保有個人情報に非開示情報が含まれている場合において、非開示情報に該当する部分を容易に区分して除くことができるときは、開示請求者に対し、当該部分を除いた部分につき開示しなければならない。

2　開示請求に係る保有個人情報に前条第三号に規定する情報（開示請求者以外の特定の個人を識別することができるものに限る。）が含まれている場合において、当該情報のうち、氏名、生年月日その他の開示請求者以外の特定の個人を識別することができることとなる記述等の部分を除くことにより、開示しても、開示請求者以外の個人の権利利益が害されるおそれがないと認められるときは、当該部分を除いた部分は、同号に規定する情報に含まれないものとみなして、前項の規定を適用する。

三重県（部分開示）

第十七条　実施機関は、開示請求に係る個人情報の一部に非開示情報が含まれている場合において、非開示情報に係る部分を容易に区分して除くことができるときは、当該非開示情報に係る部分以外の部分を開示しなければならない。

大阪府（部分開示）

第十五条　実施機関は、個人情報に次に掲げる個人情報が記録されている部分がある場合において、その部分を容易に、かつ、開示請求の趣旨を損なわない程度に分離できるときは、その部分を除いて、当該個人情報を開示しなければならない。

　一　第十三条各号のいずれかに該当する個人情報
　二　前条各号のいずれかに該当する個人情報で、当該個人情報が記録されていることによりその記録されている個人情報について個人情報を開示しないこととされるもの

兵庫県（部分開示）

第十八条　実施機関は、開示請求に係る個人情報に前条各号のいずれかに該当することにより開示をしないことができる個人情報が含まれている場合において、当該開示をしないことができる個人情報に係る部分とそれ以外の部分を容易に、かつ、開示請求の趣旨を損なわない程度に分離できるときは、当該開示をしないことができる個人情報に係る部分を除いて、開示をしなければならない。

奈良県（部分開示）
第十七条　実施機関は、開示請求に係る個人情報の一部に前条各号のいずれかに該当する情報（以下この条において「不開示情報」という。）が記録されている場合において、不開示情報が記録されている部分を容易に区分して除くことができるときは、開示諸求者に対し、当該部分を除いた部分につき開示をしなければならない。ただし、当該部分を除いた部分に有意の情報が記録されていないと認められるときは、この限りでない。

和歌山県　（部分開示）
第十九条　実施機関は、開示請求に係る保有個人情報に非開示情報が含まれている場合において、非開示情報に該当する部分を容易に区分して除くことができるときは、開示諸求者に対し、当該部分を除いた部分につき開示しなければならない。ただし、当該部分を除いた部分に有意の情報が記録されていないと認められるときは、この限りでない。
2　開示請求に係る保有個人情報に前条第二号の情報（開示請求者以外の特定の個人を識別することができるものに限る。）が含まれている場合において、当該情報のうち、氏名、生年月日その他の開示請求者以外の特定の個人を識別することができることとなる記述等の部分を除くことにより、開示しても、開示請求者以外の個人の権利利益が害されるおそれがないと認められるときは、当該部分を除いた部分は、同号の情報に含まれないものとみなして、前項の規定を適用する。

鳥取県　（部分開示）
第十七条　実施機関は、開示請求に係る個人情報に前条各号に掲げる情報（以下「非開示情報」という。）が含まれている場合において、非開示情報に係る部分とそれ以外の部分とを容易に分離でき、かつ、当該開示請求の趣旨を損なわないと認めるときは、当該非開示情報に係る部分を除いて、当該個人情報を開示しなければならない。

島根県　（部分開示）
第十四条　実施機関は、開示請求に係る個人情報に非開示情報が含まれている場合において、非開示情報が記録されている部分を容易に区分して除くことができるときは、開示請求者に対し、当該部分を除いた部分を開示しなければならない。ただし、当該部分を除いた部分に有意の情報が記録されていないと認められるときは、この限りでない。
2　開示請求に係る個人情報に前条第三号の情報が含まれている場合において、当該情報のうち、氏名、生年月日その他の特定の個人を識別することができることとなる記述等の部分を除くことにより、開示しても、個人の権利利益が害されるおそれがないと認められるときは、当該部分を除いた部分は、同号の情報に含まれないものとみなして、前項の規定を適用する。

岡山県　（保有個人情報の一部開示）
第十七条　実施機関は、開示請求に係る保有個人情報が、非開示情報とそれ以外の情報とからなる場合において、非開示情報とそれ以外の情報とを容易に分離することができ、かつ、当該分離により開示請求の趣旨が損なわれることがな

いと認めるときは、当該非開示情報を除いた保有個人情報について開示しなければならない。

広島県（部分開示）

第十四条　実施機関は、開示請求に係る個人情報に、前条各号のいずれかに該当することにより開示しないことができる個人情報とそれ以外の個人情報とがある場合において、これらの個人情報を容易に、かつ、開示請求の趣旨を損なわない程度に分離できるときは、開示しないことができる個人情報を除いて開示するものとする。

山口県（部分開示）

第十六条　実施機関は、開示請求に係る個人情報に前条各号のいずれかに該当する情報が含まれている場合において、その情報を容易に区分することができるときは、その情報を除いて、当該個人情報の開示をしなければならない。

徳島県（部分開示）

第十七条　実施機関は、開示請求に係る保有個人情報に非開示情報が含まれている場合において、非開示情報に該当する部分を容易に区分して除くことができるときは、開示請求者に対し、当該部分を除いた部分につき開示しなければならない。ただし、当該部分を除いた部分に有意の情報が含まれていないと認められるときは、この限りでない。

香川県（一部開示）

第十七条　実施機関は、開示請求に係る個人情報に前条各号のいずれかに該当することにより開示をしないことができる個人情報が含まれているときは、当該開示をしないことができる個人情報を除いて開示をするものとする。

愛媛県（部分開示）

第十八条　実施機関は、開示請求に係る個人情報の一部に前条第二項各号のいずれかに該当する個人情報（以下「非開示情報」という。）が記録されている場合において、非開示情報が記録されている部分を容易に区分して除くことができるときは、開示請求者に対し、当該部分を除いた部分につき開示しなければならない。ただし、当該部分を除いた部分に有意の情報が記録されていないと認められるときは、この限りでない。

高知県（部分開示）

第十七条　実施機関は、開示請求に係る個人情報が前条各号のいずれかに該当する情報（同条ただし書に該当するものを除く。）を記録した部分とその他の部分からなる場合において、これらの部分を容易に、かつ、開示請求の趣旨を損なわない程度に分離することができるときは、当該その他の部分については、開示しなければならない。

福岡県（開示しないことができる個人情報）

第十五条　2　実施機関は、開示請求に係る個人情報に、前項各号のいずれかに該当することにより開示しないことができる個人情報とそれ以外の個人情報とがある場合において、これらの部分を容易に、かつ、開示請求の趣旨を損なわない程度に分離できるときは、当該開示しないことができる個人情報に係る部分を除いて、開示しなければならない。

佐賀県（部分開示）

第十五条 実施機関は、開示請求に係る個人情報に、非開示情報及びそれ以外の情報が併せて記録されている場合において、非開示情報に係る部分とそれ以外の部分とを容易に、かつ、開示請求の趣旨が損なわれない程度に分離することができるときは、前条の規定にかかわらず、非開示情報に係る部分を除いて、当該個人情報の開示をしなければならない。

長崎県（部分開示）

第十五条 実施機関は、開示請求に係る個人情報に不開示情報が含まれている場合において、不開示情報が記録されている部分を容易に区分して除くことができるときは、開示請求者に対し、当該部分を除いた部分につき開示しなければならない。ただし、当該部分を除いた部分に有意の情報が記録されていないと認められるときは、この限りでない。

熊本県（部分開示）

第十七条 実施機関は、開示請求に係る個人情報が不開示情報とそれ以外の個人情報とからなる場合において、これらの個人情報を容易に、かつ、開示請求の趣旨を損なわない程度に分離できるときは、開示請求者に対し、当該不開示情報を除いた個人情報につき、開示しなければならない。

大分県（個人情報の一部開示）

第十六条 実施機関は、開示請求に係る個人情報が、不開示情報とそれ以外の個人情報とからなる場合において、不開示情報とそれ以外の個人情報とを容易に分離することができ、かつ、当該分離により開示請求の趣旨が損なわれることがないと認めるときは、当該不開示情報を除いた個人情報について開示しなければならない。

宮崎県（部分開示）

第十八条 実施機関は、開示請求に係る保有個人情報に不開示情報が含まれている場合において、不開示情報に該当する部分を容易に区分して除くことができるときは、開示請求者に対し、当該部分を除いた部分につき開示しなければならない。ただし、当該部分を除いた部分に有意の情報が記録されていないと認められるときは、この限りでない。

2　開示請求に係る保有個人情報に前条第二号の情報（開示請求者以外の特定の個人を識別することができるものに限る。）が含まれている場合において、当該情報のうち、氏名、生年月日その他の開示請求者以外の特定の個人を識別することができることとなる記述等の部分を除くことにより、開示しても、開示請求者以外の個人の権利利益が害されるおそれがないと認められるときは、当該部分を除いた部分は、同号に規定する情報に含まれないものとみなして、前項の規定を適用する。

鹿児島県（部分開示）

第十四条 実施機関は、開示請求に係る保有個人情報に不開示情報が含まれている場合において、不開示情報に該当する部分を容易に区分して除くことができるときは、開示請求者に対し、当該部分を除いた部分につき開示しなければならない。ただし、当該部分を除いた部分に有意の情報が記録されていないと認

められるときは、この限りでない。
2　開示請求に係る保有個人情報に前条第二号の情報（開示請求者以外の特定の個人を識別することができるものに限る。）が含まれている場合において、当該情報のうち、氏名、生年月日その他の開示請求者以外の特定の個人を識別することができることとなる記述等の部分を除くことにより、開示しても、開示請求者以外の個人の権利利益が害されるおそれがないと認められるときは、当該部分を除いた部分は、同号の情報に含まれないものとみなして、前項の規定を適用する。

沖縄県（一部公開）
第二十条　実施機関は、開示の請求に係る個人情報に、前条各号のいずれかに該当することにより開示しないことができる個人情報とそれ以外の個人情報とが併せて記録されている場合において、これらを容易に分離することができ、かつ、当該分離により開示の請求の趣旨が損なわれることがないと認めるときは、開示しないことができる個人情報に係る部分を除いて開示しなければならない。

⑹　開示の決定と通知

北海道（開示請求に対する決定）
第十六条　実施機関は、前条第一項の開示請求書を受理したときは、受理した日の翌日から起算して十四日以内に、開示請求に係る個人情報につき次条及び第十八条に定めるところにより審査して、個人情報の開示をするかどうかを決定しなければならない。
2　実施機関は、やむを得ない理由により、前項に規定する期間内に同項の規定による決定をすることができないときは、その期間を延長することができる。この場合において、実施機関は、速やかに期間を延長する理由及び同項の規定による決定をすることができる時期を前条第一項の開示請求書を提出した者（以下「開示請求者」という。）に書面により通知しなければならない。

北海道（開示請求に対する決定の通知）
第十九条　実施機関は、第十六条第一項の規定による決定をしたときは、速やかに開示請求者に書面により通知しなければならない。この場合において、実施機関は、開示請求に係る個人情報の開示をしないことと決定したときはその理由を、前二条の規定により開示をしないこととされる個人情報を除いて開示請求に係る個人情報の開示をすることと決定したときはその旨及び理由を併せて開示請求者に通知しなければならない。
2　実施機関は、開示請求に係る個人情報の開示をしないことと決定した場合において、当該個人情報の全部又は一部について開示をすることができる期日が明らかであるときは、その期日を前項の書面に付記するものとする。

青森県（開示請求に対する決定、通知等）
第十五条　実施機関は、開示請求があった場合において、開示請求に係る個人情報の全部又は一部を開示するときは、その旨の決定をし、開示請求者に対し、その旨を書面により通知しなければならない。ただし、開示請求があった際、直ちに、開示請求に係る個人情報の全部を開示する旨の決定をし、かつ、当該

決定に基づき開示する場合にあっては、口頭で告知すれば足りる。
2　実施機関は、開示請求があった場合において、開示請求に係る個人情報の全部を開示しないとき（第二十条の規定により開示請求を拒否するとき及び開示請求に係る個人情報を保有していないときを含む。）は、開示をしない旨の決定をし、開示請求者に対し、その旨を書面により通知しなければならない。
3　実施機関は、第一項の規定により開示請求に係る個人情報の一部を開示する旨の決定をした場合又は前項の規定により開示請求に係る個人情報の全部を開示しない旨の決定をした場合において、当該個人情報の全部又は一部を開示することができる期日が明らかであるときは、当該期日及び開示することができる範囲をこれらの規定による通知（以下「開示等の決定通知」という。）に係る書面に記載しなければならない。
4　開示等の決定通知は、開示請求があった日から十五日以内にしなければならない。
5　前項の規定にかかわらず、実施機関は、事務処理上の困難その他正当な理由があるときは、同項に規定する期間を開示請求があった日から四十五日以内に限り延長することができる。この場合において、実施機関は、開示請求者に対し、遅滞なく、開示等の決定通知の期限及び延長の理由を書面により通知しなければならない。
6　開示請求に係る個人情報が著しく大量であるため、開示請求があった日から四十五日以内にそのすべてについて開示等の決定通知をすることにより事務の遂行に著しい支障が生ずるおそれがある場合には、前二項の規定にかかわらず、実施機関は、開示請求に係る個人情報のうちの相当の部分につき当該期間内に開示等の決定通知をし、残りの個人情報については相当の期間内に開示等の決定通知をすれば足りる。この場合において、実施機関は、第四項に規定する期間内に、開示請求者に対し、次に掲げる事項を書面により通知しなければならない。
　一　この項の規定を適用する旨及びその理由
　二　残りの個人情報に係る開示等の決定通知をする期限
7　開示請求者は、次の各号に掲げる場合には、当該各号に定める個人情報を開示しない旨の決定があったものとみなすことができる。
　一　第四項に規定する期間内に開示等の決定通知がない場合（当該期間内に第五項後段又は前項後段の規定による通知があった場合を除く。）開示請求に係る個人情報
　二　第四項に規定する期間内に第五項後段の規定による通知があった場合において、同項の規定により延長された開示等の決定通知の期限までに開示等の決定通知がないとき。開示請求に係る個人情報
　三　第四項に規定する期間内に前項後段の規定による通知があった場合
　　イ　前項前段に規定する開示請求に係る個人情報のうちの相当の部分につき開示等の決定通知をすべき期間内に当該開示等の決定通知がないときにあっては、開示請求に係る個人情報
　　ロ　前項第二号に規定する期限までに同号に規定する残りの個人情報に係る

277

開示等の決定通知がないときにあっては、当該残りの個人情報

岩手県（開示請求に対する措置）
第十四条　実施機関は、開示請求に係る個人情報の全部又は一部を開示するときは、その旨の決定をし、開示請求者に対し、その旨及び開示の実施に関し実施機関が定める事項を書面により通知しなければならない。
2　実施機関は、開示請求に係る個人情報の全部を開示しないとき（開示請求に係る個人情報が記録された行政文書を保有していないときを含む。）は、開示をしない旨の決定をし、開示請求者に対し、その旨を書面により通知しなければならない。

岩手県（開示決定等の期限）
第十五条　前条各項の決定（以下「開示決定等」という。）は、開示請求があった日から起算して十五日以内にしなければならない。ただし、第十一条第三項の規定に基づき補正を求めた場合にあっては、当該補正に要した日数は、当該期間に算入しない。
2　前項の規定にかかわらず、実施機関は、事務処理上の困難その他正当な理由があるときは、同項に規定する期間を三十日以内に限り延長することができる。この場合において、実施機関は、開示請求者に対し、遅滞なく、延長後の期間及び延長の理由を書面により通知しなければならない。

宮城県（開示請求に対する決定等）
第十六条　実施機関は、前条第一項の開示請求書が提出されたときは、当該開示請求書が提出された日から起算して十五日以内に、開示するかどうかの決定をしなければならない。
2　実施機関は、前項の決定をしたときは、開示請求者に対し、速やかにその旨を書面により通知しなければならない。
3　実施機関は、第一項の規定により開示請求に係る個人情報の全部又は一部について開示しない旨の決定をしたときは、その理由（その理由がなくなる期日をあらかじめ明示することができるときは、その理由及び期日）を前項の書面に記載しなければならない。
4　実施機関は、やむを得ない理由により第一項に規定する期間内に同項の決定をすることができないときは、当該期間延長することができる。この場合において、実施機関は、速やかに延長の期間及び理由を書面により開示請求者に通知しなければならない。
5　実施機関は、前条第一項の開示請求書の提出があった場合において、開示請求に係る個人情報が存在しないときは、その旨及び存在しない理由を書面により開示請求者に通知しなければならない。

秋田県（開示請求に対する決定等）
第十九条　実施機関は、開示請求があったときは、当該開示請求があった日から起算して十五日以内に、当該開示請求に係る個人情報を開示するかどうかの決定（前条の規定により開示請求を拒否する旨の決定及び開示請求に係る個人情報が記録された行政文書を保有していない場合の開示しない旨の決定を含む。以下「開示決定等」という。）をしなければならない。ただし、第十五条第三項

の規定により補正を求めた場合にあっては、当該補正に要した日数は、当該期間に算入しない。
2　実施機関は、やむを得ない理由により、前項に規定する期間内に開示決定等をすることができないときは、当該期間を三十日以内に限り延長することができる。この場合において、実施機関は、開示請求者に対し、速やかに延長後の期間及び延長の理由を書面により通知しなければならない。
3　実施機関は、開示決定等をしたときは、開示請求者に対し、速やかにその内容を書面により通知しなければならない。
4　前項の場合において、実施機関は、個人情報の全部又は一部を開示しないときは、同項の書面にその理由（その理由がなくなる期日をあらかじめ明示することができるときは、その理由及び期日）を記載しなければならない。

山形県（開示請求に対する決定等）
第十三条　実施機関は、開示請求があった場合は、開示請求があった日から起算して三十日以内に、開示の決定又は開示をしない旨の決定をし、開示請求者に対し、その旨及び必要な事項を通知しなければならない。
2　実施機関は、事務処理上の困難その他正当な理由により、前項の期間内に同項に規定する決定をすることができないときは、三十日を限度として、これを延長することができる。この場合においては、実施機関は、開示請求者に対し、その旨、同項の期間内に同項に規定する決定をすることができない理由及び延長する期間を通知しなければならない。

福島県（開示請求に対する決定等）
第十五条　実施機関は、開示請求があった日から起算して十五日以内に、当該開示請求に係る個人情報の全部若しくは一部を開示する旨の決定（以下「開示決定」という。）又は全部を開示しない旨の決定（第十三条の二の規定により開示請求を拒否する旨の決定及び開示請求に係る個人情報を保有していない場合の全部を開示しない旨の決定を含む。）をしなければならない。ただし、第十四条第三項の規定により補正を求めた場合にあっては、当該補正に要した日数は、その期間に算入しない。
2　実施機関は、前項の決定（以下「開示決定」という。）をしたときは、開示請求者に対し、速やかに、当該開示決定等の内容及び開示決定をした場合には開示の実施に関し実施機関が定める事項を書面により通知しなければならない。
3　実施機関は、開示請求に係る個人情報の全部を開示しない旨の決定又は一部を開示する旨の決定をしたときは、前項に規定する書面に当該決定の理由を記載しなければならない。この場合において、当該個人情報の全部又は一部について開示することができるようになる期日が明らかであるときは、当該期日を付記しなければならない。
4　第一項の規定にかかわらず、実施機関は、事務処理上の困難その他正当な理由があるときは、同項に規定する期間を三十日以内に限り延長することができる。この場合似置いて、実施機関は、開示請求者に対し、速やかに、延長後の期間及び延長の理由を書面により通知しなければならない。
5　開示請求に係る個人情報が著しく大量であるため、開示請求があった日から

起算して四十五日以内にそのすべてについて開示決定等をすることにより事務の遂行に著しい支障が生ずるおそれがある場合は、前項の規定にかかわらず、実施機関は、開示請求に係る個人情報のうちの相当の部分につきその期間内に開示決定等をし、残りの個人情報については相当の期間内に開示決定等をすれば足りる。この場合において、実施機関は、第一項に規定する期間内に、開示請求者に対し、次に掲げる事項を書面により通知しなければならない。
一　この項を適用する旨及びその理由
二　残りの個人情報について開示決定等をする期限

茨城県（開示請求に対する決定及び通知）
第十七条　実施機関は、前条第一項に規定する開示請求書の提出があったときは、開示請求書を受理した日から十五日以内に、開示請求に係る個人情報について開示又は不開示の決定を行わなければならない。
2　実施機関は、前項に規定する期間内に同項に規定する決定を行うことができないことについてやむを得ない理由があるときは、当該決定を延長することができる。この場合において、実施機関は、速やかに、その延長する理由を前条第一項に規定する開示請求書を提出した者（以下「請求者」という。）に書面により通知しなければならない。
3　実施機関は、開示又は不開示の決定を行ったときは、速やかに、当該決定の内容その他必要な事項を請求者に書面により通知しなければならない。
4　実施機関は、不開示の決定をする場合において、不開示の理由がなくなる期日をあらかじめ明示することができるときは、その期日を明らかにしなければならない。

栃木県（開示請求に対する措置）
第十八条　実施機関は、開示請求に係る個人情報の全部又は一部を開示するときは、その旨の決定をし、開示請求者に対し、その旨及び開示の実施に関し実施機関が定める事項を書面により通知しなければならない。
2　実施機関は、開示請求に係る個人情報の全部を開示しないとき（前条の規定により開示請求を拒否するとき及び開示請求に係る個人情報を保有していないときを含む。）は、開示をしない旨の決定をし、開示請求者に対し、その旨を書面により通知しなければならない。

栃木県（開示決定等の期限）
第十九条　前条各項の決定（以下「開示決定等」という。）は、開示請求があった日から十四日以内にしなければならない。ただし、第十四条第三項の規定により補正を求めた場合にあっては、当該補正に要した日数は、当該期間に算入しない。
2　前項の規定にかかわらず、実施機関は、事務処理上の困難その他正当な理由があるときは、同項に規定する期間を四十六日以内に限り延長することができる。この場合において、実施機関は、開示請求者に対し、遅滞なく、延長後の期間及び延長の理由を書面により通知しなければならない。

群馬県（開示請求に対する措置）
第十七条　実施機関は、開示請求に係る個人情報の全部又は一部を開示するとき

8 自己情報の開示

は、その旨の決定をし、開示請求者に対し、その旨並びに開示を実施する日時及び場所を書面により通知しなければならない。
2　実施機関は、開示請求に係る個人情報の全部を開示しないとき（第十五条の規定により開示請求を拒否するとき及び開示請求に係る個人情報を保有していないときを含む。）は、開示しない旨の決定をし、開示請求者に対し、その旨を書面により通知しなければならない。

群馬県（開示決定等の期限）
第十八条　開示決定等は、開示請求があった日から十五日以内にしなければならない。ただし、第十六条第三項の規定により補正を求めた場合にあっては、当該補正に要した日数は、当該期間に算入しない。
2　前項の規定にかかわらず、実施機関は、事務処理上の困難その他正当な理由があるときは、同項に規定する期間を四十五日以内に限り延長することができる。この場合において、実施機関は、開示請求者に対し、遅滞なく、延長後の期間及び延長の理由を書面により通知しなければならない。
3　開示請求に係る個人情報が著しく大量であるため、開示請求があった日から六十日以内にそのすべてについて開示決定等をすることにより事務の遂行に著しい支障が生ずるおそれがある場合には、前二項の規定にかかわらず、実施機関は、開示請求に係る個人情報のうちの相当の部分につき当該期間内に開示決定等をし、残りの個人情報については相当の期間内に開示決定等をすれば足りる。この場合において、実施機関は、第一項に規定する期間内に、開示請求者に対し、次に掲げる事項を書面により通知しなければならない。
一　この項を適用する旨及びその理由
二　残りの個人情報について開示決定等をする期限

埼玉県（開示請求に対する決定等）
第十六条　実施機関は、開示請求があったときは、その開示請求を受けた日から起算して十五日以内に、当該開示請求に係る個人情報を開示をするかどうかを決定しなければならない。
2　実施機関は、事務処理上の困難その他正当な理由により前項に規定する期間内に同項の規定による決定をすることができないときは、その期間を延長することができる。この場合において、実施機関は、速やかに、開示請求をした者（以下「開示請求者」という。）に対し、その延長の理由及び期間を通知しなければならない。
3　実施機関は、第一項の規定による決定をしたときは、速やかに、開示請求者に対し、当該決定の内容を通知しなければならない。この場合において、当該開示請求に係る個人情報の全部又は一部について開示しないことと決定したときは、その旨及び理由（その理由がなくなる時期を明らかにすることができるときは、理由及び時期）を記載した書面により通知しなければならない。

千葉県（開示請求に対する決定等）
第十七条　実施機関は、前条第一項に規定する請求書を受理したときは、当該請求書を受理した日から起算して十五日以内に、開示請求に係る個人情報を開示するかどうかの決定をしなければならない。

2　実施機関は、前項の決定をしたときは、開示請求者に対し、速やかに、書面により当該決定の内容を通知しなければならない。

3　実施機関は、第一項の規定により開示をする旨の決定をしたときは、当該開示をする日時及び場所を前項の書面に記載しなければならない。

4　実施機関は、第一項の規定により開示をしない旨の決定をしたときは、その理由を第二項の書面に記載しなければならない。この場合において、当該理由が消滅する期日をあらかじめ明らかにすることができるときは、その期日を同項の書面に記載しなければならない。

5　実施機関は、やむを得ない理由により第一項に規定する期間内に同項の決定をすることができないときは、同項の規定にかかわらず、当該期間を延長することができる。この場合において、実施機関は、速やかに、書面により当該期間を延長する理由及び当該決定をすることができる期日を開示請求者に通知しなければならない。

6　実施機関は、前条第一項に規定する請求書の提出があった場合において、開示請求に係る個人情報が存在しないときは、その旨を書面により開示請求者に通知しなければならない。

東京都（個人情報の開示請求に対する決定）

第十四条　実施機関は、開示請求があった日から十四日以内に、開示請求者に対して、開示請求に係る個人情報の全部若しくは一部を開示する旨の決定（以下「開示決定」という。）又は開示しない旨の決定（第十七条の二の規定により開示請求を拒否するとき及び開示請求に係る個人情報が記録された公文書を保有していないときを含む。）をしなければならない。ただし、前条第三項の規定により補正を求めた場合にあっては、当該補正に要した日数は、当該期間に算入しない。

2　実施機関は、前項の決定（以下「開示決定等」という。）をしたときは、開示請求者に対し、遅滞なく書面によりその旨を通知しなければならない。

3　実施機関は、やむを得ない理由により、第一項に規定する期間内に開示決定等をすることができないときは、開示請求書があった日から六十日を限度としてその期間を延長することができる。この場合において、実施機関は、速やかに延長後の期間及び延長の理由を開示請求者に書面により通知しなければならない。

4　実施機関は、第一項の規定により開示請求に係る個人情報の全部又は一部を開示しないときは、開示請求者に対し、第二項に規定する書面によりその理由を示さなければならない。この場合において、当該理由の提示は、開示しないこととする根拠規定及び当該規定を適用する根拠が、当該書面の記載自体から理解され得るものでなければならない。

神奈川県（開示の請求に対する決定等）

第十七条　実施機関は、開示の請求があったときは、当該開示の請求があった日から起算して十五日以内に、当該開示の請求について開示又は不開示の決定をしなければならない。ただし、前条第三項の規定により補正を求めた場合にあっては、当該補正に要した日数は、当該期間に算入しない。

2　実施機関は、前項の決定をしたときは、その旨を請求者に書面で通知しなければならない。
3　前項の場合において、開示の請求に係る個人情報の全部又は一部の開示を拒むとき（第十五条の二の規定により開示の請求を拒むとき及び開示の請求に係る個人情報を実施機関が保有していないときを含む。）は、その理由を併せて通知しなければならない。この場合において、当該個人情報の開示を拒む理由がなくなる期日をあらかじめ明示することができるときは、その期日を明らかにしなければならない。
4　実施機関は、事務処理上の困難その他正当な理由があるときは、第一項に規定する期間を四十五日以内に限り延長することができる。この場合において、実施機関は、請求者に対し、遅滞なく、延長後の期間及び延長の理由を書面で通知しなければならない。
5　開示の請求に係る個人情報が著しく大量であるため又は当該個人情報の検索に著しく日時を要するため、開示の請求があった日から起算して六十日以内にそのすべてについて開示又は非開示の決定をすることにより事務の遂行に著しい支障が生ずるおそれがある場合には、第一項及び前項の規定にかかわらず、実施機関は、開示の請求に係る個人情報のうちの相当の部分につき当該期間内に開示又は不開示の決定をし、残りの個人情報については相当の期間内に開示又は不開示の決定をすれば足りる。この場合において、実施機関は、第一項に規定する期間内に、請求者に対し、次に掲げる事項を書面で通知しなければならない。
一　この項の規定を適用する旨及びその理由
二　残りの個人情報について開示又は不開示の決定をする期限

山梨県（開示請求に対する決定）
第十六条　実施機関は、前条第一項の規定による請求書の提出があったときは、当該請求書を受理した日から起算して十五日以内に、開示請求に係る個人情報の開示をするかどうかの決定をしなければならない。
2　実施機関は、前項の決定をしたときは、速やかに書面によりその旨を請求者に通知しなければならない。この場合において、開示請求に係る個人情報の開示をしない旨の決定をしたときは、その理由を付記しなければならない。
3　実施機関は、やむを得ない理由により第一項の期間内に同項の決定をすることができないときは、十五日を限度としてその期間を延長することができる。この場合において、実施機関は、速やかに、書面により延長する理由及び期日を請求者に通知しなければならない。

長野県（開示請求に対する決定等）
第十四条　実施機関は、前条第一項の規定による請求書の提出があったときは、当該請求書の提出があった日から起算して十五日以内に請求に係る記録情報について開示をするかどうかを決定し、速やかに請求者に対し、書面により通知しなければならない。ただし、前条第三項の規定により補正を求めた場合にあっては、当該補正に要した日数は、当該期間に算入しない。
2　前項の場合において、開示請求に係る記録情報の全部又は一部の開示を拒む

とき（第十二条の二の規定により開示請求を拒むとき及び開示請求に係る記録情報を管理していないときを含む。）ときは、その理由（その理由がなくなる期日をあらかじめ明示できるときはその理由及び期日）を併せて通知するものとする。

3　実施機関は、やむを得ない理由により、第一項の期間内に決定することができないときは、同項の規定にかかわらず、開示請求があった日から起算して六十日を限度として同項に規定する期間を延長することができる。この場合において、実施機関は、請求者に対し、遅滞なく、延期の理由及び延長後の期間を書面により通知しなければならない。

新潟県（開示請求に対する決定等）

第十六条　実施機関は、開示請求があったときは、当該開示請求があった日から起算して十五日以内に、当該開示請求に係る個人情報を開示するかどうかの決定をしなければならない。

2　実施機関は、前項の決定をしたときは、速やかに、当該決定の内容を開示請求をした者（以下「開示請求者」という。）に書面により通知しなければならない。

3　実施機関は、第一項の規定により個人情報を開示しない旨の決定（第二十条の規定により個人情報の一部を開示する場合の当該開示する旨の決定を含む。）をしたときは、前項の書面にその理由を記載しなければならない。この場合において、当該理由がなくなる期日をあらかじめ明示することができるときは、当該期日を同項の書面に付記しなければならない。

4　実施機関は、やむを得ない理由により、第一項に規定する期間内に同項の決定をすることができないときは、当該期間を延長することができる。この場合において、実施機関は、速やかに、延長する期間及び理由を開示請求者に通知しなければならない。

富山県（開示請求に対する措置）

第十九条　実施機関は、開示請求に係る保有個人情報の全部又は一部を開示するときは、その旨の決定をし、開示請求者に対し、その旨、開示する保有個人情報の利用目的及び開示の実施に関し規則で定める事項を書面により通知しなければならない。ただし、第五条第四項第二号又は第三号に該当する場合における当該利用目的については、この限りでない。

2　実施機関は、開示請求に係る保有個人情報の全部を開示しないとき（前条の規定により開示請求を拒否するとき、及び開示請求に係る保有個人情報を保有していないときを含む。）は、開示をしない旨の決定をし、開示請求者に対し、その旨を書面により通知しなければならない。

富山県（開示決定等の期限）

第二十条　前条各項の決定（以下「開示決定等」という。）は、開示請求があった日から起算して十五日以内にしなければならない。ただし、第十四条第三項の規定により補正を求めた場合にあっては、当該補正に要した日数は、当該期間に算入しない。

2　前項の規定にかかわらず、実施機関は、事務処理上の困難その他正当な理由

があるときは、同項に規定する期間を三十日以内に限り延長することができる。この場合において、実施機関は、開示請求者に対し、遅滞なく、延長後の期間及び延長の理由を書面により通知しなければならない。

富山県（開示決定等の期限の特例）

第二十一条　開示請求に係る保有個人情報が著しく大量であるため、開示請求があった日から起算して四十五日以内（第十四条第三項の規定による補正に要した期間を除く。）にそのすべてについて開示決定等をすることにより事務の遂行に著しい支障が生ずるおそれがある場合には、前条の規定にかかわらず、実施機関は、開示請求に係る保有個人情報のうちの相当の部分につき当該期間内に開示決定等をし、残りの保有個人情報については相当の期間内に開示決定等をすれば足りる。この場合において、実施機関は、同条第一項に規定する期間内に、開示請求者に対し、次に掲げる事項を書面により通知しなければならない。
一　この条の規定を適用する旨及びその理由
二　残りの保有個人情報について開示決定等をする期限

石川県（開示請求に対する決定等）

第十八条　実施機関は、開示請求に係る保有個人情報の全部又は一部を開示するときは、その旨の決定をし、開示請求者に対し、その旨並びに開示を実施する日時及び場所その他開示の実施に関し必要な事項を書面により通知しなければならない。

2　実施機関は、開示請求に係る保有個人情報の全部を開示しないとき（前条の規定により開示請求を拒否するとき、及び開示請求に係る保有個人情報を保有していないときを含む。）は、開示をしない旨の決定をし、開示請求者に対し、その旨を書面により通知しなければならない。

石川県（開示決定等の期限）

第十九条　前条各項の決定（以下「開示決定等」という。）は、開示請求があった日から十四日以内にしなければならない。ただし、第十三条第四項の規定により補正を求めた場合にあっては、当該補正に要した日数は、当該期間に算入しない。

2　前項の規定にかかわらず、実施機関は、事務処理上の困難その他正当な理由があるときは、開示請求があった日から六十日を限度として同項に規定する期間を延長することができる。この場合において、実施機関は、開示請求者に対し、遅滞なく、延長後の期間及び延長の理由を書面により通知しなければならない。

3　開示請求に係る保有個人情報が著しく大量であるため、開示請求があった日から六十日以内にそのすべてについて開示決定等をすることにより事務の遂行に著しい支障が生ずるおそれがある場合には、前二項の規定にかかわらず、実施機関は、開示請求に係る保有個人情報のうちの相当の部分につき当該期間内に開示決定等をし、残りの保有個人情報については相当の期間内に開示決定等をすれば足りる。この場合において、実施機関は、第一項に規定する期間内に、開示請求者に対し、次に掲げる事項を書面により通知しなければならない。
一　この項を適用する旨及びその理由

二　残りの保有個人情報について開示決定等をする期限

福井県（開示請求に対する決定等）

第十八条　実施機関は、開示請求に係る個人情報の全部または一部を開示するときは、その旨の決定をし、開示請求者に対し、その旨および開示の実施に関し必要な事項を書面により通知しなければならない。

2　実施機関は、開示請求に係る個人情報の全部を開示しないとき（前条の規定により開示請求を拒否するときおよび開示請求に係る個人情報を保有していないときを含む。）は、開示しない旨の決定をし、開示請求者に対し、その旨を書面により通知しなければならない。

3　実施機関は、第一項の規定による個人情報の一部を開示する旨の決定または前項の決定をした場合において、当該個人情報の一部または全部を開示することができる期日があらかじめ明らかであるときは、当該期日および開示することができる範囲を前二項の規定による通知に付記しなければならない。

福井県（開示決定等の期限）

第十九条　前条第一項または第二項の決定（以下「開示決定等」という。）は、開示請求があった日から起算して十五日以内にしなければならない。ただし、第十四条第三項の規定により開示請求書の補正を求めた場合にあっては、当該補正に要した日数は、当該期間に算入しない。

2　前項の規定にかかわらず、実施機関は、事務処理上の困難その他正当な理由があるときは、同項に規定する期間を三十日以内に限り延長することができる。この場合において、実施機関は、開示請求者に対し、速やかに、延長後の期間および延長の理由を書面により通知しなければならない。

岐阜県（開示請求に対する決定等）

第十七条　実施機関は、開示請求書の提出があったときは、当該開示請求書の提出があった日から起算して十五日以内に、開示請求に係る個人情報を開示するかどうかの決定（以下「開示決定等」という。）をしなければならない。ただし、前条第三項の規定により補正を求めた場合にあっては、当該補正に要した日数は、当該期間に算入しない。

2　実施機関は、開示決定等をしたときは、速やかに、書面により当該決定の内容を開示請求書提出者に通知しなければならない。ただし、当該開示請求書の提出があった日に、開示請求に係る個人情報の全部を開示する旨の決定をし、当該個人情報を開示するときは、この限りでない。

3　実施機関は、開示請求に係る個人情報の開示をしない旨の決定（第十五条の規定により個人情報の一部を開示しない旨の決定、第十五条の二の規定により開示請求を拒む旨の決定及び開示請求に係る個人情報を保有していない旨の決定を含む。）をしたときは、前項の書面にその理由を記載しなければならない。この場合において、当該理由がなくなる期日をあらかじめ明示することができるときは、当該書面にその期日を併せて記載しなければならない。

4　実施機関は、事務処理上の困難その他正当な理由により、第一項に規定する期間内に開示決定等をすることができないときは、同項に規定する期間を三十日以内に限り延長することができる。この場合において、実施機関は、速やか

に、書面により延長後の期間及び延長の理由を開示請求書提出者に通知しなければならない。
5　実施機関は、開示請求に係る個人情報が著しく大量であるため、開示請求があった日から四十五日以内にそのすべてについて開示決定等をすることにより事務の遂行に著しい支障が生ずるおそれがある場合には、第一項及び前項の規定にかかわらず、開示請求に係る個人情報のうちの相当の部分につき当該期間内に開示決定等をし、残りの個人情報については相当の期間内に開示決定等をすれば足りる。この場合において、実施機関は、第一項に規定する期間内に、書面により次に掲げる事項を開示請求書提出者に通知しなければならない。
一　本項を適用する旨及びその理由
二　残りの個人情報について開示決定等をする期限

静岡県（開示請求に対する措置）

第二十一条　実施機関は、開示請求に係る保有個人情報の全部又は一部を開示するときは、その旨の決定をし、開示請求者に対し、その旨、開示する保有個人情報の利用目的及び開示の実施に関し規則で定める事項を書面により通知しなければならない。ただし、第七条第二号又は第三号に該当する場合における当該利用目的については、この限りでない。
2　前項の規定にかかわらず、実施機関は、開示請求があった場合において、直ちに開示請求に係る保有個人情報の全部を開示するときは、口頭で行うことができる。
3　実施機関は、開示請求に係る保有個人情報の全部を開示しないとき（前条の規定により開示請求を拒否するとき及び開示請求に係る保有個人情報を保有していないときを含む。）は、開示をしない旨の決定をし、開示請求者に対し、その旨を書面により通知しなければならない。

静岡県（理由の記載等）

第二十二条　実施機関は、前条第一項又は第三項の決定（開示請求に係る保有個人情報の全部を開示する旨の決定を除く。）をしたときは、当該決定をした根拠規定及び当該規定を適用した理由を同条第一項又は第三項の書面に記載しなければならない。
2　前項の場合において、実施機関は、当該決定の日から起算して一年以内に当該保有個人情報の全部又は一部を開示することができるようになることが明らかであるときは、その旨を通知するものとする。

静岡県（開示決定等の期限）

第二十三条　第二十一条第一項又は第三項の決定（以下「開示決定等」という。）は、開示請求があった日から起算して十五日以内にしなければならない。ただし、第十六条第三項の規定により補正を求めた場合にあっては、当該補正に要した日数は、当該期間に算入しない。
2　前項の規定にかかわらず、実施機関は、事務処理上の困難その他正当な理由があるときは、同項に規定する期間を三十日以内に限り延長することができる。この場合において、実施機関は、開示請求者に対し、遅滞なく、延長後の期間及び延長の理由を書面により通知しなければならない。

3　開示請求に係る保有個人情報が著しく大量であるため、開示請求があった日から起算して四十五日以内にそのすべてについて開示決定等をすることにより事務の遂行に著しい支障が生ずるおそれがある場合には、前二項の規定にかかわらず、実施機関は、開示請求に係る保有個人情報のうちの相当の部分につき当該期間内に開示決定等をし、残りの保有個人情報については相当の期間内に開示決定等をすれば足りる。この場合において、実施機関は、第一項に規定する期間内に、開示請求者に対し、次に掲げる事項を書面により通知しなければならない。
一　この項の規定を適用する旨及びその理由
二　残りの保有個人情報について開示決定等をする期限

愛知県（開示請求に対する決定等）

第十五条　実施機関は、前条第一項に規定する請求書を受理したときは、当該請求書を受理した日から起算して十五日以内に、開示請求に係る個人情報の開示をするかどうかの決定をしなければならない。

2　実施機関は、前項の決定をしたときは、速やかに、書面により当該決定の内容を請求者に通知しなければならない。

3　実施機関は、やむを得ない理由により第一項に規定する期間内に同項の決定をすることができないときは、当該期間を、当該期間の満了する日の翌日から起算して三十日を限度として延長することができる。この場合において、実施機関は、速やかに、書面によりその延長する理由及び期間を請求者に通知しなければならない。

4　第二項の場合において、実施機関は、開示請求に係る個人情報の全部又は一部について開示をしない旨の決定をしたときは、同項の書面に、当該決定の理由（当該決定の理由がなくなる期日をあらかじめ明示することができるときは、当該決定の理由及び当該期日）を付記しなければならない。

三重県（開示請求に対する措置）

第十九条　実施機関は、開示請求に係る個人情報の全部又は一部を開示するときは、その旨の決定をし、開示請求者に対し、その旨並びに開示する日時及び場所を書面により通知しなければならない。ただし、当該決定の内容が、開示請求に係る個人情報の全部を開示する旨であって、開示請求書の提出があった日に当該個人情報を開示するときは、口頭により通知することができる。

2　実施機関は、開示請求に係る個人情報の全部を開示しないとき（前条の規定により開示請求を拒否するとき及び開示請求に係る個人情報を保有していないときを含む。以下同じ。）は、開示しない旨の決定をし、開示請求者に対し、その旨を書面により通知しなければならない。

三重県（開示決定等の期限）

第二十条　前条各項の決定（以下「開示決定等」という。）は、開示請求書が実施機関の事務所に到達した日から起算して十五日以内にしなければならない。ただし、第十五条第四項の規定により補正を求めた場合にあっては、当該補正に要した日数は、当該期間に算入しない。

2　前項の規定にかかわらず、実施機関は、事務処理上の困難その他正当な理由

があるときは、同項に規定する期間を三十日以内に限り延長することができる。この場合において、実施機関は、開示請求者に対し、速やかに、延長の期間及び延長の理由を書面により通知しなければならない。

三重県（開示決定等の期限の特例）

第二十一条　開示請求に係る個人情報が著しく大量であるため、開示請求書が実施機関の事務所に到達した日から起算して四十五日以内にそのすべてについて開示決定等をすることにより事務の遂行に著しい支障が生じるおそれがある場合には、前条の規定にかかわらず、実施機関は、開示請求に係る個人情報のうちの相当の部分につき当該期間内に開示決定等をし、残りの個人情報については相当の期間内に開示決定等をすれば足りる。この場合において、実施機関は、同条第一項に規定する期間内に、開示請求者に対し、次に掲げる事項を書面により通知しなければならない。

一　本条を適用する旨及びその理由
二　残りの個人情報について開示決定等をする期限

三重県（理由付記等）

第二十二条　実施機関は、第十九条各項の規定により開示請求に係る個人情報の全部又は一部を開示しないときは、開示請求者に対し、同条各項に規定する書面によりその理由を示さなければならない。この場合においては、開示しないこととする根拠規定を明らかにするとともに、当該規定を適用する根拠が当該書面の記載自体から理解され得るものでなければならない。

2　前項の場合において、実施機関は、当該理由がなくなる期日をあらかじめ明示することができるときは、その期日を記載しなければならない。

滋賀県（開示請求に対する決定および通知）

第十四条　実施機関は、開示請求書を受理したときは、当該開示請求書を受理した日から起算して十五日以内に、当該開示請求に係る個人情報の開示をするかどうかの決定をしなければならない。

2　実施機関は、やむを得ない理由により前項の期間内に同項の決定をすることができないときは、同項の期間を延長することができる。この場合において、実施機関は、速やかに当該延長の期間および理由を開示請求者に通知しなければならない。

3　実施機関は、第一項の決定をしたときは、速やかに当該決定の内容を開示請求者に書面により通知しなければならない。

4　前項の場合において、実施機関は、開示請求に係る個人情報の全部または一部について開示をしない旨の決定をしたときは、その理由を同項の書面に記載しなければならない。この場合において、実施機関は、当該理由が消滅する期日をあらかじめ明示することができるときは、その期日を明らかにしなければならない。

京都府（開示請求に対する決定等）

第十五条　実施機関は前条第一項に規定する請求書が実施機関に提出されたときは、当該請求書が提出された日から起算して十五日以内に、当該請求についての決定をしなければならない。

2　実施機関は、前項に規定する決定をしたときは、速やかに、その決定の内容を当該請求書を提出した者（以下「開示請求者」という。）に書面により通知しなければならない。

3　実施機関は、やむを得ない理由により、第一項に規定する期間内に同項に規定する決定をすることができないときは、当該請求書が提出された日から起算して六十日を限度として、その期間を延長することができる。この場合において、実施機関は、速やかに、延長の期間及び理由を開示請求者に書面により通知しなければならない。

4　第一項に規定する期間（前項の規定により期間が延長された場合にあっては、その延長された期間）内に、実施機関が第一項に規定する決定をしないときは、開示請求者は、当該請求に係る個人情報を開示しない旨の決定があったものとみなすことができる。

5　実施機関は、第一項に規定する決定（全部を開示する旨の決定を除く。）の内容を第二項の規定により通知するときは、その決定を理由を付記しなければならない。この場合において、実施機関は、その理由が消滅する期日をあらかじめ明示できるときは、当該書面にその期日を付記しなければならない。

6　実施機関は、第一項に規定する決定をするに当たって、開示請求に係る個人情報に開示請求者及び府以外のものに関する情報が含まれている場合において、必要があると認めるときは、あらかじめ、当該開示請求者及び府以外のものの意見を聴くことができる。

大阪府（開示の決定及び通知）

第十八条　実施機関は、開示請求に係る個人情報の全部又は一部を開示するときは、その旨の決定をし、速やかに、開示請求者に対し、その旨及び開示の実施に関し必要な事項を書面により通知しなければならない。

2　実施機関は、開示請求に係る個人情報の全部を開示しないとき（第十六条の規定により開示請求を拒否するとき及び開示請求に係る個人情報を保有していないときを含む。）は、その旨の決定をし、速やかに、開示請求者に対し、その旨を書面により通知しなければならない。

3　実施機関は、第一項の規定による個人情報の一部を開示する旨の決定又は前項の決定をした旨の通知をするときは、当該通知に次に掲げる事項を付記しなければならない。
　一　当該通知に係る決定の理由
　二　当該通知に係る個人情報が第十五条各号に掲げる個人情報に該当しなくなる期日をあらかじめ明示することができる場合にあっては、その期日

大阪府（開示決定等の期限）

第十九条　前条第一項及び第二項の決定（以下「開示決定等」という。）は、開示請求があった日から起算して十五日以内に行わなければならない。ただし、第十七条第四項の規定により開示請求書の補正を求めた場合にあっては、当該補正に要した日数は、当該期間に算入しない。

2　実施機関は、前項に規定する期間内に開示決定等をすることができないことにつき正当な理由があるときは、その期間を十五日を限度として延長すること

ができる。この場合において、実施機関は、速やかに、開示請求者に対し、延長後の期間及び延長の理由を書面により通知しなければならない。
3　第一項に規定する期間（前項の規定により当該期間の延長がなされた場合にあっては、当該延長後の期間）内に、実施機関が開示決定等をしないときは、開示請求者は、前条第二項の規定による個人情報の全部を開示しない旨の決定があったものとみなすことができる。

兵庫県（開示請求に対する決定等）

第十六条　実施機関は、開示請求書の提出があったときは、当該開示請求書が提出された日から起算して十五日以内に、開示請求に係る個人情報の開示をするかどうかの決定（第十八条の規定による決定を含む。）をしなければならない。
2　実施機関は、やむを得ない理由により前項の期間内に同項の決定をすることができないときは、開示請求書が提出された日から起算して六十日を限度として、その期間を延長することができる。この場合において、実施機関は、当該延長の期間及び理由を当該開示請求書を提出した者（以下「開示請求者」という。）に通知しなければならない。
3　前項の規定により第一項の期間が延長された場合において、当該延長に係る期間内に同項の決定がなされないときは、開示請求者は、当該延長に係る期間が経過した日において開示請求に係る個人情報の開示をしない旨の決定があったものとみなすことができる。
4　実施機関は、第一項の決定をしたときは、その内容を開示請求者に通知しなければならない。
5　前項の場合において、実施機関は、開示請求に係る個人情報の開示をしない旨の決定（第十八条の規定による決定を含む。）をしたときは、その理由を明らかにしなければならない。この場合において、時の経過等によって当該理由が消滅することをあらかじめ明示できるときは、その旨を明らかにしなければならない。

奈良県（開示請求に対する決定等）

第十三条　実施機関は、開示請求があったときは、当該開示請求のあった日から起算して十五日以内に、当該開示請求に係る個人情報の全部若しくは一部の開示をする旨の決定（以下「開示決定」という。）又は全部の開示をしない旨の決定（開示請求に係る個人情報が存在しないときの決定を含む。次項において同じ。）をしなければならない。ただし、前条第三項の規定により補正を求めた場合にあっては、当該補正に要した日数は、当該期間に算入しない。
2　実施機関は、開示決定又は前項の全部の開示をしない旨の決定（以下「開示決定等」という。）をしたときは、速やかに、当該決定の内容を開示請求者に書面により通知しなければならない。
3　実施機関は、事務処理上の困難その他やむを得ない理由により第一項に規定する期間内に開示決定等をすることができないときは、当該期間を延長することができる。この場合において、実施機関は、速やかに、延長後の期間及び延長の理由を開示請求者に書面により通知しなければならない。
4　実施機関は、開示決定等をした場合において開示請求に係る個人情報の全部

又は一部の開示をしないときは、第二項の書面にその理由を記載しなければならない。この場合において、その理由が消滅する期日をあらかじめ明示することができるときは、当該期日を併せて記載しなければならない。

和歌山県（開示請求に対する措置）

第二十一条 実施機関は、開示請求に係る保有個人情報の全部又は一部を開示するときは、その旨の決定をし、開示請求者に対し、その旨、開示する保有個人情報の個人情報取扱事務の目的及び開示の実施に関し実施機関の規則で定める事項を書面により通知しなければならない。ただし、第六条第三項第二号又は第三号に該当する場合における当該個人情報取扱事務の目的については、この限りでない。

2 実施機関は、開示請求に係る保有個人情報の全部を開示しないとき（前条の規定により開示請求を拒否するとき、及び開示請求に係る保有個人情報を保有していないときを含む。）は、開示をしない旨の決定をし、開示請求者に対し、その旨を書面により通知しなければならない。

和歌山県（開示決定等の期限）

第二十二条 前条各項の決定（以下「開示決定等」という。）は、開示請求があった日から十五日以内にしなければならない。ただし、第十七条第三項の規定により補正を求めた場合にあっては、当該補正に要した日数は、当該期間に算入しない。

2 前項の規定にかかわらず、実施機関は、事務処理上の困難その他正当な理由があるときは、同項に規定する期間を四十五日以内に限り延長することができる。この場合において、実施機関は、開示請求者に対し、遅滞なく、延長後の期間及び延長の理由を書面により通知しなければならない。

鳥取県（開示請求に対する決定等）

第十四条 実施機関は、前条第一項の開示請求書が提出された場合は、開示請求に係る個人情報が存在しないときを除き、当該開示請求書が提出された日から起算して十五日以内に、開示請求に係る個人情報を開示するかどうかの決定をしなければならない。ただし、前条第三項の規定により補正を求めた場合にあっては、当該補正に要した日数は、当該期間に算入しない。

2 前項の規定にかかわらず、実施機関は、やむを得ない理由があるときは、同項に規定する期間を三十日以内に限り延長することができる。この場合において、実施機関は、速やかに、開示請求者に対して、延長する理由及び期間を書面により通知しなければならない。

3 実施機関は、第一項の決定をしたときは、速やかに、開示請求者に対して、当該決定の内容を書面により通知しなければならない。この場合において、個人情報を開示しない旨の決定（第十七条の規定に基づき、開示請求に係る個人情報の一部を開示しないこととする場合の当該開示しない旨の決定を含む。）をしたときは、当該決定の理由及び当該決定の理由がなくなる期日をあらかじめ明示することができる場合にあっては、当該期日を付記しなければならない。

5 実施機関は、前条第一項の開示請求書が提出された場合において、開示請求

に係る個人情報が存在しないときは、第一項に規定する期間内に、開示請求者に対して、当該個人情報が存在しない旨及びその理由を書面により通知しなければならない。
6　第二項の規定は、前項の通知を第一項に規定する期間内にすることができないやむを得ない理由がある場合について準用する。
島根県　（開示請求に対する措置）
第十七条　実施機関は、開示請求に係る個人情報の全部又は一部を開示するときは、その旨の決定をし、開示請求者に対し、その旨及び開示の実施に関し規則で定める事項を書面により通知しなければならない。
2　実施機関は、開示請求に係る個人情報の全部を開示しないとき（前条の規定により開示請求を拒否するとき及び開示請求に係る個人情報を管理していないときを含む。）は、開示しない旨の決定をし、開示請求者に対し、その旨を書面により通知しなければならない。
3　実施機関は、前二項の規定により、個人情報の全部を開示する旨の決定以外の決定をする場合は、各項に規定する書面にその理由を付記しなければならない。
島根県　（開示決定等の期限）
第十八条　前条第一項及び第二項の決定（以下「開示決定等」という。）は、開示請求があった日から起算して十五日以内にしなければならない。ただし、第十二条第三項の規定により補正を求めた場合にあっては、当該補正に要した日数は、当該期間に算入しない。
2　前項の規定にかかわらず、実施機関は、事務処理上の困難その他正当な理由があるときは、同項に規定する期間を三十日以内に限り延長することができる。この場合において、実施機関は、直ちに書面により延長後の期間及び理由を開示請求者に通知しなければならない。
3　開示請求に係る個人情報が著しく大量であるため、開示請求があった日から起算して四十五日以内にそのすべてについて開示決定等をすることにより事務の遂行に著しい支障が生ずるおそれがある場合には、前二項の規定にかかわらず、実施機関は、開示請求に係る個人情報のうちの相当の部分につき当該期間内に開示決定等をし、残りの個人情報については相当の期間内に開示決定等をすれば足りる。この場合において、実施機関は、第一項に規定する期間内に、開示請求者に対し、次に掲げる事項を書面により通知しなければならない。
一　この項の規定を適用する旨及びその理由
二　残りの個人情報について開示決定等をする期限
岡山県　（開示請求に対する決定等）
第十九条　実施機関は、開示請求に係る保有個人情報の全部又は一部を開示するときは、その旨の決定をし、開示請求者に対し、速やかに、その旨並びに開示をする日時及び場所を書面により通知しなければならない。
2　実施機関は、開示請求に係る保有個人情報の全部を開示しないとき（前条の規定により開示請求を拒否するとき及び開示請求に係る保有個人情報を保有していないときを含む。次項において同じ。）は、開示しない旨の決定をし、開示

請求者に対し、速やかに、その旨を書面により通知しなければならない。
3　実施機関は、前二項の規定により開示請求に係る保有個人情報の全部又は一部を開示しないときは、開示請求者に対し、当該各項に規定する書面に当該決定の理由（当該決定の理由がなくなる期日をあらかじめ明示することができるときは、当該決定の理由及び当該期日）を付記しなければならない。

岡山県（開示決定等の期限）

第二十条　前条第一項及び第二項の決定（以下「開示決定等」という。）は、開示請求があった日から起算して十日以内にしなければならない。ただし、第十五条第三項の規定により補正を求めた場合にあっては、当該補正に要した日数は、当該期間に算入しない。

2　実施機関は、やむを得ない理由により、前項に規定する期間内に開示決定等をすることができないときは、開示請求があった日から起算して六十日を限度としてその期間を延長することができる。この場合において、実施機関は、開示請求者に対し、速やかに、延長後の期間及び延長の理由を書面により通知しなければならない。

岡山県（開示決定等の期限の特例）

第二十一条　開示請求に係る保有個人情報が著しく大量であるため、開示請求があった日から起算して六十日以内にそのすべてについて開示決定等をすることにより事務の遂行に著しい支障が生ずるおそれがある場合には、前条の規定にかかわらず、実施機関は、開示請求に係る保有個人情報のうちの相当の部分につき当該期間内に開示決定等をし、残りの保有個人情報については相当の期間内に開示決定等をすれば足りる。この場合において、実施機関は前条第一項に規定する期間内に、開示請求者に対し、次に掲げる事項を書面により通知しなければならない。

一　本条を適用する旨及びその理由
二　残りの保有個人情報について開示決定等をする期限

広島県（開示請求に対する決定等）

第十一条　実施機関は、前条第一項の開示請求があったときは、当該開示請求があった日から起算して十五日以内に、開示請求に係る個人情報を開示するかどうかの決定をしなければならない。

2　実施機関は、やむを得ない理由により前項に規定する期間内に同項の決定をすることができないときは、同項の規定にかかわらず、その期間を延長することができる。この場合において、実施機関は、速やかに、書面によりその延長する理由及び期間を前条第一項の請求書を提出した者（以下「請求者」という。）に通知しなければならない。

3　実施機関は、第一項の決定をしたときは、速やかに、書面により当該決定の内容を請求者に通知しなければならない。ただし、当該決定の内容が開示請求に係る個人情報を開示する旨であって、前条第一項の開示請求があった日に開示するときは、口頭により通知することができる。

4　前項の場合において、実施機関は、開示請求に係る個人情報の全部又は一部について開示しない旨の決定をしたときは、同項の書面に、その理由を付記し

なければならない。この場合において、当該理由がなくなる期日をあらかじめ明らかにすることができるときは、その期日を同項の書面に記載しなければならない。
6　第十条第二項の開示請求については、前各項の規定は適用しない。
山口県（開示請求に対する決定）
第十二条　実施機関は、開示請求があったときは、当該開示請求があった日から起算して十日以内に、当該開示請求に係る個人情報の開示をするかどうかの決定をしなければならない。
2　実施機関は、やむを得ない理由により前項に規定する期間内に同項の決定をすることができないと認められるときは、その期間を延長することができる。この場合において、実施機関は、当該延長の理由及び期間を開示請求をした者（以下「開示請求者」という。）に速やかに通知しなければならない。
3　実施機関は、第一項の決定をしたときは、当該決定の内容を開示請求者に速やかに通知しなければならない。
4　前項の場合において、個人情報の開示をしないことの決定（第十七条の規定により開示請求を拒否することの決定を含む。以下同じ。）又は第十六条の規定による個人情報の開示（以下「個人情報の部分開示」という。）をすることの決定をした旨の通知をするときは、その理由及びその理由がなくなる期日を明示できる場合にあっては当該期日を記載した書面によらなければならない。
徳島県（開示請求に対する決定等）
第二十条　実施機関は、開示請求に係る保有個人情報の全部又は一部を開示するときは、その旨の決定をし、開示請求者に対し、その旨及び開示の実施に関し実施機関が定める事項を書面により通知しなければならない。
2　実施機関は、開示請求に係る保有個人情報の全部を開示しないときは、開示をしない旨の決定をし、開示請求者に対し、その旨を書面により通知しなければならない。
3　実施機関は、第十五条又は前条の規定により開示請求を拒否するときは、開示請求を拒否する旨の決定をし、開示請求者に対し、その旨を書面により通知しなけりればならない。
徳島県（開示決定等の期限）
第二十一条　前条各項の決定（以下「開示決定等」という。）は、開示請求があった日から起算して十五日以内にしなければならない。ただし、第十四条第三項の規定により補正を求めた場合にあっては、当該補正に要した日数は、当該期間に算入しない。
2　前項の規定にかかわらず、実施機関は、事務処理上の困難その他正当な理由があるときは、同項に規定する期間を四十五日以内に限り延長することができる。この場合において、実施機関は、開示請求者に対し、遅滞なく、延長後の期間及び延長の理由を書面により通知しなければならない。
徳島県（開示決定等の期限の特例）
第二十二条　開示請求に係る保有個人情報が著しく大量であるため、開示請求があった日から起算して六十日以内にそのすべてについて開示決定等をすること

により事務の遂行に著しい支障が生ずるおそれがある場合には、前条の規定にかかわらず、実施機関は、開示請求に係る保有個人情報のうちの相当の部分につき当該期間内に開示決定等をし、残りの保有個人情報については、相当の期間内に開示決定等をすれば足りる。この場合において、実施機関は、同条第一項に規定する期間内に、開示請求者に対し、次に掲げる事項を書面により通知しなければならない。
一　本条を適用する旨及びその理由
二　残りの保有個人情報について開示決定等をする期限

香川県（開示請求に対する決定等）
第十五条　実施機関は、開示請求書の提出があったときは、当該開示請求書が提出された日から起算して十五日以内に、開示請求に係る個人情報の開示をするかどうかの決定をしなければならない。
2　実施機関は、前項の決定をしたときは、速やかに、開示請求書の提出をした者（以下「開示請求者」という。）に対し、その旨を書面により通知しなければならない。
3　実施機関は、やむを得ない理由により、第一項に規定する期間内に同項の決定をすることができないときは、その期間を延長することができる。この場合において、実施機関は、速やかに、開示請求者に対し、当該延長後の期間の満了日及び当該延長の理由を書面により通知しなければならない。
4　実施機関は、第一項の規定により開示をしない旨の決定をしたときは、第二項の書面にその理由を付記しなければならない。この場合において、当該理由が消滅する期日をあらかじめ明示することができるときは、併せてその期日を付記しなければならない。

愛媛県（開示請求に対する措置）
第二十条　実施機関は、開示請求に係る個人情報の全部又は一部を開示するときは、その旨の決定をし、開示請求者に対し、速やかに、その旨及び開示の日時、場所その他実施機関が定める事項を書面により通知しなければならない。
2　実施機関は、開示請求に係る個人情報の全部を開示しないとき（前条の規定により開示請求を拒否するとき及び開示請求に係る個人情報を保有していないときを含む。）は、開示をしない旨の決定をし、開示請求者に対し、速やかに、その旨を書面により通知しなければならない。

愛媛県（開示決定等の期限）
第二十一条　前条各項の決定（以下「開示決定等」という。）は、開示請求があった日から起算して十五日以内にしなければならない。ただし、第十六条第三項の規定により補正を求めた場合にあっては、当該補正に要した日数は、当該期間に算入しない。
2　前項の規定にかかわらず、実施機関は、事務処理上の困難その他正当な理由があるときは、開示請求があった日から起算して六十日を限度として、同項の期間を延長することができる。この場合において、実施機関は、開示請求者に対し、遅滞なく、延長後の期間及び延長の理由を書面により通知しなければならない。

愛媛県（開示決定等の期限の特例）
第二十二条 開示請求に係る個人情報が著しく大量であるため、開示請求があった日から起算して六十日以内にそのすべてについて開示決定等をすることにより事務の遂行に著しい支障が生ずるおそれがある場合には、前条の規定にかかわらず、実施機関は、開示請求に係る個人情報のうちの相当の部分につき当該期間内に開示決定等をし、残りの個人情報については相当の期間内に開示決定等をすれば足りる。この場合において、実施機関は、同条第一項に規定する期間内に、開示請求者に対し、次に掲げる事項を書面により通知しなければならない。
一　この条を適用する旨及びその理由
二　残りの個人情報について開示決定等をする期限

高知県（開示請求に対する決定等）
第十九条 実施機関は、開示請求書を受理したときは、受理した日から起算して十五日以内に、当該開示請求に対する決定（当該開示請求に係る個人情報が存在しない旨の決定を含む。）をしなければならない。
2　実施機関は、やむを得ない理由により前項の期間内に同項の決定をすることができないときは、当該期間を延長することができる。この場合において、実施機関は、速やかに、書面によりその延長する理由及び期間を開示請求書を提出した者（以下「開示請求者」という。）に通知しなければならない。
3　実施機関は、第一項の決定をしたときは、速やかに、書面により当該決定の内容を開示請求者に通知しなければならない。この場合において、当該決定が個人情報の開示をしない旨の決定（第十七条の規定による決定を含む。以下この条において「非開示決定」という。）であるときは、当該書面において当該非開示決定の理由（当該非開示決定の理由がなくなる時期をあらかじめ示すことができるときは、当該非開示決定の理由及び当該時期）を示さなければならない。
4　前項の規定により示す理由は、当該非開示決定において第十六条各号の規定を適用した根拠を具体的に示したものでなければならない。ただし、当該根拠を具体的に示すことにより、開示しないこととされた情報が明らかになるときは、当該情報が明らかにならない限度で示すものとする。

福岡県（開示請求に対する決定等）
第十二条 実施機関は、前条第一項の開示請求書が到達した日から起算して十五日以内に、開示請求に係る個人情報について開示するかどうかの決定をしなければならない。
2　実施機関は、前項の決定をしたときは、開示請求をした者（以下「開示請求者」という。）に対し、遅滞なく当該決定の内容を書面により通知しなければならない。
3　実施機関は、事務処理上の困難その他正当な理由により第一項に規定する期間内に同項の決定をすることができないときは、その期間を前条第一項の開示請求書が到達した日から起算して三十日を限度として延長することができる。この場合において、実施機関は、直ちに、延長する旨及びその理由を開示請求

者に通知しなければならない。

佐賀県（開示請求に対する決定等）
第十七条 実施機関は、開示請求書の提出があったときは、当該開示請求書の提出があった日から起算して十五日居ないに次の各号のいずれかの決定をしなければならない。ただし、前条第三項の規定により補正を求めた場合にあっては、当該補正に要した日数は、当該期間に算入しない。
一　開示請求に係る個人情報の全部を開示する決定
二　開示請求に係る個人情報の一部を開示する決定
三　開示請求に係る個人情報の全部を開示しない決定（第五項の規定により開示請求を拒否する決定及び開示請求に係る個人情報を保有していないことを理由とする開示しない決定を含む。）
2　実施機関は、前項各号の決定（以下「開示決定等」という。）をしたときは、その旨並びに同項第一号又は第二号の決定（以下「開示の決定」という。）をしたときにあっては開示する日時及び場所を、開示請求者に対して、書面により、速やかに通知しなければならない。ただし、直ちに開示することができるときは、口頭により通知することができる。
3　実施機関は、第一項第二号又は第三号の決定をしたときは、前項の規定による通知書にその理由を付記しなければならない。この場合において、当該理由がなくなる期日を明示することができるときは、その期日を併せて付記するものとする。
4　実施機関は、やむを得ない理由により、第一項に規定する期間内に同項の決定を行うことができないときは、当該期間の満了する日の翌日から起算して十五日を限度として、その期間を延長することができる。この場合において、実施機関は、延長する期間及びその理由を開示請求者に通知しなければならない。
5　実施機関は、開示請求に対し、当該開示請求に係る個人情報が存在しているか否かを答えるだけで、非開示情報を開示することとなるときは、当該個人情報の存否を明らかにしないで、当該開示請求を拒否することができる。

長崎県（開示請求に対する措置）
第十七条 実施機関は、開示請求に係る個人情報の全部又は一部を開示するときは、その旨の決定（以下「開示決定」という。）をし、開示請求者に対し、その旨並びに開示を実施する日時及び場所を書面により通知しなければならない。
2　実施機関は、開示請求に係る個人情報の全部を開示しないとき（前条の規定により開示請求を拒否するとき及び開示請求に係る個人情報が記録された公文書を保有していないときを含む。）は、開示をしない旨の決定をし、速やかに、開示請求者に対し、その旨を書面により通知しなければならない。
3　実施機関は、個人情報の全部又は一部の開示をしない旨の決定をした場合において、当該決定に係る個人情報の全部又は一部が第十四条各号に該当しなくなる期日をあらかじめ明示することができるときは、その期日を第一項又は前項の規定による通知書に付記しなければならない。

長崎県（開示の諾否決定の期限）
第十八条 前条第一項及び第二項の決定（以下「開示の諾否決定」という。）は、

開示請求があった日から起算して十五日以内にしなければならない。ただし、第十三条第三項の規定により補正を求めた場合にあっては、当該補正に要した日数は、当該期間に算入しない。
2　前項の規定にかかわらず、実施機関は、事務処理上の困難その他正当な理由があるときは、同項に規定する期間を四十五日以内に限り延長することができる。この場合において、実施機関は、開示請求者に対し、遅滞なく、延長後の期間及び延長の理由を書面により通知しなければならない。
　長崎県（開示の諾否決定の期限の特例）
第十九条　開示請求に係る個人情報が著しく大量であるため又は当該個人情報の検索に著しく日数を要するため、開示請求があった日から起算して六十日以内にそのすべてについて開示の諾否決定をすることにより事務の遂行に著しい支障が生ずるおそれがある場合には、前条の規定にかかわらず、実施機関は、開示請求に係る個人情報のうちの相当の部分につき当該期間内に開示の諾否決定をし、残りの個人情報については相当の期間内に開示の諾否決定をすれば足りる。この場合において、実施機関は、同条第一項に規定する期間内に、開示請求者に対し、次に掲げる事項を書面により通知しなければならない。
一　本条を適用する旨及びその理由
二　残りの個人情報について開示の諾否決定をする期限
　熊本県（開示請求に対する決定等）
第十九条　実施機関は、開示請求に係る個人情報の全部又は一部を開示するときは、その旨の決定をし、速やかに、開示請求者に対し、その旨及び開示の実施に関し実施機関が定める事項を書面により通知しなければならない。
2　実施機関は、開示請求に係る個人情報の全部を開示しないとき（前条の規定により開示請求を拒否するとき及び開示請求に係る個人情報が存在しないときを含む。）は、開示をしない旨の決定をし、速やかに、開示請求者に対し、その旨を通知しなければならない。
3　実施機関は、個人情報の全部又は一部の開示をしない旨の決定をした場合において、当該個人情報の全部又は一部が第十六条各号に該当しなくなる期日をあらかじめ明示することができるときは、その期日を第一項又は前項の規定による通知書に付記しなければならない。
4　第一項及び第二項の決定（以下「開示決定等」という。）は、開示請求書が実施機関の事務所に到達した日から起算して十五日以内にしなければならない。ただし、第十五条第三項の規定により補正を求めた場合にあっては、当該補正に要した日数は、当該期間に算入しない。
5　前項の規定にかかわらず、実施機関は、事務処理上の困難その他正当な理由があるときは、当該開示請求書がその事務所に到達した日から起算して四十五日（四十五日以内に開示決定等をすることにより実施機関の事務の遂行に著しい支障が生じるおそれがあるときにあっては、当該事務の遂行を考慮して開示決定等をするために必要であると実施機関が認める日数）を限度として、当該期間を延長することができる。この場合においては、実施機関は、開示請求者に対し、速やかに、延長後の期間及び延長の理由を書面により通知しなければれ

大分県（開示請求に対する決定等）
第十八条　実施機関は、開示請求に係る個人情報の全部又は一部を開示するときは、その旨の決定をし、開示請求者に対し、その旨及び実施機関が定める事項を書面により通知しなければならない。
2　実施機関は、開示請求に係る個人情報の全部を開示しないとき（前条の規定により開示請求を拒否するとき及び開示請求に係る個人情報が存在しないときを含む。以下同じ。）は、開示をしない旨の決定をし、開示請求者に対し、その旨を書面により通知しなければならない。
3　前二項の場合において、個人情報の一部を開示するとき又は全部を開示しないときは、その理由を付記しなければならない。この場合において、不開示とされた一部又は全部の個人情報が不開示情報に該当しないこととなる期日が明らかであるときは、その期日を記載しなければならない。
4　第一項及び第二項の決定（以下「開示決定等」という。）は、開示請求があった日から起算して十五日以内にしなければならない。ただし、第十四条第三項の規定により補正を求めた場合にあっては、当該補正に要した日数は、当該期間に算入しない。
5　実施機関は、やむを得ない理由により、前項に規定する期間内に開示決定等をすることができないときは、その期間を四十五日以内に限り延長することができる。この場合において、実施機関は、速やかに、当該延長の期間及び理由を開示請求者に書面により通知しなければならない。

宮崎県（開示請求に対する措置）
第二十条　実施機関は、開示請求に係る個人情報の全部又は一部を開示するときは、その旨の決定をし、開示請求者に対し、その旨、開示する個人情報の利用目的及び開示の実施に関し必要な事項を書面により通知しなければならない。ただし、第八条第三項第二号又は第三号に該当する場合における当該利用目的については、この限りでない。
2　実施機関は、開示請求に係る個人情報の全部を開示しないとき（前条の規定により開示請求を拒否するとき、及び開示請求に係る個人情報を保有していないときを含む。）は、開示をしない旨の決定をし、開示請求者に対し、その旨を書面により通知しなければならない。

宮崎県（開示決定等の期限）
第二十一条　前条第一項及び第二項の決定（以下「開示決定等」という。）は、開示請求があった日から起算して十五日以内にしなければならない。ただし、第十六条第三項の規定により補正を求めた場合にあっては、当該補正に要した日数は、当該期間に算入しない。
2　前項の規定にかかわらず、実施機関は、事務処理上の困難その他正当な理由があるときは、同項に規定する期間を三十日以内に限り延長することができる。この場合において、実施機関は、開示請求者に対し、速やかに、延長後の期間及び延長の理由を書面により通知しなければならない。

宮崎県（開示決定等の期限の特例）

第二十二条　開示請求に係る個人情報が著しく大量であるため、開示請求があった日から起算して四十五日以内にそのすべてについて開示決定等をすることにより事務の遂行に著しい支障が生ずるおそれがある場合には、前条の規定にかかわらず、実施機関は、開示請求に係る個人情報のうちの相当の部分につき当該期間内に開示決定等をし、残りの個人情報については相当の期間内に開示決定等をすれば足りる。この場合において、実施機関は、同条第一項に規定する期間内に、開示請求者に対し、次に掲げる事項を書面により通知しなければならない。
　一　この項の規定を適用する旨及びその理由
　二　残りの個人情報について開示決定等をする期限

鹿児島県（開示請求に対する措置）

第十七条　実施機関は、開示請求に係る保有個人情報の全部又は一部を開示するときは、その旨の決定をし、開示請求者に対し、その旨、開示する保有個人情報の利用目的及び開示の実施に関し規則で定める事項を書面により通知しなければならない。ただし、第四条第二号又は第三号に該当する場合における当該利用目的については、この限りでない。

2　実施機関は、開示請求に係る保有個人情報の全部を開示しないとき（前条の規定により開示請求を拒否するとき、及び開示請求に係る保有個人情報を保有していないときを含む。）は、開示をしない旨の決定をし、開示請求者に対し、その旨を書面により通知しなければならない。

3　実施機関は、前二項の決定（開示請求に係る保有個人情報の全部を開示する旨の決定を除く。）をしたときは、当該各項に規定する書面にその理由を記載しなければならない。この場合において、当該保有個人情報の全部又は一部が第十三条各号に該当しなくなる期日をあらかじめ明示することができるときは、その期日を付記しなければならない。

鹿児島県（開示決定等の期限）

第十八条　前条第一項及び第二項の決定（以下「開示決定等」という。）は、開示請求があった日から三十日以内にしなければならない。ただし、第十二条第三項の規定により補正を求めた場合にあっては、当該補正に要した日数は、当該期間に算入しない。

2　前項の規定にかかわらず、実施機関は、事務処理上の困難その他正当な理由があるときは、同項に規定する期間を三十日以内に限り延長することができる。この場合において、実施機関は、開示請求者に対し、遅滞なく、延長後の期間及び延長の理由を書面により通知しなければならない。

沖縄県（開示の請求に対する決定等）

第十七条　実施機関は、前条第一項の請求書を受理した日から起算して十五日以内に、開示の請求に係る個人情報を開示する旨又は開示しない旨の決定をしなければならない。

2　実施機関は、前項の決定をしたときは、前条第一項の請求書を提出した者（以下「開示請求者」という。）に対し、遅滞なく、書面により提出しなければならない。

3　実施機関は、第一項の規定による開示しない旨の決定（第二十条の規定により、開示の請求に係る個人情報の一部を開示しないこととする場合の当該開示しない旨の決定を含む。）の通知をするときは、前項の規定による書面に開示しない理由を記載しなければならない。この場合において、実施機関は、当該理由がなくなる期日をあらかじめ明示することができるときは、その期日を当該書面に記載しなければならない。

4　実施機関は、やむを得ない理由により、第一項に規定する期間内に同項の決定をすることができないときは、前条第一項の請求書を受理した日から起算して三十日を限度としてその期間を延長することができる。この場合において、実施機関は、遅滞なく、延長の期間及び理由を開示請求者に書面により通知しなければならない。

(7)　開示の実施

北海道（自己に関する個人情報の開示の実施）

第二十一条　実施機関は、第十六条第一項の規定による開示請求に係る個人情報の開示を決定したときは、文書、図画又は写真に記録されている個人情報にあっては閲覧又は写しの交付により、電磁的記録に記録されている個人情報にあっては視聴、閲覧、写しの交付等でその種別、情報化の進展状況等を勘案して実施機関が別に定める方法により、開示を行うものとする。

2　個人情報の開示は、個人情報の開示をすることと決定された個人情報（以下「開示する個人情報」という。）を保管している事務所の所在地（以下「開示する個人情報の所在地」という。）において、実施機関が第十九条第一項の規定による通知の際に指定する日時及び場所で行うものとする。

3　実施機関は、開示請求者の住所が開示する個人情報の所在地から遠隔の地にあること等により開示請求者が開示する個人情報の所在地において開示する個人情報を閲覧し、又は視聴することが著しく困難であると認められる場合であって、開示する個人情報が記録されている文書等又は磁気テープ等から印字装置により出力された物の写し」を「公文書の写し（電磁的記録媒体等に復写したものを含む。以下同じ。）を開示する個人情報の所在地以外の地に送付することにより個人情報の開示をすることができるときは、前二項の規定にかかわらず、開示する個人情報の所在地以外の地の実施機関が指定する場所で、当該公文書の写しにより開示する個人情報の開示をすることができる。

4　実施機関は、公文書に記録されている個人情報の開示をすることにより当該文書等を汚損し、又は破損するおそれがある等当該文書等の保存に支障があると認められるときその他合理的な理由があるときは、当該文書等の写しにより開示する個人情報の開示をすることができる。

5　第十五条第二項の規定は、個人情報の開示を受ける者について準用する。

青森県（開示の実施）

第十七条　個人情報の開示は、次の各号に掲げる個人情報の区分に応じ、それぞれ当該各号に定める方法により行う。ただし、開示請求に係る個人情報が記録されている行政文書を直接閲覧又は視聴に供することにより当該行政文書が汚

損され、又は破損されるおそれがあるとき、開示請求に係る個人情報の一部を開示するときその他相当の理由があるときは、当該行政文書に代えて、当該行政文書を複写した物を閲覧若しくは視聴に供し、又はその写しを交付することにより、行うことができる。
　一　行政文書のうち文書、図画又は写真に記録されている個人情報　当該個人情報が記録されている文書、図画又は写真の閲覧又は写しの交付
　二　行政文書のうちフィルムに記録されている個人情報　当該個人情報が記録されているフィルムの視聴又は写しの交付
　三　行政文書のうち電磁的記録に記録されている個人情報　当該個人情報が記録されている電磁的記録の種別、情報化の進展状況等を勘案して実施機関が定める方法
2　個人情報の開示は、文書、図画、写真又はフィルムに記録されている個人情報については、当該文書、図画、写真若しくはフィルムの写し又はこれらを複写した物の写しを送付する場合を除き、実施機関が開示等の決定通知の際に指定する日時及び場所において行う。
3　開示決定に基づき個人情報の開示を受けた者は、最初に開示を受けた日から三十日以内に限り、実施機関に対し、更に開示を受ける旨を申し出ることができる。
4　第十四条第二項の規定は、開示決定に基づき個人情報の開示を受ける者について準用する。

岩手県（開示の実施）
第十七条　個人情報の開示は、文書又は図画については閲覧又は写しの交付により、電磁的記録についてはその種別、情報化の進展状況等を勘案して実施機関が定める方法により行う。ただし、閲覧の方法による個人情報の開示にあっては、実施機関は、当該個人情報が記録された行政文書の保存に支障を生ずるおそれがあると認めるときその他正当な理由があるときは、その写しにより、これを行うことができる。
2　開示決定に基づき個人情報の開示を受ける者は、実施機関が定めるところにより、当該開示決定をした実施機関に対し、その求める開示の実施の方法その他の実施機関が定める事項を申し出なければならない。
3　前項の規定による申出は、第十四条第一項に規定する通知があった日から起算して三十日以内にしなければならない。ただし、当該期間内に当該申出をすることができないことにつき正当な理由があるときは、この限りでない。
4　個人情報の開示を受ける者は、本人であることを証明するために必要な書類を提出し、又は提示しなければならない。
5　開示決定に基づき個人情報の開示を受けた者は、最初に開示を受けた日から起算して三十日以内に限り、実施機関に対し、更に開示を受ける旨を申し出ることができる。この場合においては、第三項ただし書の規定を適用する。

宮城県（開示の方法）
第十七条　実施機関は、前条第一項の規定により個人情報を開示する旨の決定をしたときは、開示請求者に対し、文書、図画又は写真については閲覧又は写し

の交付により、スライドフィルム又は電磁的記録についてはその種別、情報化の進展状況等を勘案して実施機関が別に定める方法により、速やか当該個人情報を開示しなければならない。
2　閲覧の方法による行政文書の開示にあっては、実施機関は、前項の規定により個人情報を開示する場合に、当該行政文書を汚損し、又は破損するおそれがあると認めるときその他正当な理由があるときは、同項の規定にかかわらず、その写しにより、これを行うことができる。
3　第十五条第二項の規定は、第一項の規定により個人情報の開示を受ける者について準用する。

秋田県（開示の実施）

第二十一条　実施機関は、個人情報の全部又は一部を開示する旨の決定（以下「開示決定」という。）をしたときは、開示請求者に対し、速やかに当該個人情報を開示しなければならない。
2　個人情報の開示は、次の各号に掲げる区分ごとに、当該各号に定める方法により行う。
　一　文書、図画又は写真に記録されている個人情報　当該文書、図画又は写真の当該個人情報に係る部分の閲覧又は写しの交付
　二　電磁的記録に記録されている個人情報　当該電磁的記録の当該個人情報に係る部分の視聴その他の方法であって、その種別、情報化の進展状況等を勘案して実施機関が別に定めるもの
3　前項の規定にかかわらず、実施機関は、閲覧又は視聴の方法により個人情報の開示をする場合において、当該個人情報を記録している行政文書を汚損し、又は破損するおそれがあるとき、第十七条の規定による個人情報の開示をするときその他相当の理由があるときは、当該行政文書を複写したものにより開示することができる。
4　第十五条第二項の規定は、第一項の規定により個人情報の開示を受ける者について準用する。

山形県（開示の方法）

第十四条　実施機関は、前条第一項の規定により個人情報の開示の決定をしたときは、次の各号に掲げる個人情報の区分に応じ、当該各号に定める方法により、当該決定に係る個人情報を開示するものとする。
　一　文書、図画又は写真に記録されている個人情報　閲覧又は写しの交付
　二　第二条第五号に規定する規則で定める記録媒体に記録されている個人情報　規則で定める方法
2　前項の規定により閲覧の方法により開示する場合で、個人情報が記録された公文書の保存に支障を生ずるおそれがあると認めるときその他正当な理由があるときは、実施機関は、公文書の写しにより、これを行うことができる。
3　第十一条第四項の規定は、第一項の規定により個人情報の開示を受ける者について準用する。

福島県（開示の実施）

第十六条　実施機関は、前条第一項の規定により個人情報を開示する旨の決定を

したときは、速やかに、開示請求者に対して当該個人情報を開示しなければならない。
第十六条第二項を次のように改める。
2　個人情報の開示は、文書又は図画に記録されている個人情報にあっては当該文書又は図画の当該個人情報に係る部分の閲覧又は写しの交付により、電磁的記録に記録されている個人情報にあっては当該電磁的記録の当該個人情報に係る部分について、当該電磁的記録の種別、情報化の進展状況等を勘案して実施機関が定める方法により行うものとする。
3　実施機関は、開示請求に係る公文書を開示をすることにより当該公文書が汚損し、又は破損するおそれがあるときその他相当の理由があるときは、当該公文書を複写した物により、個人情報を開示することができる。
4　第十四条第二項の規定は、個人情報の開示を受ける者について準用する。

茨城県（開示の実施）
第十九条　実施機関は、開示の決定を行ったときは、速やかに、請求者に対して、当該開示の決定に係る個人情報を開示しなければならない。ただし、当該個人情報が前条第二項の規定に基づき開示の決定の内容を通知しなければならない第三者に関するものであるときは、同項に規定する通知をした日から十日をした経過するまでは、この限りでない。
2　第十六条第二項の規定は、前項の規定により開示を受ける者について準用する。

茨城県（開示の方法）
第二十条　開示は、次の各号に掲げる開示請求に係る個人情報の区分に応じ、それぞれ当該各号に定める方法により行うものとする。
　一　開示請求に係る個人情報が公文書に記録されているとき。当該公文書の閲覧又は写しの交付
　二　開示請求に係る個人情報が磁気テープ等に記録されているとき。当該個人情報を印字装置により出力した物の閲覧又は写しの交付
　三　開示請求に係る個人情報が存在しないとき。書面によりその旨を知らせること。
2　前項第一号に該当する場合において、当該公文書が汚損され、又は破損されるおそれがあるときその他相当な理由のあるときは、当該公文書の写しにより行うことができる。

栃木県（個人情報の開示の実施）
第二十一条　個人情報の開示は、個人情報が記録された公文書の当該個人情報に係る部分につき、次の各号に掲げる区分に応じ、当該各号に定める方法により行うものとする。
　一　文書又は図画に記録されている個人情報　当該文書又は図画の閲覧又は写しの交付
　二　電磁的記録に記録されている個人情報　当該電磁的記録の種別、情報化の進展状況等を勘案して実施機関が定める方法
2　実施機関は、閲覧の方法による個人情報の開示にあっては、当該個人情報が記録された公文書の保存に支障を生ずるおそれがあると認めるときその他正当

な理由があるときは、その写しにより、これを行うことができる。
3 第十四条第二項の規定は、個人情報の開示を受ける場合について準用する。
　群馬県（開示の実施）
第十九条　個人情報の開示は、次の各号に掲げる区分ごとに、当該各号に定める方法により行うものとする。
　一　文書又は図画に記録されている個人情報　当該文書又は図面の閲覧又は写しの交付
　二　電磁的記録に記録されている個人情報　当該電磁的記録の種別、情報化の進展状況等を勘案して規則で定める方法
2　閲覧の方法による個人情報の開示にあっては、実施機関は、当該個人情報が記録された公文書の保存に支障を生ずるおそれがあると認めるときその他正当な理由があるときは、前項の規定にかかわらず、その写しにより、これを行うことができる。
3　第十六条第二項の規定は、個人情報の開示を受ける場合について準用する。
　埼玉県（開示の実施及び方法）
第十七条　実施機関は、前条第一項の規定により開示することと決定したときは、速やかに、開示請求者に対し、当該個人情報を開示しなければならない。
2　前条第三項の規定による通知により開示することとされた個人情報の開示を受けようとする者は、自己が当該個人情報の本人又はその法定代理人であることを確認するために必要な書類で実施機関が定めるものを実施機関に提出し、又は提示しなければならない。
3　個人情報の開示の方法は、公文書の閲覧、写しの交付又は視聴とし、開示請求者の求める方法によるものとする。
4　実施機関は、開示請求者が公文書の写しの交付又は視聴を求めた場合において、写しを交付し、又は視聴をさせることが困難であるときは、他の開示の方法により開示することができる。
5　実施機関は、公文書の保管のため必要があるとき、その他相当の理由があるときは、その写しにより閲覧又は視聴をさせることができる。
6　公文書の閲覧又は視聴は、実施機関の定めるところに従い、行わなければならない。
　千葉県（開示の実施）
第十九条　個人情報の開示をする旨の決定の通知を受けた者は、当該個人情報の開示を受ける場合には、自己が当該個人情報の本人又はその法定代理人であることを証明するために必要な書類として実施機関が定めるものを実施機関に提出し、又は提示しなければならない。
2　個人情報の開示は、次の各号に掲げる場合に応じ、それぞれ当該各号に定める方法により行うものとする。
　一　個人情報が公文書に記録されている場合　当該公文書の当該個人情報に係る部分の閲覧又は写しの交付
　二　個人情報が磁気テープ等に記録されている場合　当該磁気テープ等から印字装置を用いて出力した書類の当該個人情報に係る部分の閲覧又は写しの交

付
3 実施機関は、前条第一号に規定する方法により個人情報を開示しようとする場合において、当該公文書が汚損され、又は破損されるおそれがあるときその他相当の理由があるときは、同号の規定にかかわらず、当該公文書の写しを当該個人情報に係る部分の閲覧又はその写しの交付により開示することができる。

東京都 （個人情報の開示の方法）

第十五条 個人情報の開示は、実施機関が前条第二項の規定による通知書により指定する日時及び場所において行う。この場合において、開示請求者は、実施機関に対し、自己が当該開示請求に係る個人情報の本人又はその法定代理人であることを証明するために必要な書類で実施機関が定めるものを提出し、又は提示しなければならない。

2 個人情報の開示は、個人情報が記録された公文書の当該個人情報に係る部分につき、文書、図画又は写真にあっては閲覧又は写しの交付により、フィルムにあっては視聴又は写しの交付（マイクロフィルムに限る。）により、磁気テープ、磁気ディスク等にあっては視聴、閲覧、写しの交付等（ビデオテープ及び録音テープにあっては視聴に限る。）でその種別、情報化の進展状況等を勘案して東京都規則又は実施機関（知事を除く。）の規則その他の規程で定める方法により行う。

3 実施機関は、開示請求に係る個人情報が記録された公文書を直接開示することにより、当該個人情報が記録された公文書の保存に支障が生ずるおそれがあると認めるとき、その他合理的な理由があるときは、当該個人情報が記録された公文書の写しにより開示することができる。

神奈川県 （開示の実施）

第十八条 実施機関は、前条第一項の規定により、開示の請求に係る個人情報の全部又は一部の開示をする旨の決定をしたときは、速やかに、当該個人情報の開示をするものとする。

2 個人情報の開示は、次の各号に掲げる区分ごとに、当該各号に定める方法により行うものとする。

一 行政文書のうち文書又は図画に記録されている個人情報 当該文書又は図画の閲覧又は写しの交付

二 行政文書のうち電磁的記録に記録されている個人情報 当該電磁的記録の種別、情報化の進展状況等を考慮して実施機関の定める方法

三 行政文書以外の物に記録されている個人情報 前二号に規定する方法に準じた方法

3 実施機関は、開示の請求に係る行政文書に記録されている個人情報の開示をする場合であって、前項に規定する方法によると、当該行政文書を汚損し、又は破損するおそれがあると認めるときその他正当な理由があるときは、同項の規定にかかわらず、当該公文書を複写したものにより開示をすることができる。

4 個人情報の開示を受ける者は、当該開示を受ける者が当該開示に係る個人情報の本人であることを確認するために必要な書類で実施機関が定めるものを提示しなければならない。

山梨県（開示の実施）
第十七条 実施機関は、前条第一項の規定により開示をする旨の決定をしたときは、速やかに、請求者に対し、当該決定に係る個人情報の開示をしなければならない。
2　個人情報の開示は、当該個人情報が記録されている行政文書が文書又は図画である場合にあっては、当該文書又は図画の閲覧又は写しの交付により、当該個人情報が記録されている行政文書が電磁的記録（電子的方式、磁気的方式その他人の知覚によっては認識することができない方式で作られた記録をいう。以下この項において同じ。）である場合にあっては、当該電磁的記録の種別、情報化の進展状況等を勘案して規則で定める方法により行う。ただし、文書又は図画の閲覧の方法による個人情報の開示にあっては、実施機関は、当該文書又は図画の保存に支障を生ずるおそれがあると認めるときその他正当な理由があるときは、その写しにより、これを行うことができる。
3　第十五条第二項の規定は、前項に規定する方法により個人情報の開示を受ける者について準用する。

長野県（開示の実施方法）
第十五条 実施機関は、前条第一項の規定により開示をすることと決定したとき又は第十三条第一項ただし書の場合における請求があったときは、速やかに当該決定又は請求に係る記録情報について開示をしなければならない。
2　記録情報の開示は、文書又は図画については閲覧、写しの交付その他実施機関が定める方法により、電磁的記録についてはその種別、情報化の進展状況等を勘案して実施機関が定める方法により行うものとする。ただし、閲覧の方法による記録情報の開示にあっては、実施機関は、当該記録情報が記録されている公文書の保存に支障を生ずるおそれがあると認めるときその他正当な理由があるときは、その写しにより、これを行うことができる。

新潟県（開示の実施及び方法）
第十八条 実施機関は、第十六条第一項の規定により個人情報を開示する旨の決定をしたときは、速やかに、開示請求者に対して、当該個人情報を開示しなければならない。
2　実施機関は、前項の規定により個人情報を開示する場合には、開示を受ける者が当該個人情報の本人又はその法定代理人であることの確認を実施機関が定める手続により行うものとする。
3　個人情報の開示は、次の各号に掲げる個人情報の区分に応じ、当該各号に定める方法により行うものとする。
　一　公文書に記録されている個人情報　当該公文書の当該個人情報に係る部分の閲覧又は写しの交付
　二　磁気テープ等に記録されている個人情報　当該磁気テープ等に記録されている当該個人情報を印字装置により出力した物の閲覧又は写しの交付
4　実施機関は、前項第一号に掲げる個人情報を同号に定める方法により開示する場合において、当該公文書を汚損し、又は破損するおそれがあると認めるときその他相当の理由があるときは、同号の規定にかかわらず、当該公文書を複

写した物の当該個人情報に係る部分を閲覧に供し、又はその写しを交付することができる。

富山県（開示の実施）

第二十四条　保有個人情報の開示は、当該保有個人情報が、文書又は図画に記録されているときは閲覧又は写しの交付により、電磁的記録に記録されているときはその種別、情報化の進展状況等を勘案して規則で定める方法により行う。ただし、閲覧の方法による保有個人情報の開示にあっては、実施機関は、当該保有個人情報が記録されている文書又は図画の保存に支障を生ずるおそれがあると認めるとき、その他正当な理由があるときは、その写しにより、これを行うことができる。

2　開示決定に基づき保有個人情報の開示を受ける者（以下この項において「開示を受ける者」という。）は、規則で定めるところにより、開示を受ける者であることを示す書類を提示し、又は提出しなければならない。

石川県（開示の実施方法）

第二十二条　保有個人情報の開示は、当該保有個人情報が、文書又は図画に記録されているときは閲覧又は写しの交付により、電磁的記録（電子的方式、磁気的方式その他人の知覚によっては認識することができない方式で作られた記録をいう。以下同じ。）に記録されているときはその種別、情報化の進展状況等を勘案して実施機関が定める方法により行う。ただし、閲覧の方法による保有個人情報の開示にあっては、実施機関は、当該保有個人情報が記録されている文書又は図画の保存に支障を生ずるおそれがあると認めるとき、その他正当な理由があるときは、その写しにより、これを行うことができる。

2　第十三条第二項の規定は、前項の規定により保有個人情報の開示を受ける者について準用する。

福井県（個人情報の開示の実施）

第二十一条　個人情報の開示は、第十八条第一項の規定による通知により実施機関が指定する日時および場所において行うものとする。

2　実施機関は、開示請求者の利便を考慮して前項の日時を指定しなければならない。

3　個人情報の開示は、次の各号に掲げる区分に応じ、当該各号に定める方法により行うものとする。

一　文書または図画に記録されている個人情報　当該個人情報が記録された公文書の閲覧または写しの交付

二　電磁的記録に記録されている個人情報　実施機関が別に定める方法

4　前項の規定にかかわらず、実施機関は、個人情報を開示することにより当該個人情報が記録された公文書が汚損され、または破損されるおそれがあるとき、第十六条の規定により個人情報の一部を開示するときその他正当な理由があるときは、当該公文書を複写した物により開示することができる。

5　第十四条第二項の規定は、第一項の規定により個人情報の開示を受けようとする者について準用する。

岐阜県（開示の実施）

第十八条　実施機関は、開示決定をしたときは、速やかに、開示請求書提出者に対し、開示決定に係る個人情報を開示をしなければならない。この場合において、当該開示請求書提出者は、実施機関に対し、自己が当該個人情報の本人又はその代理人であることを証明するために必要な書類で実施機関が定めるものを提出し、又は提示しなければならない。

2　個人情報の開示は、実施機関が指定する日時及び場所において、次の各号に掲げる個人情報の区分に応じ、当該各号に定める方法により行う。
　一　公文書のうち文書、図画及び写真に記録されている個人情報　当該文書、図画及び写真の当該個人情報に係る部分の写しの閲覧又は公布
　二　公文書のうちフィルム及び電磁的記録に記録されている個人情報　当該フィルム及び電磁的記録の種別、情報化の進展状況等を勘案して実施機関が定める方法

3　実施機関は、前項の方法による個人情報を開示することにより当該個人情報が記録されている公文書が汚損し、又は破損されるおそれがあるとき、第十五条の規定により個人情報の開示をするとき、その他相当の理由があるときは、次の各号に掲げる個人情報の区分に応じ、当該各号に定める方法により開示することができる。
　一　公文書のうち文書、図画及び写真に記録されている個人情報　当該文書、図画及び写真の当該個人情報に係る部分の写しの閲覧又は公布
　二　公文書のうちフィルム及び電磁的記録に記録されている個人情報　実施機関が定める方法

静岡県（開示の実施）

第二十六条　保有個人情報の開示は、当該保有個人情報が、文書又は図画に記録されているときは閲覧又は写しの交付により、電磁的記録に記録されているときはその種別、情報化の進展状況等を勘案して規則で定める方法により行う。ただし、閲覧の方法による保有個人情報の開示にあっては、実施機関は、当該保有個人情報が記録されている公文書の保存に支障を生ずるおそれがあると認めるとき、その他正当な理由があるときは、その写しにより、これを行うことができる。

2　開示を受ける者は、規則で定めるところにより、開示請求に係る保有個人情報の本人であること（第十五条第二項の規定による開示請求にあっては、開示請求に係る保有個人情報の本人の法定代理人であること）を示す書類を提示し、又は提出しなければならない。

愛知県（開示の実施）

第十六条　実施機関は、前条第一項の規定に基づき個人情報の開示（当該個人情報が存在しないときにその旨を知らせる場合を除く。）をする旨の決定をしたとき、又は第十四条第一項ただし書に規定する個人情報に係る開示請求があったときは、速やかに、請求者に対し当該個人情報の開示をしなければならない。この場合において、請求者は、実施機関に、自己が当該開示請求に係る個人情報の本人又はその法定代理人であることを証明するために必要な書類で実施機関が定めるものを提出し、又は提示しなければならない。

8 自己情報の開示　　　　　　　　都道府県個人情報保護条例・項目別条項集

2 個人情報の開示は、次の各号に掲げるものの区分に応じ、当該各号に定める方法により行うものとする。
　一 文書、図画、写真又はスライド（これらを撮影したマイクロフィルムを含む。以下「文書等」という。）に記録されている個人情報　当該文書等の閲覧又は写しの交付（第十四条第一項ただし書に規定する個人情報にあっては、当該文書等の閲覧に限る。）
　二 電子計算機処理に使用される磁気テープ、磁気ディスクその他これらに準ずる方法により一定の事項を確実に記録しておくことができる物（以下「磁気テープ等」という。）に記録されている個人情報　当該磁気テープ等に記録されている個人情報を現に使用しているプログラムを用いて印字装置により出力した物の閲覧又は写しの交付
　三 録音テープ又は録画テープに記録されている個人情報　当該録音テープ又は録画テープに記録されている個人情報を再生装置により再生したものの視聴
　四 その他の物に記録されている個人情報　前三号に規定する方法に準じた方法
3 実施機関は、前項第一号の方法による個人情報の開示をする場合において、当該方法によると文書等が汚損され、又は破損されるおそれのあるときその他相当な理由があるときは、同号の規定にかかわらず、当該文書等の写しを閲覧に供し、又はその写しを交付することができる。
　三重県（開示の実施）
第二十四条 実施機関は、開示決定をしたときは、速やかに、開示請求者に対し、当該開示決定に係る個人情報を開示しなければならない。
2 前項の規定による開示は、次の各号に掲げる個人情報の区分に応じ、当該各号に定める方法により行う。
　一 文書、図画又は写真に記録されている個人情報　閲覧又は写しの交付
　二 フィルムに記録されている個人情報　視聴又は写しの交付
　三 電磁的記録に記録されている個人情報　視聴、閲覧、写しの交付等でその種別、情報化の進展状況等を勘案して実施機関が別に定める方法
3 前項の規定にかかわらず、視聴又は閲覧の方法による公文書に記録されている個人情報の開示にあっては、実施機関は、当該公文書の保存に支障を生じるおそれがあると認めるときその他正当な理由があるときは、その写しにより、これを行うことができる。
4 第十五条第二項の規定は、個人情報の開示を受ける者について準用する。
　滋賀県（開示の実施方法）
第十五条 実施機関は、前条第一項の規定により開示をする旨の決定をしたときは、速やかに開示請求者に対して当該決定に係る個人情報の開示をしなければならない。この場合において、開示請求者は、実施機関に対して、自己が当該開示請求に係る個人情報の本人またはその法定代理人であることを証明するために必要な書類で実施機関が定めるものを提出し、または提示しなければならない。

2　個人情報の開示は、文書、図画または写真（これらを撮影したマイクロフィルムを含む。）に記録されている場合については閲覧または写しの交付により、電磁的記録（電子的方式、磁気的方式その他人の知覚によっては認識することができない方式で作られた記録をいう。）に記録されている場合についてはその種別、情報化の進展状況等を勘案して実施機関が定める方法により行う。ただし、閲覧の方法による開示にあっては、実施機関は、公文書の保存に支障を生ずるおそれがあると認めるときその他正当な理由があるときは、その写しにより、これを行うことができる。

京都府（開示の方法）

第十六条　実施機関は、前条第一項の規定により開示する旨の決定（一部を開示する旨の決定を含む。）をしたときは、速やかに、開示請求者に対し、当該決定に係る個人情報の開示をしなければならない。

2　個人情報の開示は、次の各号に掲げるものの区分に応じ、当該各号に定める方法により行う。
　一　公文書に記録されている個人情報　公文書の閲覧又は写しの交付
　二　磁気記録媒体等に記録されている個人情報　次に掲げる当該個人情報が記録されている物の区分に応じ、当該区分に定める方法
　　ア　録音テープ及び録画テープ　再生したものの視聴又は写しの交付
　　イ　磁気テープ及び磁気ディスク（アに規定する物を除く。）出力された物の閲覧又は写しの交付
　　ウ　その他の物　ア又はイに規定する方法に準じた方法

3　実施機関は、前項の個人情報の開示の方法により当該個人情報が記録されている物が汚損し、又は破損するおそれがあるとき、一部を開示するときその他相当の理由があるときは、前項の規定にかかわらず、当該個人情報が記録された物の写しを閲覧若しくは視聴に供し、又はその写しを交付することにより開示するができる。

4　第十四条第三項及び第四項の規定は、前二項の規定により個人情報の開示を受ける者について準用する。

大阪府（開示の実施）

第二十一条　実施機関は、開示決定をしたときは、速やかに、開示請求者に対し、当該開示決定に係る個人情報を開示しなければならない。

2　前項の規定による個人情報の開示は、当該個人情報が記録されている行政文書が、文書、図画、写真又はスライド（これらを撮影したマイクロフィルムを含む。）である場合にあっては当該個人情報に係る部分の閲覧又は写しの交付により、電磁的記録（電子式方式、磁気的方式その他人の知覚によっては認識できない方式で作られた記録をいう。以下同じ。）である場合にあってはこれらに準ずる方法としてその種別、情報化の進展状況等を勘案して実施機関の規則で定める方法により行う。

3　前項の規定にかかわらず、実施機関は、個人情報が記録されている行政文書を開示することにより、当該行政文書が汚損され、又は破損されるおそれがあるとき、第十五条の規定に基づき個人情報が記録されている行政文書を開示す

るときその他相当の理由があるときは、当該行政文書を複写した物を閲覧させ、若しくはその写しを交付し、又はこれらに準ずる方法として実施機関の規則で定める方法により開示することができる。
4　開示決定に基づき個人情報の開示を受ける者は、実施機関の規則で定めるところにより、当該開示決定をした実施機関に対し、その求める開示の実施の方法その他実施機関の規則で定める事項を申し出なければならない。
5　前項の規定による申出は、第十八条第一項の規定による通知があった日から三十日以内にしなければならない。ただし、当該期間内に当該申出をすることができないことにつき正当な理由があるときは、この限りでない。
6　第十七条第二項の規定は、個人情報の開示を受ける者について準用する。
兵庫県（開示の実施）
第十九条　実施機関は、第十六条第一項の規定により個人情報の開示をする旨の決定（前条の規定による決定を含む。）をしたときは、速やかに、開示請求者に対し、当該決定に係る個人情報の開示をしなければならない。この場合において、開示請求者は、実施機関に対し、自己が当該個人情報の本人又はその代理人であることを証明するために必要な書類で実施機関が定めるものを提出し、又は提示しなければならない。ただし、当該個人情報が存在しない旨を知らせる場合にあっては、この限りでない。
2　個人情報の開示は、次の各号に掲げる公文書の区分に応じ、当該各号に定める方法により行う。ただし、当該個人情報が存在しない旨を知らせる場合にあっては、第十六条第四項の規定による通知により行うものとする。
　一　文書、図画及び写真　当該個人情報に係る部分の閲覧又は写しの交付
　二　映像又は音に係る電磁的記録　当該個人情報に係る部分を再生装置により再生したものの視聴又は当該部分の写しの交付
　三　電子計算機処理に使用される電磁的記録（前号に規定する電磁的記録を除く。）　当該個人情報に係る部分を印字装置により出力した物の閲覧又は写しの交付
　四　前二号に規定する電磁的記録以外の電磁的記録　前二号に規定する方法に準じた方法
3　実施機関は、前項本文の方法による個人情報の開示をすることにより当該個人情報が記録されている物を汚損し、又は破損するおそれがあるとき、前条の規定により個人情報の開示をするときその他相当の理由があるときは、同項本文の規定にかかわらず、当該個人情報が記録された物の写しを閲覧若しくは視聴に供し、又はその写しを交付することにより個人情報の開示をすることができる。
奈良県（開示の実施）
第十五条　実施機関は、開示決定をしたときは、実施機関が指定する日時及び場所において、次の各号に掲げる区分に応じ、当該各号に掲げる方法により開示をしなければならない。
　一　公文書に記録されている個人情報　当該公文書の当該個人情報に係る部分の閲覧（当該公文書の保存に支障を生ずるおそれがあるときその他正当な理

由があるときは、その写しの閲覧）又は写しの交付
二　磁気テープ等に記録されている個人情報　当該個人情報について出力した書面の閲覧又は写しの交付
2　個人情報の開示を受ける者は、実施機関に対し、自己が当該個人情報の開示決定を受けた者であることを証明するために必要な書類で実施機関が定めるものを提出し、又は提示しなければならない。

和歌山県（開示の実施）

第二十四条　保有個人情報の開示は、当該保有個人情報が、文書、図画又は写真に記録されているときは閲覧又は写しの交付により、フィルム又は電磁的記録（電子的方式、磁気的方式その他人の知覚によっては認識することができない方式で作られる記録をいう。第五十四条及び第五十五条において同じ。）に記録されているときはその種別、情報化の進展状況等を勘案して実施機関の規則で定める方法により行う。ただし、閲覧の方法による保有個人情報の開示にあっては、実施機関は、当該保有個人情報が記録されている公文書の保存に支障を生ずるおそれがあると認めるとき、当該保有個人情報の一部を開示するときその他正当な理由があるときは、その写しにより、これを行うことができる。
2　開示決定に基づき保有個人情報の開示を受ける者は、実施機関の規則で定めるところにより、開示請求に係る保有個人情報の本人であること（第十六条第二項の規定による開示請求にあっては、開示請求に係る保有個人情報の本人の法定代理人であること）を示す書類を提示し、又は提出しなければならない。

鳥取県（開示の方法）

第十五条　実施機関は、個人情報を開示する旨の決定をしたときは、速やかに、開示請求者に対して、当該個人情報を開示しなければならない。
2　個人情報の開示は、実施機関が指定する日時及び場所において、次の各号に掲げる個人情報の区分に応じ、当該各号に定める方法により行うものとする。
　一　文書、図画、写真又はスライド（以下「文書等」という。）に記録されている個人情報　当該文書等の当該個人情報に係る部分の閲覧又は写しの交付
　二　磁気テープ、磁気ディスクその他これらに準ずる方法により一定の事項を確実に記録しておくことができる物であって電子計算機による処理を行うもの（以下「磁気テープ等」という。）に記録されている個人情報　当該磁気テープ等の当該個人情報に係る部分を印字装置により出力した物の閲覧又は写しの交付
　三　録音テープ又は録画テープに記録されている個人情報　当該録音テープ又は録画テープの当該個人情報に係る部分を再生装置により再生したものの視聴
　四　その他の物に記録されている個人情報　前三号に規定する方法に準じた方法
3　実施機関は、公文書等を開示することにより、当該公文書等の保存に支障を生ずるおそれがあると認めるときその他相当の理由があるときは、これに代えて、当該公文書等の写しにより開示を行うことができる。
4　第十三条第二項の規定は、個人情報の開示を受ける者について準用する。

8　自己情報の開示

島根県（開示の実施）
第二十一条　実施機関は、開示決定をしたときは、速やかに開示請求者に対し当該個人情報を開示しなければならない。
2　個人情報の開示は、個人情報が記録された公文書の当該個人情報に係る部分につき、文書、図画又は写真については閲覧又は写しの交付により、フィルムについては視聴又は写しの交付により、電磁的記録についてはその種別、情報化の進展状況等を勘案して規則で定める方法により行う。
3　前項の規定にかかわらず、実施機関は、閲覧又は視聴の方法による個人情報の開示にあっては、当該個人情報が記録され公文書の保存に支障があると認めるときその他正当な理由があるときは、その写しによりこれを行うことができる。
4　第十二条第二項の規定は、第一項の規定により個人情報の開示を受ける者について準用する。

岡山県（保有個人情報の開示の方法）
第二十四条　保有個人情報の開示は、保有個人情報が記録された公文書の当該保有個人情報に係る部分につき、文書、図画又は写真については閲覧又は写しの交付により、電磁的記録については実施機関が定める方法により行う。ただし、閲覧の方法による保有個人情報の開示にあっては、実施機関は、当該保有個人情報が記録された公文書の保存に支障を生ずるおそれがあると認めるときその他正当な理由があるときは、その写しにより、これを行うことができる。
2　開示請求者は、実施機関に対し、自己が当該開示請求に係る保有個人情報の本人又はその法定代理人であることを証明するために必要な書類で実施機関が定めるものを提出し、又は提示しなければならない。

広島県（開示の実施方法）
第十二条　実施機関は、前条第一項の規定により開示する旨の決定（第十四条の規定により開示請求に係る個人情報の一部を開示する旨の決定を含む。）をしたときは、速やかに、請求者に対して、当該決定に係る個人情報について開示しなければならない。
2　個人情報の開示は、実施機関が指定する期日及び場所において、次の各号に掲げる個人情報の区分に応じ、当該各号に定める方法により行うものとする。
　一　公文書に記録されている個人情報　当該公文書の当該個人情報に係る部分の閲覧又は写しの交付
　二　磁気テープ等に記録されている個人情報　当該個人情報が記録された磁気テープ等から印字装置を用いて出力した物の当該個人情報に係る部分の閲覧又は写しの交付
3　実施機関は、前条第一号に規定する方法により個人情報を開示しようとする場合において、当該公文書が汚損し、又は破損するおそれがあると認めるとき、第十四条の規定による個人情報の開示をするとき、その他相当の理由があるときは、同号の規定にかかわらず、当該公文書を複写したものの閲覧又は写しの交付により開示することができる。
4　実施機関は、第十条第二項の開示請求があったときは、前二項の規定にかか

わらず、実施機関が別に定める方法により直ちに開示するものとする。
5　第十条第三項の規定は、個人情報の開示を受ける者について準用する。
　　山口県（開示の実施）
第十四条　実施機関は、第十二条第一項の決定をした場合において、当該決定が開示決定であるときは、前条第三項の場合を除き、速やかに当該開示をしなければならない。
2　前項の規定にかかわらず、実施機関は、個人情報が記録されている公文書を閲覧に供することにより、当該公文書が汚損され、又は破損されるおそれがあるとき、個人情報の部分開示をするときその他相当の理由があるときは、当該公文書を複写したものを閲覧に供し、又はその写しを交付することにより、当該公文書に記録されている個人情報を提供することができる。
3　前項の規定による個人情報の提供は、第十六条及び第三十条の個人情報の開示とみなす。
4　第十一条第二項の規定は、第一項の規定により開示を受ける者について準用する。
　　徳島県（開示の実施）
第二十五条　実施機関は、開示決定をしたときは、速やかに、開示請求者に対し、当該開示決定に係る保有個人情報を開示しなければならない。
2　保有個人情報の開示は、当該保有個人情報が、文書、図画又は写真に記録されているときは閲覧又は写しの交付により、徳島県情報公開条例第二条第二項に規定する電磁的記録に記録されているときはその種別、情報化の進展状況等を勘案して実施機関の定める方法により行う。
3　実施機関は、保有個人情報を開示することにより当該保有個人情報が記録された公文書を汚損し、又は破損するおそれがあるとき、第十七条の規定により保有個人情報の一部を開示するとき、その他相当の理由があるときは、その写しにより開示を行うことができる。
4　第十四条第二項の規定は、保有個人情報の開示を受ける者について準用する。
　　香川県（開示の実施）
第十八条　実施機関は、第十五条第一項の規定により個人情報の開示をする旨の決定をしたときは、速やかに、開示請求者に対し、当該決定に係る個人情報の開示をしなければならない。
2　前項の開示は、次の各号に掲げる個人情報の区分に応じ、当該各号に定める方法により行う。ただし、当該個人情報が存在しない旨を知らせる場合にあっては、第十五条第二項の規定による通知により行うものとする。
　一　公文書に記録されている個人情報　当該公文書の当該個人情報に係る部分の閲覧又は写しの交付
　二　電子計算機による処理に使用される磁気テープ等に記録されている個人情報　当該個人情報が記録された磁気テープ等から印字装置を用いて出力した物の当該個人情報に係る部分の閲覧又は写しの交付
　三　映像又は音を記録した磁気テープ等に記録されている個人情報　当該磁気テープ等の当該個人情報に係る部分の視聴

3　前項第一号に掲げる個人情報の開示は、当該個人情報が記録されている公文書が汚損し、又は破損するおそれがあるときその他相当の理由があるときは、同号の規定にかかわらず、当該公文書の当該個人情報に係る部分の写しの閲覧又はその写しの交付により行うことができる。
4　第十四条第二項の規定は、第一項の規定により開示を受ける者について準用する。

愛媛県　（開示の実施）
第二十四条　実施機関は、開示決定をしたときは、開示請求者に対し、速やかに、当該開示決定に係る個人情報の開示をするものとする。
2　個人情報の開示は、文書又は図画に記録されている個人情報については閲覧又は写しの交付により、電磁的記録に記録されている個人情報については実施機関が定める方法により行う。
3　実施機関は、個人情報が記録されている公文書の開示により公文書を汚損し、又は破損するおそれがあるとき、第十八条の規定による開示を行うとき、その他相当の理由があるときは、公文書を複写した物を閲覧に供し、又はその写しを交付することができる。
4　第十六条第二項の規定は、個人情報の開示を受ける者について準用する。

高知県　（開示の方法）
第二十条　実施機関は、前条第一項の規定により、個人情報の開示をする旨の決定をしたときは、速やかに、開示請求者に対し当該個人情報の開示をしなければならない。
2　公文書の開示は、文書、図面及び写真については閲覧又はその写しの交付により、電磁的記録については実施機関が定める方法により行うものとする。
3　前項の規定にかかわらず、実施機関は、公文書を汚損し、又は破損するおそれがあるとき、第十七条の規定により公文書の開示をするときその他必要があると認めるときは、当該公文書を複写した物を閲覧に供し、若しくはその写し等を交付し、又はその他当該実施機関が定める方法によることができる。
4　開示請求者は、開示請求に係る個人情報の開示を受けるときは、自己が当該開示請求に係る個人情報の本人又は第十五条第二項若しくは第三項の規定に基づき開示請求をする者であることを証明するために必要な書類で実施機関が定めるものを、あらかじめ、提出し、又は提示しなければならない。

福岡県　（開示の方法）
第十三条　実施機関は、前条第一項の規定により開示することと決定したときは、速やかに当該決定に係る個人情報について開示しなければならない。
2　個人情報の開示は、次の各号に掲げるものの区分に応じ、当該各号に定める方法により行うものとする。
　一　公文書（磁気テープ等を除く。以下この条において同じ。）に記録されている個人情報　個人情報が記録された公文書の当該個人情報に係る部分の閲覧若しくは視聴取又は写し（文書、図画及び写真の写しに限る。）の交付
　二　磁気テープ等に記録されている個人情報　個人情報が記録された磁気テープ等から印字装置を用いて出力したものの当該個人情報に係る部分の閲覧又

は写しの交付
3　実施機関は、前条第一号に規定する方法により開示をする場合において、公文書の保管のため必要があるとき、その他相当の理由があると認めるときは、当該公文書を複写したものにより開示することができる。
4　第十一条第二項の規定は、個人情報の開示を受ける者について準用する。
佐賀県（開示の実施）
第十九条　実施機関は、開示の決定をしたときは、速やかに、開示請求者に対し、個人情報の開示をしなければならない。
2　個人情報の開示は、文書、図画又は写真に記録されている個人情報については当該文書、図画又は写真の当該個人情報に係る部分の閲覧又は写しの交付により、電磁的記録に記録されている個人情報についてはその種別、情報化の進展状況等を勘案して実施機関が定める方法により行う。
3　前項の規定にかかわらず、実施機関は、個人情報の開示をすることにより、当該個人情報が記録されている公文書が汚損され、又は破損されるおそれがあると認められるとき、その他相当の理由があるときは、当該公文書に代え
4　第十六条第二項の規定は、第一項の規定により個人情報の開示を受ける者について準用する。
長崎県（開示の方法）
第二十一条　個人情報の開示は、次の各号に掲げる区分ごとに、当該各号に定める方法により行うものとする。
一　公文書のうち文書又は図画に記録されている個人情報　当該文書又は図画の閲覧又は写しの交付
二　公文書のうち電磁的記録に記録されている個人情報　当該電磁的記録の種別、情報化の進展状況等を勘案して実施機関が定める方法
2　実施機関は、前項に規定する開示の方法によると当該公文書の保存に支障が生ずるおそれがあると認めるとき、第十五条の規定により個人情報を開示するときその他正当な理由があるときは、同項の規定にかかわらず、当該公文書の写しにより開示することができる。
3　第十三条第二項の規定は、個人情報の開示を受ける者について準用する。
熊本県（開示の実施）
第二十条　実施機関は、開示決定をしたときは、速やかに、開示請求者に対し、当該決定に係る個人情報の開示をしなければならない。
2　個人情報の開示は、次の各号に掲げる個人情報の区分に応じ、当該各号に定める方法により行う。
一　文書又は図画に記録されている個人情報　当該文書又は図画の当該個人情報に係る部分の閲覧又は写しの交付
二　映像又は音を記録した電磁的記録に係る記録媒体に記録されている個人情報　当該電磁的記録に係る記録媒体の当該個人情報に係る部分を再生装置により再生したものの視聴又は当該部分の写しの交付
三　電子計算機処理に使用され一定の事項を記録しておくことができる電磁的記録に係る記録媒体（前号に規定する記録媒体を除く。）に記録されている個

人情報　当該電磁的記録に係る記録媒体の当該個人情報に係る部分を印字装置により出力した物の閲覧又は写しの交付
　四　前二号に規定する電磁的記録に係る記録媒体以外の記録媒体に記録されている個人情報　前二号に規定する方法に準ずる方法
3　実施機関は、前項の方法による個人情報の開示を行うことにより当該個人情報が記録されている行政文書の保存に支障があると認めるとき、第十七条の規定により部分開示をするときその他相当の理由があるときは、同項の規定にかかわらず、当該個人情報が記録されている行政文書の写しを閲覧若しくは視聴に供し、又はその写しを交付することにより個人情報の開示を行うことができる。
4　第十五条第二項の規定は、第一項の規定により個人情報の開示を受ける者について準用する。

大分県（開示の実施方法等）
第二十条　個人情報の開示は、個人情報が記録された公文書の当該個人情報に係る部分につき、文書又は図画については閲覧又は写しの交付により、電磁的記録についてはその種別、情報化の進展状況等を考慮して実施機関が定める方法により行うものとする。
2　実施機関は、閲覧又は写しの交付の方法による個人情報の開示にあっては、当該個人情報が記録された公文書が汚損し、又は破損するおそれがあるときその他相当の理由があるときは、当該公文書を複写したものを閲覧に供し、又はその写しを交付することができる。
3　個人情報の開示を受ける者は、実施機関が定めるところにより、自己が当該個人情報の開示決定を受けた者であることを証明するために必要な書類を提示しなければならない。

宮崎県（開示の実施）
第二十五条　個人情報の開示は、当該個人情報が、文書、図画又は写真に記録されているときは閲覧又は写しの交付により、電磁的記録に記録されているときはその種別、情報化の進展状況等を勘案して実施機関が定める方法により行う。ただし、閲覧の方法による個人情報の開示にあっては、実施機関は、当該個人情報が記録されている公文書の保存に支障を生ずるおそれがあると認めるときその他正当な理由があるときは、その写しにより、これを行うことができる。
2　第十六条第二項の規定は、前項の規定により個人情報の開示を受ける者について準用する。

鹿児島県（開示の実施）
第二十二条　保有個人情報の開示は、当該保有個人情報が、文書又は図画に記録されているときは閲覧又は写しの交付により、電磁的記録に記録されているときはその種別、情報化の進展状況等を勘案して規則で定める方法により行う。ただし、閲覧の方法による保有個人情報の開示にあっては、実施機関は、当該保有個人情報が記録されている文書又は図画の保存に支障を生ずるおそれがあると認めるとき、その他正当な理由があるときは、その写しにより、これを行うことができる。

2　開示決定に基づき保有個人情報の開示を受ける者は、自己が当該開示請求に係る個人情報の本人又は当該開示請求をすることができる法定代理人であることを証明するために必要な書類その他規則で定めるものを提示し、又は提出しなければならない。

3　開示決定に基づき保有個人情報の開示を受ける者は、規則で定めるところにより、当該開示決定をした実施機関に対し、その求める開示の実施の方法その他の規則で定める事項を申し出なければならない。

4　前項の規定による申出は、第十七条第一項の規定による通知があった日から三十日以内にしなければならない。ただし、当該期間内に当該申出をすることができないことにつき正当な理由があるときは、この限りでない。

沖縄県（開示の方法）

第十八条　実施機関は、前条第一項の規定により開示する旨の決定をしたときは、遅滞なく、開示請求者に対し、当該決定に係る個人情報を開示しなければならない。

2　個人情報の開示は、次の各号に掲げる区分に応じ、当該各号に定める方法により行うものとする。

一　文書、図画、写真その他これらに類する物（以下「文書等」という。）に記録されている個人情報　当該文書等の当該個人情報に係る部分の閲覧又は写しの交付

二　電子計算機処理に使用される磁気テープ、磁気ディスクその他これらに準ずる方法により一定の事項を確実に記録しておくことができる物（以下「磁気テープ等」という。）に記録されている個人情報　当該磁気テープ等から現に使用しているプログラムを用いて印字装置により出力した物の当該個人情報に係る部分の閲覧又は写しの交付

三　録音テープ、録画テープ又はフィルム（以下「録音テープ等」という。）に記録している個人情報　当該録音テープ等から再生装置により再生されたものの当該個人情報に係る部分の視聴

四　その他の物に記録されている個人情報　前三号に規定する方法に準じた方法

3　実施機関は、前項第一号に規定する方法により開示をする場合において、文書等を直接開示することにより、当該文書等の保存に支障が生ずるおそれがあると認めれるとき、その他合理的な理由があるときは、当該文書等の写しにより開示することができる。

4　個人情報の開示は、第十七条第二項の規定による通知により実施機関が指定する日時及び場所において行うものとする。

5　第十六条第二項の規定は、個人情報の開示を受ける者について準用する。

(8)　第三者の意見聴取

北海道（第三者の意見聴取等）

第二十条　実施機関は、第十六条第一項の規定による決定をするに際して、開示請求に係る個人情報に開示請求者以外のものに関する情報が含まれている場合

であって必要があると認めるときは、当該開示請求者以外のものの意見を聴くものとする。
2　実施機関は、前項の規定により開示請求者以外のものの意見を聴いた場合において、個人情報の開示をすることと決定したときは、速やかにその旨を当該開示請求者以外のものに通知するものとする。

青森県（第三者に対する意見書提出の機会の付与等）
第十六条　開示請求に係る個人情報が県、国、県以外の地方公共団体及び開示請求者以外の者（以下この条及び第二十五条において「第三者」という。）に関する情報であるときは、実施機関は、前条第一項又は第二項の決定（以下「開示決定等」という。）をするに当たって、当該情報に係る第三者に対し、開示請求に係る個人情報が記録されている行政文書の表示その他実施機関が定める事項を通知して、意見書を提出する機会を与えることができる。
2　実施機関は、前項の規定により意見書の提出の機会を与えられた第三者が当該個人情報の開示に反対の意思を表示した意見書を提出した場合において、前条第一項の決定（以下「開示決定」という。）をするときは、開示決定の日と開示を実施する日との間に少なくとも二週間を置かなければらない。この場合において、実施機関は、開示決定後直ちに、当該意見書（第二十五条において「反対意見書」という。）を提出した第三者に対し、開示決定をした旨及びその理由並びに開示を実施する日を書面により通知しなければならない。

岩手県（第三者に対する意見書提出の機会の付与等）
第十六条　開示請求に係る個人情報に県、国、県以外の地方公共団体及び開示請求者以外の者（以下この条、第二十八条及び第二十九条において「第三者」という。）に関する情報が含まれているときは、実施機関は、開示決定等をするに当たって、当該情報に係る第三者に対し、開示請求に係る個人情報が記録された行政文書の表示その他実施機関が定める事項を通知して、意見書を提出する機会を与えることができる。
2　実施機関は、前項の規定に基づき意見書の提出の機会を与えられた第三者が当該個人情報の開示に反対の意思を表示した意見書を提出した場合において、開示決定をするときは、開示決定の日と開示を実施する日との関に少なくとも二週間を置かなければならない。この場合において、実施機関は、開示決定後直ちに、当該意見書（第二十七条第一項及び第二十八条において「反対意見書」という。）を提出した第三者に対し、開示決定をした旨及びその理由並びに開示を実施する日を書面により通知しなければならない。

秋田県（第三者に対する意見書提出の機会の付与等）
第二十条　開示請求に係る個人情報に、県、国、独立行政機関等、他の地方公共団体及び開示請求に係る個人情報の本人以外のもの（以下「第三者」という。）に関する情報が含まれているときは、実施機関は、開示決定等をするに当たって、当該情報に係る第三者に対し、開示請求に係る個人情報が記録された行政文書の表示その他実施機関が定める事項を通知して、意見書を提出する機会を与えることができる。
2　実施機関は、前項の規定により意見書の提出の機会を与えられた第三者が当

該個人情報の開示に反対の意思を表示した意見書（以下「反対意見書」という。）を提出した場合において、当該個人情報の全部又は一部を開示する旨の決定をするときは、当該決定の日と開示を実施する日との間に少なくとも二週間を置かなければならない。この場合において、実施機関は、当該決定後直ちに、反対意見書を提出した第三者に対し、当該決定をした旨及びその理由並びに開示を実施する日を書面により通知しなければならない。

山形県（開示請求に対する決定等）

第十三条 3　開示請求に係る個人情報に開示請求者以外のもの（国及び地方公共団体を除く。以下「第三者」という。）に関する情報が含まれている場合は、実施機関は、第一項に規定する決定をするに際し、当該第三者の意見を聴くことができる。

4　前項の規定により第三者の意見を聴いた場合において、当該第三者に関する情報が含まれている個人情報の開示の決定をしたときは、実施機関は、当該第三者に対し、その旨及び必要な事項を通知するものとする。

福島県（開示請求に対する決定等）

第十五条 6　開示請求に係る個人情報に県、国、他の地方公共団体及び開示請求者以外のもの（以下この条、第二十二条の二及び第二十二条の三において「第三者」という。）に関する情報が含まれているときは、実施機関は、開示決定等をするに当たって、当該情報に係る第三者に対し、開示請求に係る個人情報が記録された公文書の表示その他実施機関が定める事項を通知して、意見書を提出する機会を与えることができる。

7　実施機関は、前項の規定により意見書の提出の機会を与えられた第三者がその個人情報の開示に反対の意思を表示した意見書を提出した場合において、開示決定をするときは、開示決定の日と開示を実施する日との間に少なくとも二週間を置かなければならない。この場合において、実施機関は、開示決定後直ちに、当該意見書（第二十二条及び第二十二条の二において「反対意見書」という。）を提出した第三者に対し、開示決定をした旨及びその理由並びに開示を実施する日を書面により通知しなければならない。

茨城県（第三者の意見聴取等）

第十八条　実施機関は、開示請求に係る個人情報が第三者に関するものである場合において、開示又は不開示の決定を適正に行うため必要があると認めるときは、当該第三者の意見又は説明を聴くことができる。

2　実施機関は、開示の決定を行った場合において、当該開示の決定に係る個人情報が第三者に関するものであるときは、その決定の内容を当該第三者に通知しなければならない。ただし、当該開示決定に係る個人情報が、これを開示することにより当該第三者の利益を害するおそれが明らかにないと認められるものであるときは、この限りでない。

栃木県（第三者保護に関する手続）

第二十条　開示請求に係る個人情報に県、国等及び開示請求者以外のもの（以下「第三者」という。）に関する情報が含まれているときは、実施機関は、開示決定等をするに当たって、当該情報に係る第三者に対し、開示請求に係る個人情

8 自己情報の開示

報が記録された公文書の名称その他実施機関が定める事項を通知して、意見書を提出する機会を与えることができる。
2　実施機関は、前項の規定により意見書の提出の機会を与えられた第三者が当該個人情報の開示に反対の意思を表示した意見書を提出した場合において、第十八条第一項の決定（以下「開示決定」という。）をするときは、開示決定の日と開示を実施する日との間に少なくとも二週間を置かなければならない。この場合において、実施機関は、開示決定後直ちに、当該意見書（以下「反対意見書」という。）を提出した第三者に対し、開示決定をした旨及びその理由並びに開示を実施する日を書面により通知しなければならない。

群馬県（開示請求に対する措置）
第十七条　3　開示請求に係る個人情報に県、国、独立行政法人等、他の地方公共団体、地方独立行政法人及び開示請求者以外のもの（以下「第三者」という。）に関する情報が記録されていうときは、実施機関は、前二項の決定（以下「開示決定等」という。）をするに当たって、当該情報に係る第三者に対し、開示請求に係る個人情報が記録された公文書の表示その他実施機関が定める事項を通知して、意見書を提出する機会を与えることができる。
4　実施機関は、前項の規定により意見書の提出の機会を与えられた第三者が当該個人情報の開示に反対の意思を表示した意見書を提出した場合において、第一項の決定（以下「開示決定」という。）をするときは、開示決定の日と開示を実施する日との間に少なくとも二週間を置かなければならない。この場合において、実施機関は、開示決定後直ちに、当該意見書（第二十六条において「反対意見書」という。）を提出した第三者に対し、開示決定をした旨及びその理由並びに開示を実施する日を書面により通知しなければならない。

埼玉県（開示請求に対する決定等）
第十六条　4　実施機関は、第一項の規定による決定をする場合において、当該決定に係る個人情報に開示請求者以外の者の個人情報又は当該実施機関以外のものとの間における協議、協力等により作成し、若しくは入手した個人情報が含まれているときは、あらかじめ、これらのものの意見を聴くことができる。

千葉県（第三者の意見の聴取等）
第十八条　実施機関は、開示しようとする個人情報に第三者（開示請求者及び県以外のものをいう。以下この条において同じ。）に関する情報が含まれているときは、あらかじめ、当該第三者の意見を聴くことができる。
2　実施機関は、前項の規定により第三者の意見を聴いた場合において当該個人情報を開示するときは、あらかじめ、その旨を当該第三者に通知しなければならない。

東京都（個人情報の開示請求に対する決定）
第十四条　5　実施機関は、開示決定等をする場合において、当該決定に係る個人情報に当該実施機関以外のものとの間における協議、協力等により作成し、又は取得した個人情報があるときは、あらかじめ、これらのものの意見を聴くことができる。
6　実施機関は、開示請求に係る個人情報に開示請求者以外のものに関する情報

が含まれている場合は、開示決定等に先立ち、当該開示請求者以外のものに対し、開示請求に係る個人情報が記録された公文書の表示その他実施機関が定める事項を通知して、意見書を提出する機会を与えることができる。

7　実施機関は、前項の規定により意見書の提出の機会を与えられた開示請求者以外のもの（都、国及び他の地方公共団体を除く。第二十四条から第二十四条の三までにおいて同じ。）が当該個人情報の開示に反対の意思を表示した意見書を提出した場合において、開示決定をするときは、開示決定の日と開示をする日との間に少なくとも二週間を置かなければならない。この場合において、実施機関は、開示決定後直ちに当該意見書（第二十四条及び第二十四条の二において「反対意見書」という。）を提出したものに対し、開示決定をした旨及びその理由並びに開示をする日を書面により通知しなければならない。

長野県（第三者保護に関する手続）

第十六条　開示請求に係る記録情報に県、国、他の地方公共団体及び請求者以外のもの（以下この条及び第二十三条において「第三者」という。）に関する情報が記録されているときは、実施機関は、第十四条第一項の決定をするに当たって、当該情報に係る第三者に対し、開示請求に係る記録情報が記録されている公文書の表示その他実施機関が定める事項を通知して、意見書を提出する機会を与えることができる。

新潟県（第三者の意見の聴取等）

第十七条　実施機関は、前条第一項の決定をする場合において、当該決定に係る個人情報に開示請求者及び県以外のもの（以下この条において「第三者」という。）に関する情報が含まれているときは、あらかじめ、当該第三者の意見を聴くことができる。

2　実施機関は、前項の規定により第三者の意見を聴いた場合において、当該個人情報を開示する旨の決定をしたときは、速やかに、その旨を当該第三者に通知するものとする。

富山県（第三者に対する意見書提出の機会の付与等）

第二十三条　開示請求に係る保有個人情報に、県、国、独立行政法人等、他の地方公共団体及び開示請求者以外の者（以下この条、第四十二条及び第四十三条において「第三者」という。）に関する情報が含まれているときは、実施機関は、開示決定等をするに当たって、当該情報に係る第三者に対し、規則で定めるところにより、当該第三者に関する情報の内容その他規則で定める事項を通知して、意見書を提出する機会を与えることができる。

2　実施機関は、次の各号のいずれかに該当するときは、開示決定に先立ち、当該第三者に対し、規則で定めるところにより、開示請求に係る当該第三者に関する情報の内容その他規則で定める事項を書面により通知して、意見書を提出する機会を与えなければならない。ただし、当該第三者の所在が判明しない場合は、この限りでない。

　一　第三者に関する情報が含まれている保有個人情報を開示しようとする場合であって、当該第三者に関する情報が第十五条第三号イ又は同条第四号ただし書に規定する情報に該当すると認められるとき。

8 自己情報の開示

　二　第三者に関する情報が含まれている保有個人情報を第十七条の規定により開示しようとするとき。

3　実施機関は、前二項の規定により意見書の提出の機会を与えられた第三者が当該第三者に関する情報の開示に反対の意思を表示した意見書を提出した場合において、開示決定をするときは、開示決定の日と開示を実施する日との間に少なくとも二週間を置かなければならない。この場合において、実施機関は、開示決定後直ちに、当該意見書（第四十一条及び第四十二条において「反対意見書」という。）を提出した第三者に対し、開示決定をした旨及びその理由並びに開示を実施する日を書面により通知しなければならない。

4　実施機関は、第十三条第三項の規定による開示の請求があったときは、開示決定等をするに当たって、当該開示の請求をした者以外の遺族に対し、当該開示の請求に係る第十四条第一項第二号に掲げる事項その他規則で定める事項を書面により通知して、意見書を提出する機会を与えなければならない。ただし、当該遺族の所在が判明しない場合は、この限りでない。

5　前項の場合において、実施機関が開示決定等をしたときは、当該実施機関は、直ちに、同項の規定により意延書の提出の機会が与えられた遺族に対し、開示決定等をした旨及びその理由を書面により通知しなければならない。

石川県（第三者の保護に関する手続）

第二十一条　開示請求に係る保有個人情報に県の機関、国、独立行政法人等、他の地方公共団体及び開示請求者以外の者（以下この条、第三十八条及び第三十九条において「第三者」という。）に関する情報が含まれているときは、実施機関は、開示決定等をするに当たって、当該情報に係る第三者に対し、当該第三者に関する情報の内容その他実施機関が定める事項を通知して、意見書を提出する機会を与えることができる。

2　実施機関は、次の各号のいずれかに該当するときは、開示決定に先立ち、当該第三者に対し、開示請求に係る当該第三者に関する情報の内容その他実施機関が定める事項を書面により通知して、意見書を提出する機会を与えなければならない。ただし、当該第三者の所在が判明しない場合は、この限りでない。

　一　第三者に関する情報が含まれている保有個人情報を開示しようとする場合であって、当該第三者に関する情報が第十四条第三号ロ又は同条第四号ただし書に規定する情報に該当すると認められるとき。

　二　第三者に関する情報が含まれている保有個人情報を第十六条の規定により開示しようとするとき。

3　実施機関は、前二項の規定により意見書の提出の機会を与えられた第三者が当該第三者に関する情報の開示に反対の意思を表示した意見書を提出した場合において、開示決定をするときは、開示決定の日と開示を実施する日との間に少なくとも二週間を置かなければならない。この場合において、実施機関は、開示決定後直ちに、当該意見書（第三十七条及び第三十八条において「反対意見書」という。）を提出した第三者に対し、開示決定をした旨及びその理由並びに開示を実施する日を書面により通知しなければならない。

福井県（第三者に対する意見書提出の機会の付与等）

第二十条　開示請求に係る個人情報に個人および法人等のうち開示請求者（開示請求者が代理人である場合にあっては、本人）以外のもの（以下、この条、第三十四条および第三十五条において「第三者」という。）に関する情報が含まれているときは、実施機関は、開示決定等をするに当たって、当該情報に係る第三者に対し、開示請求に係る個人情報が記録された公文書の表示その他実施機関が定める事項を通知して、意見書を提出する機会を与えることができる。

2　実施機関は、前項の規定により意見書の提出の機会を与えられた第三者が当該個人情報の開示に反対の意思を表示した意見書を提出した場合において、第十八条第一項の決定（以下「開示決定」という。）をするときは、開示決定の日と開示を実施する日との間に少なくとも二週間を置かなければならない。この場合において、実施機関は、開示決定後直ちに、当該意見書（第三十三条および第三十四条において「反対意見書」という。）提出した第三者に対し、開示決定をした旨およびその理由ならびに開示を実施する日を書面により通知しなければならない。

岐阜県（開示請求に対する決定等）

第十七条　6　実施機関は、開示決定等をするに当たって、開示請求に係る個人情報に県及び開示請求者以外のもの（以下「第三者」という。）に関する情報が含まれている場合には、第十四条の規定により、当該情報を開示しなければならないことが明らかなとき、及び当該情報を開示しないことができることが明らかなときを除き、あらかじめ当該第三者の意見を聴かなければならない。ただし、当該第三者の所在が不明なときその他意見を聴くことが困難なときは、この限りでない。

7　実施機関は、前項の規定により意見を聴かれた第三者が当該情報の開示に反対の意思を表示した場合において、第一項の規定により個人情報を開示する旨の決定（第十五条の規定により個人情報の一部を開示する旨の決定を含む。以下「開示決定」という。）をしたときは、第十五条の規定により当該第三者に関する情報が含まれている部分を開示しないこととするときを除き、当該個人情報を開示する日の十五日前までに、開示決定をした旨（当該第三者に関する部分に限る。）及びその理由並びに開示を実施する日を当該反対の意思を表示した第三者に通知しなければならない。

静岡県（第三者に対する意見書提出の機会の付与等）

第二十五条　開示請求に係る保有個人情報に県、国、他の地方公共団体及び開示請求者以外の者（以下この条、第四十一条及び第四十二条において「第三者」という。）に関する情報が含まれているときは、実施機関は、開示決定等をするに当たって、当該情報に係る第三者に対し、当該第三者に関する情報の内容その他規則で定める事項を通知して、意見書を提出する機会を与えることができる。

2　実施機関は、次の各号のいずれかに該当するときは、開示決定に先立ち、当該第三者に対し、開示請求に係る当該第三者に関する情報の内容その他規則で定める事項を書面により通知して、意見書を提出する機会を与えなければならない。ただし、当該第三者の所在が判明しない場合は、この限りでない。

一　第三者に関する情報が含まれている保有個人情報を開示しようとする場合であって、当該第三者に関する情報が第十七条第三号イ又は第四号ただし書に規定する情報に該当すると認められるとき。
二　第三者に関する情報が含まれている保有個人情報を第十九条の規定により開示しようとするとき。
三　実施機関は、前二項の規定により意見書の提出の機会を与えられた第三者が当該第三者に関する情報の開示に反対の意思を表示した意見書（以下「反対意見書」という。）を提出した場合において、開示決定をするときは、開示決定の日と開示を実施する日との間に少なくとも二週間を置かなければならない。この場合において、実施機関は、開示決定後直ちに、反対意見書を提出した第三者に対し、開示決定をした旨及びその理由並びに開示を実施する日を書面により通知しなければならない。

愛知県（開示請求に対する決定等）
第十五条　5　実施機関は、第一項の決定をする場合において、当該決定に係る個人情報に、請求者以外のものに関する情報が含まれているときは、あらかじめ、当該請求者以外のものの意見を聴くことができる。

三重県（第三者に対する意見書提出の機会の付与等）
第二十三条　開示請求に係る個人情報に県、国、国以外の地方公共団体及び開示請求者以外のもの（以下この条、第三十七条、第三十八条、第四十条及び第五十条において「第三者」という。）に関する情報が含まれているときは、実施機関は、開示決定等をするに当たって、当該情報に係る第三者に対し、開示請求に係る個人情報が記録された公文書の表示その他実施機関が別に定める事項を通知して、意見書を提出する機会を与えることができる。
2　実施機関は、前項の規定により意見書の提出の機会を与えられた第三者が当該個人情報の開示に反対の意思を表示した意見書を提出した場合において、第十九条第一項の決定（以下「開示決定」という。）をするときは、開示決定の日と開示を実施する日との間に少なくと二週間を置かなければならない。この場合において、実施機関は、開示決定後直ちに、当該意見書（第三十七条及び第三十八条において「反対意見書」という。）を提出した第三者に対し、開示決定をした旨及びその理由並びに開示を実施する日を書面により通知しなければならない。

京都府（開示請求に対する決定等）
第十五条　6　実施機関は、第一項に規定する決定をするに当たって、開示請求に係る個人情報に開示請求者及び府以外のものに関する情報が含まれている場合において、必要があると認めるときは、あらかじめ、当該開示請求者及び府以外のものの意見を聴くことができる。

大阪府（第三者に対する意見の提出の機会の付与等）
第二十条　実施機関は、開示決定等をする場合において、当該開示決定等に係る個人情報に国、地方公共団体及び開示請求者以外のもの（以下この条、第三十六条及び第三十七条において「第三者」という。）に関する情報が含まれているときは、あらかじめ当該第三者に対し、開示示請求に係る個人情報が記録され

ている行政文書の表示その他実施機関の規則で定める事項を通知して、その意見を書面により提出する機会を与えることができる。ただし、次項の規定により、あらかじめ第三者に対し、その意見を書面により提出する機会を与えなければならない場合は、この限りでない。

2 実施機関は、第十八条第一項の決定（以下「開示決定」という。）をする場合において、例外開示情報に該当すると認められる第三者に関する情報が含まれている個人情報を開示しようとするときは、あらかじめ当該第三者に対し、開示請求に係る個人情報が記録されている行政文書の表示その他実施機関の規則で定める事項を書面により通知して、その意見を書面により提出する機会を与えなければならない。ただし、当該第三者の所在が判明しない場合は、この限りでない。

3 実施機関は、前二項の規定により意見を書面により提出する機会を与えられた第三者が当該機会に係る個人情報の開示に反対の意思を表示した書面（以下「反対意見書」という。）を提出した場合において、当該個人情報について開示決定をするときは、当該開示決定の日と開示を実施する日との間に少なくとも二週間を置かなければならない。この場合において、実施機関は、当該開示決定後直ちに、当該反対意見書を提出した第三者に対し、開示決定をした旨及びその理由並びに開示を実施する日を書面により通知しなければならない。

兵庫県（開示請求に対する決定等）

第十六条 6 実施機関は、第一項の決定をするに当たっては、開示請求に係る個人情報に第三者に関する情報が含まれている場合において、必要があると認めるときは、あらかじめ、当該第三者の意見を聴くことができる。

奈良県（第三者に対する意見書提出の機会の付与等）

第十四条 開示請求に係る個人情報に国、地方公共団体及び開示請求者以外の者（以下「第三者」という。）に関する情報が含まれているときは、実施機関は、開示決定等をするに当たって、当該情報に係る第三者に対し、開示請求に係る個人情報が記録された行政文書の表示その他実施機関が定める事項を通知して、意見書を提出する機会を与えることができる。

2 実施機関は、前項の規定により意見書の提出の機会を与えられた第三者が当該個人情報の開示に反対の意思を表示した意見書を提出した場合において、開示決定をするときは、開示決定の日と開示を実施する日との間に少なくとも二週間を置かなければならない。この場合において、実施機関は、開示決定後直ちに、当該意見書（以下「反対意見書」という。）を提出した第三者に対し、開示決定をした旨及びその理由並びに開示を実施する日を書面により通知しなければならない。

和歌山県（第三者に対する意見書提出の機会の付与等）

第二十三条 開示請求に係る保有個人情報に県、国、他の地方公共団体及び開示請求者以外の者（以下この条、第四十条及び第四十二条において「第三者」という。）に関する情報が含まれているときは、実施機関は、開示決定等をするに当たって、当該情報に係る第三者に対し、当該第三者に関する情報の内容その他実施機関の規則で定める事項を通知して、意見書を提出する機会を与える

ことができる。
2　実施機関は、前項の規定により意見書の提出の機会を与えられた第三者が当該第三者に関する情報の開示に反対の意思を表示した意見書を提出した場合において、第二十一条第一項の決定（以下「開示決定」という。）をするときは、開示決定の日と開示を実施する日との間に少なくとも二週間を置かなければならない。この場合において、実施機関は、開示決定後直ちに、当該意見書（第三十九条及び第四十条において「反対意見書」という。）を提出した第三者に対し、開示決定をした旨及びその理由並びに開示を実施する日を書面により通知しなければならない。

鳥取県（開示請求に対する決定等）
第十四条　4　実施機関は、第一項の決定をする場合において、当該決定に係る個人情報に本人以外のものに関する情報が含まれているときは、あらかじめ当該本人以外のものの意見を聴くことができる。

島根県（第三者に対する意見書提出の機会の付与等）
第二十条　開示請求に係る個人情報に県及び開示請求者以外のもの（以下この条、第三十三条及び第三十四条において「第三者」という。）に関する情報が含まれているときは、実施機関は、開示決定等をするに当たって、当該情報に係る第三者に対し、開示請求に係る個人情報が記録された公文書の表示その他規則で定める事項を通知して、意見書を提出する機会を与えることができる。
2　実施機関は、次の各号のいずれかに該当するときは、開示決定に先立ち、当該第三者に対し、開示請求に係る個人情報が記録された公文書の表示その他規則で定める事項を書面により通知して意見書を提出する機会を与えなければならない。ただし、当該第　三者の所在が判明しない場合は、この限りでない。
　一　第三者に関する情報が含まれている個人情報を開示しようとする場合であって、当該情報が第十三条第四号ただし書に規定する情報に該当すると認められるとき。
　二　第三者に関する情報が含まれている個人情報を第十五条の規定により開示しようとするとき。
3　実施機関は、前二項の規定により意見書の提出の機会を与えられた第三者が当該個人情報の開示に反対の意思を表示した意見書を提出した場合において、開示決定をするときは、開示決定の日と開示を実施する日との間に少なくとも二週間を置かなければならない。この場合において、実施機関は、開示決定後直ちに、当該意見書（第三十三条において「反対意見書」という。）を提出した第三者に対し、開示決定をした旨及びその理由並びに開示を実施する日を書面により通知しなければならない。

岡山県（第三者に対する意見書提出の機会の付与等）
第二十三条　開示請求に係る保有個人情報に実施機関及び開示請求者以外のもの（以下「第三者」という。）に関する情報が含まれているときは、実施機関は、開示決定等をするに当たって、当該情報に係る第三者に対し、開示請求に係る保有個人情報が記録された公文書の表示その他実施機関が定める事項を通知して、意見書を提出する機会を与えることができる。

2　実施機関は、第三者に関する情報を含む保有個人情報を第十六条第二項の規定により開示しようとするときは、開示決定に先立ち、当該第三者に対し、開示請求に係る保有個人情報が記録された公文書の表示その他実施機関が定める事項を書面により通知して、意見書を提出する機会を与えなければならない。ただし、当該第三者の所在が判明しない場合は、この限りでない。

3　実施機関は、前二項の規定により意見書の提出の機会を与えられた第三者が当該保有個人情報の開示に反対の意思を表示した意見書を提出した場合において、開示決定をするときは、開示決定の日と開示をする日との間に少なくとも二週間を置かなければならない。この場合において、実施機関は、開示決定後直ちに、当該意見書（第三十七条第二号及び第三十八条第三号において「開示反対意見書」という。）を提出した第三者に対し、開示決定をした旨及びその理由並びに開示をする日を書面により通知しなければならない。

広島県（開示請求に対する決定等）

第十一条　5　実施機関は、第一項の決定をする場合において、当該決定に係る個人情報に、請求者以外のものに関する情報が記録されているときは、あらかじめ、当該請求者以外のものの意見を聴くことができる。

山口県（第三者に対する意見書提出の機会の付与等）

第十三条　開示請求に係る個人情報に開示請求者以外の者（以下「第三者」という。）に関する情報が含まれているときは、実施機関は、前条第一項の決定をするに当たって、当該情報に係る第三者に対し、開示請求に係る個人情報に含まれている当該第三者に関する情報の内容その他実施機関が定める事項を通知して、意見書を提出する機会を与えることができる。

2　実施機関は、前項の規定により意見書の提出の機会を与えた場合において、個人情報の開示をすることの決定（個人情報の部分開示をすることの決定を含む。以下「開示決定」という。）をしたときは、その旨及び個人情報の開示をする日を当該機会を与えられた第三者に速やかに通知しなければならない。

3　前項の規定にかかわらず、実施機関は、第一項の規定により意見書の提出の機会を与えられた第三者が当該個人情報の開示に反対の意思を表示した意見書を提出した場合において、開示決定をするときは、開示決定の日と個人情報の開示をする日との間に少なくとも二週間を置かなければならない。この場合において、実施機関は、開示決定後直ちに、開示決定をした旨及びその理由並びに個人情報の開示をする日を当該第三者に書面により通知しなければならない。

徳島県（第三者に対する意見書提出の機会の付与等）

第二十四条　開示請求に係る保有個人情報に県、国、他の地方公共団体及び開示請求者以外のもの（以下「第三者」という。）に関する情報が含まれているときは、実施機関は、開示決定等をするに当たって、当該情報に係る第三者に対し、実施機関が定める事項を通知して、意見書を提出する機会を与えることができる。

2　実施機関は、次の各号のいずれかに該当するときは、開示決定に先立ち、当該第三者に対し、実施機関が定める事項を書面により通知して、意見書を提出する機会を与えなければならない。ただし、当該第三者の所在が判明しない場

合は、この限りでない。
　一　第三者に関する情報が含まれている保有個人情報を開示しようとする場合であって、当該第三者に関する情報が第十六条第二号ただし書又は第三号ただし書に規定する情報に該当すると認められるとき。
　二　第三者に関する情報が含まれている保有個人情報を第十八条の規定により開示しようとするとき。
3　実施機関は、前二項の規定により意見書の提出の機会を与えられた第三者が当該第三者に関する情報の開示に反対の意思を表示した意見書（以下「反対意見書」という。）を提出した場合において、開示決定をするときは、開示決定の日と開示を実施する日との間に少なくとも二週間を置かなければならない。この場合において、実施機関は、開示決定後直ちに、反対意見書を提出した第三者に対し、開示決定をした旨及びその理由並びに開示を実施する日を書面により通知しなければならない。

香川県（開示請求に対する決定等）
第十五条　5　実施機関は、第一項の決定をする場合において、開示請求に係る個人情報に開示請求者以外のものに関する情報が含まれているときは、あらかじめ、当該開示請求者以外のものの意見を聴くことができる。

愛媛県（第三者の意見の聴取等）
第二十三条　開示請求に係る個人情報に国、他の地方公共団体及び個人情報の本人以外のもの（以下「第三者」という。）に関する情報が記録されているときは、実施機関は、開示決定等をするに当たって、当該情報に係る第三者に対し、開示請求に係る個人情報が記録された公文書の表示その他実施機関が定める事項を通知して、その意見を聴くことができる。
2　実施機関は、前項の規定により意見を聴いた第三者が当該個人情報の開示に反対の意思を表示した場合において、第二十条第一項の決定（以下「開示決定」という。）をするときは、開示決定の日と開示を実施する日との間に少なくとも二週間を置かなければならない。この場合において、実施機関は、開示決定後直ちに、当該反対の意思を表示した第三者に対し、開示決定をした旨及びその理由並びに開示を実施する日を書面により通知しなければならない。

高知県（開示請求に対する決定等）
第十九条　5　実施機関は、第一項の決定をする場合において、当該決定に係る個人情報に第三者に関する情報が記録されているときは、あらかじめ当該第三者の意見を聴くことができる。
6　実施機関は、第十六条ただし書の規定により個人情報の開示をする場合において、当該個人情報の開示をすることにより不利益を受ける第三者があるときは、あらかじめ、書面によりその旨を当該第三者に通知するとともに、意見を述べる機会を与えなければならない。

佐賀県（第三者に対する意見書提出の機会の付与等）
第十八条　開示請求に係る個人情報に県、国、独立行政法人等、他の地方公共団体及び開示請求（開示請求者が法定代理人である場合にあっては、本人）以外のもの（以下この条、第三十一条及び第三十二条において「第三者」という。）

に関する情報が記録されているときは、実施機関は、開示決定等をするに当たって、当該情報に係る第三者に対し、開示請求に係る個人情報が記録された公文書の表示その他実施機関が定める事項を通知して、意見書を提出する機会を与えることができる。

2　実施機関は、前項の規定により意見書の提出の機会を与えられた第三者が当該個人情報の開示に反対の意思を表示した意見書を提出した場合において、開示の決定をするときは、開示の決定の日と開示を実施する日との間に少なくとも二週間を置かなければならない。この場合において、実施機関は、開示の決定後直ちに、当該意見書（第三十一条において「反対意見書」という。）を提出した第三者に対し、開示の決定をした旨及びその理由並びに開示を実施する日を書面により通知しなければならない。

長崎県（第三者に対する意見書提出の機会の付与等）

第二十条　開示請求に係る個人情報に県、国、他の地方公共団体及び開示請求者（法定代理人による開示請求の場合は、本人をいう。）以外の者（以下この章において「第三者」という。）に関する情報が含まれているときは、実施機関は、開示の諾否決定をするに当たって、当該情報に係る第三者に対し、開示請求に係る個人情報が記録された公文書の表示その他実施機関が定める事項を通知して、意見書を提出する機会を与えることができる。

2　実施機関は、前項の規定により意見書の提出の機会を与えられた第三者が当該個人情報の開示に反対の意思を表示した意見書を提出した場合において、開示決定をするときは、開示決定の日と開示を実施する日との間に少なくとも二週間を置かなければならない。この場合において、実施機関は、開示決定後直ちに、当該意見書（以下「反対意見書」という。）を提出した第三者に対し、開示決定をした旨及びその理由並びに開示を実施する日を書面により通知しなければならない。

熊本県（開示請求に対する決定等）

第十九条　6　開示請求に係る個人情報に県、国、他の地方公共団体及び開示請求者（開示請求者が代理人である場合にあっては、本人）以外の者（以下この章において「第三者」という。）に関する情報が含まれているときは、実施機関は、開示決定等をするに当たって、当該情報に係る第三者に対し、開示請求に係る個人情報が記録された行政文書の表示その他実施機関が定める事項を通知して、意見書を提出する機会を与えることができる。

7　実施機関は、前項の規定により意見書の提出の機会を与えられた第三者が当該個人情報の開示に反対の意思を表示した意見書を提出した場合において、第一項の決定（以下「開示決定」という。）をするときは、開示決定の日と開示を実施する日との間に少なくとも二週間を置かなければならない。この場合において、実施機関は、開示決定後直ちに、当該意見書（第二十六条及び第二十七条において「反対意見書」という。）を提出した第三者に対し、開示決定をした旨及びその理由並びに開示を実施する日を書面により通知しなければならない。

大分県（第三者に対する意見書提出の機会の付与）

第十九条　開示請求に係る個人情報に県、国、県以外の地方公共団体並びに開示

請求者及び法定代理人による開示請求に係る個人情報の本人以外のもの（以下「第三者」という。）に関する情報が含まれているときは、実施機関は、開示決定等をするに当たって、当該情報に係る第三者に対し、開示請求に係る個人情報が記録された公文書の表示その他実施機関が定める事項を通知して、意見書を提出する機会を与えることができる。

2　実施機関は、前項の規定により意見書の提出の機会を与えられた第三者が当該個人情報の開示に反対の意思を表示した意見書（以下「反対意見書」という。）を提出した場合において、前条第一項の決定（以下「開示決定」という。）をするときは、開示決定の日と開示を実施する日との間に少なくとも十四日間を置かなければならない。この場合において、実施機関は、開示決定後直ちに、当該意見書を提出した第三者に対し、開示決定をした旨及びその理由並びに開示を実施する日を書面により通知しなければならない。

宮崎県　（第三者に対する意見書提出の機会の付与等）

第二十四条　開示請求に係る個人情報に国、地方公共団体及び開示請求者以外の者（以下この条、第四十三条第二項第三号及び第四十四条において「第三者」という。）に関する情報が含まれているときは、実施機関は、開示決定等をするに当たって、当該情報に係る第三者に対し、当該第三者に関する情報の内容その他必要な事項を通知して、意見書を提出する機会を与えることができる。

2　実施機関は、第三者に関する情報が含まれている個人情報を開示しようとする場合において、当該情報が第十七条第三号ア、イ又はウに掲げる情報に該当するときは、開示決定に先立ち、当該第三者に対し、開示請求に係る当該第三者に関する情報の内容その他必要な事項を書面により通知して、意見書を提出する機会を与えなければならない。ただし、当該第三者の所在が判明しない場合は、この限りでない。

3　実施機関は、前二項の規定により意見書の提出の機会を与えられた第三者が当該個人情報の開示に反対の意思を表示した意見書を提出した場合において、開示決定をするときは、開示決定の日と開示を実施する日との間に少なくとも二週間を置かなければならない。この場合において、実施機関は、開示決定後直ちに、当該意見書（第四十三条第一項第二号及び第二項第三号において「反対意見書」という。）を提出した第三者に対し、開示決定をした旨及びその理由並びに開示を実施する日を書面により通知しなければならない。

鹿児島県　（第三者に対する意見書提出の機会の付与等）

第二十一条　開示請求に係る保有個人情報に県、独立行政法人等、他の地方公共団体及び開示請求者以外の者（以下この条、第四十三条及び第四十四条において「第三者」という。）に関する情報が含まれているときは、実施機関は、開示決定等をするに当たって、当該情報に係る第三者に対し、規則で定めるところにより通知して、意見書を提出する機会を与えることができる。

2　実施機関は、次の各号のいずれかに該当するときは、開示決定に先立ち、当該第三者に対し、規則で定めるところにより通知して、意見書を提出する機会を与えなければならない。ただし、当該第三者の所在が判明しないときは、この限りでない。

一　第三者に関する情報が含まれている保有個人情報を開示しようとする場合であって、当該第三者に関する情報が第十三条第二号イ又は同条第三号ただし書に規定する情報に該当すると認められるとき。
二　第三者に関する情報が含まれている保有個人情報を第十五条の規定により開示しようとするとき。
3　実施機関は、前二項の規定により意見書の提出の機会を与えられた第三者が当該第三者に関する情報の開示に反対の意思を表示した意見書を提出した場合において、開示決定をするときは、開示決定の日と開示を実施する日との間に少なくとも二週間を置かなければならない。この場合において、実施機関は、開示決定後直ちに、当該意見書（第四十二条第二号及び第四十三条第三号において「反対意見書」という。）を提出した第三者に対し、開示決定をした旨及びその理由並びに開示を実施する日を書面により通知しなければならない。

沖縄県（開示の請求に対する決定等）
第十七条　5　実施機関は、第一項の決定をする場合において、当該決定に係る個人情報に開示請求者以外のものに関する情報が含まれているときは、あらかじめ、これらのものの意見を聴くことができる。
6　実施機関は、前項の規定により開示請求者以外のものの意見を聴いた場合において、当該個人情報を開示する旨の決定をしたときは、遅滞なく、その旨をこれらのものに通知するものとする。

(9)　**事案の移送**

富山県（事案の移送）
第二十二条　実施機関は、開示請求に係る保有個人情報が他の実施機関から提供されたものであるとき、その他他の実施機関において開示決定等をすることにつき正当な理由があるときは、当該他の実施機関と協議の上、当該他の実施機関に対し、事案を移送することができる。この場合においては、移送をした実施機関は、開示請求者に対し、事案を移送した旨を書面により通知しなければならない。
2　前項の規定により事案が移送されたときは、移送を受けた実施機関において、当該開示請求についての開示決定等をしなければならない。この場合において、移送をした実施機関が移送前にした行為は、移送を受けた実施機関がしたものとみなす。
3　前項の場合において、移送を受けた実施機関が第十九条第一項の決定（以下「開示決定」という。）をしたときは、当該実施機関は、開示の実施をしなければならない。この場合において、移送をした実施機関は、当該開示の実施に必要な協力をしなければならない。

石川県（事案の移送）
第二十条　実施機関は、開示請求に係る保有個人情報が他の実施機関から提供されたものであるとき、その他他の実施機関において開示決定等をすることにつき正当な理由があるときは、当該他の実施機関と協議の上、当該他の実施機関に対し、事案を移送することができる。この場合においては、移送をした実施

機関は、開示請求者に対し、事案を移送した旨を書面により通知しなければならない。
2　前項の規定により事案が移送されたときは、移送を受けた実施機関において、当該開示請求についての開示決定等をしなければならない。この場合において、移送をした実施機関が移送前にした行為は、移送を受けた実施機関がしたものとみなす。
3　前項の場合において、移送を受けた実施機関が第十八条第一項の決定（以下「開示決定」という。）をしたときは、当該実施機関は、開示の実施をしなければならない。この場合において、移送をした実施機関は、当該開示の実施に必要な協力をしなければならない。

静岡県　（事案の移送）
第二十四条　実施機関は、開示請求に係る保有個人情報が他の実施機関から提供されたものであるとき、その他他の実施機関において開示決定等をすることにつき正当な理由があるときは、当該他の実施機関と協議の上、当該他の実施機関に対し、事案を移送することができる。この場合において、移送をした実施機関は、開示請求者に対し、事案を移送した旨を書面により通知しなければならない。
2　前項の規定により事案が移送されたときは、移送を受けた実施機関において、当該開示請求についての開示決定等をしなければならない。この場合において、移送をした実施機関が移送前にした行為は、移送を受けた実施機関がしたものとみなす。
3　前項の場合において、移送を受けた実施機関が第二十一条第一項の決定（以下「開示決定」という。）をしたときは、当該実施機関は、開示の実施をしなければならない。この場合において、移送をした実施機関は、当該開示の実施に必要な協力をしなければならない。

島根県　（事案の移送）
第十九条　実施機関は、開示請求に係る個人情報が記録された公文書が他の実施機関により作成されたものであるときその他他の実施機関において開示決定等をすることにつき正当な理由があるときは、当該他の実施機関と協議の上、当該他の実施機関に対し、事案を移送することができる。この場合において、移送をした実施機関は、開示請求者に対し、事案を移送した旨を書面により通知しなければならない。
2　前項の規定により事案が移送されたときは、移送を受けた実施機関において、当該開示請求についての開示決定等をしなければならない。この場合において、移送をした実施機関が移送前にした行為は、移送を受けた実施機関がしたものとみなす。
3　前項の場合において、移送を受けた実施機関が第十七条条第一項の決定（以下「開示決定」という。）をしたときは、当該実施機関は、当該個人情報を開示しなければならない。この場合において、移送をした実施機関は、当該開示の実施に協力しなければならない。

岡山県　（事案の移送）

第二十二条　実施機関は、開示請求に係る保有個人情報が他の実施機関において取得されたものであるときその他他の実施機関において開示決定等をすることにつき正当な理由があるときは、当該他の実施機関と協議の上、当該他の実施機関に対し、事案を移送することができる。この場合において、移送をした実施機関は、開示請求者に対し、事案を移送した旨を書面により通知しなければならない。
2　前項の規定により事案が移送されたときは、移送を受けた実施機関において、当該開示請求についての開示決定等をしなければならない。この場合において、移送をした実施機関が移送前にした行為は、移送を受けた実施機関がしたものとみなす。
3　前項の場合において、移送を受けた実施機関が第十九条第一項の決定（以下「開示決定」という。）をしたときは、当該実施機関は、開示をしなければならない。この場合において、移送をした実施機関は、当該開示に必要な協力をしなければならない。

徳島県　（事案の移送）

第二十三条　実施機関は、開示請求に係る保有個人情報が他の実施機関から提供されたものであるとき、その他他の実施機関において開示決定等をすることにつき正当な理由があるときは、当該他の実施機関と協議の上、当該他の実施機関に対し、事案を移送することができる。この場合においては、移送をした実施機関は、開示請求者に対し、事案を移送した旨を書面により通知しなければならない。
2　前項の規定により事案が移送されたときは、移送を受けた実施機関において、当該開示請求についての開示決定等をしなければならない。この場合において、移送をした実施機関が移送前にした行為は、移送を受けた実施機関がしたものとみなす。
3　前項の場合において、移送を受けた実施機関が第二十条第一項の決定（以下「開示決定」という。）をしたときは、当該実施機関は、開示の実施をしなけばならない。この場合において、移送をした実施機関は、当該開示の実施に必要な協力をしなければならない。

宮崎県　（事案の移送）

第二十三条　実施機関は、開示請求に係る個人情報が他の実施機関から提供されたものであるときその他他の実施機関において開示決定等をすることにつき正当な理由があるときは、当該他の実施機関と協議の上、当該他の実施機関に対し、事案を移送することができる。この場合においては、移送をした実施機関は、開示請求者に対し、事案を移送した旨を書面により通知しなければならない。
2　前項の規定により事案が移送されたときは、移送を受けた実施機関において、当該開示請求についての開示決定等をしなければならない。この場合において、移送をした実施機関が移送前にした行為は、移送を受けた実施機関がしたものとみなす。
3　前項の場合において、移送を受けた実施機関が第二十条第一項の決定（以下

(10) 開示の費用

北海道（費用の負担）
第二十二条　前条第一項、第三項又は第四項の規定により写しの交付を受ける者は、当該写しの交付に要する費用を負担しなければならない。

青森県（費用負担）
第二十一条　開示請求をして文書、図画、写真若しくはフィルム又はこれらを複写した物の写しの交付を受ける者は、当該写しの作成及び送付に要する費用の額として実施機関が定める額を負担しなければならない。
2　開示請求をして電磁的記録の開示を受ける者は、開示の方法ごとに当該開示の実施に要する費用の額として実施機関が定める額を負担しなければならない。

岩手県（費用負担）
第二十条　開示請求を行い、文書又は図画の写しの交付を受ける者は、実施機関が定める額の当該写しの交付に要する費用を負担しなければならない。
2　開示請求を行い、電磁的記録の開示を受ける者は、当該電磁的記録の種別に応じ、実施機関が定める開示の実施の方法ごとに実施機関が定める額の当該開示の実施に要する費用を負担しなければならない。

宮城県（手数料等）
第十九条　個人情報の開示に係る手数料は、徴収しない。
2　第十七条第一項に規定する写しの交付その他の物品の供与を受ける者は、当該供与に要する費用を負担しなければならない。

秋田県（費用の負担）
第二十三条　第二十一条第二項又は第三項の規定による行政文書の写し又は行政文書の複写したものの写し交付に要する費用は、開示請求者の負担とする。

山形県（手数料）
第十六条　県は、第十三条第一項の規定による個人情報の開示の決定を受けた者のうち次の各号に掲げるものから、それぞれ当該各号に定める額の手数料を徴収する。
　一　文書、図画又は写真に記録されている個人情報について写しの交付により開示を受ける者　交付する写しの枚数一枚につき十円
　二　第二条第五号に規定する規則で定める記録媒体に記録されている個人情報について開示を受ける者　当該記録媒体の種類に応じ、第十四条第一項第二号に規定する規則で定める方法ごとに規則で定める額
2　既に納められた前項の手数料は、還付しない。ただし、知事及び企業管理者は、手数料を納付した者が、その者の責めに帰すことができない理由により、開示の決定に係る個人情報の開示を受けることができないときその他特別の理由があると認めるときは、その全部又は一部を還付することができる。
3　知事及び企業管理者は、経済的困難その他特別の理由があると認めるときは、

第一項の手数料の全部又は一部を免除することができる。
福島県（費用負担）
第十八条　第十六条第二項又は第三項の規定により文書又は図面の個人情報に係る部分の写しの交付を受ける者は、実施機関が定める額の当該写しの交付に要する費用を負担しなければならない。
2　第十六条第二項又は第三項の規定により電磁的記録の個人情報に係る部分の開示を受ける者は、当該電磁的記録について実施機関が定める開示の方法に応じて、実施機関が定める額の当該開示の実施に要する費用を負担しなければならない。
茨城県（費用の負担）
第二十七条　第二十条第一項第一号又は第二号の規定により写しの交付を受ける者は、規則で定めるところにより、当該写しの交付に要する費用を負担しなければならない。
栃木県（費用負担）
第二十三条　開示請求をして文書又は図画の写しその他の物品の供与を受ける者は、当該供与に要する費用を負担しなければならない。
群馬県（費用の負担）
第二十一条　個人情報の開示を受ける者は、実費の範囲内において規則で定める費用を負担しなければならない。
埼玉県（写しの交付の費用負担）
第十九条　公文書の写しの交付の方法により個人情報の開示を受ける者は、当該写しの交付に要する費用を負担しなければならない。
東京都（手数料）
第二十二条　第十五条の規定により個人情報の開示を写しの交付の方法により行うときは、別表に定めるところにより開示手数料を徴収する。
2　実施機関が個人情報の開示をするため、第十四条第二項に規定する書面により開示をする日時及び場所を指定したにもかかわらず、開示請求者が当該開示に応じない場合において、実施機関が再度、当初指定した日から十四日以上の期間を置いた開示をする日時及び場所を指定し、当該開示に応ずるよう催告しても、開示請求者が正当な理由なくこれに応じないときは、開示をしたものとみなす。この場合において、開示請求者が個人情報の開示を写しの交付の方法により行うことを求めていたときには、別表に定める開示手数料を徴収する。
3　既納の開示手数料は、還付しない。ただし、知事及び公営企業管理者は、特別の理由があると認めるときは、その全部又は一部を還付することができる。
4　知事及び公営企業管理者は、特別の理由があると認めるときは、開示手数料を減額し、又は免除することができる。
別表（第二十二条関係）
　　　　◇一部改正（平成一一年条例六号）

公文書の種類	開示手数料の金額	徴収時期
文書、図画及び写真	写し（単色刷り）一枚につき	写しの交付のと

8　自己情報の開示

		二十円	き。
	写し（多色刷り）一枚につき 百円		写しの交付のとき。
マイクロフィルム		印刷物として出力したもの一枚につき 二十円	写しの交付のとき。
磁気テープ、磁気ディスク等（ビデオテープ及び録音テープを除く。以下同じ。）	フロッピーディスク	複写したフロッピーディスク一枚につき 百円	写しの交付のとき。
		印刷物として出力したもの一枚につき 二十円	写しの交付のとき。
	その他	印刷物として出力したもの一枚につき 二十円	写しの交付のとき。

備考
　一　用紙の両面に印刷された文書、図画等については、片面を一枚として算定する。
　二　公文書の写し（マイクロフィルム及び磁気テープ、磁気ディスク等の場合においては印刷物として出力したもの）を交付する場合は、原則として日本工業規格A列三番までの用紙を用いるものとするが、これを超える規格の用紙を用いたときの写しの枚数は、日本工業規格A列三番による用紙を用いた場合の枚数に換算して算定する。
　三　磁気テープ、磁気ディスク等の写しの交付において、この表に掲げる金額によりがたい場合には、東京都規則で定めるところにより開示手数料を徴収する。

神奈川県（費用負担）
第二十条　第十八条第二項及び第三項の規定による開示をするに当たり、行政文書（複写したものを含む。）その他の物の写し等の交付を行う場合にあっては、当該写し等の交付に要する費用は、請求者の負担とする。

山梨県（費用負担）
第十九条　第十七条第二項に規定する方法のうち写しの交付により開示を受ける者は、当該写しの交付に要する費用を負担しなければならない。

長野県（費用の負担）
第十七条　第十五条第二項の規定により公文書の写し等の交付を受ける者は、実費の範囲内において実施機関が定める費用を負担するものとする。

新潟県（費用負担）
第二十二条　第十八条第三項又は第四項の規定により写しの交付を受ける者は、当該写しの作成及び送付に要する費用を負担しなければならない。

富山県（費用負担）
第二十六条　第二十四条第一項又は前条第三項の規定により保有個人情報の開示を受ける者は、文書又は図画の写しの作成及び送付に要する費用その他の開示の実施に要する費用として、規則で定める額の費用を負担しなければならない。

石川県（費用の負担）

第二十四条　公文書（電磁的記録を除く。）の写しの交付を受ける者は、実施機関が定めるところにより、当該写しの交付に要する費用を負担しなければならない。
2　公文書（電磁的記録に限る。）の開示を受ける者は、実施機関が定めるところにより、当該開示の実施に伴う費用を負担しなければならない。

福井県（手数料）
第二十三条　第二十一条第三項または第四項の規定により開示を受けた者は、別表の上欄に掲げる個人情報が記録された公文書の種別ごとに、同表の中欄に掲げる開示の実施の方法に応じ、それぞれ同表の下欄に定める額の手数料を納付しなければならない。

福井県・別表（第二十三条関係）

公文書の種別	開示の実施の方法	手数料の額
文書または図画	複写機により作成した写しの交付（単色刷り）	一枚につき十円
	その他の方法による写しの交付	写しの作成に要する実費
電磁的記録	実施機関が別に定める方法	開示の実施に要する実費

備考　複写機により作成した文書または図画の写しの枚数は、用紙の両面に複写したときは片面を一枚として、Ａ三判を超える規格の用紙を用いたときはＡ三判の規格の用紙を用いた場合の枚数に換算して算定する。

岐阜県（費用の負担）
第十九条　前条第二項又は第三項の規定により写しその他の物品の供与を受ける者は、当該供与に要する費用を負担しなければならない。

静岡県（費用負担）
第二十七条　保有個人情報が記録された公文書（電磁的記録を除く。）の写しの交付を受ける者は、実施機関が定めるところにより、当該写しの交付に要する費用を負担しなければならない。
2　保有個人情報が記録された公文書（電磁的記録に限る。）の開示を受ける者は、実施機関が定めるところにより、当該開示の実施に要する費用を負担しなければならない。

愛知県（費用の負担）
第十七条　前条第二項又は第三項に規定する方法のうち写しの交付を受ける者は、当該写しの作成及び送付に要する費用を負担しなければならない。

三重県（費用負担）
第二十六条　公文書（電磁的記録を除く。）の写しの交付を受ける者は、実施機関が別に定めるところにより、当該写しの交付に要する費用を負担しなければならない。
2　電磁的記録の開示を受ける者は、実施機関が別に定めるところにより、当該開示の実施に伴う費用を負担しなければならない。

滋賀県（費用の負担）
第十七条　第十五条第二項の規定により写しの交付を受ける者は、当該写しの交

京都府（費用の負担）
第十七条　前条第二項又は第三項の規定により公文書等の写しの交付を受ける者は、当該写しの作成及び送付に要する要する費用を負担しなければならない。

大阪府（費用負担）
第五十四条　次の各号に掲げるものは、それぞれ当該各号の写しの作成及び送付（これらに準ずるものとして実施機関の規則で定めるものを含む。）に要する費用を負担しなければならない。
一　開示請求をして、個人情報が記録されている行政文書又はこれを複写した物の写しの交付（第二十一条第二項及び第三項の実施機関の規則で定める方法を含む。）を受ける者
二　第四十二条の意見書又は資料（これらを複写した物を含む。）の写しの交付（同条の実施機関の規則で定める方法を含む。）を受けるもの
三　第八条第一項第一号の規定に基づき、実施機関が定めるところにより、個人情報の提供として行政文書等の写しの交付（これに準ずるものとして実施機関の規則で定める方法を含む。）を受けるもの

兵庫県（費用の負担）
第二十五条　第十九条第二項又は第三項に規定する写しの交付を受ける者は、当該写しの作成及び送付に要する費用を負担しなければならない。

奈良県（費用負担）
第十九条　第十五条第一項の規定により写し（電磁的記録にあっては、同項第二号の規則で定める方法により交付される物を含む。）の交付を受ける者は、当該写しの作成及び送付に要する費用として規則で定める額を負担しなければならない。

和歌山県（費用負担）
第二十七条　第二十四条第一項の規定により開示請求に係る保有個人情報が記録された公文書の写し（複写したものその他これに類するものを含む。以下同じ。）の交付を受ける者は、当該写しの交付に要する費用を負担しなければならない。

鳥取県（費用負担）
第二十条　この条例の規定により文書等又は磁気テープ等に記録されている個人情報を印字装置により出力した物の写しの交付を受ける者は、当該写しの作成及び送付に要する費用を負担しなければならない。

島根県（費用負担）
第二十三条　この条例の規定により公文書の写しの交付を受ける者は、当該写しの交付に要する費用を負担しなければならない。

岡山県（費用の負担）
第二十六条　第二十四条第一項の規定により公文書の写しの交付を受ける者は、実施機関が定める額の当該公文書（公文書を複写した物を含む。）の写しの交付に要する費用を負担しなければならない。

広島県（費用負担）

第十五条　第十二条第二項又は第三項に規定する方法により写しの交付を受ける者は、当該写しの交付に要する費用を負担しなければならない。
　山口県（費用の負担）
第十九条　第十四条第一項の規定による公文書の写しの交付又は同条第二項の規定による公文書を複写したものの写しの交付を受ける者は、当該交付に要する費用を負担しなければならない。
　徳島県（費用負担）
第二十七条　開示請求に係る保有個人情報が記録された公文書の写しの交付を受ける者は、当該写しの交付に要する費用を負担しなければならない。
　香川県（費用の負担）
第十九条　前条第二項又は第三項の規定により写しの交付を受ける者は、当該写しの作成及び交付に要する費用を負担しなければならない。
　愛媛県（費用の負担）
第二十六条　この条例により公文書（これを複写した物を含む。）の写しの交付を受ける者は、当該写しの作成及び送付に要する費用を負担しなければならない。
　高知県（費用負担）
第二十二条　第二十条第二項の規定により公文書の写し等の交付を受ける者（同条第三項の規定により公文書を複写した物の写し等の交付を受ける者を含む。）は、当該写し等の交付に要する費用として知事及び公営企業管理者が定める額を負担しなければならない。ただし、第二十五条第五項及び第二十八条第五項の規定による開示の場合その他知事及び公営企業管理者が別に定める場合は、この限りでない。
　福岡県（費用の負担）
第十四条　前条第二項に規定する写しの交付を受ける者は、当該写しの交付に要する費用を負担しなければならない。
　佐賀県（費用の負担）
第二十一条　第十九条第二項及び第三項の規定により個人情報の開示を受ける者のうち公文書の写し等の交付を受ける者は、当該写し等の作成及び送付に要する費用を負担しなければならない。
　長崎県（手数料）
第二十三条　第二十一条の規定により、公文書の写しの交付を受ける者は、長崎県手数料条例（昭和二十四年長崎県条例第四十七号）の定めるところにより手数料を納付しなければならない。
　熊本県（費用負担）
第二十一条　前条第二項及び第三項の規定により写しの交付（これに準ずる方法を含む。）を受ける者は、当該写しの作成及び送付（これらに準ずるものとして実施機関が定めるものを含む。）に要する費用を負担しなければならない。
　大分県（費用負担）
第四十五条　第二十条第一項及び第二項の規定により写しの交付を受ける者は、当該写しの交付に要する費用を負担しなければならない。
　宮崎県（手数料）

第二十八条　第二十五条第一項の規定により公文書の写しの交付を受ける者は、使用料及び手数料徴収条例（平成十二年宮崎県条例第九号）の定めるところにより、手数料を納付しなければならない。

鹿児島県（費用の負担）

第二十五条　開示請求をして、文書又は図画（これらを複写したものを含む。）の写しの交付を受ける者は、当該写しの交付に要する費用を負担しなければならない。

2　開示請求をして、電磁的記録の開示（閲覧に準ずるものとして規則で定めるものを除く。）を受ける者は、当該開示の実施に要する費用を負担しなければならない。

沖縄県（費用負担）

第二十二条　第十八条第二項又は第三項の規定により写しの交付を受ける者は、当該写しの作成及び送付に要する費用を負担しなければならない。

〔編者紹介〕

秋 吉 健 次（あきよし・けんじ）

　1930年生まれ。中央大学第一法学部卒業。51年日本新聞協会事務局職員となり、業務部課長、経営部労務担当主管、研究所主任研究員、大阪事務所長、事務局長付部長、90年定年退職。86年マスコミ倫理懇談会全国協議会事務局長代理、同事務局長（以上出向）、同顧問（現職）。97年10月から千葉県市川市公文書公開審査会委員。
　01年9月から、出版倫理協議会ゾーニング委員会判定委員。
　最近の著作＝「条文比較による個人情報保護条例集」上1・上2・中・下（2000年、信山社）、「情報公開条例集」上・中・下（99年、信山社）、共著＝「新編・情報公開条例集」全9巻（03年、信山社）「個人情報保護管理・運用の実務」（03年、新日本法規出版）「情報公開制度　運用の実務」（99年、新日本法規出版）、「青少年条例―自由と規制の争点」（92年、三省堂）。

新編　個人情報保護条例集 1
都道府県・個人情報保護条例〔項目別条項集〈上〉〕

2004（平成16年）2月28日　第1版第1刷発行
3191-0101

編　者　　秋　吉　健　次
発行者　　今　井　　　貴
発行所　　信山社出版株式会社
〒113-0033　東京都文京区本郷6-2-9-102
電　話　03（3818）1019
ＦＡＸ　03（3818）0344

Printed in Japan

©秋吉健次, 2004　印刷製本／長野印刷
ISBN4-7972-3191-2 C3332
3113-012-040-020
NDC分類323.926-C00

情報公開条例の解釈　平松 毅著　2,900円
情報公開　　　　　平松 毅著　近刊

自由人権協会編
情報公開条例の運用と実務（上）〈増補版〉、（下）〈新版〉
　　　　　―情報公開法案と情報公開条例―
　　　　　増補版（上）（368頁）本体　5,000円
　　　　　新　版（下）（536頁）本体　6,000円

情報公開条例集（上）東京都23区　　　　　　　　　8,000円
情報公開条例集（中）東京都27各市　　　　　　　　9,800円
情報公開条例集（下）政令指定都市・都道府県　　　12,000円
　　　　　　　　　　（上）（中）（下）セット　29,800円

条文比較による
個人情報保護条例集（上）-1　A-1 都道府県（384頁）　5,760円
個人情報保護条例集（上）-2　A-2 都道府県（432頁）　6,480円
個人情報保護条例集（中）　　B　政令指定都市（384頁）5,760円
個人情報保護条例集（下）　　C　東京23区（544頁）　　8,160円
　　　　　　　　　　　　　　　全4冊セット　26,160円

新編　情報公開条例集（1）　都道府県[全文集]上　8,000円
新編　情報公開条例集（2）　都道府県[全文集]下　8,000円
新編　情報公開条例集（3）　都道府県[項目別]上　8,000円
新編　情報公開条例集（4）　都道府県[項目別]下　7,000円
新編　情報公開条例集（5）　政令指定都市・県庁所在36市[全文集]　8,500円
新編　情報公開条例集（6）　政令指定都市・県庁所在36市[項目別]　9,000円
新編　情報公開条例集（7）　首都圏各市[全文集]　9,800円
新編　情報公開条例集（8）-1 首都圏各市[項目別]　8,000円
新編　情報公開条例集（8）-2 首都圏各市[項目別]　7,000円
　　　　　　　　　　　　　　全9冊セット　73,300円

新編　個人情報保護条例集 1　都道府県[項目別条項集〈上〉]（360頁）6,500円
新編　個人情報保護条例集 2　都道府県[項目別条項集〈下〉]（344頁）6,500円
新編　個人情報保護条例集 3　都道府県[全文集〈上〉]（424頁）7,600円
新編　個人情報保護条例集 4　都道府県[全文集〈下〉]（296頁）5,000円
新編　個人情報保護条例集 5　住基ネット関係条例集（336頁）5,600円
　　　　　　　　　　　　　　全5冊セット　31,200円

宮田三郎 著

行政裁量とその統制密度　六〇〇〇円
行政法教科書　三六〇〇円
行政法総論　四六〇〇円
行政訴訟法　五五〇〇円
行政手続法　四六〇〇円
環境行政法　五〇〇〇円
警察法　五〇〇〇円
現代行政法入門　三三〇〇円

森田寛二 著

行政改革の違憲性　七六〇〇円
法政策学の試み　第1集〜第6集　阿部泰隆・根岸哲編　四七〇〇円〜五〇〇〇円

神橋一彦 著

行政訴訟と権利論　九八〇〇円

ブリッジブック憲法	横田耕一・高見勝利編	二〇〇〇円
ブリッジブック商法	永井和之編	二一〇〇円
ブリッジブック裁判法	小島武司編	二一〇〇円
ブリッジブック国際法	植木俊哉編	二一〇〇円
ブリッジブック日本の政策構想	寺岡 寛著	2200円
民事訴訟法	梅本吉彦著	五八〇〇円
契約各論Ⅰ	潮見佳男著	四三〇〇円
債権総論Ⅱ(第2版)	潮見佳男著	四八〇〇円
不法行為法	潮見佳男著	四七〇〇円
不当利得法	藤原正則著	四五〇〇円
経済法入門	大野正道著	二八〇〇円
新しい国際刑法	森下 忠著	三三〇〇円
法と経済学(第2版)	林田清明著	二九八〇円
ヨーロッパ人権裁判所の判例	初川 満著	三八〇〇円
国際人権 第一三号	国際人権法学会編	二五〇〇円